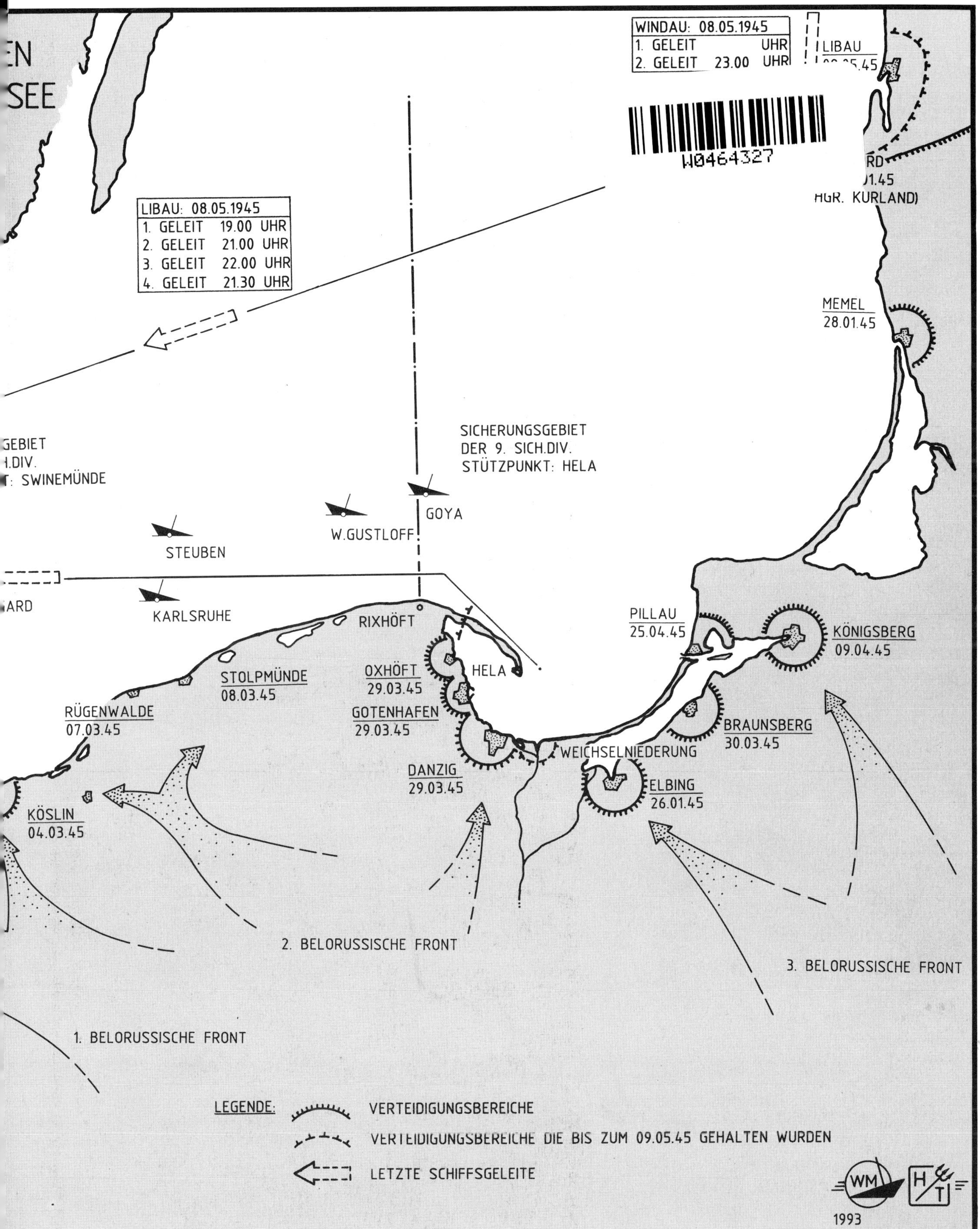
EN
SEE
WINDAU: 08.05.1945
1. GELEIT UHR
2. GELEIT 23.00 UHR
LIBAU
LIBAU: 08.05.1945
1. GELEIT 19.00 UHR
2. GELEIT 21.00 UHR
3. GELEIT 22.00 UHR
4. GELEIT 21.30 UHR
HGR. KURLAND)
MEMEL
28.01.45
SICHERUNGSGEBIET
DER 9. SICH.DIV.
STÜTZPUNKT: HELA
GEBIET
I.DIV.
T: SWINEMÜNDE
GOYA
W.GUSTLOFF
STEUBEN
KARLSRUHE
ARD
RIXHÖFT
PILLAU
25.04.45
KÖNIGSBERG
09.04.45
OXHÖFT
29.03.45
HELA
STOLPMÜNDE
08.03.45
GOTENHAFEN
29.03.45
RÜGENWALDE
07.03.45
BRAUNSBERG
30.03.45
WEICHSELNIEDERUNG
DANZIG
29.03.45
ELBING
26.01.45
KÖSLIN
04.03.45
2. BELORUSSISCHE FRONT
3. BELORUSSISCHE FRONT
1. BELORUSSISCHE FRONT
LEGENDE:
VERTEIDIGUNGSBEREICHE
VERTEIDIGUNGSBEREICHE DIE BIS ZUM 09.05.45 GEHALTEN WURDEN
LETZTE SCHIFFSGELEITE
WM
H T
1993
W0464327

MÜLLER
KRAMER

GESUNKEN UND VERSCHOLLEN

WOLFGANG MÜLLER
REINHARD KRAMER

GESUNKEN UND VERSCHOLLEN

MENSCHEN- UND SCHIFFSSCHICKSALE OSTSEE 1945

2., überarbeitete Auflage

KOEHLERS VERLAGSGESELLSCHAFT · HAMBURG

Foto- und Dokumentationsnachweis

Soweit die Abbildungen nicht aus den Sammlungen der Autoren stammen, oder den Autoren aus dem Privatbesitz der Augenzeugen für die Veröffentlichung überlassen worden sind, wurden sie für nachstehend aufgeführte Seiten zur Verfügung gestellt von:

Archiv Volkswerft GmbH, Stralsund: 87
Agnes-Miegel-Gesellschaft e.V., Bad Nenndorf: 66
Archiv des Bundesamtes für Seeschiffahrt und Hydrographie (ehem. DHI/BRD, Hamburg und SHD/DDR, Rostock): 23 (Doku.), 212 (Doku.)
Archiv der Hansestadt Stralsund: 85
Archiv der Hansestadt Rostock: 92 (oben/unten)
Deutsches Schiffahrtsmuseum Bremerhaven: 188 (oben)
U-Boot-Archiv, Cuxhaven: 82, 150, 167 (unten), 169 (Doku.), 174 (Doku.), 175 (Doku.), 179 (Doku.)
Wehrmuseum Bornholm, Rønne: 144 (oben/unten), 145 (Doku.), 146 (oben/unten), 147, 174, 175
FALCON CREST: 84, 111
Bölk, W.: 209
Israel, U.: 48 (oben), 102 (unten), 182 (oben/unten)
Jung, D.: 176 (oben/unten), 184
Kaube, A.: 81
Kludas, A.: 59 (oben), 71 (unten), 138
Kugler, R.: 22 (mitte), 114, 207
Lange, W.: 187
Lemann, W.: 190
Lexow, D.: 206 (Skizze)
Lemachko, B.: 122 (unten), 149, 152 (oben)
Lindberg, L.: 152 (unten), 153, 162 (unten), 169 (oben), 170 (oben/unten), 171
Mai, J.: 58 (unten), 136
Mehl, H.: 159
Nowarra, H.J.: 20
Prager, H.G.: 31 (unten), 34 (oben)
Rothe, C.: 59 (unten), 186
Schäfer, E.: 96 (unten)
Schenk, P.: 100 (unten)
Siersdorfer, T.: 191, 192 (oben)
Strobel, D.: 71 (oben)
Tamke, H.-D.: 38 (unten)
Wentzel, H.G.: 97, 98 (oben/unten), 185 (Doku.)
Witteck, H.: 112 (unten)
Foto S. 12: Aus »Das Buch der deutschen Kriegsmarine 1935–1945«, S. 194
Foto S. 13: Aus »Deutschland im Zweiten Weltkrieg«, Bd. 6
Foto S. 194: Aus »Die Cap Arcona Katastrophe«, S. 232
Dokument, S. 12 und S. 13: Aus »Regierung Dönitz«, S. 145 sowie S. 151/152

Das für die Schutzumschlagvorderseite verwendete Foto zeigt eine Teilansicht des Flugsicherungsschiffes *Hans Albrecht Wedel*, der SNGr. 81/Ostsee, als es am 25./26. Februar 1945 im Hafen des Seefliegerhorstes Pillau Flüchtlinge an Bord nimmt (Bundesarchiv, Koblenz). Die Umschlagrückseite gibt einen Ausschnitt der auf Seite 26 abgebildeten Karte aus der Sammlung der Autoren wieder.

Die Deutsche Bibliothek – CIP-Einheitsaufnahme

Müller, Wolfgang:
Gesunken und verschollen: Menschen- und Schiffsschicksale Ostsee 1945 / Wolfgang Müller; Reinhard Kramer
2., überarb. Aufl. Hamburg: Koehler, 1996
ISBN 3-7822-0665-7
NE: Kramer, Reinhard

ISBN 3 7822 0665 7; Warengruppe 63
© 1994 by Koehlers Verlagsgesellschaft mbH, Hamburg
© für die 2., überarbeitete Auflage 1996
by Koehlers Verlagsgesellschaft mbH, Hamburg
Alle Rechte, insbesondere das der Übersetzung, vorbehalten
Schutzumschlag- und Innentitelgestaltung: Thomas Bonnie, Hamburg, unter Verwendung der im Foto- und Dokumentationsnachweis genannten Abbildungen
Layout und Produktion: Robert Johannes
Gesamtherstellung: Druckerei Runge GmbH, Cloppenburg
Printed in Germany

Inhalt

Geleitwort

Nicht weniger als 784 in Wracklage gekommene Schiffe und Boote haben die beiden Autoren, Wolfgang Müller und Reinhard Kramer, in der südwestlichen Ostsee, im wesentlichen vor den Küsten Mecklenburg-Vorpommerns ermittelt. Sie haben keine Mühe gescheut, Überlebende der gesunkenen Schiffe oder Zeitzeugen zu ihren Erinnerungen zu befragen, die sehr lückenhaften schriftlichen Berichte auszuwerten und Fotos der betroffenen Schiffe zu sammeln.

So ist ein Werk entstanden, das eine empfindlich empfundene Lücke zu schließen verspricht, wenigstens für das angesprochene Seegebiet, denn ein sehr großer Teil der Wracks gehört zu Schiffen, die in der letzten Phase des Zweiten Weltkrieges während der größten Evakuierungsoperation aus Kurland, Ost- und Westpreußen den Bomben, Torpedos und vor allem Minen alliierter Luft- und Seestreitkräfte zum Opfer fielen, zu einer Zeit, als kaum noch Kriegstagebücher in die Archive gelangten. Bisher waren viele dieser Schiffsverluste nur mit recht unsicheren Zeit- und Ortsangaben und oft widersprüchlichen Schilderungen der Umstände des Unterganges bekannt. Ein anderer Teil der Wracks konnte den bei Kriegsende selbstversenkten Einheiten, einige auch Unfällen und Havarien zugeordnet werden. So haben die Autoren für fast 500 dieser Schiffe genauere Daten liefern können, die unsere bisherige Kenntnis wesentlich erweitern.

Dieses Werk bildet nun eine neue Grundlage für die historische Aufarbeitung der bisher meist nur von einer Seite angegangenen Geschichte der Operationen in der westlichen Ostsee. Es wäre wünschenswert, daß es in der Zukunft auch durch ähnliche Werke über die Wracks vor den polnischen und baltischen Küsten ergänzt werden kann. Damit könnte den bisherigen einseitigen Schilderungen der Angriffe sowjetischer U-Boote, Flugzeuge und Schnellboote, vor allem aber auch der sich über die Jahre 1942 bis 1945 erstreckenden Luftminen-Offensive des ›Bomber Command‹ der ›Royal Air Force‹ dann, wo die Archive der allseitigen Benutzung offenstehen, in internationaler Zusammenarbeit eine Zuordnung der jeweiligen Ergebnisse und eine Analyse der Wirkung von Gegenmaßnahmen folgen.

Den Autoren gebührt unser Dank für ihre mit so großem Engagement durchgeführte Forschungsarbeit!

Weinstadt, im September 1994

Prof. Dr. Jürgen Rohwer
Mitglied des Vorstandes der
Internationalen Kommission für Militärgeschichte

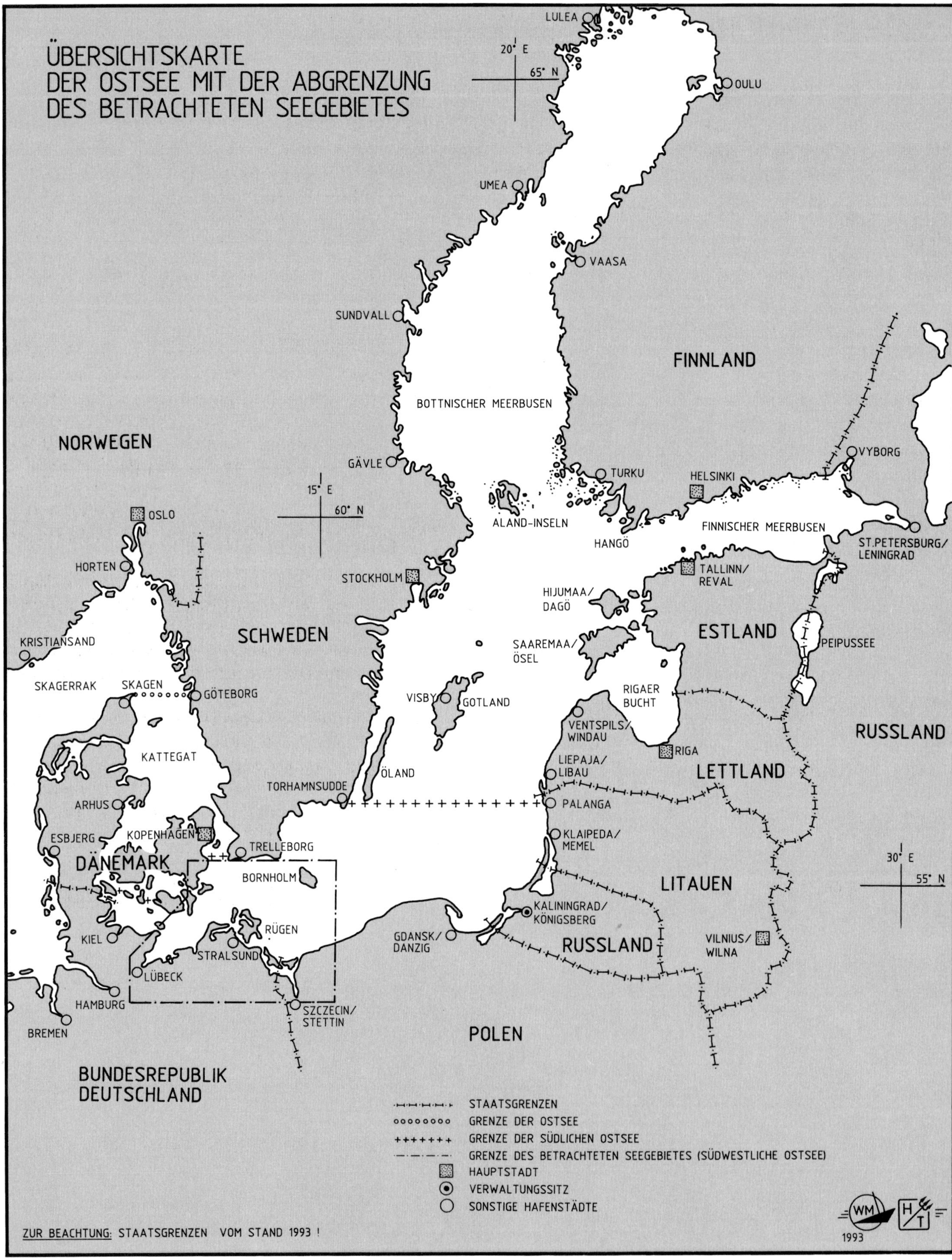
ÜBERSICHTSKARTE
DER OSTSEE MIT DER ABGRENZUNG
DES BETRACHTETEN SEEGEBIETES
LULEA
20° E
65° N
OULU
UMEA
VAASA
SUNDVALL
FINNLAND
BOTTNISCHER MEERBUSEN
NORWEGEN
GÄVLE
TURKU
HELSINKI
VYBORG
15° E
60° N
OSLO
ALAND-INSELN
HANGÖ
FINNISCHER MEERBUSEN
ST.PETERSBURG/
LENINGRAD
HORTEN
STOCKHOLM
TALLINN/
REVAL
HIJUMAA/
DAGÖ
KRISTIANSAND
SCHWEDEN
ESTLAND
SAAREMAA/
ÖSEL
PEIPUSSEE
SKAGERRAK
SKAGEN
GÖTEBORG
VISBY
GOTLAND
RIGAER
BUCHT
VENTSPILS/
WINDAU
RUSSLAND
KATTEGAT
RIGA
LIEPAJA/
LIBAU
ÖLAND
LETTLAND
TORHAMNSUDDE
ARHUS
PALANGA
ESBJERG
KOPENHAGEN
TRELLEBORG
KLAIPEDA/
MEMEL
DÄNEMARK
BORNHOLM
30° E
55° N
LITAUEN
KALININGRAD/
KÖNIGSBERG
RÜGEN
KIEL
GDANSK/
DANZIG
RUSSLAND
VILNIUS/
WILNA
STRALSUND
LÜBECK
HAMBURG
SZCZECIN/
STETTIN
BREMEN
POLEN
BUNDESREPUBLIK
DEUTSCHLAND
STAATSGRENZEN
GRENZE DER OSTSEE
GRENZE DER SÜDLICHEN OSTSEE
GRENZE DES BETRACHTETEN SEEGEBIETES (SÜDWESTLICHE OSTSEE)
HAUPTSTADT
VERWALTUNGSSITZ
SONSTIGE HAFENSTÄDTE
ZUR BEACHTUNG: STAATSGRENZEN VOM STAND 1993 !
1993

Vorwort zur ersten Auflage

Mit dem vorliegenden Buch wenden wir uns sowohl an den Historiker als auch an den maritim interessierten Leser. Auf der Grundlage von Augenzeugen- und Erinnerungsberichten, mit Hilfe von Fotos, Dokumenten, Karten sowie Tabellen versuchen wir, das Ende des Zweiten Weltkrieges im Bereich der südwestlichen Ostsee dem Leser nahe zu bringen. Geschildert werden die letzten Kampfhandlungen im See- und Küstenbereich im Frühjahr 1945. Schwerpunkte bilden die Schiffsuntergänge durch militärische Einwirkung sowie die Selbstvernichtung der deutschen U-Boote.

In dem betrachteten Seegebiet konnten bisher 792 Wracks ermittelt werden, die im Verlauf des Krieges in Wracklage gekommen sind.

Hierbei handelt es sich um:

174 Kriegsschiffe,
206 Handelsschiffe,
61 Fischereifahrzeuge,
102 Technische Fahrzeuge,
9 Schulschiffe und Sportboote sowie
240 Wracks, die noch nicht eindeutig zugeordnet werden konnten (namentlich sind davon 46 bekannt).

Vor fast fünfzig Jahren, als das Kriegsjahr 1945 begann, konnte die deutsche Kriegsmarine nur noch von der norwegischen, dänischen und deutschen Küste im größeren Rahmen operieren. Damit kam es zu einer kriegsbedingten Konzentration deutscher Überwasserkräfte in der Ostsee. Außer den schwedischen Hoheitsgewässern wurde die gesamte Ostsee zur direkten Kampfzone.

Mit dem Vorstoß sowjetischer Einheiten von Süden und Osten auf Ostpreußen wurden die Heereseinheiten und die Bevölkerung an die Küste der Ostsee gedrückt. In dieser Situation veranlaßte das OKW die Einleitung sofortiger Maßnahmen zur Evakuierung der deutschen Bevölkerung aus den Ostgebieten.

Die Hauptlast trug die deutsche Kriegsmarine, die damit die größte Evakuierungsaktion über See in der modernen Seekriegsgeschichte durchführte.

Zu gleicher Zeit verstärkten die britische und US-amerikanische Luftwaffe ihre Angriffe auf die deutschen Küstenstädte und die Verminung der Zwangswege in der Ostsee. Im betrachteten Seegebiet sind nach bisheriger Analyse ungefähr 90 Schiffe durch Minen und 102 Schiffe durch Bomben und Raketen versenkt oder vernichtet worden.

Viel wurde schon über die Flucht deutscher Menschen aus Ostpreußen und Pommern geschrieben und im besonderen über die Evakuierungstransporte durch Überwasserkräfte der deutschen Kriegsmarine.

Erstmals werden in diesem Buch die Einsätze von U-Booten und die von Einheiten der Luftwaffe (See) im Rahmen von Evakuierungen dargestellt. Das Heer, das durch die Abwehrkämpfe der im Küstengebiet gebildeten Verteidigungsbereiche die Evakuierungen erst ermöglichte, wird gebührend beachtet.

Umfangreiche Recherchen sowie Gespräche mit Augenzeugen haben die Authentizität der Darstellungen erhöht, wobei wir feststellen mußten, daß auch der Inhalt von Originaldokumenten vor allem in den letzten Wochen des Krieges nicht immer den tatsächlichen Kriegsereignissen vor Ort entsprach.

Unser Anliegen wird in einem Schreiben von Frau Hannelore Born, einem Flüchtlingskind aus Pommern, auf den Punkt gebracht, wenn sie schreibt: »Was können wir Jüngeren Besseres tun als die Erinnerung wachhalten, die Zeitgeschichte erforschen, Fakten zusammentragen und damit der Wahrheit die Ehre geben.«

Stralsund / Rostock, September 1994

Wolfgang Müller / Reinhard Kramer

Vorwort zur zweiten Auflage

Wir freuen uns, nunmehr die zweite Auflage vorlegen zu können. Die Resonanz auf dieses Buch war so groß, daß wir selbst überrascht waren.

Viele Hinweise, die wir erhielten, hatten einerseits sachliche Ergänzungen zur Folge, andererseits wurde wir auch mit Reaktionen konfrontiert, die uns emotional sehr berührt haben. Noch immer beschäftigen die Ereignisse am Ende des Zweiten Weltkrieges die Menschen. Sie sind aus der Erinnerung jener nicht zu löschen, die diese Zeit miterlebt haben.

Deshalb sind wir besonders froh, die in der ersten Auflage enthaltenen Darstellungen ergänzen bzw. präzisieren zu können. Dies betrifft insbesondere die im Verlauf des Krieges in Wracklage gekommenen Schiffe und Boote. Hatten wir für das betrachtete Seegebiet anfangs 792 Wracks ermittelt, so konnten wir diese dank der Leserzuschriften auf 772 reduzieren.

In Wracklage kamen:
173 Kriegsschiffe,
187 Handelsschiffe,
52 Fischereifahrzeuge,
102 Technische Fahrzeuge,
9 Schulschiffe und Sportboote sowie
249 Wracks, die noch nicht eindeutig zugeordnet werden konnten (namentlich sind davon 39 bekannt).

Im Verlauf der weiteren Bearbeitung ergaben sich neue Wracks, die uns bisher nicht bekannt waren. Leider konnten wir diese in der zweiten Auflage noch nicht berücksichtigen, da sie in einer neuen Wrackliste erfaßt werden müssen.

Für die sachdienlichen Hinweise möchten wir uns recht herzlich bedanken.

Stralsund/Rostock, August 1996

Wolfgang Müller/Reinhard Kramer

1945 – Die letzten Monate des Krieges

Großadmiral/Staatsoberhaupt Karl Dönitz.
Bevor sich Adolf Hitler am 30. April 1945 in der Reichskanzlei das Leben nahm, ernannte er Dönitz in seinem Testament vom 29. April zu seinem Nachfolger.

Das Kriegsjahr 1945 begann für die Völker der Antihitlerkoalition mit der Gewißheit, daß der seit über fünf Jahren tobende Zweite Weltkrieg nunmehr beendet werden würde.

Diese Hoffnung fußte auf den Ergebnissen der Kriegsereignisse des Jahres 1944, die der deutschen Wehrmacht eine Niederlage nach der anderen gebracht hatte. Im Westen war der Atlantikwall, den der Reichspropagandaminister Goebbels für uneinnehmbar erklärt hatte, durchbrochen worden. Frankreich, Belgien und Teile Hollands waren befreit, die am 16. Dezember 1944 begonnene deutsche Ardennenoffensive ins Stocken geraten. An der Ostfront war die Heeresgruppe (HGr.) Nord von Leningrad bis an die lettische Ostseeküste zurückgeworfen und eingekesselt worden. Die Verbindung zur noch existierenden HGr. Mitte, die selbst in schweren Abwehrkämpfen bis auf wenige Kilometer östlich von Warschau zurückgehen mußte, ging verloren. Die Sicherheit des Führerhauptquartiers in Ostpreußen war nicht mehr gegeben. Hitler mußte am 20. November 1944 die »Wolfsschanze« in den Wäldern von Rastenburg aufgeben und die Sprengung des zum Mythos für die Stärke und Unbesiegbarkeit Deutschlands gestempelten Hauptquartiers anordnen.

Auch die HGr. A mußte bis an die Weichsel und die HGr. Süd sich vom Schwarzen Meer bis auf Budapest zurückziehen. In Süditalien waren Amerikaner und Briten und in Griechenland Briten gelandet. Die Partisanenarmee Titos in Jugoslawien befand sich auf dem Vormarsch.

Die Verbündeten des Deutschen Reiches Rumänien und Bulgarien hatten kapituliert und waren auf die Seite der Alliierten gegen Deutschland in den Krieg getreten. Finnland dagegen schloß mit der Sowjetunion einen Waffenstillstandsvertrag ab und beendete so die deutsch-finnische Waffenbrüderschaft.

An allen Fronten befand sich die Wehrmacht in Abwehrkämpfen und wurde unaufhaltsam auf das Reichsgebiet zurückgedrängt.

Acht Tage früher als geplant und dem Hilfeersuchen des britischen Premierministers Churchill folgend, gingen im Morgengrauen des 13. Januar 1945 die sowjetischen Armeen von der Ostsee bis zu den Karpaten auf einer Frontlänge von 600 km zu einer neuen Großoffensive über, der »Weichsel-Oder-Operation«.

Die Wehrmachtsführung ließ in Vorbereitung auf den zu erwartenden Vorstoß der Roten Armee nach Westen bereits seit dem Sommer 1944 zwischen den Flüssen Weichsel und Oder sieben Stellungssysteme in einer Tiefe von 500 km ausbauen. Besondere Aufmerksamkeit widmete man dem Bau der »Nibelungen-Stellung«. Sie begann am Oderhaff, verlief entlang den Flüssen Oder und Neiße und zog sich über den Rand der Karpaten bis zu den Ostalpen hin. An der Oder wurden die Städte Stettin, Schwedt, Küstrin und Frankfurt/Oder zu Festungen erklärt. Die »Nibelungen-Stellung« war somit der letzte Rückhalt für die Reichshauptstadt Berlin und damit für das Reichsinnere, falls es den angreifenden Sowjettruppen gelingen sollte, das vorgelagerte gestaffelte Verteidigungssystem zu überwinden.

Am 14. Januar 1945 eröffnete die 1. Belorussische Front unter dem Befehl von Marschall Shukow die Offensive.

Der Großadmiral
OKW/WFSt
Nr. 89003/45 G. K. Chefs.

7. Mai 1945
12 Ausfertigungen

Chefsache!
Nur durch Offizier!

FRR-Fernschreiben/Funkspruch

An
1. OKM/Skl, Adm. Meisel (durch Kurier)
2. OKL, z. H. Generalmajor Christian (durch Kurier)
3. Ob.H.Gr. Kurland, Gen. d. Inf. Hilpert
4. Ob.AOK Ostpreußen, Gen. d. Pz.Tr. v. Saucken
5. Ob. Süd, Generalfeldmarschall Kesselring
6. Ob.H.Gr. Mitte, Generalfeldmarschall Schörner
7. Ob.H.Gr. Südost, Generaloberst Löhr
8. Ob.H.Gr. Ostmark, Generaloberst Rendulic
9. Ob.Geb.AOK 20, Gen. d. Geb.Tr. Böhme
10. Kommandant Ägäis, Generalmajor Wagner
11. Kommandant Kreta, Generalmajor Benthak
12. An alle Westfestungen und Kanalinseln
13. nachr.: Führungsgruppe B, Gen. d. Geb.Tr. Winter
14. nachr.: Ob.Nordwest, Generalfeldmarschall Busch

1. Am 7. Mai 1945, 02.41 Uhr Gesamtkapitulation durch Oberkommando der Wehrmacht für alle Streitkräfte zu Lande, zu Wasser und in der Luft an Oberkommando der Alliierten Expeditionsstreitkräfte und gleichzeitig an sowjetisches Oberkommando unterschrieben. Dies war unvermeidlich, um in kurzer Zeit zu erwartende vollständige Vernichtung bestimmter Frontteile zu verhüten und somit noch möglichst viele Menschen für Deutschland zu retten.
2. Danach ist mit dem 9. Mai 1945, 00.00 Uhr deutscher Sommerzeit jede aktive Kampftätigkeit einzustellen. Alle Dienststellen des Heeres, der Kriegsmarine und der Luftwaffe sowie die Truppen aller Wehrmachtteile und der Waffen-SS verbleiben in den zu diesem Zeitpunkt eingenommenen Stellungen. Ab sofort darf kein Schiffsfahrzeug und kein Flugzeug versenkt oder zerstört, kein Rumpf, Maschinenanlage oder Ausrüstung irgendwie beschädigt werden. Alle weiteren Befehle, die durch das Oberkommando der Alliierten Expeditionsstreitkräfte und durch das sowjetische Oberkommando nach dem 9. Mai 1945, 01.00 Uhr erlassen werden, sind auszuführen. Andernfalls werden das Oberkommando der alliierten Expeditionsstreitkräfte und das sowjetische Oberkommando Strafmaßnahmen oder andere über die Kapitulationsbedingungen hinausgehende Schritte unternehmen.

Zusatz für H.Gr. Kurland und AOK Ostpreußen:

Alle bis zum 9. Mai 1945, 01.00 Uhr gegebenen Möglichkeiten zum Abtransport über See sind unter äußerster Anspannung aller Kräfte auszunutzen. Alle Schiffe müssen bis zu diesem Zeitpunkt ausgelaufen sein.

gez. Dönitz
OKW/WFSt Nr. 89003/45 g. K. Chefs.
F. d. R.
gez. Brudermüller
Obstlt. d. Genst.

Verteiler:

OKM/Skl	1. Ausf.
OKL/Gen. Christian	2. „
Adj. Großadm.	3. „
Reichsaußenmin.	4. „
Chef OKW/WFSt	5. „
Chef Führ.Gr./Ktb.	6. „
Chef Op (H)	7. „
Op (H)/Ia	8. „
Op (M)	9. „
Op (L)	10. „
OKW/Chefgr.	11. „
Reserve	12. „

Fernschreiben über die Kapitulation vom 7. Mai 1945

Flensburg/Mürwik 23. Mai 1945:
Verhaftung von Dönitz und seiner Reichsregierung durch britische Truppen.
Letzter Regierungssitz war das Passagierschiff *Patria*. Generaladmiral von Friedeburg, Oberbefehlshaber der Kriegsmarine und Generaladmiral Oskar Kummetz, Oberbefehlshaber des Marineoberkommandos der Ostsee, gefolgt von einem britischen Offizier verlassen am 23. Mai die an der »Blücherbrücke« liegende *Patria*.

Bereits am 17. Januar mußten die Deutschen die polnische Hauptstadt Warschau aufgeben. Die Truppen der Roten Armee drangen mit einem durchschnittlichen Vormarschtempo von 25 bis 35 km pro Tag nach Westen vor. Das deutsche Stellungssystem wurde rasch überwunden. Schon am 30. Januar 1945 erreichte die Vorausabteilung der 5. Stoßarmee die Oder bei der Ortschaft Kienitz und drang noch in der Nacht zum 31. Januar über die zugefrorene Oder auf das Westufer vor. Der erste Brückenkopf, nur 60 bis 70 km vor Berlin, war geschaffen und die »Nibelungen-Stellung« an einer Stelle durchstoßen!
In dieser Phase der Kampfhandlungen an der Ostfront erfolgte auf Befehl Hitlers mit Wirkung vom 25. Januar 1945 eine Umbenennung der HGr. Nord in HGr. Kurland, der HGr. Mitte in HGr. Nord und der HGr. A in HGr. Mitte. Zugleich schuf er eine HGr. Weichsel, zu deren Oberbefehlshaber er den Reichsminister des Innern und Reichsführer

Berlin/Karlshorst 8. Mai 1945: Auf energisches Ersuchen der Sowjetunion werden die Vertreter des Oberkommandos der Wehrmacht (OKW) von den Westalliierten nach Berlin geflogen, um vor den Bevollmächtigten der Sowjetunion, Großbritanniens und den Vereinigten Staaten die allgemeine und bedingungslose Kapitulation zu unterschreiben. Als Vertreter des OKW unterzeichnen (v.l.n.r.)
Fliegergeneral Stumpf (Luftwaffe), Generalfeldmarschall Keitel (Heer) und Generaladmiral von Friedeburg (Marine).

SS Heinrich Himmler ernannte. Diese Heeresgruppe, die bisher nur auf dem Papier stand, wurde zwischen der HGr. Nord und Mitte eingeschoben.
Durch das Zurückdrängen der deutschen Wehrmacht an allen Fronten kam es zu deren ständiger Verkürzung und damit zur Stärkung der einzelnen Frontabschnitte. Die deutsche Kriegsmarine sowie die Seenotflottillen und -staffeln der Luftwaffe (See) konnten nur noch von den norwegischen, dänischen und deutschen Küsten aus operieren. Neben Hunderten von kleineren Einheiten wurden alle noch vorhandenen größeren Kampfschiffe (vom Schweren Kreuzer bis zum Torpedoboot) in die Ostsee verlegt und kamen an der Ostfront, entlang der Küste, zum Einsatz.
Geschlossen kämpften die Angehörigen der deutschen Kriegsmarine, im Glauben an die soldatische Pflichterfüllung, bis fünf Minuten nach Zwölf.
Die Rettung der ostdeutschen Bevölkerung und deutscher Truppen auf dem Seewege wirkte hier in hohem Maße motivierend.
Dazu kamen Anweisungen der militärischen Führung.
In einem Geheimerlaß des Oberbefehlshabers der Kriegsmarine, Großadmiral Dönitz, vom 11. April 1945 (KMA 23641/45 geh.) hieß es u.a.:
»– Die Ehre unserer Flagge an Bord ist uns heilig.
Niemand denkt daran sein Schiff zu übergeben.
Lieber in Ehren untergehen. Das ist uns allen selbstverständlich.
– Die Kriegsmarine wird bis zum Letzten kämpfen.
Sie wird einmal von der Nachwelt danach beurteilt werden, wie ihre Haltung in der schwersten Krisis dieses Krieges gewesen ist. Dasselbe gilt auch für jeden einzelnen. Frühere Taten sind ausgelöscht, wenn er in der entscheidenden Stunde, für deren Bestehen er Soldat geworden ist, versagt.
Oder glaubt jemand, daß der Gegner vor einem, der feige kapituliert, Achtung hat? Er ist ihm zwar willkommen, wird aber dann verachtet und entsprechend behandelt.
– So muß die Kampfgeschlossenheit unserer Kriegsmarine erhalten bleiben. Die ist der beste Beitrag, den wir zur Wende der augenblicklichen Krisis geben können.«
Im Gegensatz zur Westfront kam es an der Ostfront zu besonders erbitterten Abwehrkämpfen, die erst mit der bedingungslosen Kapitulation der deutschen Wehrmacht am 9. Mai 1945, 01.00 Uhr deutscher Sommerzeit, ihr Ende fand.

OKW-Befehl zur Durchführung der Kapitulation im Nordraum

OKW-Befehl zur Durchführung der Kapitulation im Nordraum.
(OKW Führungsstab, B.Nr. 003007/45 g. Kdos vom 4. Mai)

„Ab 5. 5. 45 08.00 Uhr deutsche Sommerzeit Waffenruhe gegenüber den Truppen des Feldmarschalls Montgomery. Sie umfaßt alle Verbände des Heeres, der Kriegsmarine, der Luftwaffe und der Waffen-SS im Bereich der Niederlande, Friesland einschließlich der west- und ostfriesischen Inseln und Helgoland, Schleswig-Holstein und Dänemark. Sofort an sämtliche unterstellten Truppen bekanntgeben. Eingang des Befehls nachprüfen. Truppe bleibt mit ihren Waffen in Stellung. In See befindliche Transportbewegungen der Kriegsmarine laufen weiter. Keinerlei Zerstörungen, Schiffsversenkungen und Kundgebungen. Sicherung aller Vorräte. Gehorsam und Disziplin mit eiserner Strenge aufrecht erhalten. Weitere Befehle folgen.*)

gez. Keitel."

*) Anm.:
Abschrift dieses Befehls gem. Chef Mar Rüst B.Nr. 2675/45 g. Kdos vom 5. 5. 45.

Evakuierungstransporte in der Ostsee

Genau drei Jahre nach Beginn des Ostfeldzuges am 22. Juni 1941 trat die Rote Armee auf der gesamten Frontbreite am 22. Juni 1944 zum Großangriff, zur Zerschlagung der deutschen Wehrmacht, an.
Die 1. Baltische und die 3. Belorussische Front griffen gemeinsam mit der 3. Luftarmee die deutsche Heeresgruppe Nord, die spätere HGr. Kurland, an. Am 10. Oktober 1944 erreichen Einheiten der 1. Baltischen Front bei Polangen nördlich von Memel die Ostsee, am 13. Oktober wurde Riga eingenommen. Damit war die HGr. Nord eingekesselt und vom Hinterland abgeschnitten. Jetzt galt es vorrangig, die beiden lebensnotwendigen Häfen Windau und Libau zur Versorgung dieser Heeresgruppe zu sichern und zu verteidigen.
Mit dem Durchbruch sowjetischer Truppen zur Ostsee erweiterte sich der Aktionsradius ihrer Seefliegerkräfte. Seitens der Baltischen Rotbannerflotte konnten jetzt verstärkt U-Boote und Schnellboote zum Einsatz gebracht werden. Die Ostsee war zum Kampfgebiet geworden und erforderte eine verstärkte Sicherung der deutschen Küstenstädte, Häfen, Werften und Ausbildungsbasen.
Die 4. U.L.D. mit ihrem Stützpunkt Memel war die östlichste Dienststelle der Kriegsmarine in der Ostsee und seit dem 10. Oktober 1944 unmittelbar in den Frontbereich gelangt. Aufgrund des weiteren Vordringens sowjetischer Truppen mußte sie bereits im November 1944 evakuiert werden. Am 28. Januar 1945 wurde Memel von der Roten Armee besetzt.
Bereits seit dem Spätsommer/Frühherbst 1944 hatte der Kommandeur der 24. U-Fl. in Memel, Fregattenkapitän Karl-Friedrich Merten, mit der Evakuierung der Zivilbevölkerung aus Stadt und Hinterland begonnen. Dem entschlossenen Handeln dieses Marineoffiziers haben etwa 56 000 Memelländer ihr Leben zu verdanken.
Gegen den Widerstand der nationalsozialistischen Parteigrößen vor Ort setzte er mit Hilfe von Großadmiral Dönitz die sofortige Einleitung von Evakuierungsmaßnahmen durch. Seitens der 9. Sich.Div. wurden folgende Schiffe für den Abtransport zur Verfügung gestellt:
Wolta, Vega, Angelburg, Nordland, Goya, Lech, Messina, Weilheim und *Heinz Horn*. Durch den Kommandeur der 9. Sich.Div. wird zur Gewährleistung einer organisierten Beladung der Schiffe Oblt. z.S. Willi Überheide eingesetzt. Ihm wird als z.b.V.-Kommandierter der Oberbootsmaat August Böttcher unterstellt. Er berichtet über die damalige Aktion:
»Am 15. Oktober 1944 erhielt ich meine Kommandierung als z.b.V.-Mann zu Oblt. Überheide. Er war verantwortlich

Geleitzug in der Ostsee Frühjahr 1945

für die Organisation der Beladung der Schiffe mit Verwundeten und Flüchtlingen und war gleichzeitig der Marineverbindungsoffizier zum Heer. Erst waren wir im Brückenkopf Memel tätig und später dann bei Neukuhren, Danzig, Schievenhorst, Nickelswalde, Kahlberg und zum Schluß in Hela.
Er war mein direkter Vorgesetzter. Meine vorrangigste Aufgabe bestand in der Organisation der Verschiffung und der Registrierung der zu transportierenden Personen. Die russische Offensive hatte sich in bedrohlicher Weise der ostpreußischen Grenze genähert, so daß der Geschützdonner bereits in Memel hörbar war. Die Bevölkerung hielt es für Gewittergrollen und wurde nicht über den Frontverlauf aufgeklärt. Auch ihre damalige Zeitung »Memeler Dampfboot« durfte hierüber nicht berichten, weil der damalige Reichsverteidigungskommissar und Gauleiter der Partei, Erich Koch, das verboten hatte. In dieser bedrohlichen Lage veranlaßte er, daß noch 6 000 Hitlerjungen aus dem Reich geholt wurden um den »Erich-Koch-Wall« zu bauen. Wie er glaubte, sollte dieser die Russen aufhalten. Mit Lageplan und Kartenmaterial fuhr er zu seinem »Führer«, um über die getroffenen Verteidigungsmaßnahmen zu berichten. Fregattenkapitän Merten war anderer Meinung als Koch und handelte nach eigenem Ermessen. Aus bewährten Offizieren stellte er einen Funktrupp zusammen und setzte ihn zur Frontaufklärung in Marsch.
Es kam ihm darauf an, zu erfahren, ob der Bevölkerung Gefahr drohe und ob der Ausbildungsbetrieb für die U-Bootbesatzungen weiter laufen konnte.

Die Mitteilungen des Funktrupps waren niederschmetternd. Dicht hinter der dünn besetzten HKL hatten sie die am »Erich-Koch-Wall« zu Schanzarbeiten eingesetzten Personen entdeckt, darunter auch die 6 000 Hitlerjungen. Diese wußten nicht in welcher Gefahr sie sich befanden. Die Lagebeurteilung des Funktrupps teilte Fregattenkapitän Merten Großadmiral Dönitz in schonungsloser Offenheit mit. Daraufhin erteilte ihm dieser alle Vollmacht zum sofortigen Räumen der Stadt Memel und des Hafens. Insbesondere sollte die rasche Rückführung der 6 000 Hitlerjungen veranlaßt werden. Diese Jungen, die noch Kinder waren, wir nannten sie Schanzkinder, wurden sofort von der Front geholt, auf die bereitliegendenn Schiffe *Messina* und *Weilheim* gebracht und nach Westen abtransportiert. Keiner dieser Jungen war über 15 Jahre!
Diese entschlossene Handlungsweise, gegen den Willen der Parteiführer, führte zur Konfrontation mit der Dienststelle des Gauleiters. Ein Kriegsgerichtsverfahren wurde Fregattenkapitän Merten angedroht. Durch die Kriegsereignisse konnte es nicht mehr anhängig werden. Unter dem Schutz der Marineangehörigen und mit beherzten Männern anderer Dienststellen konnte die Evakuierung der Zivilbevölkerung Memels eingeleitet werden.

Schnellboot der 5. S-Fl. auf dem Marsch in der Ostsee

Einige Wochen später, die Evakuierung war noch nicht abgeschlossen, erfolgten dann russische Bombenangriffe auf die Stadt. Der Ausbildungsbetrieb der U.L.D. mußte endgültig eingestellt werden und es erfolgte die Verlegung nach Gotenhafen. Am 27. Januar 1945 verließ ich mit meinem Kommando unter Mitnahme von Verwundeten und dem Sprengkommando Memel.«
Noch im Winter 1944/45 wurden unter dem Einfluß machtvoller Offensiven der Alliierten die Evakuierungen sowohl im Westen als auch im Osten des Reichsgebietes angeordnet. Pläne für die Evakuierung der Zivilbevölkerung aus grenznahen Gebieten lagen vor, waren sie doch bereits vor Kriegsbeginn erarbeitet worden. Nachdem bekannt geworden war, daß durch die europäische Konsultativkommission der Alliierten am 12. September und 14. November 1944 ein Abkommen zur Aufteilung und Verwaltung des Reichsgebietes nach der Kapitulation Deutschlands ausgearbeitet worden war, erfolgte ab Januar 1945 eine grundlegende Veränderung der Evakuierungspolitik.
Zum Bestandteil der »Überlebensstrategie« gehörte auch das Bestreben, die Antihitlerkoalition zu spalten. So wurden die Evakuierungen in den von den Westalliierten zu besetzenden Gebieten teilweise eingestellt und aus den Gebieten östlich der Oder Zwangsevakuierungen eingeleitet.
Die »Rettung der Bevölkerung« hatte danach folgende Zielstellung:

1. Erhaltung des Menschenpotentials für das zu erwartende Restreich.
2. Bewahrung wichtiger militärischer Kräfte und Fachspezialisten vor der sowjetischen Gefangennahme.
3. Demonstration der »Bolschewistischen Gefahr« gegenüber den Westalliierten, insbesondere für die Öffentlichkeit in den USA und Großbritannien.
4. Schaffung von Organisationsproblemen durch Überbevölkerung in den durch die Westmächte besetzten Gebieten Deutschlands.

Beispielgebend sei hierfür der Befehl des Oberbefehlshabers der HGr. Mitte, Generaloberst F. Schörner, vom 04. April 1945 über die vom OKW angeordneten Zwangsevakuierungsmaßnahmen der Zivilbevölkerung angeführt:
»In der letzten Zeit sind im Bereich einer Division wiederum eine große Anzahl deutscher Zivilisten und Ostarbeiter im jetzt feindlichem Gebiet zurückgeblieben. Außerdem stelle ich bei meinem Frontbesuchen im gesamten Heeresgruppenbereich immer wieder fest, daß Frauen und Kinder bis dicht hinter die HKL die Ortschaften bevölkern. Das sind untragbare Zustände. Im Interesse der Kampfführung und um Frauen und Kinder vor der bolschewistischen Greuel zu bewahren, muß ich daher fordern:

a) Völlige Evakuierung einer 5-km-Zone hinter der Front auch unter Inkaufnahme, daß in diesem Gebiet die Frühjahrsbestellung unterbleibt.
b) Abbeförderung aller Kinder und nicht arbeitsgebundener Frauen aus dem jeweils der Heeresgruppe zur Auflockerung vorgesehenen Raum.
c) Verhinderung der Rückkehr der evakuierten Teile der Bevölkerung zu ihren alten Wohnsitzen.

Ich ersuche die Herren Verteidigungskommissare obige Maßnahmen mit aller Beschleunigung durchzuführen und mir den voraussichtlichen Termin der beendeten Durchführung mitzuteilen.«

Das Passagierschiff *Steuben* des NDL gehörte während des Krieges zur KM und war in Kiel stationiert. Später erfolgte der Einsatz als VTS in der Ostsee. Am 9. Februar 45 lief das Schiff mit 2500 Verwundeten und 2000 Flüchtlingen aus Pillau aus. Auf seiner Fahrt nach Westen wurde das Schiff nördlich Stolpmünde durch das sowjetische U-Boot *S-13* torpediert, wobei etwa 3000 Menschen den Tod in der See fanden.
Vermessung: 14660 BRT;
L/B/T: 160,6 m / 19,8 m / 13,3 m;
Geschw.: 15,0 sm/h;

Im Zuge des allgemeinen schnellen Vormarsches der sowjetischen Streitkräfte erreichten die Armeen der 1. Belorussischen Front am 3. März 1945 die Oder bei Stettin. Die Landverbindung zwischen dem pommerschen Nordraum und dem Reich war nunmehr abgeschnitten. Einheiten der HGr. Nord, der HGr. Mitte und der HGr. Weichsel sowie die flüchtende Zivilbevölkerung wurden durch die 1., 2. und 3. Belorussische Front an die Küste der Ostsee gedrückt.

Dadurch kam es im Bereich von Inseln und Küstenstädten zu Truppen- und Flüchtlingsansammlungen, die dann Bezeichnungen wie »Brückenkopf« und »Fester Platz« erhielten. Zur Gewährleistung einer exakten Befehlsübermittlung wurden durch ein OKW-Dokument vom 30. Januar 1945 dafür die Bezeichnungen Verteidigungsbereich, Festung oder Ortsstützpunkt festgelegt. Sie waren mit allen zur Verfügung stehenden Mitteln zu verteidigen, um die Evakuierungen über See zu gewährleisten. Ein Fernschreiben von General Weiß, dem Oberbefehlshaber der 2. Armee, schränkte den Kreis der dafür in Betracht kommenden Personen ein und besagte unmißverständlich:

»Kein kampffähiger Mann verläßt den Raum Pommerns!«

Es wurden Auffangstäbe (genannt »Heldenklau«) gebildet, die die Zurückströmenden nach Kräften siebten und gleich vor Ort entschieden, wer fronttauglich, d.h. kriegsverwendungsfähig (KV), war.

Die Evakuierung erfolgte als Kurzstreckentransporte (in Küstennähe) oder aber in großen »Westgeleiten«, wie z.B.

Verteidigungsbereiche	
Gebiet/Stadt/Ort	**Räumung/Kapitulation**
1. Sworbe (Sörve)	24.11.1944
2. Kurland	
Häfen: – Windau (Ventspils)	09.05.1945
– Libau (Liepaja)	09.05.1945
3. Memel (Klaipeda)	28.01.1945
4. Königsberg (Kaliningrad)	09.04.1945
5. Pillau (Baltisk)	25.04.1945
6. Brausberg (Braniewo)	30.03.1945
7. Weichselniederung	09.05.1945
9. Danzig (Gdansk)	29.03.1945
10. Gotenhafen (Gdynia)	29.03.1945
11. Oxhöft (Oksywie)	05.04.1945
14. Kolberg (Kołobrzeg)	18.03.1945
15. Stepenitz (Stepnica)	07.03.1945
16. Hagen (Reclaw)	07.03.1945
17. Stettin (Szczecin)	26.04.1945
18. Usedom/Wollin	
Hafen: Swinemünde	
(Swinoujscie)	05.05.1945
19. Saßnitz	05.05.1945
20. Insel Bornholm	09.05.1945

bei der Evakuierung von Einheiten der HGr. Kurland. Abgangshäfen waren Windau und Libau. Laut Führerbefehl OKW/WFST/QU 1 Nr. 004775/44 g.Kdos vom 12. Juli 1944 hatte der Oberbefehlshaber der Kriegsmarine, Großadmiral Dönitz, die Führung der Seetransporte für die von der Heimat abgeschnittenen Gebiete zu übernehmen. Entsprechend der militärischen Lage im Ostseeraum ergab sich die Notwendigkeit, die Flüchtlingstransporte mit den

taktischen Aufgaben der Kriegsmarine zu koordinieren. Diese Aufgabe übertrug Großadmiral Dönitz, entsprechend den Ausführungsbestimmungen zum Führerbefehl, dem Konteradmiral Conrad Engelhardt. Als »Chef der Schiffahrtsabteilung der Seekriegsleitung« des OKM (Skl.Adm.Qu. AVI) übernahm er zugleich die Funktion als »Seetransportchef der Wehrmacht« (Seetra-Chef). Schiffe und Boote der Kriegs- und Handelsmarine standen damit in der Ostsee unter einer einheitlichen Führung.
Träger der Flüchtlingstransporte war vor allem die Handelsschiffahrt mit ihren etwa 400 im Einsatz befindlichen Schiffen. Seitens der Kriegsmarine wurden die U-Boote, aus Gründen der eigenen Sicherheit, von vornherein nicht in die offizielle Rettungsaktion mit einbezogen.
In der letzten Phase des Krieges erfolgte auch die Unterstellung der Seefahrzeuge der Luftwaffe (See), ab 9. März 1945, unter den Seetra-Chef östliche Ostsee, Korvettenkapitän Harries.
Bis zum 12. März 1945 befand sich die Dienststelle in der Hamburger Alten Rabenstraße. Beim Bombenangriff auf die Stadt in der Nacht vom 12. zum 13. März wurde die Dienststelle schwer getroffen, so daß von einer weiteren Nutzung abgesehen wurde. Zur Gewährleistung einer sicheren operativen Führung der gesamten Evakuierungsmaßnahmen verlegte Konteradmiral C. Engelhardt seinen Stab auf das Frachtschiff *Malaga* (2 146 BRT). Dieses lag mit Maschinenschaden und damit manöverierunfähig bei Sonderburg vor Anker. Der Frachter verfügte über eine

Fregattenkapitän Karl-Friedrich Merten, Flo.Chef der 24. U-Fl. in Memel

leistungsstarke Funkstation und genügend Wohnraum um den Stab unterzubringen. Kurz darauf erfolgte die Verlegung des Schiffes mit Schlepperhilfe nach Flensburg. Nach Ausfall der Zentrale in Hamburg wurde die Führung der Seetransporte in der Ostsee dem MOK Ost in Kiel (Qu III) unter Korvettenkapitän Eschricht übertragen. Die Gesamtorganisation verblieb jedoch beim Seetra-Chef.
Ausgehend vom gegnerischen Waffeneinsatz mußten die als Transporter fahrenden Handelsschiffe gegen U-Boote, Minen und Fliegerangriffe geschützt werden. Der Minenkrieg in der Ostsee zwang das OKM, zur Sicherheit von Einzelfahrern und Geleiten, Zwangswege einzurichten und diese minenfrei zu halten. Besonders galt es ab Ja-

Flugboot Blohm & Voss *BV 138*. Neben den Flugbooten der SNGr. 81/Ostsee kam auch das Aufklärungsflugzeug *BV 138* der Aufklärungs-Ergänzungsstaffel Kopenhagen zum Evakuierungseinsatz.

Von Fernschr. ausfüllen	Fernschreibstelle Bug/Rügen Fernschreiben LBBY Nr.		
	+ LBBY Nr. 122		
	angenommen am 2.3/4	befördert am 2.3/4	MKS
	Uhrzeit (1340) von seenotgr 81	Uhrzeit 1430	an balsgrün
	durch Go	Rolle 9	durch Go

Von Aufgeber ausfüllen		
Dr.-Grad - SSD -	Anschriften	
takt. Uhrzeit	1. Kommando d.Lw.Versorgung See Kiel	
ohne / mit Anschriften-übermittlung	2. Nachr.: ~~General d.Seewesens d.Lw.~~	
	3. Seenotverbindungskdo.d.Lfl.Reich Schleswig	
Offen	Geheim	Geheime Kommandosache

Betr.: Verluste beim Untergang des Flugsicherungsschiffes "Boelcke".

1.) An Bord befanden sich

	72	Mann Besatzung
	2	Hilfsschwestern
	2	Flüchtlinge
	1	Major (Ritterkreuzträger) vom Stab der 4.Armee
insgesamt	77	Personen

2.) Durch Flugsich.Schiff "Greif" wurden 47 Besatzungsmitglieder und 1 Hilfsschwester geborgen, in Bug ausgeschifft und vorläufig untergebracht.
Nach Auskunft der überlebenden Schiffsleitung sind beim Untergang folgende Personen positiv zu Tode gekommen:

der Major vom Stab der 4.Armee (Name unbekannt)
die Hilfsschwester, Frau Gertrud K o m o t a t, (keine Angehörigen mehr),
die Flüchtlinge, Frau und Sohn des Hafenkapitän von Pillau (wahrscheinl.Name M e i n e r t
der leitende Ing. P e t e r i n g,
der Funkoffz. H ü b b e r s
der Funkoffz. E i l m a n n
Wach-Ing. D e e r i n g
Wach-Ing. L o c k h o f f
Motorenwärter S c h o o d t
Elektriker P r a h l.

3.) Weitere 6 Besatzungsangehörige sollen nach ~~unwahrscheinlichen~~ noch nicht bestätigten Meldungen durch ein Fahrzeug der Marine gerettet sein.

4.) Es werden somit noch vermisst:

1 3 M a n n.

5.) Namentliches Verzeichnis der in Bug Ausgeschifften folgt durch Kurier.

Seenotgruppe 81
gez. Born, Hptm.
B.Nr.1635/45 geh.

Born
Hauptmann u. Gruppenkommandeur

nuar 1945 die vorstoßenden sowjetischen U-Boote unter Wasser zu drücken, um so deren Handlungen einzuschränken und die Verluste an deutschen Überwassereinheiten in Grenzen zu halten. Dieser Aufgabe Rechnung tragend erfolgte im Verband der Luftflotte 6 die Aufstellung einer Sicherungsgruppe unter dem Fliegerführer 6 mit Kommandositz auf dem Seefliegerhorst Kamp (22. Januar 1945), westlich von Kolberg. Diesem wurden unterstellt:

Verband	Stützpunkt/Horst
1. Stab der SAGr. 126	Pillau (Verlegung am 29.01.1945 nach Parow)
-1. Staffel	Bug auf Rügen
-2. Staffel	Pillau (Verlegung am 29.01.1945 nach Parow)
-3. Staffel	Bug auf Rügen
2. Bordfliegergruppe 196	Nest u. Bug auf Rügen
3. 1. Minensuchgruppe (unterstellt ab 03.02.1945)	Dievenow
4. Ergänzungs- und Aufklärungsstaffel (unterstellt ab 09.02.1945)	Kopenhagen

Anmerkung:
a) Den bisherigen Veröffentlichungen nach soll dem Fliegerführer 6 auch die SNGr. 81/Ostsee, mitunter auch als Seenotgruppe 60 bezeichnet, unterstellt worden sein. Nach Aussage (26.01.1992) des damaligen Gruppenkommandeurs, Flugkapitän Hptm. K. Born, entspricht das nicht den Tatsachen. »Die SNGr. 81/Ostsee unterstand bis zum Kriegsende dem Seenotführer Mitte.«
b) Die SAGr. 130, außer der 1. und 3. Staffel, sowie die SAGr. 131 wurden bis April 1945 aus dem Nordraum nach Deutschland verlegt und kamen vorwiegend in der Ostsee zum Einsatz. Inwieweit diese dem Fliegerführer 6 unterstellt waren, konnte bisher nicht ermittelt werden.

Der Mangel an Geleitfahrzeugen sowie das Verhältnis zwischen Größe und Anzahl der Geleitobjekte (Handelsschiffe) entsprachen im Evakuierungszeitraum 1945 nie den Erfordernissen. Von außerordentlicher Bedeutung war auch die Tatsache, daß die deutsche Luftverteidigung ihrer Aufgabe aus vielerlei Gründen nicht mehr gerecht werden konnte. Die Luftwaffe verlor mit dem Vormarsch der Roten Armee nach und nach ihre Fliegerhorste in Ostpreußen und im Bereich der pommerschen Küste. Des weiteren bedingte der akute Treibstoffmangel eine Reduzierung der Flugeinsätze, wovon aber die Seenotstaffel und die Seenotflottillen ausgenommen waren. Daraus ergab sich die Notwendigkeit, die Schiffe verstärkt mit Luftabwehrmitteln nachzurüsten.

Im System der Sicherung des Küstenvorfeldes hatten das OKM und die Luftwaffe im Verlauf des Krieges den Aus-

Abbildung links: Fernschreiben über den Untergang des Flugsicherungsschiffes *Boelcke*

bau einer Funkmeßkette von Estland bis zur Kieler Bucht veranlaßt. Damit war, unter Ausnutzung modernster Technik, eine effektive Geleitführung sowie Minenabwurfbeobachtung und Navigationshilfe gegeben. Zur weiteren Informationsgewinnung über die Luftlage wurde das Funkmeßnetz des Flugmeldedienstes genutzt. Die Geleitsicherheit in der Ostsee erfolgte durch die 9. und 10. Sicherungs-Division. Zur Rettung von in Seenot geratenen Menschen war seit dem 20. Oktober 1944 die Seenotgruppe 81 (SNGr. 81/Ostsee) auf dem Seefliegerhorst Bug auf der Insel Rügen seitens der Luftwaffe neu aufgestellt worden. Das Einsatzgebiet betraf die gesamte Ostsee. Der Einsatz erfolgte in direktem Zusammenwirken mit der Seekriegsleitung, bzw. den in Seenot geratenen Schiffen und Booten.

Hauptzielhäfen der Evakuierungstransporte waren bis Mitte April 1945 Swinemünde als Zentralhafen sowie die Häfen Stettin, Saßnitz, Rönne und Kopenhagen. Als Beispiel für die Transportleistungen der Kriegsmarine soll nachstehender wörtlicher Auszug aus der Aktennotiz des Marineverbindungsoffiziers (M.V.O.) bei der HGr. Weichsel über die Unterstützung des Heeres durch die Marine und über Evakuierungsfragen vom 11. März 1945 dienen:

»In Besprechung bei ›Admiral westliche Ostsee‹, vom 10. bis 11.03.45 wurden folgende Transportzahlen bzw. Daten an M.V.O. übermittelt:

A) 01.02.45 bis 10.03.45
An Swinemünde aus dem Osten, vor allem aus Libau, 68 Truppentransporter, zum größten Teil nach Stettin weitergeleitet.
Befördert: 26194 Mann
545 Verwundete
303 Geschütze
4699 Fahrzeuge
53 Panzer
2508 Pferde
außerdem Geräte und sonstiges Material.

B) Seit Beginn der Flüchtlingstransporte über See wurden nach Swinemünde und Saßnitz vor allem, außerdem nach einigen anderen Häfen
›Admiral westliche Ostsee‹ befördert:
412990 Flüchtlinge
80000 Verwundete
Anmerkung: In Wirklichkeit sind die Zahlen noch höher, aber nicht genau registriert.
Außerdem wurden vom 04. bis 09.03. über See nach Westen abtransportiert
aus Kolberg: 39631 Flüchtlinge
aus Rügenwalde: 5340 Flüchtlinge
aus Stolpmünde: 14783 Flüchtlinge sowie
1000 Verwundete.
Nach Angaben ›Admiral westliche Ostsee‹ sind von Kolberg ca. 25000 Menschen abzutransportieren. Zur

Einsatz von modifizierten Junkers – *Ju 52* zur Minenbekämpfung auf den Zwangswegen in den küstennahen Gewässern. Der Tarnname der *Ju 52 MS* war MAUSI. Deutlich erkennbar ist die unter dem Rumpf angebrachte Kabelschleife zur Erzeugung eines Magnetfeldes. Mit diesem war es möglich, die alliierten Fernzündungsminen, die mit einem Magnetzündgerät ausgerüstet waren, zur Zündung zu bringen.

Zeit äußerst erschwert, da Kolberg Hafen und Hafeneinfahrt unter Art.Beschuß liegen ...«

Allein aus diesen Zahlen ist ersichtlich, welche Bedeutung eine allumfassende Geleitsicherung der Transportschiffe, aber auch die Luftverteidigung der Zielhäfen hatte.

Durch die Transportleistung der Schiffe kam es in den Zielhäfen kurzzeitig zur Ballung von Soldaten und Flüchtlingen, bevor diese weiter mit der Eisenbahn ins Reichsinnere transportiert werden konnten. Aufgrund einer ungenügenden Luftverteidigung über dem Reichsgebiet war es den alliierten Fernfliegerkräften möglich, nahezu ungehindert Tag- und Nachtangriffe zu fliegen. Die Ansammlung von sehr vielen Schiffen auf den Reeden und in den Häfen waren für die alliierten Flieger ein lohnendes Ziel. Entsprechend ihrer Bombertaktik zur Terrorisierung der Bevölkerung erfolgten dementsprechend auch zielgerichtete Angriffe gegen Swinemünde, Stettin und Saßnitz. So kamen allein bei dem amerikanischen Bombenangriff am 12. März 1945 auf die Stadt und den Hafen von Swinemünde etwa 23 000 Menschen ums Leben.

In Abhängigkeit von der Größe und vom Typ der Handelsschiffe wurden mitunter tausende von Menschen auf einem Schiff befördert. Als Beispiel sei hier der Untergang des Motorschiffes *Goya* (5 230 BRT), eines der traurigsten Kapitel des Seekrieges in der Ostsee und zugleich die größte Schiffskatastrophe der Welt, genannt. Die *Goya* gehörte als Hilfszielschiff erst zur 24. U-Fl. in Memel und danach zur 2. Unterseebootslehrdivision (2. U.L.D.) in Gotenhafen. Im Rahmen der Evakuierung Ostpreußens wurde das Schiff als Flüchtlingstransporter eingesetzt. Nach mehreren erfolgreichen Fahrten trifft die *Goya* am 16. April, im Geleit von Swinemünde kommend, auf der Reede vor Hela ein und geht vor Anker. Es ist 03.35 Uhr. Gegen 07.00 Uhr wird mit der Übergabe von Soldaten, Verwundete und Flüchtlingen auf die auf Reede liegenden Schiffe begonnen. Um 07.05 Uhr erfolgt der erste sowjetische Fliegerangriff, den die *Goya* ohne nennenswerte Beschädigungen übersteht. Bei einem erneuten Angriff um 08.30 Uhr wird das Schiff, Backbordseite Vorderkante Brücke, durch eine Bombe getroffen. Tote und Verwundete sind zu beklagen, die MES- und Horchanlage sind zerstört. Da die Schiffsbeschädigungen von leichter Art sind und die Manövrierfähigkeit des Schiffes nicht beeinträchtigen, wird das Einschiffen der Flüchtlinge und Verwundeten fortgesetzt. Um 14.30 Uhr übersteht das Schiff den schwersten Angriff des Tages von etwa 20 Feindmaschinen.

Kurz nach 18.00 Uhr wird das Einschiffen beendet und eingeschätzt, daß etwa 6 000 Menschen an Bord genommen worden sind. Um 19.00 Uhr formiert sich das Geleit zur Kiellinie und verläßt die Reede mit Kurs Kopenhagen, Marschgeschwindigkeit 9 sm/h.

Geleitzugführer ist Kptlt. Kähding, er befindet sich an Bord des Kampfbootes *M 328*.

Geleit: GO 712			
Funktion	Schiffsname	Personen	Vs (sm/h)
Transporter	*Goya*	>6 000	15,5
	Kronenfels	ca. 2 500	11,0
	Ägir	unbek.	12,0
Begleitschutz	*M 256*		17,2
	M 328		17,2

Wegen eines Maschinenschaden der *Kronenfels* mußte gegen 22.30 Uhr die Geleitgeschwindigkeit erst reduziert und danach gestoppt werden. Nach der Schadensbeseitigung setzt das Geleit seinen Marsch fort. Zwischen den Schiffen erfolgte in unverantwortlicher Weise ein visuell-optischer Signalaustausch mittels Handscheinwerfer. Kurz vor Mitternacht, das Geleit hatte das Seegebiet nördlich Rixhöft erreicht, wird die *Goya* um 23.45 Uhr durch zwei Torpedos an Steuerbordseite mittschiffs getroffen und beginnt sofort zu sinken.

Das sowjetische U-Boot *L-3*, unter seinem Kommandanten Kapitän 2. Ranges Konovalow, befand sich zu diesem Zeitpunkt aufgetaucht im Planquadrat AO 9438 in Warteposition. Durch den optischen Signalaustausch zwischen den deutschen Schiffen konnte er die Position des Geleits eindeutig bestimmen und so die *Goya* versenken.

Die *Goya* sank innerhalb weniger Minuten auf der Position 55° 13,5 ′ N und 18° 20,0 ′ O, Wassertiefe 78 m. *M 328* nahm sofort die U-Bootbekämpfung auf und warf Schreckbomben, um das U-Boot vorerst unter Wasser zu drücken. Erst danach konnten die Rettungsmaßnahmen zielgerichtet eingeleitet werden.

Der Untergang der *Goya* und die erforderliche Hilfeleistung wurden über Funkspruch an die 9. Sich.Div. in Hela abgesetzt. Die 2. R-Fl. mit ihren acht Booten wurde zur Unterstützung der Rettungsaktion in Marsch gesetzt und traf um 09.00 Uhr auf der Untergangsstelle der *Goya* ein. Sie konnten nur noch 28 Schiffbrüchige retten.

Bereits um 02.20 Uhr des 17. April 1945 hatte Kptlt. Kähding die Rettungsaktion vor Ort abgebrochen und das Geleit setzte seine Fahrt nach Westen fort. Bei einer Wassertemperatur von +5°C konnten von den etwa 6 000 Menschen nur 177 gerettet werden. Stellen wir heute die Frage nach den begünstigenden Ursachen, so finden wir die Antwort in der erhaltenen Niederschrift eines Überlebenden dieser Katastrophe. Kapitänleutnant Paul Siegmund, ehemaliger Navigationsoffizier der 25. U-Fl., wurde als Begleitoffizier für MS *Goya* von Gotenhafen nach Swinemünde abkommandiert und befand sich seit dem 15. April 1945 an Bord. Er überlebte den Untergang und leitete aus seinen Beobachtungen nachstehende Vorschläge ab:

1. Verhalten bei der Truppenverladung
2. Schutz gegen U-Bootangriffe
3. Schutz gegen vorzeitige Erstarrung im kalten Wasser.

Auszugsweise: »Schutz gegen U-Bootangriffe«

»Das feindliche U-Boot griff unglücklicherweise gerade in der Zeit an, als die *Goya* wegen einer Maschinenhavarie der *Kronenfels* eine Zeitlang gestoppt lag und gerade mit geringer Fahrt angegangen war.

Vorschlag:

1.) Schiffe mit hoher Geschwindigkeit nur durch schnelle Begleitfahrzeuge sichern und keine Schiffe mit geringer Geschwindigkeit anhängen.
2.) Ggf. schnellen Transportern nur Minengeleit bis Tiefwasserweg geben, dann, besonders in U-Bootgefährdeten Gebieten, abbrausen lassen mit Höchstgeschwindigkeit und Zick-Zack-Kursen. Am Ende des Tiefwasserweges wieder Minengeleit zum Abholen klarhalten.
3.) Unterrichtung der Schiffsführung über die Feindlage. *Goya* hatte weder B- noch KR-Meldungen, bzw. sind solche Funksprüche nicht entschlüsselt worden, wie der Funker mir meldete, wegen Mangel an Funkpersonal.
4.) Schärfere Disziplin im optischen Signalverkehr. Es wurde, besonders auch auf *Goya*, während der Dunkelheit mit dem Handscheinwerfer gemorst.«

Das sind Vorschläge, die er aus seiner unmittelbar erlebten Erfahrung abgeleitet hat. Doch sie sind so neu nicht. Hatte doch die Militärwissenschaft in Auswertung der seemännischen, militärischen und medizinischen Praxis diese Erkenntnisse abgeleitet und in Dokumenten festgehalten. In Anbetracht von Fehlhandlungen stellt sich in vielen Fällen immer wieder die Frage, inwieweit die Lehreinrichtungen das notwendige Wissen vermittelt haben und wie dieses Wissen durch strikte Einhaltung von Vorschriften und unter Umsetzung des eigenen Erkenntnisprozesses von jedem Seemann an seinem Platz und in der jeweiligen Situation richtig angewandt wurde.

Ausgehend vom Verlauf der seit dem 16. April 1945 begonnenen sowjetischen Offensiven im Rahmen der »Berliner Operation« bestand die Gefahr, daß der Nordraum Deutschlands abgeschnitten wird. Entsprechend dem sowjetischen Operationsplan begannen am 20. April 1945 die Armeen der 2. Belorussischen Front ihre Angriffe. Sie hatten den Hauptstoß im Norden von Ost nach West zu führen und alle deutschen Truppen nördlich Berlins an die Küste abzudrängen. Gleichzeitig stießen von Westen her die Truppen der 2. Britischen Armee auf das Reichsgebiet vor. In dieser Phase des Verlaufes der Kampfhandlungen auf dem Territorium des Deutschen Reiches und unter dem Druck der Erfolge der Alliierten, ernennt Hitler am 20. April 1945, am Tag seines Geburtstages, Großadmiral Dönitz zum »Oberbefehlshaber-Nordraum« und erteilt ihm den Befehl zur sofortigen Einleitung von Maßnahmen zur Verteidigung des Nordraumes. Am 22. April, dem letzten Tag vor der endgültigen Einschließung Berlins durch die Rote Armee, fährt Dönitz zurück nach Plön, wo sich seit dem 25. März sein Stabsquartier »Koralle« befand. Unerwartet für alle verübt Hitler am 30. April 1945 im Bunker der Reichskanzelei in Berlin Selbstmord. Entsprechend seinem Testament wird Großadmiral Dönitz sein Nachfolger. Um sich eine gewisse Handlungsfreiheit für die neue Regierung und des OKW bei den kommenden Kapitulationsverhandlungen mit den Westalliierten zu erhalten, wird das Stabsquartier »Koralle« aufgrund der An-

Räumboote der 2. Sicherungsflottille beim Minenräumen auf der Reede vor Swinemünde mit einem Scherdrachensuchgerät (SSG)

näherung britischer Truppen in der Nacht vom 2. zum 3. Mai von Plön nach Flensburg-Mürwik verlegt.

Konteradmiral a.D. Gerhard Wagner, ehemaliger »Admiral z.b.V.« beim Großadmiral, schreibt am 18. Dezember 1983 in Erinnerung:

»Am 30. April erhielt Dönitz die Nachricht, daß Hitler ihn zu seinem Nachfolger ernannt habe. Er entschloß sich alsbald, den aussichtslosen Kämpfen ein Ende zu machen und einen Waffenstillstand anzustreben, zunächst nur im Westen, um noch soviele Soldaten und Bevölkerung wie möglich vor dem Zugriff der Russen zu retten.

Am 1. Mai sagte er zu mir: Die Waffenstillstandsverhandlungen werden Sie führen! Ich sagte ihm daraufhin, meines Erachtens sei dazu ein höherer Dienstgrad erforderlich, da es sich ja um die Kapitulation der gesamten Wehrmacht mit allen drei Teilstreitkräften handelt.

Dönitz gab mir Recht und entschloß sich dazu, den rangältesten Offizier der Marine, Generaladmiral v. Friedeburg, den er am Vortag zum Ob.d. Kriegsmarine ernannt und zu diesem Dienstgrad befördert hatte, mit den Verhandlungen zu beauftragen. Doch sollte ich ihn als Berater begleiten, da ich seine Gedankengänge am besten kenne.

Marinefährprahm (MFP) Bauserie Typ »C«. *F 478* im Einsatz vor Swinemünde

Da Plön inzwischen durch den englischen Vormarsch bedroht schien, wurde das Hauptquartier von Dönitz am 2. Mai nach Mürwik verlegt. Unterwegs an der Holtenauer Hochbrücke traf v. Friedeburg mit Dönitz zusammen. Hier erhielt er mündlich seine Weisung für die Verhandlungen.

Ich fuhr mit v. Friedeburg zurück in sein Hauptquartier nach Kiel.

Von dort starteten wir sehr bald, da ein feindlicher Luftangriff stattfand. Auf der Fahrt nach Hamburg hatte unser Wagen (Holzgas) eine Motorpanne. Wir setzten die Fahrt mit einem anderen zufällig vorüberkommenden Wagen, den wir beschlagnahmten, fort. Verbrachten die Nacht im Stabsquartier in Hamburg und brachen am nächsten Morgen, den 3. Mai, nach Unterrichtung der englischen Stellen zum Hauptquartier von Montgomery in der Lüneburger Heide auf.«

(Auszug: Veröffentlicht in »Topplaterne« Nr. 33/1985)

Am 16. April 1945 wird das Flugsicherungsschiff *Boelcke* im Verlauf eines sowjetischen Fliegerangriffs kurz vor Hela versenkt.

Der Kaiser-Wilhelm-Kanal wurde zur letzten Widerstandslinie gegen die von Süden heranrückenden britischen Verbände erklärt und durch die »Seefestung« Kiel organisiert. Kiel selbst wird zur offenen Stadt erklärt.

In seinem Aufruf am 2. Mai 1945 formulierte der Großadmiral als neuernanntes Staatsoberhaupt und Oberbefehlshaber der Wehrmacht die anstehenden Aufgaben um den militärischen Kampf zu beenden und erklärt u.a. (Auszug):

»Meine erste Aufgabe ist es, deutsche Menschen vor der Vernichtung durch den vordrängenden bolschewistischen

Richtlinie für die Bezeichnung der Zwangswege im Ostseebereich außerhalb der normalen Fahrwasserbetonnung

Anlage zu M.O.K. Ost G 8886 Qu Vb vom 18. 3. 44

Nur für den Dienstgebrauch!

Richtlinien für die Bezeichnung der Zwangswege im Ostseebereich außerhalb der normalen Fahrwasserbetonnung

A. System der Bezeichnung.

1. Die auf den Zwangswegen ausgelegten Leuchtschiffe, K.S.-Wachschiffe (Kursausgebende und Sperrsignale zeigende Wachschiffe) S.-Wachschiffe (Sperrsignale zeigende Wachschiffe) und Tonnen werden **Wegebezeichnung** genannt.
2. Die Wegebezeichnung soll grundsätzlich als **mittlerer Tonnenstrich** ausgelegt werden. In diesem Falle ist sie an Backbord zu lassen.
3. Nur ganz ausnahmsweise darf die Wegebezeichnung als **einseitiger Tonnenstrich** ausgelegt werden. In diesem Falle ist sie möglichst an die Süd- oder Westseite des Weges zu legen.
4. In Sonderfällen, z. B. in engen Fahrwassern, kann die Wegebezeichnung als **doppelseitiger Tonnenstrich** ausgelegt werden. In diesem Falle liegen die Tonnen der einen Wegeseite in der Mitte des Tonnenabstandes der gegenüberliegenden Wegeseite. Maßgebend für Form und Anstrich sind dabei die **Grundsätze des Systems zur Bezeichnung der Fahrwasser und Untiefen in den deutschen Küstengewässern** (Auszug im Seehandbuch). Über Beschriftung der Tonnen siehe Abschnitt E Ziffer 4.
5. Beim Zusammentreffen von Mitteltonnenstrich mit einseitigem Tonnenstrich ist für die Bezeichnung der Position das Betonnungssystem des Mitteltonnenstriches maßgebend. Über Beschriftung der Tonnen siehe Abschnitt E.
6. Werden Seezeichen der Sonderbezeichnung gem. S.B.-Plan in die Wegebezeichnung der Zwangswege einbezogen, so gelten für diese die Angaben des S.B.-Planes.
7. Der Tonnenabstand soll im allgemeinen 2 sm betragen. Eine engere Betonnung bis zu 1 sm Abstand ist anzustreben bei Wassertiefen bis zu 20 m, auf viel befahrenen Wegen, navigatorisch schwierigen Verhältnissen und in Gebieten mit erfahrungsgemäß erhöhter Minengefahr.
8. Die Wegebezeichnung der Zwangswege, die von der dänischen Seezeichenbehörde ausgelegt und unterhalten wird, richtet sich nach den dänischen Grundsätzen für die Bezeichnung von Fahrwassern und Untiefen an der dänischen Küste (Auszug im Seehandbuch). Wegebeschreibungen der Zwangswege, die nach dem dänischen Tonnensystem bezeichnet sind, erhalten den Vermerk **Dänische Seezeichensystem.**
9. Werden Tonnen und Seezeichen verbündeter oder fremder Länder in die Zwangswege einbezogen, so gelten für sie die Bestimmungen über Seezeichensysteme dieser Länder. In den Wegebeschreibungen der Zwangswege wird hierauf besonders hingewiesen.

Kapitänleutnant Jan H. Hansen Nootbaar als Kommandat des Torpedobootes *T 22*. Zum Korvettenkapitän befördert, übernahm er Mitte Oktober 1944 als Flottillenchef die 5. T-Fl. Führerboot wurde *T 36*, Kommandant Kptlt. R. Hering. Nach der Versenkung von *T 36* steigt er auf *T 28* ein und läuft mit *T 23* am 7. Mai nach Hela zur letzten noch möglichen Evakuierungsfahrt aus.

Feind zu retten. Nur für diesen Zweck geht der militärische Kampf weiter.«
Entsprechend der Weisung von Dönitz war eine rein militärische Teilkapitulation im gesamten nordwestdeutschen Raum, ohne Behinderung der Absetzbewegung aus dem Osten zu Lande und zu Wasser, anzustreben.
Dönitz erreichte sein Ziel, und so erfolgte am 5. Mai 1945, ab 08.00 Uhr, die Einstellung der Kampfhandlungen gegenüber den britischen Truppen. Es gelang der neuen Reichsregierung unter Dönitz somit Zeit zu gewinnen, um damit die Weiterführung der Evakuierungstransporte durch die Kriegsmarine zu ermöglichen. Daraufhin wurde durch die Seekriegsleitung nachfolgender Funkspruch abgesetzt:
»Skl.: Fernschreiben –Kr-Blitz-abgesetzt: 434 7/5.
1800 an KNA/Skl.Funkspruch auf allen Ostsee-Wellen:
An alle: Transporte deutscher Menschen aus Osten mit höchster Beschleunigung durchführen.«

Korvettenkapitän a.D. Hansen Nootbaar, ehemaliger Flo.-Chef der 5. T-Fl., berichtet über seine letzte Evakuierungsfahrt nach Hela mit den beiden Torpedobooten *T 23* und *T 28*:
»Am 7. Mai 1945 trat ich gegen 21.30 Uhr mit *T 28*, Kmdt. Kaptl. Weinlig, und *T 23*, Kmdt. Kaptl. Temming, den für uns letzten Evakuierungsmarsch nach Hela an. Nach dem Verlust meines Führerschiffs *T 36* am 4. Mai auf dem Marsch von Swinemünde nach Kopenhagen, war ich auf *T 28* eingestiegen. Gemeinsam mit den auf dem Ankerplatz »Nanny« liegenden und fahrtüchtigen Zerstörern *Karl Galster, Friedrich Ihn* und *Z 25* wollten wir den Marsch nach Osten antreten, doch durch eine Kriegsgerichtsverhandlung, die ich noch zu führen hatte, verzögert sich das Auslaufen von *T 23* und *T 28*.
Wir fuhren querbeet und damit auf kürzestem Weg möglichst außer Sichtweite der Küste mit 25–28 sm/h. Mit voller Fahrt wurden wir von dem Zerstörer *Karl Galster* noch überholt (Anm.: *Karl Galster* konnte noch nicht sofort ablaufen und mußte sich erst Brennstoff von den auf dem Ankerplatz liegenden Schiffen beschaffen, d. Verf.). Nach Passieren der »Kapitulations-Grenze« ließ ich volle Gefechtsbereitschaft herstellen und damit alle Geschütze besetzen. Wir waren entschlossen, jeden Angriff, der nur von den Russen kommen konnte, abzuwehren. Ohne Feindberührung erreichten wir am 8. Mai Hela und liefen um 18.40 Uhr in den Kriegshafen ein. Beide Boote machten mit Auslaufkurs und unter Verwendung von Manilatau fest. An jedem Poller stand ein Matrose mit Kappbeil und hatte Befehl, ohne Rücksicht auf Verluste, bei dem Ablegebefehl ›Anton vor!‹ die Taue zu kappen.
An Land standen dicht gedrängt zigtausend Soldaten die durch Militärpolizei auf 150 bis 200 Meter von der Pier zurückgedrängt wurden. Wir besprachen kurz die Anbordnahme mit zwei Stabsoffizieren des Heeres und dann begann die Anbordnahme. Man hatte etwa 2400 Soldaten für die Evakuierung vorgesehen, und die standen zwischen zwei Militärpolizei-Ketten. Das hieß für jedes Boot etwa 1200 Mann. Wir stimmten uns dahingehend ab, daß das Boot, was zuerst voll belegt war, sofort ablegen und den Hafen verlassen sollte. Zwei provisorische Stege, aus Brettern gefertigt, wurden angelegt und rechts und links nahmen Besatzungsangehörige Aufstellung, um die Übernahme und Weiterleitung der Ankömmlinge auf ihre Plätze zu sichern. Die Zählung erfolgte durch Obermaate, die bei jeweils hundert die Arme hochrissen. Durch diese Zahlenübermittlung hatten wir auf der Brücke einen aktuellen Überblick über die Belegung des Bootes.
Nach Eingang der letzten Meldung auf *T 28*, ergeht der Befehl Ablegen – ›Anton vor!‹ Die Stege werden ins Wasser gekippt und die Festmacher durchgehauen. Die an Land stehenden Stellingposten springen an Bord. Nach einigen geschickten Maschinenmanövern nimmt

das Boot Fahrt auf. In der Zwischenzeit, es ist 21.30 Uhr geworden, hat auch *T 23* abgelegt und beide Boote gleiten mit langsamer Fahrt auf die Hafenausfahrt zu. Der Kommandant von *T 28* gibt mit der Batteriepfeife zwei kurze Pfiffe und mit der Flüstertüte den Befehl Front nach Backbord! Wir legen als letzte Grußerweisung an die zurückbleibenden Kameraden des Heeres die Hand an die Mütze. So verabschiedeten wir uns auch von dem zurückbleibenden Ältesten Soldaten, Generaloberst von ... (Den Namen habe ich leider vergessen!) und seinen Stabsoffizieren, die unseren Gruß erwidern (Anm.: Es war General von Saucken, d. Verf.). Tausende deutscher Soldaten, denen wir nicht mehr helfen können, bleiben zurück.

Beide Boote laufen in Kiellinie nach Westen zurück. Als wir das Leuchtfeuer Hela passieren, erhalte ich von den Russen einen offenen Funkspruch, in dem ich aufgefordert werde, Pillau anzulaufen. Ohne den Inhalt des FT zu beachten, laufen wir weiter und passieren im Morgengrauen, südlich der Insel Bornholm, die sogenannte »Kapitulations-Grenze«. Erst jetzt löst sich langsam die Anspannung der letzten Stunden. Die Geschütze werden festgesetzt und die Bodenstücke bezogen. In der Tromper Wiek, in Sichtweite von Kap Arkona, übernehmen wir von einem kleinen Tanker Brennstoff und laufen nach Kiel weiter. Der Krieg ist für uns vorbei!«

28. April 1991, – Flugkapitän a.D. Karl Born, ehemaliger Kmdr. des SNGr. 81/Ostsee (l. neben dem Flaggenstock) und Rudi Lange, der ehemalige UKW-Funker auf der *Wilhelm Gustloff*, an Bord von M/S *Seemöwe*.

Mit dem Auslaufen des Führerschiffes *Rugard* der 9. Sich.Div. am 8. Mai gegen 23.00 Uhr verließen alle noch einsatzfähigen Boote den Stützpunkt Hela mit Kurs Westen. Für viele völlig unerwartet trifft im Fischereihafen von Hela noch am 9. Mai um 01.00 Uhr (Deutscher Sommerzeit/Zeitpunkt der Kapitulation) der Binnenkahn *Hoffnung* ein und übernimmt noch 135 Menschen. Ohne Kompaß, Seekarte und Erfahrung trat der Schiffsführer seine Fahrt nach Westen an und traf ohne Feindberührung am 14. Mai 1945 gegen 14.00 Uhr in Flensburg ein.

Doch unabhängig von den Kapitulationsbedingungen liefen letzte, von Osten kommende Evakuierungsgeleite bis zum Nachmittag des 11. Mai 1945 weiter, um in der britischen Besatzungszone liegende Häfen zu erreichen.

In seiner Rede am 9. Mai 1945 vor Offizieren in Flensburg-Mürwik äußerte Großadmiral Dönitz:

»... General Eisenhower forderte nunmehr die sofortige totale Kapitulation, nachdem wir fast eine Woche lang durch partielle Kapitulationen Vorteile für uns errungen hatten. Ich befand mich in einer Zwangslage. Auf der einen Seite die totale Kapitulation, die auch Norwegen umfaßte, auf der anderen Seite, wenn ich mich hierzu nicht entschließen konnte, der sichere Verlust an Frauen und Kindern in den deutschen Städten nördlich des Kaiser-Wilhelm-Kanals. Ich mußte mich daher zur Kapitulation entschließen und habe diese angeordnet. Hierbei war für mich noch mitbestimmend, daß Generaloberst Jodl wenigstens erreicht hatte, daß die Kapitulation und damit das Stehenbleiben in den erreichten Räumen erst in 48 Stunden stattfinden sollte. Hiermit hatten erstens die Heeresgruppen Zeit gewonnen, sich noch nach Westen vor dem russischen Zugriff in amerikanische Hand abzusetzen, und zweitens war es mir möglich, in diesen 48 Stunden noch weitere Flüchtlinge aus dem Kurland- und Ostpreußen-Raum abzutransportieren. Zur Zeit befinden sich noch 31 Transporter auf dem Wasser der Ostsee, angefüllt mit deutschen Soldaten und Menschen, die in diesen 48 Stunden noch gerettet werden konnten.«

Analysiert man die in den bisherigen Veröffentlichungen voneinander abweichenden Transportzahlen deutscher Menschen aus dem Osten, so kann eingeschätzt werden, daß etwa 2,5 Millionen Zivilisten und Soldaten im Verlauf der 115 Tage währenden Seetransporte evakuiert werden konnten.

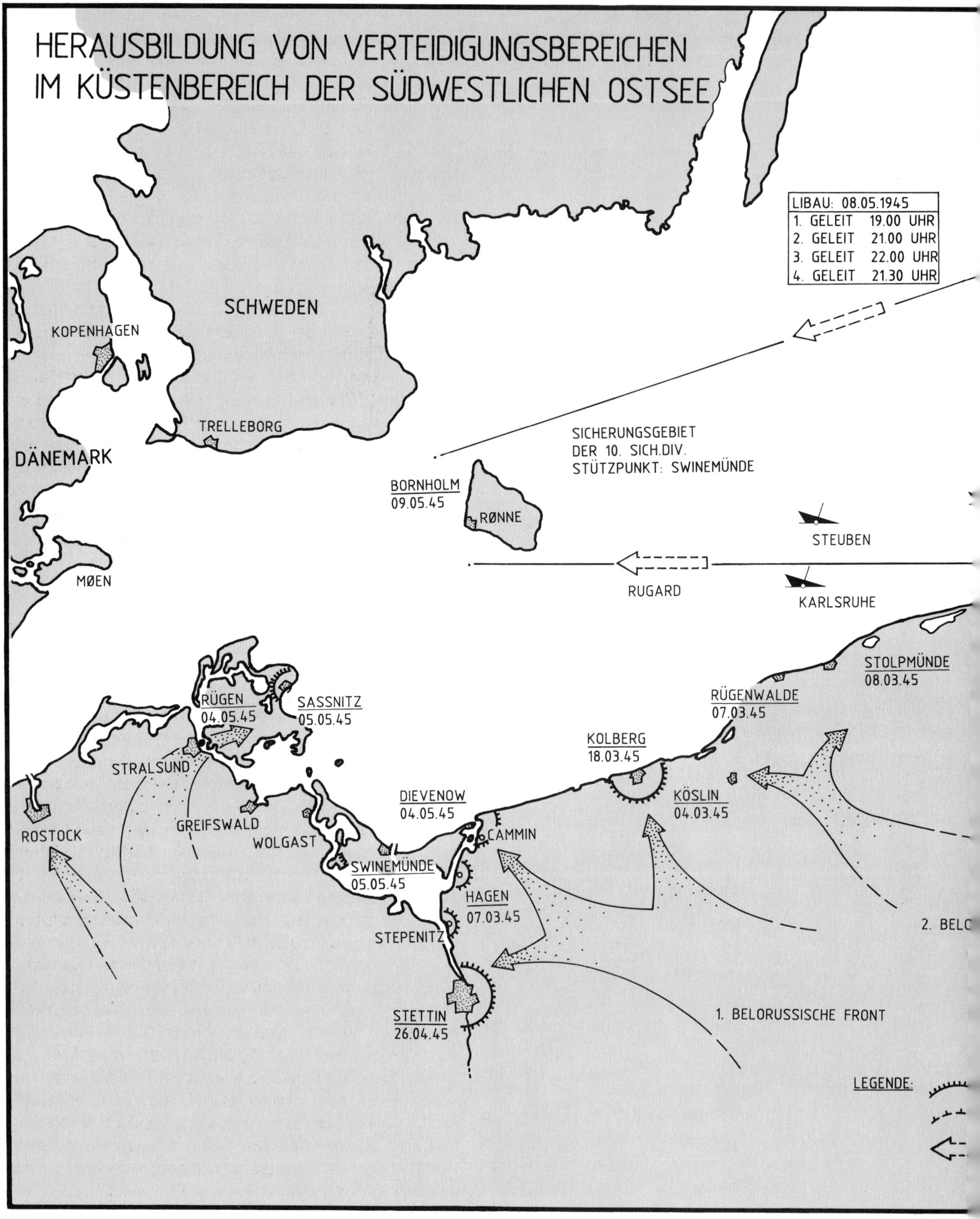

HERAUSBILDUNG VON VERTEIDIGUNGSBEREICHEN
IM KÜSTENBEREICH DER SÜDWESTLICHEN OSTSEE
LIBAU: 08.05.1945
1. GELEIT 19.00 UHR
2. GELEIT 21.00 UHR
3. GELEIT 22.00 UHR
4. GELEIT 21.30 UHR
SCHWEDEN
KOPENHAGEN
TRELLEBORG
DÄNEMARK
MØEN
SICHERUNGSGEBIET
DER 10. SICH.DIV.
STÜTZPUNKT: SWINEMÜNDE
BORNHOLM
09.05.45
RØNNE
STEUBEN
RUGARD
KARLSRUHE
STOLPMÜNDE
08.03.45
RÜGENWALDE
07.03.45
KOLBERG
18.03.45
KÖSLIN
04.03.45
RÜGEN
04.05.45
SASSNITZ
05.05.45
STRALSUND
GREIFSWALD
ROSTOCK
WOLGAST
DIEVENOW
04.05.45
CAMMIN
SWINEMÜNDE
05.05.45
HAGEN
07.03.45
STEPENITZ
STETTIN
26.04.45
1. BELORUSSISCHE FRONT
2. BELO
LEGENDE:

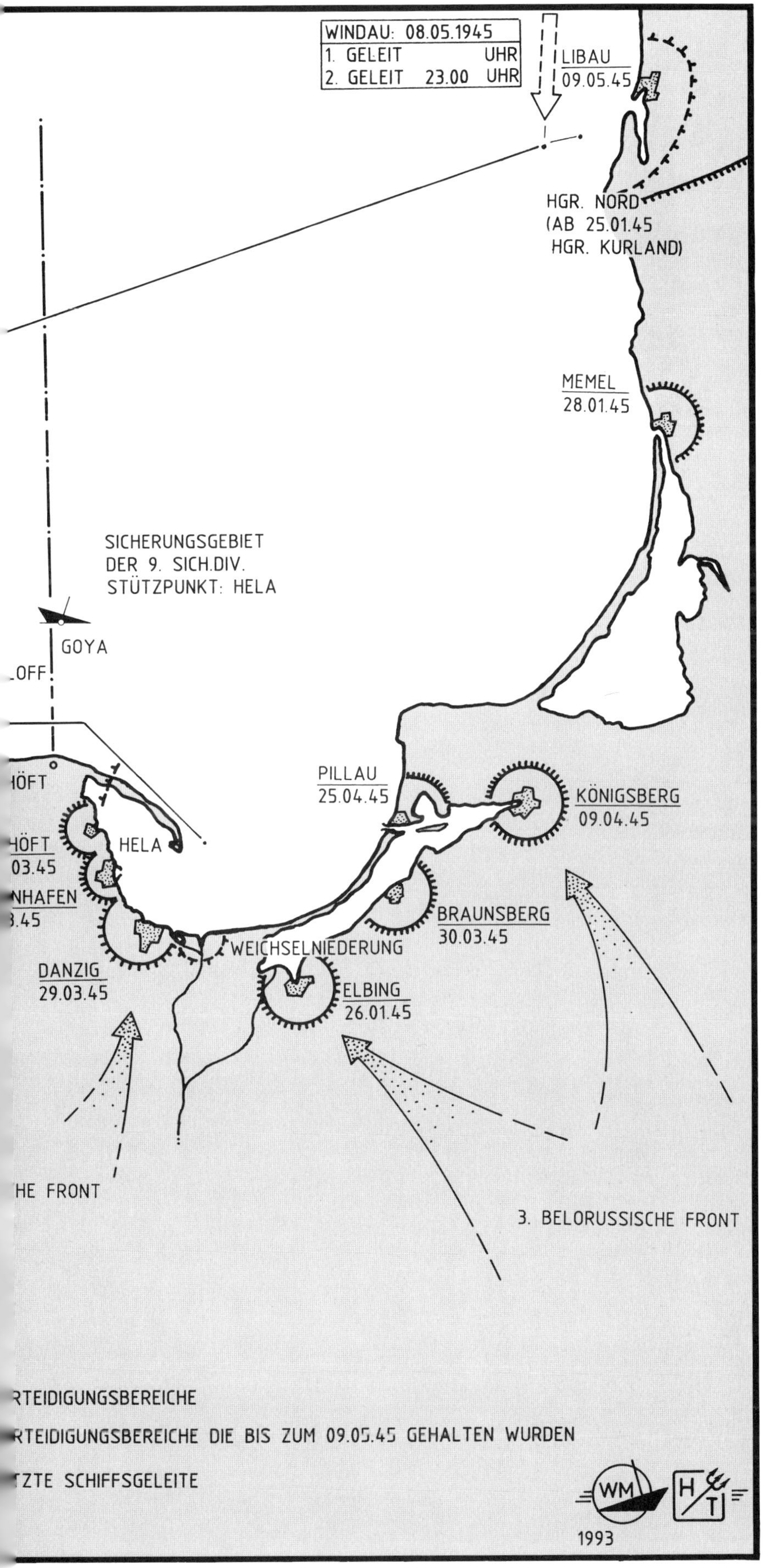

Nach Brustat-Naval, einem ehemaligen Seetransportoffizier, sind im Zeitraum Januar 1945 bis Kriegsende 123 Handelsschiffe von 464 340 BRT untergegangen, wobei 19 152 Menschen den Tod fanden. Kaum vorhandene Schiffslisten sowie fehlende Belegzahlen der untergegangenen Schiffe werden es uns wohl nie ermöglichen, die wirkliche Zahl an Menschenopfern im Rahmen der Seetransporte ermitteln zu können. Die Tabelle auf Seite 28 soll einen Überblick von versenkten Schiffen geben, auf denen mehr als 100 Menschen beim Untergang ums Leben gekommen sind.

Neben den Leistungen, die die Angehörigen der Kriegs- und Handelsmarine im Rahmen der Evakuierungen aus dem Osten erbracht haben, sind die Einsätze der Seenotgruppen 81/Ostsee der Luftwaffe (See) und die der Landungspioniere des Heeres ein nicht zu unterschätzender Faktor gewesen. Den Soldaten des Heeres kam die Aufgabe zu, in den sich bildenden Verteidigungsbereichen durch aufopferungsvolle Abwehrkämpfe bis zur sprichwörtlichen letzten Minute die Evakuierungen zu ermöglichen.

In seinem Buch »1945 Panzer an der Weichsel« bringt Hans Schäufler es auf den Punkt, wenn er schreibt:

»Es ist schon viel über die Flucht der zwei Millionen aus Ost- und Westpreußen gesprochen und geschrieben worden, aber kaum jemand hat die erwähnt, die unter Einsatz von Leben und Freiheit dieses größte Rettungswerk der Menschheitsgeschichte über See möglich gemacht haben: Die Soldaten der letzten Stunde.«

Und Randolf Kugler kritisiert zu Recht in seinem Buch »Das Landungswesen in Deutschland seit 1900«, daß es für die Landungspioniere enttäuschend sein muß, in den bisherigen Veröffentlichungen über »das große Rettungswerk« nicht erwähnt zu werden. Er schreibt: »Dabei waren doch sie es , die vor allem immer dann besonders gefordert waren, wenn das Risiko am größten war und z.B. Nachhuten und Versprengte noch unter direkter Feindeinwirkung abzuholen waren. Wie oft waren auch in Ost- und Westpreußen Sturmbootfahrer mit ihren kleinen Nußschalen die allerletzten, die nochmals zum schon feindbesetzten Ufer mußten, um auch dann noch eintreffende Kameraden unter gezieltem Beschuß sowjetischer Schützen und Panzer zu weit draußen in See auf- und abstehenden Fahrzeugen abzulanden! Es dürfte so nicht hoch gegriffen sein, wenn man den 1945 zwi-

Lfd. Nr.	Name	BRT	Datum	Ursache	Tote Ort/SG	F.B.-N.	H.S
1.	*Andros*	3048	12.03.45	FliBo	Swinemünde-Hafen	570 (Ost)	570
2.	*Cap Guir*	1536	16.04.45		vor Libau	774 (E)	774
3.	*Ditmar Koel*	670	14.02.45	Mine	vor Saßnitz	133 (Kapt.)	—
4.	*Eifel*	1429	17.02.45		vor Libau	677 (Ost)	785
5.	*Goya*	5230	16.04.45	Torpedo	N-lich Rixhöft	5900 (Akte/Reed.)	6666
6.	*Göttingen*	6267	23.02.45		vor Libau	130	500
7.	*Inster*	4747	03.05.45	FliBo	Kieler Bucht	119	119
8.	*Karlsruhe*	897	13.04.45	Torpedo	N-lich Stolpmünde	900 (Akte)	—
9.	*Memel*	1157	31.01.45	Mine	NW-lich Swinemünde	58 (DRK)	600
10.	*Moltkefels*	7862	11.04.45		vor Hela	400 (Kapt.)	500
11.	*Neuwerk*	803	10.04.45		Danziger Bucht	800 (DRK)	956
12.	*Posen*	1096	11.04.45		vor Hela	300 (Akte)	300
13.	*Robert Möhring*	3344	06.03.45	FliBo	Saßnitz-Hafen	350 (Skl.)	353
14.	*Steuben*	14660	10.02.45	Torpedo	N-lich Stolpmünde	3000 (E/Reed.)	3608
15.	*Vale*	5981	11.04.45	FliBo	Pillau-Hafen	250 (Kapt.)	250
16.	*Weser*	999	25.03.45		Neufahrwasser	250 (Reed.)	250
17.	*Wilhelm Gustloff*	25660	30.01.45	Torpedo	N-lich Stolpmünde	4000 (E)	5384

Erklärung:
Akte: Nach Engelhardts eigenen Akten
DRK: Deutsches Rotes Kreuz
E: Tagebuch von Korv.Kapt.Eschricht
Kapt.: Kapitänsbericht
Ost: MOK Ost Kiel
Reed.: Reedereibericht
Skl.: Seekriegsleitung
H.S.: Nach Heinz Schön »Ostsee 45«
F.B.-N.: Nach Fritz Brustat-Naval »Unternehmen Rettung«

schen Memel und Hela eingesetzten Landungspionieren mindestens 1,1 Millionen »Transportierte« zurechnet, von denen nicht wenige allerdings bis zu vier oder gar fünf Mal auf Pionierfahrzeugen über kurze Strecken der Rettung nähergebracht worden waren.
Diese Leistungen sind bisher so gut wie unerwähnt geblieben! Was auf dem Wasser fuhr, war für den Flüchtenden eben Marine, und so liefen die Pionierfahrzeuge eben unter dergl (=dergleichen), weil es in den Transportlisten ja immer hieß Transporter, Sicherungsfahrzeuge, Marinefährprähme und dergl..«

Nach der bedingungslosen Kapitulation befanden sich trotz aller Evakuierungsmaßnahmen noch etwa 320000 Soldaten in den vier letzten Verteidigungsbereichen und mußten sich ergeben. Sie kamen in sowjetische Gefangenschaft.

In sowjetische Gefangenschaft gerieten	
Verteidigungsbereich	Soldaten
1. Kurland	ca. 208000 Mann
2. Weichselmündung	ca. 40000 Mann
3. Halbinsel Hela	ca. 60000 Mann
4. Insel Bornholm	ca. 12000 Mann

Fl.B 5501, Flugbetriebsboot der SNGr. 81/Ostsee

Die umfangreichste und erfolgreiche Evakuierung über See in der modernen Seekriegsgeschichte zeugt von einem hohen Grad der operativen Organisation in der Seekriegsleitung der deutschen Kriegsmarine.
In Erinnerung an die Seetransportleistung erfolgte 1981 die Gründung des Kuratoriums-Erinnerungsstätte »Albatros« Rettung über See e.V.
Die *Albatros*, ein 214 BRT großes Fahrgastschiff, war seitens der KM als Tender in der Danziger Bucht im Einsatz. Aufgrund seines geringen Tiefganges von nur 2,29 m war es besonders geeignet, die ostpreußischen und pommerschen Flachwasserhäfen anzusteuern. Es war damit bevorzugt als Zubringer für die auf Reede liegenden großen Hochseeschiffe im Einsatz. Mit ihrem letzten Flüchtlingstransport von Swinemünde über Stralsund dampfte die *Albatros* dann zu ihrem Heimathafen Flensburg. Als es 1972 verschrottet werden sollte, kaufte das Ferienzentrum Damp das Schiff und ließ es vor der Hafeneinfahrt auf den Strand setzen. Es erfolgte die Restaurierung als Museumsschiff. Heute beherbergt es eine Ausstellung zur Erinnerung an die Evakuierungstransporte aus dem Osten. Zum Gedenken an die Flucht über See veranstalten das Kuratorium und das »Ostsee-Archiv« von Heinz Schön seit 1986 jährlich ein gemeinsames Treffen der noch lebenden Retter und Geretteten im Ostseebad Damp. In einer Feierstunde und einer Kranzübergabe in See wird der auf See Gebliebenen gedacht und den Rettern durch die Verleihung der »Rettungsmedaille Ostsee 1945« gedankt.

Rettungsmedaille Ostsee 1945 (Rückseite glatt)

Kranzübergabe auf See anläßlich des »Ostsee-Treffens« 1991 von Teilnehmern der Evakuierungstransporte durch die deutsche Kriegsmarine und Luftwaffe im Frühjahr 1945. Die Kranzübergabe erfolgte von Bord des M/S *Seemöwe II* am 28. April 1991.

Der Untergang des Lazarettschiffes »A« – (Berlin)

Infolge des immer rascher sich vollziehenden Zusammenbruches der Ostfront erfolgte im Frühjahr 1945 der Einsatz des Lazarettschiffes *»A« – (Berlin)* in der Ostsee. Ursprünglich vorgesehen für die Behandlung und den Transport von Verwundeten aus den ostpreußischen Häfen, wurden zunehmend auch Flüchtlinge mit nach Westen evakuiert.

Für das seit mehr als fünf Jahren fast ununterbrochen im humanitären Sinne eingesetzte Schiff und seine Besatzung galt es, eine gewaltige Aufgabe im Rahmen der Evakuierung zu lösen. Im Sommer 1944 erfolgte die Verlegung des Lazarettschiffes von Aarhus nach Swinemünde. Unter Führung von Kapitän Krone begann der letzte Abschnitt der *Berlin* im Einsatz während des Zweiten Weltkrieges.

Die ehemaligen Marinesanitätskadetten Dietrich Kosciessa, Wolfgang Hoth und Gert Möller, Crew X/43 San., wurden mit weiteren 13 Kameraden 1944 auf das Lazarettschiff *Berlin* kommandiert. Am 20. August trafen sie in Swinemünde ein und mußten noch etwa drei Tage auf die Ankunft des Schiffes warten, bevor sie einsteigen konnten. Die Unterbringung der Kadetten erfolgte im D-Deck in Doppelkabinen. Sowohl Kosciessa und Hoth als auch Möller und sein Freund Reini Walter bezogen je eine Kabine. Sie wurden der chirurgischen Station II C, im C-Deck liegend, als Krankenpfleger zugeteilt. Stationsarzt war Stabsarzt Dr. Clausen, Chefarzt und militärischer Kommandeur Geschwaderarzt Dr. Schrader.

Als Zeitzeugen des Untergangs der *Berlin* berichten sie: »Die *Berlin* führte im Januar 1945 etwa fünf bis sieben Fahrten zwischen Swinemünde und Pillau durch. Angekommen in Swinemünde erfolgte die sofortige Umladung der Verwundeten in Lazarettzüge, die sie dann in die Heimatlazarette brachten.

Das Schiff war für etwa 900 Verwundete eingerichtet, doch auf jeder Fahrt wurden es mehr und mehr. Auch nahmen wir ständig mehr Flüchtlinge mit und so waren wir völlig überladen. Der Flüchtlingsandrang war so massiv. Besonders erschütternd für uns war, daß ein Führerbefehl es nicht erlaubte, daß Jugendliche über 14 Jahre an Bord durften, die so von ihren Müttern getrennt wurden. Sie waren für den Fronteinsatz vorgesehen. Auf der letzten Fahrt hatten wir etwa 6 000 Menschen an Bord genommen, davon waren etwa die Hälfte Verwundete. Jetzt mußten wir auch direkt im OP helfen. Uns blieb auch nichts erspart. Nachdem wir von Pillau kommend die Danziger Bucht am 28. Januar passiert hatten, wurde »U-Boot-Alarm« gegeben. Bei aufkommendem Nebel blieben wir deshalb zusammen mit unseren Sicherungsfahrzeugen gestoppt liegen. Weitere kleine Marinefahrzeuge versammelten sich um uns herum. Denken wir heute daran zurück, so hatte man bestimmt Vorsorge getroffen, um

Das Passagierschiff *Berlin* wurde am 17. September 1925 vom Norddeutschen Lloyd (NDL) für den Liniendienst Bremerhaven – New York in Dienst gestellt. Im Mai 1939 führte es seine letzte Fahrt als Passagierschiff im Auftrag der NS-Organisation »KdF« durch.
Vermessung: 15 286 BRT
L/B/T: 167,4 m / 21,1 m / 10,6 m
Leistung: 12 000 PSi
Geschw.: 16,0 sm/h

Lazarettschiff »A« – *(Berlin)* am Nachmittag des 31. Januar 1945 vor Swinemünde.
Links im Bild der Schwere Kreuzer *Admiral Hipper*. Er war am 30. Januar mit 1530 Flüchtlingen an Bord von Gotenhafen kommend auf der Reede vor Anker gegangen. Aufgenommen vom ehemalige Signalobergefreiten G. Gilardoni von Bord des Vorpostenbootes *Vs 265* (niederländischer Motorfischlogger *Frijda = SCH 186*). Am frühen Nachmittag verläßt die *Berlin* die Reede und erhält auf dem Marsch nach Osten gegen 15.00 Uhr einen Minentreffer.

uns im Notfall aufzufischen, falls wir torpediert worden wären.
(Anm.: Am 30. Januar, also zwei Tage später wurde die *Wilhelm Gustloff* durch das sowjetische U-Boot *S-13* in diesem Seegebiet mit drei Torpedotreffern versenkt. Annähernd 5000 Menschen fanden hierbei den Tod. In unverantwortlicher Weise lief das Schiff nur in Begleitung des Torpedobootes *Löwe* nach Westen ab. Eine völlig unzureichende U-Boot-Sicherung.)
Nach einer längeren Liegezeit (etwa fünf bis zehn Stunden) nahm das Schiff seine Fahrt wieder auf. Ohne weitere Zwischenfälle erreichten wir am 29. Januar die Reede von Swinemünde und konnten sofort einlaufen. Der nächste Tag war unser Liegetag, an dem das Schiff für die

Dampfschlepper *Seebär* ex *Kraft*.
Gebaut 1888 auf der Kaiserlichen Werft in Wilhelmshaven (Bau Nr. 11)
Vermessung: 630 t
L/B/T: 43,50 m / 8,60 m / 3,90 m
Leistung: 2400 PSi
Geschw.: 13 sm/h (max.)
Bes.: 17/19 Mann

nächste Fahrt vorbereitet werden mußte. Mittwoch, den 31. Januar 1945, liefen wir gegen Mittag aus. Da das Fahrwasser mit dicken Eisschollen bedeckt war, konnte das uns begleitende R-Boot nicht voraus fahren. So lief die *Berlin*, sozusagen als Eisbrecher, voraus.

Im Bordkino, der sogenannten »Laube«, sollte der mehrfach abgesetzte Film »Das schwarze Schaf« gezeigt werden. Also begab sich, wer abkömmlich war, ins Kino. Es muß so gegen 15.00 Uhr gewesen sein, im Kino verlosch gerade das Licht, als eine Explosion das Schiff erschüt-

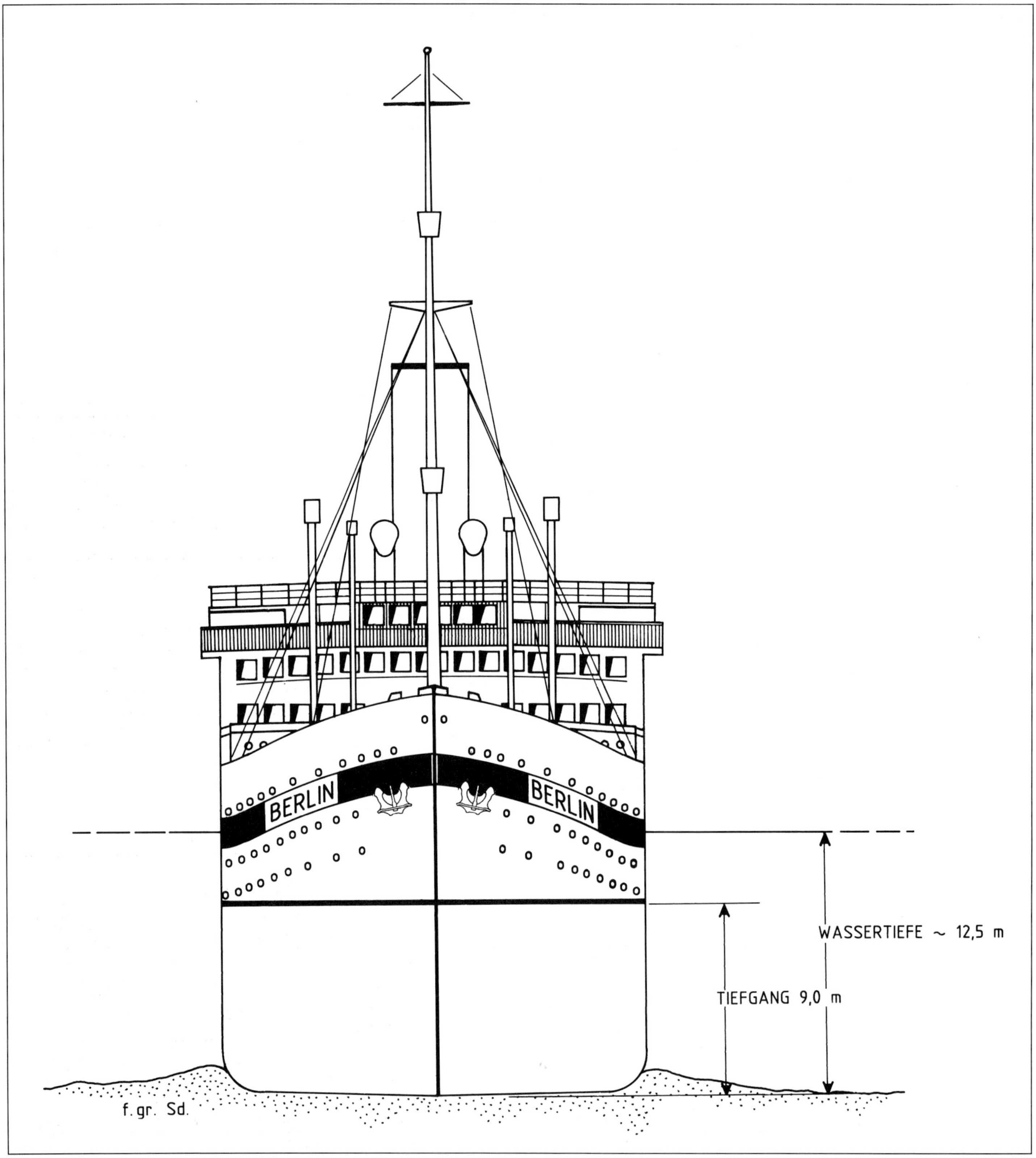

Von links nach rechts:
Sanitätskadett Wolfgang Hoth (Crew X/43),
Sanitätskadett Dietrich Kosciessa (Crew X/43),
Sanitätskadett Gert Möller (Crew X/43).

terte. Der Strom fiel aus, Glas splitterte und das Mobiliar verrutschte. Wir raus aus dem Kino und zu unseren Kabinen, wo die Schwimmwesten lagen. In der Zwischenzeit war das Licht wieder zugeschaltet worden und wir erhielten die Mitteilung, daß wir einen Minentreffer erhalten haben. Das Schiff lag mit gestoppten Maschinen.

Tagebuchseite 106 des Eisbrechers *Stettin* über den Zeitraum vom 20. Januar bis zum 6. Februar 1945.

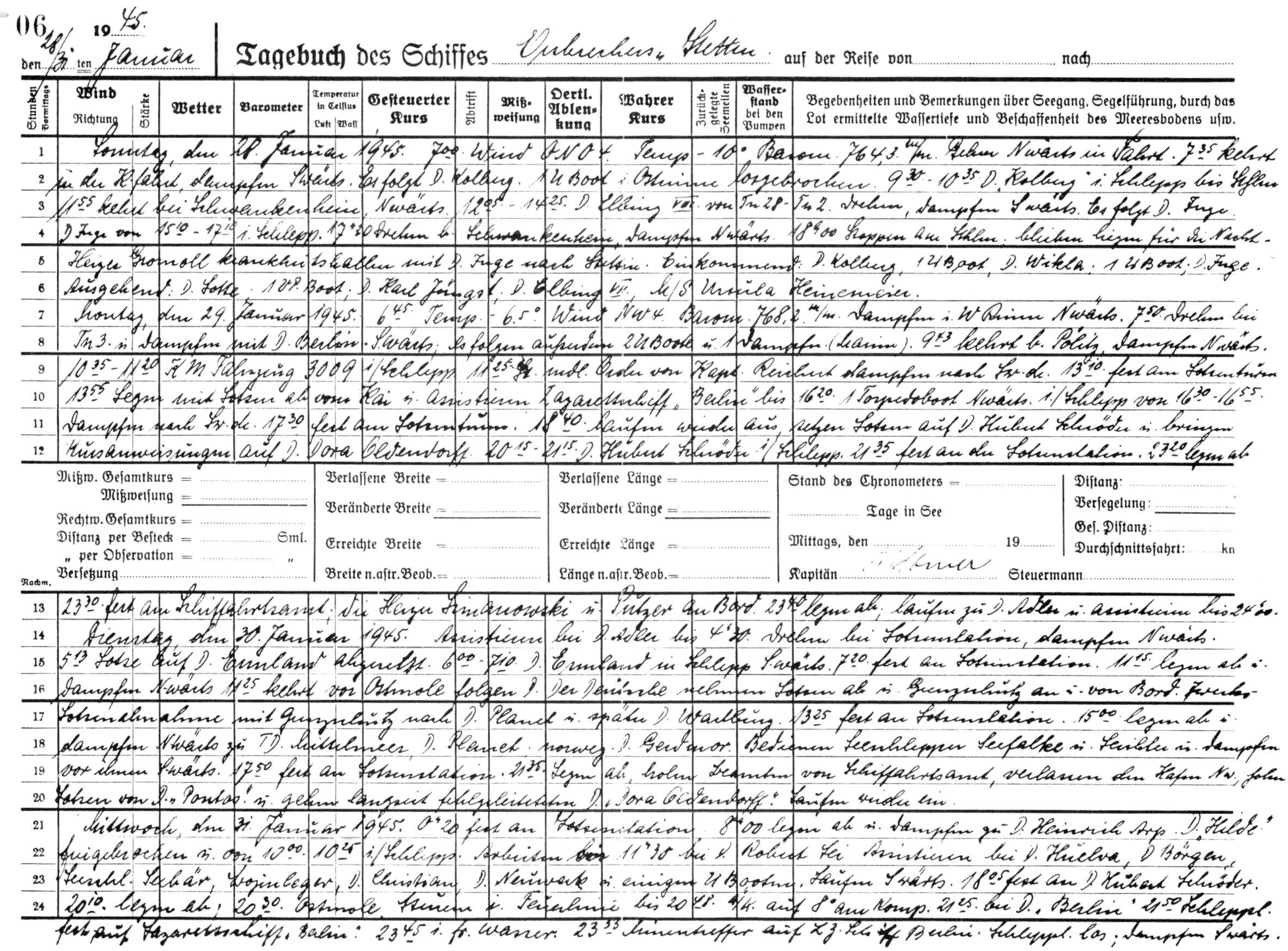

106 den 28./31. ten Januar 1945.

Tagebuch des Schiffes Eisbrechers „Stettin" auf der Reise von .... nach ....

Stunden Vormittags	Wind Richtung	Wind Stärke	Wetter	Barometer	Temperatur in Celsius Luft / Wass.	Gesteuerter Kurs	Abtrift	Mißweisung	Oertl. Ablenkung	Wahrer Kurs	Zurückgelegte Seemeilen	Wasserstand bei den Pumpen	Begebenheiten und Bemerkungen über Seegang, Segelführung, durch das Lot ermittelte Wassertiefe und Beschaffenheit des Meeresbodens usw.
1	Sonntag, den 28. Januar 1945. 7⁰⁰ Wind SNO 4 Temp. -10° Barom. 764,3 mm. Gehen Nwärts in Fahrt. 7³⁵ kehrt												
2	zu der K-Fahrt, dampfen Swärts. Es folgt D. Kolberg. 1 U-Boot [illegible] losgebrochen. 9³⁰–10³⁵ D. Kolberg i. Schlepp bis [illegible]												
3	11⁵⁵ kehrt bei Schwankenheim, Nwärts. 12⁰⁵–14²⁵ D. Elbing [illegible] von Tn 28 – Tn 2. Drehen, dampfen Swärts. Es folgt D. Fuge												
4	D. Fuge von 15¹⁰–17¹⁰ i. Schlepp. 17³⁰ Drehen b. Schwankenheim, dampfen Nwärts. 18⁰⁰ Stoppen am Stettin. Bleiben liegen für die Nacht.												
5	Heizer [illegible] krankheitshalber mit D. Fuge nach Stettin. Entkommend: D. Kolberg, 1 U-Boot, D. Wikla, 1 U-Boot, D. Fuge.												
6	Ausgehend: D. Lotte, 1 U-Boot, D. Karl Jüngst, D. Elbing VII, M/S Ursula Heinemeier.												
7	Montag, den 29. Januar 1945. 6⁴⁵ Temp. -6,5° Wind NW 4 Barom. 768,2 mm. Dampfen i. W-Rinne Nwärts. 7⁵⁰ Drehen bei												
8	Tn 3. u. dampfen mit D. Berlin Swärts. Es folgen außerdem 2 U-Boote u. 1 Dampfer (Leimen). 9⁴³ kehrt b. Pölitz, dampfen Nwärts.												
9	10³⁵–11²⁰ KM Fahrzeug 3009 i/Schlepp. 11²⁵ [illegible] mdl. Order von Kapt. Reichert dampfen nach Sw. de. 13¹⁰ fest am Lotsenturm												
10	13⁵⁵ legen mit Lotsen ab vom Kai u. assistieren Lazarettschiff „Berlin" bis 16²⁰. 1 Torpedoboot Nwärts. i/Schlepp von 16³⁰–16⁵⁵.												
11	Dampfen nach Sw. de. 17³⁰ fest am Lotsenturm. 18⁴⁰ laufen wieder aus, setzen Lotsen auf D. Hubert Schröder u. bringen												
12	Kursanweisungen auf D. Dora Oldendorff. 20¹⁵–21¹⁵ D. Hubert Schröder i/Schlepp. 21³⁵ fest an der Lotsenstation. 23²⁰ legen ab												

Mißw. Gesamtkurs =	Verlassene Breite =	Verlassene Länge =	Stand des Chronometers =
Mißweisung =	Veränderte Breite =	Veränderte Länge =	Tage in See
Rechtw. Gesamtkurs =			
Distanz per Besteck = Sml.	Erreichte Breite =	Erreichte Länge =	Mittags, den 19
„ per Observation = „			
Versetzung	Breite n. astr. Beob. =	Länge n. astr. Beob. =	Kapitän [signature] Steuermann

Distanz: Versegelung: Ges. Distanz: Durchschnittsfahrt: kn

Nachm.	Begebenheiten und Bemerkungen
13	23³⁰ fest am Schiffahrtsamt. Die Heizer Simanowski u. Putzer [illegible] an Bord. 23⁴⁰ legen ab, laufen zu D. Adler u. assistieren bis 24⁰⁰.
14	Dienstag, den 30. Januar 1945. Assistieren bei D. Adler bis 4²⁰. Drehen bei Lotsenstation, dampfen Nwärts.
15	5⁴³ Lotse auf D. Ermland abgesetzt. 6⁰⁰–7¹⁰ D. Ermland i. Schlepp Swärts. 7²⁰ fest an Lotsenstation. 11¹⁵ legen ab u.
16	dampfen Nwärts 11²⁵ kehrt vor Ostmole folgen D. Der Deutsche nehmen Lotsen ab u. Grenzschutz an u. von Bord. [illegible]
17	Lotsenabnahme mit Grenzschutz nach D. Planet u. später D. Wartburg. 13²⁵ fest an Lotsenstation. 15⁰⁰ legen ab u.
18	dampfen Nwärts zu TD. Mittelmeer, D. Planet, norweg. D. Gerdanor. Bedienen Seeschlepper Seefalke u. Heilder u. dampfen
19	vor ihnen Swärts. 17⁵⁰ fest an Lotsenstation. 21³⁵ legen ab, holen Beamten vom Schiffahrtsamt, verlassen den Hafen Nw., holen
20	Lotsen von D. „Pontos" u. gehen längsseit [illegible] D. „Dora Oldendorff". Laufen wieder ein.
21	Mittwoch, den 31. Januar 1945. 0²⁰ fest an Lotsenstation. 8⁰⁰ legen ab u. dampfen zu D. Heinrich Arp. D. „Hilde"
22	freigebrochen u. von 10⁰⁰–10²⁵ i/Schlepp. Arbeiten bis 11³⁰ bei D. Robert Ley. Assistieren bei D. Huelva, D. Börgen,
23	[illegible] Sabär, Wojinleger, D. Christian, D. Neuwerk u. einigen U-Booten. Laufen Swärts. 18²⁵ fest an D. Hubert Schröder.
24	20¹⁰ legen ab; 20³⁰ Ostmole steuern i. Feuerlinie bis 20⁴⁸ ¾ K. auf 8° am Komp. 21²⁵ bei D. „Berlin". 21⁵⁰ Schleppgeschirr
	fest auf Lazarettschiff „Berlin". 23⁴⁵ i. fr. Wasser. 23³³ Minentreffer auf Lz. Schiff Berlin. Schleppgeschirr los; dampfen Swärts.

Eisbrecher *Stettin* im Eiswinter 1942 in der östlichen Ostsee. Gebaut in den Oderwerken Stettin erfolgte seine Indienststellung am 16. November 1933.
Vermessung: 1 135 t
L/B/T: 51,75 m / 13,43 m / 5,40 m
Leistung: 2 200 PSi
Geschw.: 13,0 sm/h
Bes.: 22 Mann

(Anm.: Nach der Leckfeststellung bei den Bergungsarbeiten 1946/47 handelte es sich um einen Treffer zwischen dem hinteren Kessel- und Maschinenraum, d.h. Abt. VII und VIII.) Nachdem sich die erste Verwirrung gelegt hatte und man festgestellt hatte, daß das Schiff seine Schwimmfähigkeit behalten würde, wurde die gesamte Besatzung in Arbeitsgruppen eingeteilt. Die Aufgabe lautete, die Ausrüstung soweit wie möglich aus den unteren Decks zu bergen und in die Aufbautendecks zu bringen.

Da der Maschinenraum unter Wasser stand, mußten die Notstromaggregate in Betrieb genommen werden. Wie wir wußten, hatte die Schiffsführung Schlepperhilfe angefordert. Es gelang uns in kürzester Zeit die gesamte Lazarettausrüstung einschließlich des Inhaltes der Proviant- und Spirituosenlast zu bergen. Auch unsere persönlichen Utensilien konnten wir bergen. In der Zwischenzeit war es dunkel geworden und zwei Schlepper hatten festgemacht. Langsam zogen sie die *Berlin* in Richtung Küste.

Das Lazarettschiff »A« – *(Berlin)* im Norwegeneinsatz 1944.

(Anm.: Der in Swinemünde stationierte Eisbrecher *Stettin* und der Bergungsschlepper *Seebär* liefen um 20.10 Uhr zur Hilfeleistung aus und erreichten um 21.25 Uhr die *Berlin*. Der Bergungsschlepper *Seebär* nahm das Schiff auf den Haken und fungierte als Kopfschlepper, während die *Stettin* längsseits ging und mit der Bergungspumpe Lenzhilfe gab. Bereits um 21.50 Uhr war die Schleppverbindung hergestellt und das Manöver zum Einschleppen nach Swinemünde eingeleitet.)

Wir hatten jetzt die Aufgabe, die im Vorschiff untergebrachte Apothekenlast zu räumen. Plötzlich erschütterte eine erneute Explosion das Schiff in unserem unmittelbaren Arbeitsbereich. Vor Schreck ließen wir alles liegen und fallen. So schnell wir konnten, strebten wir nach oben. Das Licht ging aus und wir hörten hinter uns das Rauschen des einströmenden Wassers. (Anm.: Der Treffer erfolgte backbordseitig im Bereich der Abteilung III. Damit erhielt die *Berlin* um 23.33 Uhr ihren zweiten Minentreffer. Durch den weiteren Wassereinbruch konnte das Schiff nicht mehr gehalten werden, es verlor fast schlagartig seine Reserveschwimmfähigkeit. Überstürzt mußte die Besatzung der *Stettin* die Festmacher (Manilatauwerk) kappen, um bei einem Kentern der *Berlin* nicht selbst in Gefahr zu geraten. Bei einer Wassertiefe von 12,5 m und einem Tiefgang von 9,0 m, der sich bereits durch den Wassereinbruch beim ersten Minentreffer um etwa einem Meter vergrößert hatte, sackte das Schiff lediglich um 2,5 m durch.)

Während das Wasser im Innern des Schiffes stieg, hörten wir durch die angrenzende Stahlwand die Schreie unseres Sanitätshauptgefreiten. Sein Name ist uns leider entfallen, er könnte aber Schwiek, Schiek oder Schwindt geheißen haben und war für die Last verantwortlich. Er war durch die sofort einströmenden Wassermassen eingeschlossen worden, während wir um unser Leben nach oben strebten. Wir konnten ihm nicht helfen. Wie sich später herausstellte, war er das einzige Opfer, was wir zu beklagen hatten. Nach kurzer Zeit hörte das Steigen des Wassers im Innern des Schiffes auf. Die *Berlin* saß auf dem Grund der Ostsee fest.

Passagierschiff *Wilhelm Gustloff* als Flüchtlingstransportschiff im Januar 1944 in Pillau. Es diente anfangs als Lazarettschiff, wurde aber später als Wohnschiff für die KM in Gotenhafen stationiert. Anfang 1945 erfolgte der Einsatz als Flüchtlingstransportschiff. Auf seiner Evakuierungsfahrt am 30. Januar 1945 wurde das Schiff um 21.15 Uhr durch drei Torpedos des sowjetischen U-Bootes *S-13* mit etwa 6000 Menschen an Bord versenkt.

(Anm.: Somit sank das Lazarettschiff »A« – *(Berlin)* am 31. Januar 1945 gegen 24.00 Uhr auf der Position 54° 0,9′ Nord und 14° 17,0′ Ost infolge von zwei Minentreffern. Da die Aufbauten ab Hauptdeck aus dem Wasser ragten, verblieb die Besatzung vorerst an Bord. Eine weitere Hilfeleistung war vorerst nicht erforderlich, und so liefen die Schlepper *Stettin* und *Seebär* nach Swinemünde zurück. Am 1. Februar 1945 um 01.50 Uhr machte die *Stettin*, schwer beschädigt durch den Minennahtreffer, an der Lotsenstation fest. Im Ergebnis einer eingehenden Schadensbesichtigung war ein Werftaufenthalt erforderlich. Am 5. Februar erfolgte die Überführung in die Stettiner Oderwerke.)

Für den Rest der Nacht versuchten wir, in einem der Säle auf dem Promenadendeck ein wenig Ruhe zu finden. Das gelang uns kaum, befürchteten wir doch, daß das Schiff

Passagierschiff *Monte Olivia* der Reederei Hamburg-Süd. Stapellauf bei Blohm & Voss am 28. Oktober 1924. Während des Krieges von der deutschen Kriegsmarine als Wohnschiff genutzt. 15. Februar 1945 Umbau zum Lazarettschiff. Vor dem Einsatz am 3. April 1945 durch Bombentreffer in Kiel gekentert.
Vermessung: 13 750 BRT
L/B/T: 152,60 m/20,10 m/11,60 m
Leistung: 5600 PSi
Geschw.: 14,0 sm/h

wegen möglicher Unebenheiten des Grundes auseinanderbrechen könnte.
Am nächsten Tag, es war Donnerstag, der 1. Februar, konnten wir uns dann einen Gesamtüberblick verschaffen. Das Schiff war bis zum F-Deck weggesackt, und so stand in der noch zu räumenden Kombüse das Wasser etwa 1 Meter über dem Boden. Mit Taucheranzügen, ohne angelegten Taucherhelm, haben wir das Geschirr noch bergen müssen. Die Krankenschwestern hatte man inzwischen von Bord genommen und nach Swinemünde gebracht.«
Sie berichten weiter:
»Wir selbst verblieben noch einige Tage an Bord und bereiteten die Ausrüstung für den Abtransport vor. Zu hungern brauchten wir nicht, aber es war sehr kalt, konnten wir doch die Räume, in denen wir uns aufhielten, nicht heizen.
(Anm.: In Auswertung des täglichen Wetterberichtes des Deutschen Reichswetterdienstes lagen die Außentemperaturen vor Swinemünde zwischen −2,5° C und −8,5° C. Dazu frischte der Wind in der Nacht vom 1. zum 2. Februar verstärkt auf.) Zwei etwa 900 BRT große Frachter gingen dann eines Tages bei uns längsseits, um die Ausrüstung zu übernehmen. Eines der Schiffe hieß *Längssee*, das zweite möglicherweise *Dwarssee*. Nach etwa einer Woche war die Ausrüstung auf die Frachter umgeladen. Ein Teil der verbliebenen Mannschaft wurde nach Swinemünde gebracht, während der andere Teil auf die beiden Frachter verteilt wurde. Wir kamen auf den Frachter *Längssee*.
Inzwischen wurde uns bekannt, daß mit dieser geretteten Lazarettausrüstung das in Hamburg liegende Passagierschiff *Monte Olivia* ausgerüstet werden sollte. (Anm.: Die *Monte Olivia* diente in Hamburg als Wohnschiff für die Kriegsmarine. Nach dem Untergang der *Berlin* begann man ab 15. Februar mit dem Umbau zum Lazarettschiff.)
Beide Schiffe mußten sich einem größeren Westgeleit anschließen. In diesem Geleit befand sich auch das ehemalige KdF-Schiff *Robert Ley*. In einer sehr langsamen und beschwerlichen Fahrt, die immer wieder durch Nebel und Minenalarm unterbrochen wurde, ging es nach Westen. Nach etwa 10 Tagen erreichten wir die Kieler Förde und laufen in den Kaiser-Wilhelm-Kanal ein.
Durch einen Kesselschaden unterbricht die *Längssee* ihre Fahrt und läuft nach Kiel in die Howaldtwerft. Das andere Schiff setzte seine Fahrt nach Hamburg fort.
Die sich dem Versenkungsgebiet der *Berlin* rasch nähernden Kampfhandlungen ließen an dem Wrack der *Berlin* keine Bergungsmaßnahmen mehr zu.
Doch das Wrack der *Berlin* sollte noch nicht zur Ruhe kommen. Während der Offensive sowjetischer Fliegerkräfte auf die im Seegebiet der Pommmerschen Bucht befindlichen Schiffe und Boote erfolgte in den Abendstunden des 3. Mai 1945 um 19.23 Uhr ein Angriff durch drei Schlachtflugzeuge vom Typ »IL-2« auf die Schiffe *Schlesien, Z 34* und *T 36*. Nach dem Überflug konnte von Bord des Torpedobootes *T 36* auch ein Bombenabwurf über dem Wrack der *Berlin* beobachtet werden.
(Anm.: Da bei den 1946/47 durchgeführten Bergungsarbeiten keine Beschädigungen durch einen Bombentreffer festgestellt werden konnten, kann es sich also nur um einen Nahtreffer gehandelt haben.)

U-Boote im Evakuierungseinsatz

Vor allem aus Gründen der technischen Sicherheit waren U-Boote lange Zeit nicht in die offiziellen Evakuierungsmaßnahmen einbezogen und von der Seekriegsleitung hierfür eingeplant worden. Jedoch mit der sich zuspitzenden militärischen Lage an der Ostfront ergab sich die Notwendigkeit, auch U-Boote einzusetzen. Oftmals standen aber die U-Boot-Kommandanten situationsbedingt vor der Tatsache, in persönlicher Entscheidung über eine Anbordnahme von Flüchtlingen, Verwundeten und Soldaten zu befinden.

Nachfolgende Tabelle gibt einen Überblick über die bisher ermittelten U-Boote, die an den Evakuierungsfahrten beteiligt waren. Die Zusammenstellung erfolgte in Abstimmung mit dem U-Boot-Archiv in Cuxhaven (Stand: März 1996).

Ein besonderer Schwerpunkt war in den letzten Kriegstagen die Evakuierung der Soldaten aus dem Verteidigungsbereichen Hela und Kurland. Für den Abtransport von Hela wurden auch die im Rahmen der Ausbildungsphase »Agru-Front« in der östlichen Ostsee befindlichen U-Boote herangezogen. An Hand einiger Augenzeugenberichte sollen diese Einsätze dargestellt werden. So erging im März an den Kommandanten von *U 2533*, Oblt.z.S. Horst Günther, der Befehl zur Unterbrechung der »Agru-Front« und zum Einlaufen in den Hafen Hela. Er berichtet:

»Mein erstes Boot, *U 2504*, hatte ich bei einem Bombenangriff auf Hamburg verloren. Es war durch einen Bombennahtreffer so schwer beschädigt worden, daß es

Monat	U-Boot	von	nach	Evakuierte	Bemerkung
Januar	*U 14*	Gotenhafen	Kiel	2	Fr.u.Kl.Ki.
	U 17	Gotenhafen	Kiel	20	Bes.Angeh.
	U 56	Pillau	Kiel	8-10	Fr.u.Ki
	U 57	Pillau	Kiel	8-10	Fr.u.Ki.
	U 58	Pillau	Kiel	8-10	Fr.u.Ki.
	U 59	Pillau	Kiel	8-10	Fr.u.Ki.
	U 152	Pillau	Kiel	129	Fr.u.Ki.
	U 746	Pillau	Stettin	15	Schw. Verw.
	U 748	Hela	Swinemünde	31	Flüchtlinge u. m. *U 717* im Schlepp
	U 778	Pillau	Stettin	20	Flüchtlinge
	U 828	Danzig	Swinemünde	5	Fr.u.Ki. des I.WO
	U 903	Kolberg	Swinemünde	50	Üb.d. *Gustloff*
	U 1065	Pillau	Warnemünde	16	Verw.
	U 1306	Pillau	Kiel	2	Ki.
	U 3501	Danzig	(Westen)	?	Flüchtlinge
	UD 4	Königsberg	Eckernförde	3	Ehep.u.Ki.
Februar	*U 721*	Hela	Warnemünde	31	HJ
	U 747	Gotenhafen	Kiel	30-40	Flüchtlinge
	U 822	Hela	Stettin	1	Fr.
	U 1197	Pillau	Kiel	41	Flüchtlinge
	U 2502	Hela	Travemünde	30	Fr.u.Ki.
	U 2524	Gotenhafen	Warnemünde	25-30	Flüchtlinge
	U 3012	Hela	Swinemünde	60	Flak-Soldaten
	U 3514	Hela	Travemünde	8	Verw.
März bis Kriegsende	*U 721*	Hela	Warnemünde	*	Flüchtlinge
	U 828	Swinemünde	Brunsbüttel	17	6 Fr.u. K11 Ki.
	U 924	Hela	Warnemünde	16	Jungen
	U 999	Hela	Warnemünde	40	Flüchtlinge
	U 1007	Hela	Rönne	35	HJ
	U 1110	Danzig	Kiel	60	Flüchtlinge
	U 1205	Hela	Warnemünde	20	Jungen
	U 1306	Hela	Swinemünde	15	Schulklasse 1 Fr. m. 3 Ki
	U 2503	(Genaue Berichte fehlen noch!)			
	U 2518	Hela	Swinemünde	6	3 Fr.u.3 Ki.
	U 2521	(Genaue Berichte fehlen noch!)			
	U 2533	Hela	Rönne	50	HJ
	U 3010	Hela	Travemünde	50	Marine-HJ
	U 3020	Hela	Travemünde	50	HJ
	U 3023	Hela	Swinemünde	120	Flaksoldat.
	U 3025	Hela	Rönne	50	HJ
	U 3507 *U 3509*	Gotenhafen	(Westen)	60	HJ
	U 3511	Hela	Travemünde	50	Jungen
	U 3513	Danzig	Hela	30	Soldaten, Beamte, Fr.u.Ki.
		Hela	Travemünde	70	davon 50 HJ
	U 3517	Danzig	(Westen)	53	Jungen d. KLV
	U 3522	Hela	Rönne	ca.50	HJ
	U 3524	Danzig	Kiel	?	Flüchtlinge
	U 3529	Danzig	Vor Bornholm an ein HS übergeben	?	Flüchtlinge

Erklärung:
* *U 721* führte zwei Fahrten durch und brachte jeweils etwa 100 Flüchtlinge nach Warnemünde.

– Dop.Bes.	Doppelte Besatzung	– Kl.Ki.	Kleinkinder
– HJ	Hitlerjungen	– Schw.Verw.	Schwerverwundete
– Ehep.	Ehepaar	– Üb.	Überlebende
– Fr.	Frauen	– Stützp.	Stützpunkt
– Ki.	Kinder	– HS	Hilfsschiff
		– KLV	Kinderlandverschickung

außer Dienst gestellt werden mußte. Daraufhin übernahm ich *U 2533* (Anm.: Indienststellung 18. Januar 1945 / Blohm & Voss / 31. U-Fl.). Wir verlegten durch den Kaiser-Wilhelm-Kanal nach Kiel zur »Agru-Front« und weiter in die östliche Ostsee. Somit befand ich mich im März 1945 mit meinem neuen Boot auf Ausbildungsfahrt in der Danziger Bucht und erhielt Ende März den Befehl, Hela anzulaufen. Die Halbinsel war bereits durch russische Truppen abgeschnitten und der Russe hatte Gotenhafen eingenommen. In dieser Situation übernahm ich 50 Hitlerjungen aus dem Wehrertüchtigungslager Heisternest und erhielt die Anweisung, sie im Hafen Rönne, auf der Insel Bornholm, abzusetzen. Danach hatte ich die Durchführung der »Agru-Front« fortzusetzen. Im weiteren verweise ich auf die anschließende Aussage meines damaligen Masch.Gefr. A. Philipp.«

Ohne Probleme erfolgte die Übernahme von 50 Personen, einschließlich ihrer Ausrüstung an Bord. Die Zuladung entsprach einer Masse von etwa 4 t und war für ein Typ XXI-Boot, das nicht voll ausgerüstet war, keine außergewöhnliche Belastung, die bei gleichmäßiger Austrimmung auch nicht zur Instabilität des Tauchverhaltens führen konnte. Bei Nichtbeachtung kann dieser Umstand aber zur Gefährdung des Bootes und der Besatzung führen. Die Folgen beim Alarmtauchen werden im Erinnerungsbericht des ehem. Masch.Gefr. Alfred Philipp von *U 2533* sehr anschaulich beschrieben. Er schreibt:

»Ende März liefen wir den Hafen von Hela an. Hier lagen wir 2 bis 3 Tage, am letzten Tag (Anm.: 28. März 1945) wurde uns mitgeteilt, daß der Russe die Halbinsel Hela schon abgeriegelt hat. In der Zwischenzeit waren 50 Hitlerjungen eingetroffen und unser Kommandant erteilte den Befehl, die Jungen an Bord zu nehmen. Wir brachten

Kommandant von *U 1205*, Oblt.z.S. Hermann Zander, verstorben am 30. November 1987.

U 3023 nördlich Bornholm auf dem Rückmarsch nach Westen – Anfang April 1945.
Ein Gemälde des Marinemalers Viktor Gernhard, ehemaliger Besatzungsangehöriger des Zerstörers *Z 25*.

Kommandant Oblt.z.S. Alfred John, auf dem Turm von *U 828* sitzend.

sie alle im Vorschiff unter. Auf unserer Überwasserfahrt nach Westen erfolgte ein überraschender russischer Fliegerangriff, dem wir uns durch Alarmtauchen entziehen mußten. Bei dem nun folgenden Alarmtauchen rutschten uns förmlich die Beine unter dem Hintern weg. Unser LI hatte die Nachberechnung für die Zuladung der 50 Jungen im Vorschiff vergessen, so daß wir bei großer Fahrt fast kopfüber auf Tiefe gingen. Bei 98 Meter Tiefe setzte der Bug hart auf den Grund auf. Außer dem Schreck war aber nichts passiert. Nach kurzer Zeit tauchten wir auf und setzten die Fahrt fort. Unser Kommandant steuerte die Insel Bornholm an. Wir liefen in den Hafen Rönne ein und die Jungen gingen von Bord. Danach setzten wir unsere Ausbildung fort.«

Einen Tag später, am 29. März, tritt *U 3023* von Hela aus mit 120 Flaksoldaten an Bord seinen Marsch nach Westen an. Die Insel Bornholm wurde nördlich umrundet und danach der Flottenstützpunkt Swinemünde angesteuert, wo man die Soldaten an Land absetzte.

Die Tragik der damaligen Zeit kann man heute, wenn man nicht dabei gewesen ist, kaum nachvollziehen, um die oftmals glücklichen Umstände zu erfassen, die zur Evakuierung des einzelnen oder einer Gruppe führten.

Oberstleutnant a.D. Otto Wolter, Regimentskommandeur des Grenadierregiments 17 der 31. Volksgrenadier-Division, gehörte mit zu den Soldaten, denen es zu verdanken ist, daß die Evakuierungstransporte aus dem Verteidigungsbereich der Halbinsel Hela bis zur sprichwörtlichen letzten Minute durchgeführt werden konnten. Er ermöglichte es z. B. 20 Hitlerjungen aus seinem Regiment, daß sie mit einem U-Boot in die Heimat evakuiert werden konnten. Er berichtet:

Kommandant Oblt.z.S. Horst Günther, am Tag der Indienststellung seines Bootes *U 2523*

Erinnerungsfoto des Offizierskorps von *U 3012* anläßlich der Indienststellung des Bootes am 4. Dezember 1944.
1. Reihe (v.l.n.r.)
- Oblt.(Ing.) Theo Peters, LI;
- Kptlt. Fritz Kloevekorn, Kmdt.;
- Oblt.z.S. Wolfgang Hübner, I.WO;

2. Reihe (v.l.n.r.)
- Lt.z.S. Joachim Gutschker, II.WO;
- Ob.Fhr.(Ing.) Hoffmann, II.WI;
- Oblt.z.S. Daum, Kmdt.-Schüler;
- Lt.(Ing.) Kurt Backhaus, I.WI;

»Mein Regiment befand sich seit dem 31. März 1945 auf der Halbinsel Hela und verteidigte bis zum 14. April den Zugang zu ihr nordwestlich der Ortschaft Ceynowa.
Nach den Abwehrkämpfen vom 7. bis 14. April wurden wir durch unser Schwesterregiment 12 abgelöst. Ich übernahm den Küstenschutz beiderseits von Kußfeld. Nach meinen Erinnerungen kamen nach der Räumung der Oxhöfter Kämpe etwa 20 Hitlerjungen in mein Regiment. Ich setzte sie nur nachts als Trägerkolonne ein.
In Anbetracht der militärischen Lage veranlaßte ich die Ausgliederung der Hitlerjungen und ließ sie nach Hela in Marsch setzten, damit sie eventuell mit Schiffen nach Westen gelangen konnten. Wie ich erfuhr, sollen sie mit einem U-Boot nach Westen gelangt sein.«
Während sich sein Regiment in Abwehrkämpfen befindet, werden die 20 Jungen im Hafen von Hela auf Befehl des Kommandanten von *U 1205*, Kptlt. Hermann Zander († 30. November 1987), an Bord genommen und nach Warnemünde gebracht.
Das Regiment und sein Kommandeur konnten nicht mehr evakuiert werden und gingen am 9. Mai in sowjetische Kriegsgefangenschaft. Oberstleutnant Wolter wird, wie viele andere Kommandeure, 1948 nach § 58 des sowjetischen Strafgesetzbuches (Spionage, Sabotage, Konterrevolution u.s.w.) zum Tode verurteilt, doch die Vollstreckung ausgesetzt.
Im Oktober 1955 kann er nach dem Adenauer-Besuch in Moskau mit den übrigen deutschen Kriegsgefangenen endlich die Heimreise nach Deutschland antreten.
Während Offiziere und Soldaten des Heeres den Bereich von Hela unter Aufopferung ihres Lebens weiter verteidigten, um weiteren Flüchtlingen und Verwundeten die Flucht über die See zu ermöglichen, sicher auch mit der schwachen Hoffnung vielleicht auch noch evakuiert zu werden, versucht der Gauleiter von Ostpreußen, Erich Koch, getarnt als General des Heeres, mit einem U-Boot zu entfliehen.
Er gehörte mit zu Hitlers Reichsstatthaltern, die bis zuletzt Durchhalteparolen verkündeten, aber nicht im entferntesten daran dachten, das Schicksal ihrer fliehenden Volksgenossen zu teilen. Er ließ Parolen an die Hauswände pinseln und denunzierte Kommandeure per Fernschreiben bei Hitler.
Nachdem Königsberg aufgegeben werden mußte, ließ Koch den Eisbrecher *Ostpreußen* in Pillau für seine Flucht bereithalten. Die Ereignisse ließen dieses Vorhaben scheitern, und so beorderte Koch die *Ostpreußen* nach Hela. Geschützt von seiner Leibgarde aus schwerbewaffneten SS-Männern, begab er sich nach Nickelswalde. Hier stürmte die Leibgarde das »Fl.B. 545« und zwang die Besatzung mit Waffengewalt zum Auslaufen nach Hela. Die *Ostpreußen* war ebenfalls in Hela eingetroffen, doch aus Sicherheitsgründen wollte sich Koch lieber an Bord eines U-Boots nach Westen absetzen.
So kam es, daß der Kommandant von *U 3517*, Kaptlt. Helmut Münster, vom Hafenkommandanten von Hela aufgefordert wurde, den als Heeresgeneral getarnten Gauleiter Koch und noch einen General an Bord zu nehmen. Doch dieses Ansinnen lehnte der Kommandant strikt ab.
Franz Owerberg, ehemaliger Obermaat auf *U 3517*, berichtet: »Auf unserer Fahrt von Pillau nach Bergen/Norwegen wurden wir über Funk nach Hela umgeleitet. An Bord wurde gemunkelt, daß unser Ziel Südamerika sei. Während eines Landganges in Hela kamen wir an der Hafen-

kommandantur vorbei. Der mich begleitende Hpt.Gefr. Gutzeit, er stammte aus Königsberg, machte mich auf den vor der Tür stehenden Gauleiter Koch aufmerksam. Er erkannte Koch sofort, auch wenn dieser eine Generalsuniform trug. Wie sich später rausstellte sollten wir ihn an Bord nehmen. Unser Kommandant, Kptlt. Helmut Münster, erregte sich und sagte nur: Wir sind doch kein Musikdampfer! Stattdessen erteilte er kurzentschlossen den Befehl, 53 Schuljungen die im Zuge der »Kinderlandverschickung« nach Hela geraten waren, an Bord zu nehmen. Wir beeilten uns mit Freude, diesen Befehl auszuführen. Nach erfolgter Unterbringung der Kinder legten wir ab und verließen den Hafen. Die Signalstelle blinkte herüber: Auslaufverbot! Doch unser Kommandant brüllte mit der Tüte zurück: »Ihr könnt uns mal ...!«

Somit mußte der Gauleiter von Ostpreußen seine Flucht mit dem Eisbrecher *Ostpreußen* fortsetzen. Das Schiff erreichte am 7. Mai Flensburg und Koch tauchte als »Major a.D. Berger« unter. Vier Jahre später wurde er entdeckt und von den Engländern als gesuchter Kriegsverbrecher an Polen ausgeliefert.

Durch die teils offizielle als auch inoffizielle Nutzung der U-Boote zu Evakuierungszwecken konnten etwa 2000 Soldaten und Flüchtlinge nach Westen evakuiert werden.

Einsatz der Seenotgruppe 81/Ostsee

Zur Gewährleistung des Seenotrettungsdienstes in der Ostsee erfolgte im September 1944 die Aufstellung der Seenotgruppe 81/Ostsee (SNGr. 81/Ostsee) im Verband des deutschen Seenotdienstes der Luftwaffe (See). Gruppenkommandeur wurde am 20. Oktober 1944 der Flugkapitän Hauptmann Karl Born. Die Einsatzführungszentrale und der Hauptstützpunkt befanden sich auf dem Seefliegerhorst der »Fliegerwaffenschule See 2« in Bug auf der Insel Rügen.

Dem Gruppenkommandeur unterstanden:

- Seenotstaffel 81
  Staffelkapitän: Hptm. Körner
  Stützpunkt: Seefliegerhorst Bug/Rügen
- Such- und Schutzstaffel
  Staffelkapitän: Oblt. Detlef von Petersdorf
  Stützpunkt: Seefliegerhorst Parow
- Seenotflottille 60
  SN-Flo.-Chef: Hptm. Schirmack
  Stützpunkt: Pillau
- Seenotflottille 81
  SN-Flo.-Chef: Oblt. von Aswegen
  Stützpunkt: Swinemünde

Wie sich Flugkapitän Karl Born erinnert, lautete der Einsatzbefehl: »Mit allen zur Verfügung stehenden Seefahrzeugen der Luftwaffe und den Flugbooten sind Flüchtlings- und Sanitätstransporte durchzuführen. Im gesamten Seegebiet der Ostsee ist die Seenotsicherung, Suche und Bergung zu gewährleisten.«

Flugkapitän Hauptmann Karl Born, Kommandant der Seenotgruppe 81/Ostsee.

Truppendienstlich war die Gruppe der Luftwaffe unterstellt, disziplinarisch dem Seenotführer Mitte, Oberstleutnant Carl Hess. Sein Stab befand sich in Stade/Elbe. Operativ hatte der Gruppenkommandeur jedoch in enger Zusammenarbeit mit den Dienststellen und Einheiten der Kriegsmarine zu handeln, was auch reibungslos funktionierte.

Zur Verfügung standen mir:

- über 30 Flugbetriebsboote (Fl.B-Boote)
- 4 Flugsicherungsschiffe

Kapitän Joachim Misch, Schiffsführer des Flugsicherungsschiffes *Greif*, zugehörend zur Erprobungsstelle der Luftwaffe Travemünde.

- etwa 25 Flugboote Do 24
- 1 Ar 196
- etwa 12 Such- und Begleitflugzeuge vom Typ Me 410 *Hornisse*
- zahlreiche Rettungsfahrzeuge der DGzRS

Die Gesamtpersonalstärke belief sich auf über 1 000 Personen.
Verteilt waren die Einheiten über zahlreiche Einsatzorte entlang der Ostseeküste von Flensburg bis Windau. Im Standort meiner Einsatzführungszentrale befand sich ein ausgezeichneter Nachrichtenstand, der mit den Funk- und Funkmeßstellen entlang der Küste verbunden war. Während die Flugboote vorwiegend von den Seefliegerhorsten Bug und Dievenow operierten, war die Such- und Schutzstaffel (Me 410 *Hornisse*) als Jagdschutz auf dem Seefliegerhorst in Parow stationiert.«
Für die seit Januar 1945 verstärkt durchgeführten Evakuierungstransporte aus dem Osten reichte der durch die Kriegsmarine und Handelsschiffahrt zur Verfügung gestellte Transportraum nicht aus. Somit ergab sich die Notwendigkeit, auch die Schiffe und Boote der SNGr. 81 mit einzusetzen. Am 9. März 1945 erfolgte die einsatzmäßige Unterstellung unter dem Befehl des Chefs der Schifffahrtsabteilung, zugl. Seetransportchef der Wehrmacht östl. Ostsee, Konteradmiral Engelhardt. Die SN-Fl. 60 operierte im Seegebiet der östlichen Ostsee vor den Küsten Ostpreußens, Kurlands sowie in der Danziger Bucht, während die SN-Fl. 81 entlang der pommerschen Küste und im Stettiner Haff im Einsatz war.
Die großen Flugsicherungsschiffe übernahmen vorwiegend als schnelle Einzelfahrer Flüchtlinge und Verwundete in den Häfen oder von Zubringerschiffen auf Reede. Im Einsatz waren die Schiffe *Greif, Boelcke* und *Hans Albrecht Wedel*. Von diesen Schiffen wurden am 08. April die *Hans Albrecht Wedel* und am 16. April die *Boelcke* durch sowjetische Jagdbomber in der Danziger Bucht versenkt.
Allein das Flugsicherungsschiff *Greif*, das am 16. April schwer beschädigt den Marsch nach Westen antrat, konnte im Verlauf des Kriegsjahres 1945 mehr als 20 000 Flüchtlinge und Soldaten evakuieren. Besonders hohe Transportleistungen bei der Evakuierung entfielen auf den Monat Februar 1945, dazu kamen Hilfeleistungen für in Seenot geratene Menschen auf den Evakuierungsrouten.
Auszug aus dem KTB des Bergungs- und Flugsicherungsschiffes *Greif*:

Datum	von	nach	Evakuierte	Bemerkung
24.01.45	Königsberg	Kolberg	800	Flüchtlinge
26.01.45	Königsberg	Swinemünde	1 000	Flüchtlinge
06.02.45	Pillau	Neufahrwasser	2 000	Flüchtlinge
08.02.45	Pillau	Neufahrwasser	1 800	Flüchtlinge
10.02.45	Pillau	Neufahrwasser	2 700	Flüchtlinge
11.02.45	Pillau	Neufahrwasser	2 500	Flüchtlinge
13.02.45	Pillau	Zoppot	300	Flüchtlinge
21.02.45	Pillau	Neufahrwasser	1 600	Fl . u. Verw.
25.02.45	Königsberg	Neufahrwasser	2 500	Flüchtlinge
27.02.45	Königsberg	Neufahrwasser	2 200	Flüchtlinge
08.03.45	Pillau	Neufahrwasser	500	Fl. u. Verw.
10.03.45	Neufahrwasser	Stralsund	1 300	Flüchtlinge
18.03.45	Pillau	Neufahrwasser	600	Flaksoldaten
20.03.45	Pillau	Neufahrwasser	unb.	Soldaten
03.04.45	Pillau	Stralsund	unb.	Fl. u. Verw.
16.04.45	Pillau	Hela	unb.	Soldaten
16.04.45	Hela	Bug a. Rügen	unb.	Üb. v.*Boelke*
28.04.45	Stralsund	Warnemünde	unb.	Fl. u. Soldaten

- Fl. Flüchtlinge
- Üb. Überlebende
- Verw. Verwundete

Die schnellen und wendigen Fl.B-Boote wurden vorrangig für den Einsatz in Flachwasserhäfen oder vor den Küsten vorgesehen.

Flugzeugbergungs- und Erprobungsschiff (Flugsicherungsschiff) *Greif* mit einer Heinkel He 60 an Bord. Das Schiff wurde 1936/37 von den Stettiner Oderwerken erbaut und am 1. August 1937 von der Luftwaffe in Dienst gestellt. 1945 mußte es als Reparationsleistung an Frankreich abgeliefert werden und wurde unter dem Namen des französischen Generals *Marcel le Bihan* eingesetzt.

Vermessung:	890 t;
L/B/T:	72,00 m / 10,60 m / 3,00 m;
Antriebsart:	2 x Voith-Schneider-Propeller;
Antriebsleistung:	2 x 2200 PS;
Geschw.:	18,7 sm/h (max.);
Bes.:	63 Mann;
Bew.:	keine
Krananlage:	Fahrbarer Portal-Dreh-Kran mit einer Tragfähigkeit von 13,0 t bei einer Ausladung von 6 bis 13 m.

Nachdem die Evakuierung der im Verteidigungsbereich Kolberg Eingeschlossenen mit beispielhafter Unterstützung der SN-Fl. 81 am 18. März 1945 erfolgreich abgeschlossen werden konnte, wurden zwei Boote, darunter *Fl.B 5003*, zur SN-Fl. 60 nach Pillau abkommandiert. Nachdem Pillau am 25. April von Sowjettruppen eingenommen war, erfolgten die Einsätze von Hela aus.

Oftmals mußten »Fernfahrten« bis nach Stralsund durchgeführt werden. Die Flugboote und Seefahrzeuge der SNGr. 81 gelangten täglich zum Einsatz. Im Rahmen ihrer Möglichkeiten leisteten die Besatzungen ihr Bestes für die in Seenot geratenen Menschen oder bei der Unterstützung von Evakuierungen. Bei ihren Fahrten in Richtung Osten nahmen sie Proviant, Medikamente und Munition mit an Bord und versorgten so die in den Abwehrkämpfen befindlichen Einheiten der Wehrmacht.

In seinem Buch »Der Seenotdienst der deutschen Luftwaffe 1939–1945« gibt V. Kühn die Transportleistung der SNGr. 81 wie folgt an (S. 193):

Seenotflugboote Do 24:	5000 Personen
Flugbetriebsboote:	100000 Personen
Flugsicherungsschiffe:	41100 Personen
Gesamtanzahl der Geretteten:	146000 Personen

Damit hat die SNGr. 81 einen Anteil von etwa 6 Prozent an den Evakuierungstransporten, die in den 115 letzten Kriegstagen auf der Ostsee erfolgten.

Einen außergewöhnlichen Einsatz flogen am 3. März 1945 zwölf Flugboote vom Typ Do 24 der Seenotstaffel 81 zur Evakuierung von Kindern aus den Kinderlandverschickungslagern und -heimen in Großmöllen und Nest

Frau Hannelore (Lore) Born, geb. Brandt, ein Flüchtlingskind aus Nest

Lernschwester Magdalena Karkowsky, Oktober 1945 in Gettorf bei Kiel

Hannelore Brandt mit ihrer Mutter in Nest

in Pommern. Im Rahmen der Kinderlandverschickung (KLV) waren aus den bombengefährdeten Gebieten West- und Mitteldeutschlands Tausende von Kindern in Kinderheimen und Jugendlagern in den Ostgebieten untergebracht worden, so auch in den beiden Ostseeheilbädern Großmöllen und Nest.
Am 1. März 1945 erreichten Einheiten der 2. Belorussischen Front den bewaldeten Höhenzug, den Gollen, östlich von Köslin. Die Stadt war damit direkt in den Frontbereich geraten und somit auch die Bewohner der KLV-Lager bedroht. Bereits am 1. März drangen sowjetische Aufklärungspanzer bis zu den Ortschaften Laase und Puddemsdorf vor, Hinterpommern war damit aufgespalten. Über den Jamunder See hinweg beobachteten sowjetische Aufklärer den Flugbetrieb auf dem Seefliegerhorst Nest. Ein Beschuß erfolgte bis zur Besetzung von Nest am 5. März nicht. Am Nachmittag des 3. März begann der Artilleriebeschuß auf die Stadt Köslin, der bis Mitternacht andauerte und am Morgen des 4. März fortgesetzt wurde. Nach kurzen Straßenkämpfen zog sich die Kampfgruppe des Generalmajors Münzel zurück. Die Stadt mußte aufgegeben werden. Ein Großteil der Bevölkerung hatte bereits am 1. März 1945 die Stadt in Richtung Kolberg verlassen. Die Einnahme und Besetzung des Seefliegerhorstes Nest war damit nur noch eine Frage von Stunden. Tausende von Menschen hatten sich hier zusammengefunden und kamen nicht weiter.
Frau Magdalena Telligmann, geb. Karkowsky, ehemalige Lernschwester im Kinderheim in Großmöllen, erinnert sich an die Evakuierung des KLV-Lagers:
»Seit Oktober 1944 war ich als Lernschwester im Kinderheim in Großmöllen tätig. Dieses Heim unterstand der Hauptschule in Greifswald. Im Heim waren 6- bis 14jährige Jungen und Mädchen untergebracht. Ich stamme selbst aus Groß Machmin bei Stolp. Die Evakuierung des Heimes war für den 2. März vorgesehen, doch erst am

Fernaufklärer- und Seenot-Flugboot Do 24 während des Fluges. Die Dornier Do 24 T erwies sich als ein besonders leistungsfähiges Flugboot mit ganz hervorragenden See-Eigenschaften.

Spw/L:	27,00 m / 21,95 m;	Geschw.:	300 km/h;	Bew.:	1 MG 15 Bugstand,
Triebwerk:	3 x Bramo 323 R 2;	Zuladung:	5,45 bis 7,65 t;		1 MK 404 Rumpfrücken,
Leistung:	3 x 1 000 PS (735,5 kW);	Bes.:	6 Mann;		1 MG 15 Heckstand.

3. März war es dann soweit, so daß wir in aller Frühe nach Nest abmarschierten. Auf dem Fliegerhorst angekommen, warteten wir auf die Flugzeuge, die uns abholen sollten. Unzählige Kinder und Erwachsene warteten auf Rettung vor den Russen. In den Vormittagstunden traf dann ein Flugzeug ein (Anm.: Es war die erste Do 24 die zur Erkundung der Lage von Bug/Rügen gestartet war), landete auf dem See und legte an einem Fischersteg an. Die Freude war groß. Um so viele Kinder wie nur irgend wie möglich mitnehmen zu können, erfolgte durch die Flieger die Anweisung, das Gepäck zurückzulassen. Daraufhin haben wir uns schnell noch ein Kleid übergestreift, um wenigstens etwas von unserem Gepäck zu retten. Damit alle kleineren Kinder ausgeflogen werden konnten, entschloß sich unsere Heimleiterin, mit den 10- bis 14-jährigen nach Greifswald zu marschieren. Wie ich später in Göhren auf Rügen erfuhr, ist sie dort auch wohlbehalten eingetroffen. Nachdem man uns wie die Heringe in einem Faß verstaut hatte, erfolgte der Start, und ohne Zwischenfälle landeten wir gegen Mittag auf dem Wieker Bodden der Insel Rügen. Auf dem Fliegerhorst Bug/Rügen brachte man uns in Baracken unter, und nach einigen Tagen transportierte man uns mit einem Schiff nach Stralsund.

Vom Hafen aus marschierten wir zum Hauptbahnhof und weiter ging es mit der Bahn nach Greifswald. Bereits am nächsten Morgen schickte man mich mit zwei weiteren Lernschwestern per Bahn nach Göhren in das Kinderheim Hotel Nordperd, wo wir Kinder im Alter von 6 bis 14 Jahren zu betreuen hatten.«

In Erinnerung an die Evakuierungsflüge vom Seefliegerhorst Nest berichtet Flugkapitän Karl Born:

»Als ich über die Evakuierungsnotwendigkeit und den Frontverlauf unterrichtet wurde, entschloß ich mich, zunächst erst einmal ein Flugboot zur Erkundung hinzuschicken (Anm.: Entfernung zum Seefliegerhorst ca. 200 km, Fluggeschwindigkeit ca. 230 km/h, das entspricht einer Flugzeit von ca. 54 Minuten). Um möglichst viele Menschen evakuieren zu können, mußten die Flugboote geleichtert werden. Deshalb ordnete ich die Demontage einiger Bordwaffen an. Das erfolgte aber nur insoweit, wie ich es für die Sicherheit verantworten konnte. Nachdem die Maschine am Zielort gelandet war, erhielt ich über Funk die Nachricht: Geht in Ordnung, bin gelandet! Daraufhin flogen wir mit weiteren 12 Flugbooten (Do 24), ohne Begleitschutz, los. (Anm.: Warum die Staffel ohne Begleitschutz geflogen ist, konnte bis zum gegenwärtigen Zeitpunkt noch nicht geklärt werden). Als wir zur Landung ansetzten, sahen wir russische Panzer Im Uferbereich gegenüber von Nest. Auf dem Seefliegerhorst selbst hatten sich nicht nur Hunderte von Kindern mit ihren Kinderschwestern eingefunden, sondern auch

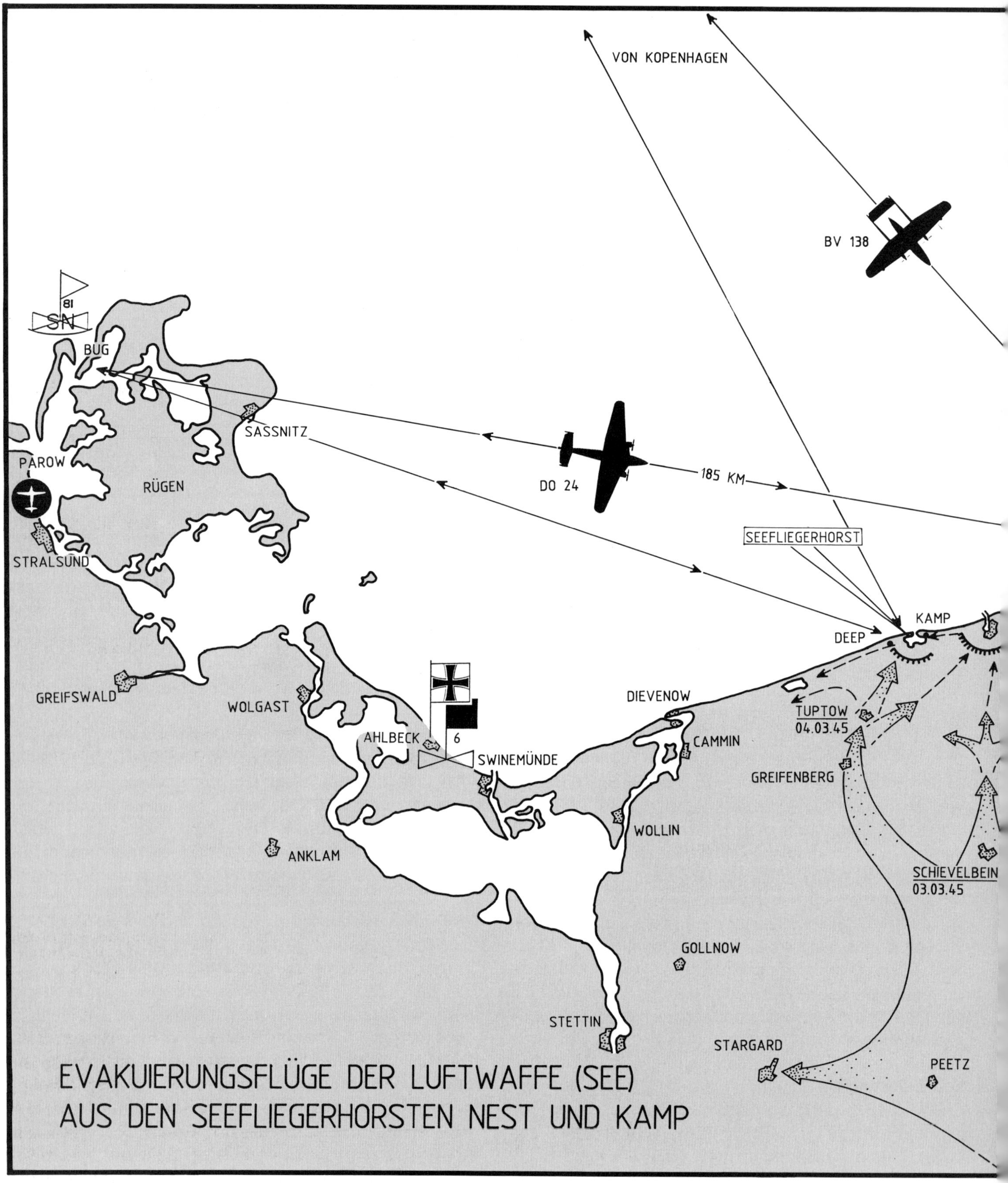
VON KOPENHAGEN
BV 138
81
SN
BUG
SASSNITZ
PAROW
RÜGEN
DO 24
185 KM
STRALSUND
SEEFLIEGERHORST
KAMP
DEEP
GREIFSWALD
WOLGAST
DIEVENOW
TUPTOW
04.03.45
AHLBECK
6
SWINEMÜNDE
CAMMIN
GREIFENBERG
WOLLIN
ANKLAM
SCHIEVELBEIN
03.03.45
GOLLNOW
STETTIN
STARGARD
PEETZ
EVAKUIERUNGSFLÜGE DER LUFTWAFFE (SEE)
AUS DEN SEEFLIEGERHORSTEN NEST UND KAMP

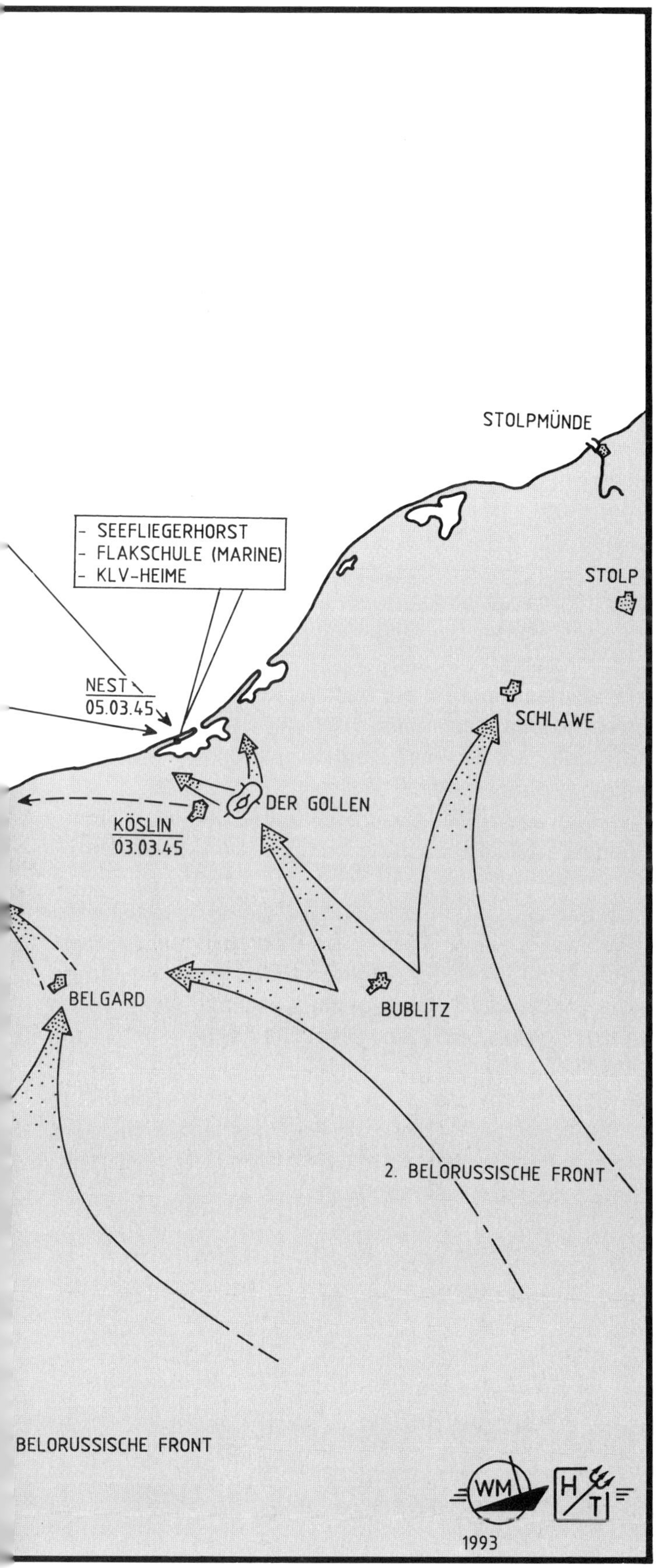

Flüchtlinge und versprengte Soldaten. Die Besatzungsmitglieder, die wir an Land schickten, um das Beladen der Flugboote in geordnete Bahnen zu lenken, hatten alle Hände voll zu tun. Vor allem als sie den Müttern und Kinder klarmachen mußten, daß Kinderwagen, Taschen und Koffer, ungeachtet ihres Wertes, zurückbleiben mußten.

Urkunde

Für beispielhaften Einsatz bei der Rettung von
Flüchtlingen,
Verwundeten und Soldaten
1945
über die Ostsee
verleiht das
»KURATORIUM ERINNERUNGSSTÄTTE ALBATROS –
RETTUNG ÜBER SEE E.V.«

Herrn
K A R L   B O R N
Flugkapitän a.D.
OLDENBURG
die vom OSTSEE-ARCHIV HEINZ SCHÖN gestiftete

Rettungsmedaille
Ostsee 1945

als Zeichen des Dankes und der Anerkennung aller
über die Ostsee Geretteten.

*

Damp 2000, am 2. Mai 1987
KURATORIUM ERINNERUNGSSTÄTTE ALBATROS –
RETTUNG ÜBER SEE E.V.

(Friedrich Rohlfing)
Fregattenkapitän a.D.
I. Vorsitzender

Urkunde über die Verleihung der Rettungsmedaille »Ostsee 45« am 2. Mai 1987 an den ehemaligen Gruppenkommandeur der Seenotgruppe 81/Ostsee, Flugkapitän Hauptmann a.D. Karl Born.

Nur das nackte Leben konnten wir retten, und das soviel, wie die Do's zu tragen vermochten. Wir hatten große Beladungsprobleme mit den doch fliegerisch unerfahrenen, hochgradig nervösen Menschen. Jeder wollte ja mit! Mehrfach mußten Besatzungsmitglieder ihre Pistolen ziehen, um Männer am Betreten der Flugboote zu hindern. Um keine Zeit zu verlieren, startete jede Maschine unmittelbar nach der Beladung. Aufgrund der Beladung bis an die äußerste Grenze hatten wir dann auch unsere Start-

Die Besatzung einer Do 24 T geht an Bord.

probleme, wenngleich wir der guten Dornier schon Erhebliches zumuten konnten. Nach der Landung auf dem Fliegerhorst Bug erfuhr ich, daß eine Maschine 17 Erwachsene und 99 Kinder an Bord hatte.
(Anm.: Das entsprach einer geschätzten Zuladung von etwa 3,9 t. Dieses wurde nur dadurch möglich, indem ein Teil der Bewaffnung demontiert und eine reduzierte Betankung erfolgt war).
Offiziell war die Do 24 für maximal 14 Passagiere zugelassen. Damit hatte die SN-Staffel 81 in mehreren Flügen etwa 2 000 Menschen vom Seefliegerhorst Nest evakuiert.«
Herr Martin Olm, damals 14jährig, gehörte mit zu den Kindern, die mit ihren Müttern von der Seenotstaffel 81 am 4. März 1945 vom Seefliegerhorst Nest ausgeflogen wurden. Er berichtet:
»Wie ich mich noch erinnern kann, landeten am frühen Vormittag des 3. März 1945 drei große Flugboote auf dem Jamunder See. Diesen Maschinentyp kannten wir Kinder noch nicht. Im Einsatz sahen wir immer nur die Do 18, mit diesem Flugboottyp konnte ich sogar als 12jähriger, anläßlich des 1. Mai 1942, an einem Rundflug teilnehmen. Seit 1939 wohnten wir in Groß Möllen, Wilhelmstraße 10, im Haus Seeblick. Vater war als Gespannführer im Fuhrpark auf dem Seefliegerhorst Nest beschäftigt und Mutter als Beiköchin in der daneben befindlichen Flakschule der Kriegsmarine.
Seit Oktober 1944 kamen immer mehr Flüchtlinge aus dem Osten und wurden in die Ferienhäuser einquartiert. Die Ortschaften Groß Möllen und Nest waren im Februar 1945 voll belegt und der Zustrom von Menschen hielt an.
Die Front rückte immer näher, der Kanonendonner war bereits zu hören. Am 3. März begann die Evakuierung der Bevölkerung durch die großen Flugboote. Als Angehöriger des Seefliegerhorstes wurde Vater angesprochen, ob er nicht Mutter und mich ausfliegen lassen will. Da sich meine Eltern einig waren, brachte er uns am 4. März, so gegen 10.00 Uhr, zum Fliegerhorst. Es war zwar kalt, aber ein wunderschöner sonniger Tag. An Gepäck konnten wir nur einen Rucksack mit Kleidungsstücken mitnehmen. Keiner von uns hatte eine Vorstellung, wo es hingehen würde. Die Maschine war nur mit Frauen und Kindern beladen. Vater mußte zurückbleiben. Selbst hatte ich das Glück, in der Pilotenkanzel Platz nehmen zu dürfen, wodurch ich einen herrlichen Rundblick wärend des Fluges hatte. Vater erzählte uns später wie es ihm danach ergangen war:
Nach dem Abflug der Maschinen marschierten sie, immer entlang der Küste, nach Kolberg ab. Dort angekommen wurden sie in die Abwehrkämpfe um Kolberg eingesetzt. Als Kolberg geräumt war, setzten sie sich, entlang der Küste, weiter nach Westen ab. Über Dievenow, Swinemünde und Wolgast gelangten sie bis Hagenow und gerieten in britische Kriegsgefangenschaft. Nach seiner Entlassung aus der Kriegsgefangenschaft trafen wir uns Ende 1945 in Stralsund wieder.
Der Flug verlief störungsfrei, es gab auch keinerlei Feindberührung und so landete die Maschine auf dem Wieker

Eine Do 24 T beim Start.

Bodden. Bevor wir jedoch aussteigen konnten, erhielten wir vom Fliegerpersonal die Information, daß der Fliegerhorst mit Flüchtlingen besetzt sei und wir weiter nach Parow fliegen müßten. Dort angekommen konnten wir die Flugzeuge sofort über einen Steg verlassen und wurden in den dortigen Kasernen untergebracht. Wie ich mich erinnern kann, waren zwei Kasernen von den aus den Osten ausgeflogenen Menschen belegt. Nach der Einquartierung mußte Mutter zur Registrierung. Zwei Tage später wurden alle Flüchtlinge auf die umliegenden Dörfer verteilt. Wir kamen mit einem Fuhrwerk nach Groß Kedingshagen, nördlich von Stralsund, wo die Unterbringung mit 10 Familien im Saal des Gutshauses erfolgte.«
Auch Frau Hannelore (Lore) Born, geb.Brandt, damals knapp 10 Jahre alt, wurde mit ihrer Mutter am 3. März 1945 ausgeflogen. Sie weiß, daß jemand die Uhrzeit »halb eins« nannte und daß später die Rede vom »vorletzten Flugzeug« war. Sie berichtet:
»Unsere Familie war eigentlich in Köslin ansässig. Mein Vater, Schriftsetzer, wurde durch die Gleichschaltung der Presse unter Hitler arbeitslos. Nach einem Umweg über Pyritz, wo ich 1935 geboren wurde, und nach Umschulung zum Stenotypisten und Registrator wurde er Angestellter bei der Luftwaffe, und zwar in der Bauleitung des Fliegerhorstes Nest. Die Familie, ich hatte noch zwei weitaus ältere Brüder, zog nach Nest um. Zunächst zum Fischer Max Kloth, dann in die etwa 1939 fertiggestellte Siedlung, Richthofenstraße 23. Bei Kriegsbeginn kam mein Vater direkt zur OT (Organisation Todt). Mein Bruder Ernst fiel 1943 bei Orel und Bruder Herbert war bis zum Schluß bei der 8,8 cm Flak vor Berlin. Unsere Wohnung teilten wir zunächst mit einer evakuierten Erfurterin mit zwei Kindern, dann im Winter 1944/45 mit Vaters Insterburger Verwandten: Hinterpommern galt als Zuflucht. Vom Nahen der Roten Armee hörte meine Mutter am 1. März durch Flüchtlinge aus Bublitz; wir erfuhren auch, daß Flugzeuge von Nest aus Zivilpersonen mitnahmen. Am Vormittag des 3. März gingen wir zum Fliegerhorst, ohne die ostpreußischen Verwandten, die an die Nähe der Front nicht glaubten. Zum Fliegerhorst hat uns wohl irgendein Fahrzeug mitgenommen, denn ich erinnere mich nicht an einen kilometerlangen Marsch mit Hand-

Flugbetriebsboote der 60. und 81. Seenotflottille im Hafen von Guldborg nach der Übergabe an die Engländer.

Flugbetriebsboot *Fl. B 5501* der Seenotgruppe 81/Ostsee im Einsatz.

gepäck. Zum ersten Mal sah ich den Flugplatz: eine riesengroße Betonfläche am Jamunder See, in den schräge Flächen aus Holzbohlen führten. Daran lag ein Wasserflugzeug mit der Nase nach Osten, sonst war alles leer. Mutter redete mit den Fliegern. Wir wurden als letzte Passagiere einzeln verstaut: Sie in der Kanzel, ich im Schwanz. An den über uns befindlichen Flügeln sah ich drei Propeller und tief im Wasser liegend Schwimmkufen oder Stummelflügel. Es ging alles sehr schnell. Im Flugzeug stauten sich überall Kinder und Frauen und ich hatte eigentlich gar keinen Platz. Unsere Nachbarin aus dem gleichen Haus, Frau Martha Großmann, machte mir Platz neben ihrem Sohn Günter. Reden war nicht möglich, denn die Motoren begannen zu lärmen, das Flugzeug setzte sich in Bewegung, es ging in die Höhe. Vielen von uns wurde schlecht und sie mußten brechen, wobei sie sich mit ihrem Schal oder Mütze behalfen. Das machte die stickige Luft noch schlimmer und die Stimmung auch. Alle waren bedrückt und angespannt. Wir flogen über die grau anzusehende Ostsee und ich sah, daß es draußen schneite.

Mir ging das Lied »Unsere Fahne flattert uns voran« durch den Kopf, besonders die Zeilen »Vorwärts, vorwärts schmettern die hellen Fanfaren ... Jugend kennt keine Gefahr« wiederholten sich ständig, sie verbanden sich besonders gut mit dem Motorengedröhn und betäubten mich.

Irgendwann war dann die Landung auf einem Flugplatz, der mir genauso vorkam wie unserer in Nest. Die Flieger halfen uns fürsorglich und heiter beim Aussteigen. Alle waren erleichtert und dankbar, als die Maschine gelandet war. Von nun an waren wir Flüchtlinge.

Meine Mutter, die vorn bei den Piloten gesessen hatte, bestätigte mir, daß wir über die offene Ostsee geflogen waren. Der Flug hatte 1 Stunde und 15 Minuten gedauert und 82 Menschen waren in dem Flugzeug gewesen. Wir wurden in Soldatenbaracken untergebracht und hörten: ›Wir sind in Bug auf der Insel Rügen!‹ Auf einem Wanderstock, der einer jungen Frau vom Küchenpersonal des Fliegerhorstes gehörte, war kunstvoll eingeschnitzt: ›Drei Worte genügen – Bug auf Rügen!‹

Mit anderen Kindern erkundete ich die Gegend und den Strand. Ich fand ihn im Vergleich zu unserem Sandstrand steinig und schmal. Die Luft war dunstig, und daran kann es gelegen haben, daß ich die Insel Hiddensee, die uns gegenüberlag, erst am nächsten Tag sah: einen großer Berg mitten im Wasser. Ein paar Tage später wurden wir Flüchtlinge mit zwei Schiffen auf diese Insel gebracht. Eins blieb auf einer Sandbank stecken und mußte erst wieder flottgemacht werden, bevor es weiterging. Wir wurden bei der dortigen Bevölkerung einquartiert. Mutter und ich erhielten in Vitte die Zuweisung bei der Fischerfamilie Gau, Norderende 22, bei der wir bis zum Kriegsende blieben. Anfang Mai kamen die Russen nach Hiddensee und wir mußten mit Kolberger Flüchtlingsschiffen wieder zurück zu unserem Heimatort Nest.«

Der britische Bombenangriff auf den Hafen und die Reede von Saßnitz – 6. März 1945

Es ist Dienstag, der 6. März 1945, als am Schluß der Spätnachrichten der Sprecher mitteilt: ›Keine feindlichen Bomberverbände im Anflug auf das Reichsgebiet!‹ Dieser Satz und die nachfolgenden Ereignisse haben sich bei Frau Carla Koch aus Saßnitz so ins Gedächtnis eingeprägt, daß sie diese nie mehr vergessen wird. Sie berichtet:

»Es war nach den Nachrichten, als ich das Rundfunkgerät ausschaltete und mein Mann für einen Moment auf den Hof ging. Kaum war er aus dem Haus, als er auch schon rief ›Fliegerangriff; sie setzen Tannenbäume!‹ Dann heulten auch schon die Sirenen.«

Nach den Logbucheintragungen des Flottentorpedobootes *T 36* ist es 22.55 Uhr. Im Logbuch steht:

»Leuchtbomben in großer Menge, Bomberverband greift Stadt und Reede Saßnitz an ...«

In Auswertung der Dokumentation »DIE GEHEIMEN TAGESBERICHTE DER DEUTSCHEN WEHRMACHTFÜHRUNG IM ZWEITEN WELTKRIEG 1939–1945« Bd. 12, S. 252 wurde unter Luftlage Reich für den 06. März 1945 nachstehender Sachverhalt notiert:

»Zu den Einflügen 20.20 Uhr bis 23.40 Uhr: Einflug von etwa 150 englischen viermot. Kampfflugzeugen zum Angriff auf Saßnitz, Schwerpunkt Hafen.

Saßnitz: Ab 20.54 Uhr (Anm.: Zeitangabe eindeutig falsch! – d. Verf.) zahlr. Sprb. und Brb. Schäden im Hafengebiet: 1 Torpedoboot und 2 U-Boot-Jäger gesunken. Lazarettschiff *Möhring* ausgebrannt. Die *Hamburg* und *Deutschland* vermutlich unbeschädigt. Hafeneisenbahnanlagen zerstört. 1 Flüchtlingszug durch Luftdruck umgeworfen. Hafen für Ausladungen z.Zt. nicht benutzbar. Schäden im Stadtgebiet: Nach bisherigen Meldungen nur geringe Schäden.

Nachträge zur Schadensmeldung:

Saßnitz: 130 Sprb., zahlr. Brb. Schäden im Hafengebiet: 1 Küstenwachschiff und 1 kleiner Transporter versenkt. 1 Schuppen mit Reserveteilen für Fährschiffe zerstört. Fähranlage unbeschädigt. Im Hafenbahnhof 30–40 Eisenbahnwaggons zerstört bzw. beschädigt. Schienenstraßen im Hafengebiet und Übergangsbrücke getroffen. Schäden im Stadtgebiet: 20 Häuser zerstört, 19 schwer, 9

Werner Redlin, Flüchtling aus Stolp. Im Arm trägt er zur Taufe im August 1946 sein Patenkind Fritjof Wessel. Frau Lieselott Wessel fertigte das Taufkleid ihres Sohnes eigenhändig aus der Fallschirmseide einer Leuchtbombe, die am 6. März 1945 über Saßnitz abgeworfen wurde. Noch Tage nach dem Bombenangriff auf Saßnitz barg die Bevölkerung die Fallschirmseide von den ausgebrannt umherliegenden Leuchtbomben.

leicht beschädigt. 500 Gefallene, 300 Verwundete, mit einer Erhöhung der Personenverluste ist zu rechnen.«

Heinz Schön schreibt in seinem Buch »Ostsee 45« auf S. 348: »150 Lancaster Bomber der 5. Gruppe des Alliier-

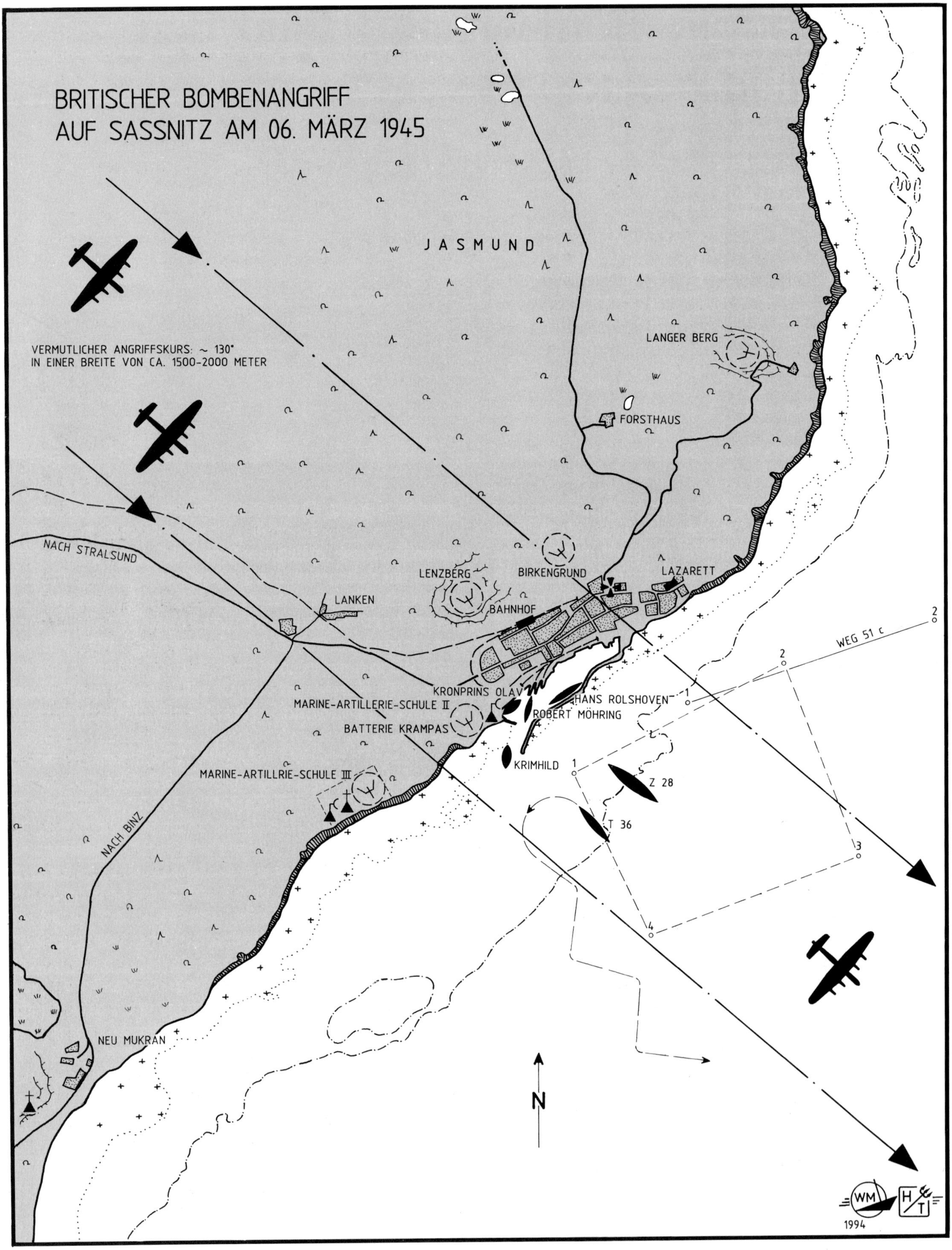
BRITISCHER BOMBENANGRIFF
AUF SASSNITZ AM 06. MÄRZ 1945
JASMUND
VERMUTLICHER ANGRIFFSKURS: ~ 130°
IN EINER BREITE VON CA. 1500-2000 METER
LANGER BERG
FORSTHAUS
NACH STRALSUND
LANKEN
LENZBERG
BIRKENGRUND
LAZARETT
BAHNHOF
WEG 51 c
KRONPRINS OLAV
HANS ROLSHOVEN
MARINE-ARTILLERIE-SCHULE II
ROBERT MÖHRING
BATTERIE KRAMPAS
KRIMHILD
MARINE-ARTILLRIE-SCHULE III
Z 28
T 36
NACH BINZ
NEU MUKRAN
N
1994

ten Bomberkommandos griffen den Hafen von Saßnitz und seine Einrichtungen an, wobei Stadt und Hafen nicht zu trennen waren. Weitere Lancaster Bomber stürzten sich, von sieben Mosquitos als Jagdschutz begleitet, auf die auf Reede liegenden Schiffe. Innerhalb einer Stunde fallen auf den Hafen, den Bahnhof mit dem Bahngelände und auf die Stadt 4 913 Tonnen Bomben. Über den Schiffen auf See werden 173,7 Tonnen Bomben, darunter 4,8 Tonnen Brandbomben und Luftminen abgeworfen.«
(Anm.: Wo hat Herr Schön diese Angaben her? Danach müssen nach seinen Angaben insgesamt 5 091,5 t Bomben abgeworfen worden sein. Berücksichtigt man die maximale Bombenzuladung einer Avro Lancaster von 6 350 t, so müssen 802 Bomber im Zielgebiet gewesen sein und das in einem Zeitraum von 30 Minuten. Ausgehend vom Angriffsziel erfolgte der Abwurf von Leucht- und Sprengbomben sowie Fallschirmfernzündungsminen – d. Verf.).
Nach Aussage von Augenzeugen konnte der Abwurf von Brandbomben und schon gar nicht von Luftminen beobachtet werden. In unmittelbarer Auswertung nach dem Angriff erfolgte in der Gemeinde und im Hafengebiet die Registrierung von 220 abgeworfenen schweren Bomben (detonierter und Blindgänger). Die entscheidende Bombenwurfdichte lag im Hafen- und Reedebereich und verschonte die Gemeinde Saßnitz glücklicherweise vor größeren Beschädigungen.
Bereits im Anflug auf Saßnitz erfolgte beim Bahnübergang Sagard ein Bombenabwurf, der jedoch sein Ziel verfehlte. Des weiteren wurde die Flakstellung bei Hagen beschossen, wobei sechs Nachrichtenhelferinnen und vier Soldaten fielen. (Eine namentliche Nennung der Gefallenen ist z. Z. noch nicht möglich.) Die Flakstellung selbst wurde nur unwesentlich beschädigt.
Im Rahmen von Baumaßnahmen nach 1945 fand man einige Blindgänger von Sprengbomben im Land- und Seebereich und konnte so den Bombentyp ermitteln. Es kamen 500 Lips (226,8 kg) Sprengbomben amerikanischer Herkunft zum Abwurf. Sie waren ausgestattet mit den verschiedensten Heckzündern der Typen M 100, M 101 oder M 102 bzw. mit den Kopfzünder M 103. Die Zünder waren von mechanischer Bauart und aus Stahl gefertigt. Bei allen Blindgängern konnte festgestellt werden, daß die Sicherungsspindel des Zünders nicht abgelaufen war. Daraus ergibt sich, daß die Anflughöhe, zum Glück für die Gemeinde, zu tief gewählt worden war.
Nach Unterlagen des Stadtarchivs Saßnitz (erst 1957 erhielt die Gemeinde Saßnitz das Stadtrecht – d. Verf.) sind nachfolgende Opfer und Schäden zu verzeichnen:
- 136 Saßnitzer Bürger fanden den Tod
- 195 Wohnungen völlig zerstört
- 336 Wohnungen schwer beschädigt
- 400 Wohnungen leicht beschädigt.

Die größten Beschädigungen lagen:
In der Stralsunder Straße, der Unteren Gartenstraße, der Bahnhofsstraße, der Unteren v. Halfernstraße, der Quarantänestation und am Schlachthof an der Westmole, an den Fähranlagen der Reichsbahn im Hafen, an der Übergangsbrücke im Hafenbahnhof (sie war völlig zerstört) sowie an der Ostmole (sie hatte 10 Volltreffer erhalten).
Über die Schiffsverluste und die weiteren Opfer enthalten die Archivunterlagen keine Angaben, so daß die nachfolgende Tabelle über die Schiffs- und Bootsverluste auf der Grundlage von Augenzeugeninformationen, Angaben der KTB und Bergungsakten aufgestellt wurde.

Wrack		
Lfd. Nr.	Name	Kriegsverwendung
1.	*Robert Möhring*	Verwundetentransporter (VTS)
2.	*Z 28*	Zerstörer
3.	*Hans Rolshofen*	Flugsicherungsschiff
4.	*Altengamme*	Tanker
5.	*SAS 60*	Fischkutter
6.	(?)	Fischkutter
7.	(?)	Fischkutter
8.	*UJ 1109* (ex *St. Georg*)	U-Bootjäger
9.	*UJ 1118*	U-Bootjäger
10.	*UJ 1119* (ex *Malangen*)	U-Bootjäger
11.	*Jägersberg*	Hebeschiff
12.	*Delphin*	Taucherfahrzeug
13.	(?)	Taucherprahm
14.	*Karl*	Torpedofangboot
15.	*Kuno*	Motorbarkasse
16.	*Dwarsdorf*	Schute
17.	*MAL 37*	Marineartillerieleichter

Von besonderer Tragik war der Tod von ca. 750 bis 800 Flüchtlingen und Soldaten im Gleisbereich des Hafens sowie von etwa 350 Schwerstverwundeten, die lebendigen Leibes an Bord des getroffenen VTS *Robert Möhring* verbrannten. Wie konnte es dazu kommen?
Im Rahmen der Evakuierungstransporte wurde der kleine Fischerei- und Fährhafen Saßnitz als Ausweichhafen für Swinemünde festgelegt. Für eine erste Betreuung hilfsbedürftiger Flüchtlinge stationierte man ab Januar 1945 das ehemalige dänische Passagierschiff *Kronprins Olav* als sogenanntes Flüchtlingsauffangschiff an der Reservefährschiffspier. Die ehemalige Reichsschulungsburg Saßnitz war bereits im Herbst 1944 zum Reservelazarett (Schwerstkriegslazarett) erklärt und stand unter Leitung von Oberstabsarzt Dr. Holsten. Im weiteren war seitens des MOK Ost vorgesehen, das KdF-Bad (Seebad) Rügen als Lazarett einzurichten, was jedoch bereits durch Flüchtlinge und verschiedene Organisationen besetzt war. Da die Seebrücke von Binz durch den Eisgang im Frühjahr 1942 zerstört und die des KdF-Seebades noch

nicht fertiggestellt war, konnte ein Anlanden der Evakuierten nur über den Hafen Saßnitz erfolgen. In diesen Hafen konnten aber nur Schiffe mit einem maximalen Tiefgang von 6,0 m einlaufen. Somit mußten alle Schiffe mit einem größeren Tiefgang auf der Reede von Saßnitz in der Prorer Wiek vor Anker gehen. Flüchtlinge, Soldaten und Verwundete wurden ausgebootet und an Land gebracht. Zur Sicherung des Hafens und der Reede gegen Fliegerangriffe waren zwei schwere 10,5 cm sowie drei leichte Marine Flak-Batterien im Territorium stationiert. Die im unmittelbaren Hafenbereich stationierte 10,5 cm Batterie Krampas war zudem mit einem E-Meßgerät und mit einer Funkmeßstation vom Typ ›Würzburg‹ ausgerüstet. Die zwei 2 cm Flawaffen der Marine-Artillerieschule III griffen, vermutlich aus Tarnungsgründen, nicht in das Abwehrfeuer ein.

Ab Mitte Februar 1945 wird Saßnitz verstärkt durch Evakuierungsgeleite angesteuert. In den Abendstunden des 28. Februar muß wegen Einsetzens eines NO-Sturmes das Ausschiffen von Flüchtlingen eingestellt werden. Diese nicht vorherzusehende Unterbrechung führte letztendlich durch weiteren Geleitzulauf zur Ansammlung einer größeren Anzahl von Flüchtlingstransportern und Geleitfahrzeugen. Erst am 4. März 1945 wird bei abflauenden SW-Wind und Nachlassen der Dünung das Ausschiffen fortgesetzt. Nach Aussage von Augenzeugen herrschte an diesem Tag ein wunderschönes Frühlingswetter mit klarem Himmel und einer hervorragenden Fernsicht. Dieser schöne Tag ist vielen Menschen, die sich in diesem Gebiet aufhielten, in Erinnerung geblieben. In großer Höhe konnte an diesem Tag auch ein feindliches Flugzeug, das seine Kreise zog, beobachtet werden.

Herr Peter Müller, damals als Melder für das Rathaus dienstverpflichtet und späterer Stadtarchivar von Saßnitz, kann sich noch sehr gut an diese Tage erinnern. In seinem Beisein äußerten sich einige ihm bekannte Saßnitzer mit der Bemerkung: ›Na, wenn das man gut geht!‹ Auf den Schiffen wurde Fliegeralarm ausgelöst und die Flak eröffnete das Feuer.

Frau Hella Weström, ehem. Oberschwester des Reservelazaretts Saßnitz, schildert ihren Eindruck wie folgt:

»Ich hatte meine Eltern in Putbus besucht und fuhr am 4. März 1945 mit der Bahn, über Bergen, zurück nach Saßnitz. Kurz vor dem Bahnhof befährt der Zug eine Linkskurve und der Blick wird frei auf die See. Bei dem schönem Wetter sah ich so viele Schiffe in der Bucht, wie ich sie in meinem bisherigen Leben noch nie auf einem Haufen gesehen habe. Laut sagte ich dann: ›Sind die denn verrückt, können die denn nicht rausfahren und sich verteilen!‹ Der neben mir sitzende Arzt antwortete darauf: ›Schwester Hella, Sie haben ein wahres Wort gesprochen, es kann einem angst und bange werden, wenn man das sieht!‹«

Eine eindeutige Aussage über die Anzahl der Schiffe und Boote, die sich zum Zeitpunkt des Bombenangriffes am 6. März 1945 im Angriffsbereich befanden, kann gegenwärtig nicht getroffen werden und muß sich durch weitere Nachforschungen erst ergeben. Die nachstehende Tabelle soll einen Überblick über die Flüchtlingstransporter geben, die im Zeitraum vom 27. Februar bis zum 6. März 1945 Flüchtlinge nach Saßnitz brachten.

FLÜCHTLINGSTRANSPORTER					
				Datum/Uhrzeit	
Nr. Name		BRT	Personen	Ankunft	Ablaufen
1.	*Deutschland*	21 046	10 000	05.03.45 10.30 Uhr	15.03.45
2.	*Hamburg*	22 117	9 500	27.02.45	07.03.45 gegen 17.30 Uhr versenkt
3.	*Potsdam*	17 520	7 500	24.02.45 vorm.	06.03.45 22.30 Uhr
4.	*Pitea*	962		06.03.45	
5.	*Pretoria*	16 662	7 000	27.02.45 22.30 Uhr	06.03.45
6.	*Der Deutsche*	11 430		27.02.45	07.03.45
7.	*General San Martin*	11 352	2 700	25.02.45	05.03.45 abends
8.	*Robert Möhring*	3 377			06.03.45 versenkt

Da in Saßnitz die Evakuierten keinen Platz mehr fanden, erfolgte die Unterbringung kurzzeitig in Eisenbahnwagen, die man wiederum als Züge im Hafen zusammenstellte und ins Reichsgebiet abtransportierte. Noch am 5. März konnten drei Züge mit etwa 5 500 Personen über Stralsund ins Innere des Reichsgebietes in Bewegung gesetzt werden.

Für weitere Züge standen vorerst keine Lokomotiven zur Verfügung. Trotz des beobachteten Aufklärungsfluges am 4. März erfolgten keine Dezentralisierungsmaßnahmen der auf Reede befindlichen Schiffe und vermutlich auch keinerlei vorbereitende Maßnahmen zur Abwehr eines möglichen Fliegerangriffs. Anders ist der überraschende Angriff der RAF, über die Insel Rügen von Westen kommend, nicht zu erklären. Wertet man die Flugstrecke des anfliegenden Bomberverbandes aus, so passierte er entlang der Ostseeküste Flugplätze, Luftbeobachtungsposten, Funkmeßstationen und Flakstellungen. Eine Information zur Auslösung eines Voralarms gelangte nicht mehr nach Saßnitz. Diese Tatsache ist ein erschütterndes Beispiel für die bereits bestehenden Lücken im deutschen Luftverteidigungssystem. Bezeichnend dafür ist die makabre Aussage der Überlebenden des versenkten Zerstörers *Z 28*: »Das war Sabotage!«

Auf der Grundlage der Eintragungen im Logbuch des Flottentorpedobootes *T 36* erläutert der ehem. Komman-

Luftbildaufnahme vom Saßnitzer Hafen um 1934 mit Fährschiffsanleger.
An der Reservepier liegt ein Fährschiff und im Hintergrund ist die Übergangsbrücke zu erkennen. Die Gleise 13 und 13a fehlen noch.

dant, Kptlt.a.D. Robert Hering, die Situation im Zeitraum vom 5. bis zum 7. März 1945 wie folgt:
»Am Montag des 5. März 1945, wir lagen auf der Reede vor Kopenhagen, gingen wir mit *Z 39* um 05.10 Uhr Anker auf und traten unseren Marsch nach Saßnitz an. Als Grundminengeleit begleitete uns *V 2001*. Bereits um 09.45 Uhr standen wir in Höhe Stubbenkammer und begegneten *Z 28* und *T 8* mit Geleit (Anm.: Fahrgastschiff *Deutschland* – d. Verf.). Um 11.13 Uhr ging ich auf dem Saßnitzer Ankerplatz › Ida ‹ südöstlich der Mole vor Anker. Ankerpeilung KrP: Saßnitz-Kirche 3° und Leuchtturm-Mole 310°. Als *Z 28* eintraf, ging dieser ca. 500 m nordöstlich von uns vor Anker. Am nächsten Tag, ich hatte Gefechtsdienst angesetzt, präsentierte sich dieser mit herrlichstem Wetter und einer ausgesprochenen guten Fernsicht. Vormittags tauchte dann, wie zu erwarten war, in großer Höhe ein Aufklärer auf. Deutlich konnte man den Kondensstreifen und damit seinen Standort beobachten.

Wetterlage:	Zeit:	12.00 Uhr
	Wind:	NW 2
See/Dünung:		0
Wetter:		b (keine Bewölkung)
Luftdruck:		1015 mbar
Lufttemperatur:		+7° C

Der Tag und auch der Abend verliefen in relativer Ruhe. Um 22.33 Uhr erhielt ich eine Luftgefahrenmeldung für die mittlere Ostsee. Eine unmittelbare Gefahr für uns leitete ich daraus nicht ab. Kurze Zeit später erhielt ich vom Luftbeobachter die Meldung über einen Aufklärer nordöstlich von Saßnitz, worauf ich um 22.45 Uhr Fliegeralarm auslöste. Um mit dem Schiff immer manövrierfähig zu sein, lautete seit jeher meine Anweisung: › Vor Anker oder im Hafen hat immer ein Kessel unter Feuer zu sein! ‹, so konnte ich in diesem Fall sofort die Stb.Maschine einsetzen und meine Ankerposition verlassen.
Logbucheintragungen:

22.52 Uhr Leuchtbomben über Saßnitz und Reede.
Kampfverband im Angriff.
Leichte Fla-Waffen Feuererlaubnis.

Reichsschulungsburg Saßnitz: 1935/36 wird an der Stelle des ehemaligen Hotels Fahrenberg die Reichsschulungsburg gebaut und bis 1940 von der NSDAP genutzt. Danach wurde sie Reservelazarett für Rehabilitanten, ab Mitte 1944 Kriegs- und ab Herbst 1944 Schwerstkriegslazarett.
Heute ist es Krankenhaus der Stadt Saßnitz mit Namen »Professor Dr. Elfriede Paul«.

22.53 Uhr Anker auf.
Mit wechselnden Bombenausweichkursen (Zick-Zack-Kurs) nach Osten abgelaufen.

22.55 Uhr Leuchtbomben in großer Menge. Bomberverband greift Stadt und Reede Saßnitz an. *Z 28* Bombentreffer.

23.03 Uhr Weiterer Bombenangriff – bis 23.10 laufende Bombenabwürfe.

23.10 Uhr Erneut Leuchtbomben

23.12 Uhr Zahlreiche Bombenabwürfe liegen unter der Küste.

23.14 Uhr Fliegermeldung: 20 km SW-lich Saßnitz mehrere Kampfflieger.

23.23 Uhr Punkt grün 03-a passiert.
Fliegermeldung: 50 km N-lich Saßnitz Flugzeuggeräusche mit NW-Kurs.

23.30 Uhr Vor Punkt grün 03-a auf Stop gegangen.

23.35 Uhr Verbände im Abflug. Ein Dampfer im Hafen in Brand geraten. Während des Angriffs mehrere Minenabwürfe beobachtet. Zwei Mann verwundet, ein Mann gefallen (Mtr. Feuerer).

24.00 Uhr bei Position grün 03-a mit Bb.Anker geankert. Um aus dem von den Leuchtbomben beleuchteten Bereich heraus zu kommen, gab ich den Befehl: ›Anker auf!‹. Da wir vor 50 m Kette lagen, dauerte es seine Zeit, bis wir den Anker aus dem Grund hatten, so daß wir voll in den Bombenteppich gerieten. Die gesamte Flak der auf Reede liegenden Schiffe schoß Abwehrfeuer auf die in geringer Höhe anfliegenden Maschinen. In dieser Hektik gelang es mir, *T 36* aus dem Bereich der Leuchtbomben und des Bombenhagels ohne nennenswerte Schäden herauszubringen. Leider wurde Mtr. Feuerer durch Bombensplitter von Bombennahtreffer getötet und zwei weitere Besatzungsangehörige verwundet. Über Funk erhielt ich die Bestätigung, daß *Z 28* getroffen war. Nachdem ich vor Anker lag, ließ ich mit unserer Jolle den Schiffsarzt von *Z 39* holen (Auch *Z 39* konnte dem Bombenangriff ausweichen – d. Verf.). Den toten Kameraden und einen von den Verwundeten ließ ich an Land bringen. Am Nachmittag um 15.40 Uhr liefen wir mit *Z 39* zum Artillerieübungsschießen bei Bornholm ab. Danach operierte ich bis zum 15. März mit *T 36* weiter im Seegebiet vor Saßnitz.«

Hella Weström, geboren am 28. April 1903 in Berlin, gehörte als Oberschwester der »DRK Schwesternschaft« an und war ab Herbst 1942 im Reservelazarett Saßnitz tätig. Mit 300 Verwundeten aus dem Lazarett Saßnitz wurde sie am 1. Mai 1945 ins Kinderheim nach Wieck evakuiert. Sie betreute die genesenden Soldaten bis zum Abtransport in die sowjetische Kriegsgefangenschaft im Juni 1945.

Oskar Schlanert, ehemaliger Flakoberhelfer (Ladekanonier 10,5 cm) der Batterie Krampas berichtet:
»Als gebürtiger Saßnitzer war es mir vergönnt, im Juli 1944 von Osternothafen nach Saßnitz versetzt zu werden. Als am 6. März der Alarm gegeben wurde, befanden wir uns im Mannschaftsbunker. Wir rannten zu den Geschützen (etwa 100 m). Noch bevor wir die Geschütze erreichten, leuchteten die ›Tannenbäume‹ auf. Die Flugzeuge kamen recht tief von Westen her geflogen. Wir konnten sie gut beobachten und eröffneten das Feuer. In der hohen Schußfolge kam ich als Ladekanonier ganz schön ins Schwitzen. Einen Abschuß habe ich nicht beobachten können, es wurde auch keiner mitgeteilt. Bis nachts um 01.00 Uhr standen wir noch an den Geschützen und hörten wie die Maschinen in großer Höhe nach Westen zurückflogen. Um uns herum war die Hölle los. Wir Saßnitzer durften nach Hause, um uns mit unseren Angehörigen in Verbindung zu setzen.«
Auch aus dieser Aussage ist eindeutig ersichtlich, daß es keinerlei Vorwarnung gegeben hat und der Vollalarm zu einem Zeitpunkt erfolgte, als die Bomber bereits über Jasmund waren. Die *Potsdam*, *Pitea* und *Pretoria* hatten keine Flüchtlinge mehr an Bord und machten seit 21.00 Uhr seeklar. Bei Angriffsbeginn konnten sie sofort Fahrt aufnehmen und die Reede im Geleit von *Z 39* verlassen. Die mit Flüchtlingen überfüllte Quarantänestation und die auf den Gleisen 13 und 13a stehenden Züge werden durch Volltreffer vernichtet. Das im Fährbett 1 liegende VTS *Robert Möhring* wird durch zwei Bomben getroffen und beginnt zu brennen. Medizinisches Personal und Besatzungsangehörige können ca. 150 Schwerstverwundete retten, für ca. 350 Verwundete kann aufgrund der sich entwickelnden Hitze keine Hilfe mehr gegeben werden. Sie verbrennen am lebendigen Leibe.
Ing. Max Leßhafft, ehem. Angehöriger des 1. Einsatzzuges der Feuerwehr von Saßnitz, berichtete über den Bombenangriff wie folgt:
»Bei Auslösung des Fliegeralarms versammelten wir uns im Rathaus. Kurz nach dem Angriff mußte ich zur Kontrolle in den Hafen. Was ich dort sah, kann man nicht beschreiben und es geht einem noch heute (1985) unter die Haut. Die beiden Züge neben dem Fährbett waren durch Sprengbomben total zerstört und die *Robert Möhring* mit leichter Schlagseite im Fährbett liegend, brannte. Ich eilte zurück, und wir fuhren mit unserem schweren Feuerwehrwagen sofort zum Schiff. Kurze Zeit später unterstützten uns zwei weitere Löschzüge. Das Schiff brannte derart stark, daß die Außenhaut zu glühen anfing. Das aufgespritzte Wasser verdampfte sofort. Auf das Vorschiff ließ man uns nicht, da dort unter Deck Munition gelagert war. Wir konzentrierten uns auf die Unterstützung der Bergungstruppe, die immer noch Verwundete vom Schiff holte. Das Feuer breitete sich zunehmend aus und erfaßte

Elektroingenieur Max Leßhafft, geboren am 14. August 1895 in Saßnitz, war während des Krieges bei der Saßnitzer Feuerwehr dienstverpflichtet und Augenzeuge des Infernos am 6. März 1945.

Zerstörer *Z 28*
Er gehörte zum Typ 1936 A und wurde am 9. August 1941 auf der Werft Deschimag A.G. Weser, Bremen in Dienst gestellt. Als Führerzerstörer des F.d.Z. erhielt er statt des dritten Geschützes ein vergrößertes Deckshaus zur Aufnahme von Stabspersonal. Dieses Aufbaus wegen erhielt *Z 28* auch die Bezeichnung »Schreibstubenzerstörer«.

Depl.:	2637,6 t	Geschw.:	38,5 sm/h	Bew.	14 x 2 cm Flak
L/B/T:	127,00 m / 12,00 m / 4,38 m	Bes.:	321 Mann		2 x 4 TR 53,3 cm
Antrieb:	Wagner Hochdruckdampfturbinen	Bew.:	4 x 15 cm		
Leistung:	70000 PS		4 x 3,7 cm Flak		

die Munition, die in Intervallen detonierte. Hin und wieder knallte es ganz ordentlich. Gegen 04.00 Uhr stellten wir die Lösch- und Bergungsarbeiten ein. Das Schiff brannte weiterhin, die Schreie der am lebendigen Leibe verbrennenden Menschen waren verstummt. Hilflos standen wir vor dem Wrack.« In der amtlichen Liste der Kriegstoten des Kreises Rügen vom 1. Juni 1972 ist vermerkt, daß 16 verkohlte Tote vom Schiff *Robert Möhring* am 27. März 1945 auf dem Waldfriedhof in Saßnitz-Dwasieden bestattet wurden. Der auf der Reede liegende Zerstörer *Z 28* erhielt ebenfalls zwei Bombentreffer, brach auseinander und sank. *Z 28* war erst am 5. März mit dem Passagier-

Brückenaufbauten vom Wrack des Zerstörers *Z 28*. Aufgenommen von einem sowjetischen Frontberichterstatter im Juli 1945.

Das Frucht- und Passagierschiff *Robert Möhring* wurde 1926/27 als *Orotava* für den »Norddeutschen Lloyd« auf der Germaniawerft (Kiel) erbaut. Im Jahre 1940 trat das Schiff in den »Seedienst Ostpreußen« ein. Zu Ehren des mit dem Schwesterschiff *Arucas* im Februar 1940 untergegangenen Kapitäns erfolgte die Umbenennung. Die Kriegsmarine übernahm 1941 das Schiff als Wohn- und Beischiff bei der 8. U-Flottille. Seit Anfang 1945 wurde es als VTS eingesetzt.

schiff *Deutschland* im Geleit von Gotenhafen auf der Reede vor Anker gegangen. An Bord von *Z 28* befindet sich der Flo.Chef der 6. Z-Fl., Kapt.z.S. Heinz Peters. Herbeieilende R- und S-Boote retten einen Teil der Besatzung. Unter den Geretteten war auch der Flo.Chef und der Kommandant des Zerstörers F.Kapt. Karl Heinrich Lampe. Für 150 Besatzungsangehörige kommt jedoch jede Hilfe zu spät. Durch die Bombentreffer kam es zur Zerstörung des Heizölsystems, so daß sich das auf 60 bis 80° C erwärmte Heizöl auf der Wasseroberfläche ausbreiten konnte. Der Zerstörer, mit sechs ölgefeuerten Wagner-Hochdruckheißdampfkesseln ausgerüstet, besaß eine Bunkerkapazität von 825 t Heizöl (Masut). Ein Brand brach glücklicherweise nicht aus, so daß die Rettungsarbeiten nur durch die Dunkelheit und die Kälte erschwert wurden. Einige Besatzungsangehörige sprangen ins Wasser, schwammen zu den sich nähernden Rettungsfahrzeugen bzw. an Land oder erwischten eine der an Bord befindlichen Rettungsinseln.

Wilhelm Müller, ehemaliger Masch.Ob.Gefr. Turbine I auf dem Zerstörer *Z 28*, gehört zu den Geretteten und erinnert sich:

»Bei strahlendem Sonnenschein trafen wir in den Vormittagsstunden des 5. März 1945 auf der Reede von Saßnitz ein. Große Eisschollen trieben in der See. An Oberdeck stehend konnte ich eine Menge von Schiffen auf Reede liegend beobachten.

Rechts: Das ausgeglühte Wrack der *Robert Möhring* im Fährbett 1 des Hafens Saßnitz.

Maschinengefreiter Wilhelm Müller, Turbinenraum I, gelangte ohne Verletzungen an Oberdeck und konnte sich in eine Rettungsinsel retten.

Von Hela-Reede kommend hatten wir den Flüchtlingstransporter *Deutschland* ohne besondere Ereignisse nach Westen geleitet. Wir waren hundemüde und hauten uns gleich nach Aufhebung der Gefechtsbereitschaft hin, d.h. wir konnten von den Gefechtsstationen wegtreten. Die Turbinen wurden durch die Nachkühlwache abgekühlt. Es wurde nur noch der Hilfskessel gefahren. Es war gegen Mittag, als es plötzlich Fliegeralarm gab und wir wieder auf Station mußten. Hoch am Himmel flog ein feindlicher Aufklärer. Unsere und die Flak einiger auf der Reede befindlicher Schiffe versuchte die Maschine zu erwischen. Doch vergeblich, sie flog zu hoch. Nach dem Fliegeralarm begaben wir uns zum Backen und Banken. Es gab Sagoweinsuppe und gebratene Hühner.
Das V-Boot und die Pinasse waren zu Wasser gelassen und so wurde unter anderem von Saßnitz Post geholt. Wir konnten einmal so richtig ausspannen.

Auch der Tagesablauf des 6. März verging in relativer Ruhe. Es war Abend geworden und wir nahmen unser Abendbrot ein. Untergebracht war ich im Zwischendeck 12 (Zwo Zehn), Steuerbordseite. Dazu gehörte die Back 12 für fünf Mann.

Backsältester:	Masch.Ob.Gefr.	Sauerland, Albert
	Masch.Ob.Gefr.	Fengewisch, Helmut
	Masch.Ob.Gefr.	Prokopp, Hugo
	Masch.Gefr.	Müller, Wilhelm
	Masch.Gefr.	(?)

Nach dem Abendessen wurde in unserem Deck ein Film gezeigt, in dem Marika Rökk mitspielte. Der Film war zu Ende und wir bereiteten uns auf die Nachtruhe vor, d.h. ich selbst mußte erst einmal meine Standerkoje bauen. Ich wollte mich gerade ausziehen, als die Alarmglocke ertönte. Einer kam den Niedergang runter und rief noch: ›Zieht euch warm an, nehmt Schwimmwesten mit und alle Mann auf Gefechtsstation, der Himmel ist taghell!‹
Ich eilte den Niedergang hoch, erreichte das Oberdeck und es war wirklich so hell, daß man hätte Zeitung lesen können. Ein Christbaum hing neben dem anderen. Ohne Zwischenfall erreichte ich meine Gefechtsstation im Turbinenraum I/Pumpenraum. Die Turbine wurde betriebsklar gemacht und ich hörte noch, wie ein Maschinist über den Maschinenleitfunk (MLF) zum Leitstand meldete: ›Dampf kann kommen!‹
In diesem Moment gab's einen ungeheuren Knall, das Licht ging aus und ich hörte das Rauschen von eindringendem Wasser. Von unserem Wachmaschinisten kam der Befehl: ›Rette sich wer kann!‹ In meinem Pumpenraum befand sich die einzige Notausstiegsleiter aus dem Turbinenraum I. Über sie gelangte man an ein Luk, das sich unterhalb des hinteren Torpedorohrsatzes befand, d.h. etwa 1 m über dem Oberdeck. Durch die Erschütterung im Schiffskörper mußte sich der Torpedorohrsatz verdreht haben, denn ich konnte den Lukendeckel nur bis auf etwa 50 Grad öffnen. Durch diesen Spalt zwängte ich mich an Oberdeck. Das Schiff war bereits so weit gesunken, daß die Reling nur noch 10 cm aus dem Wasser ragte. An den unter der Zerstörerinsel (Schreibstube) befindlichen Rohren hangelte ich mich zum achteren Geschütz. Dort sah ich eine im Wasser treibende Rettungsinsel, die sich vom Geschützturm losgerissen hatte und nur noch an einer Leine hing. Ich sprang in die Rettungsinsel und kappte die Leine mit meinem kleinen Taschenmesser. Die Rettungsinsel schwamm frei und ich zog im Nachhinein mehrere Kameraden aus dem Wasser. Auch unseren LI bekamen wir zu fassen und zogen ihn auf die Rettungsinsel, wobei er noch sagte: ›Legt mich gerade hin!‹
Wir legten ihn auf den Schwimmkörper und ich nahm seinen Kopf in meinem rechten Arm, damit er nicht aus Versehen ins Wasser zurückgleiten konnte. In der Zwischenzeit waren die Bomber verschwunden und es wurde sehr

ruhig um uns. Plötzlich leuchtete ein Scheinwerfer auf und ein Schnellboot kam bei uns längsseits. Sie zogen uns an Bord, legten uns auf Oberdeck und prüften, wer noch am Leben war. Unser LI, der vermutlich innere Verletzungen hatte, war tot. Er muß in meinen Armen verstorben sein.
Weitere Besatzungsangehörige wurden, stark mit Heizöl verschmiert, aus der See gerettet bzw. nur noch tot geborgen.
Dadurch, daß meine Beine sich fast ohne Bewegung und leicht verkrampft die ganze Zeit über im kalten Wasser befanden, konnte ich mich selbst nicht mehr zu Fuß bewegen. Man brachte mich in den Maschinenraum und legte mich neben den laufenden ›Jockel‹ (Dieselgenerator). Nach dem Einlaufen in den Hafen wurden wir an ein größeres Schiff übergeben (*Kronprins Olav*) und wo Platz war hingelegt. Eine mir bekannte Krankenschwester aus Bergen, sie hieß mit Vornamen Lydia, entdeckte mich und rieb meine Beine sofort mit ›Franzbranntwein‹ ein. Wohltuende Wärme durchströmte meine Beine, so daß ich es ihr zu verdanken habe, daß ich heute noch meine Beine habe. Einige Stunden später wurden wir ins Lazarett gebracht und zum Aufwärmen auf die großen Heizungskessel gelegt. Am nächsten Tag war das Gefühl in die Beine zurückgekehrt und ich konnte wieder laufen. Wer gehen konnte, sah sich im Lazarett um und sah die vielen toten Kameraden, teilweise noch von Heizöl verschmiert. Ich ging zum Hafen runter und sah die Auswirkung der Bombentreffer.
Am 8. März erhielt ich vom Kommandanten den Befehl, mich nach Bergen zu begeben und in den dortigen Lazaretten nach Überlebenden der Besatzung zu suchen. Er wußte, das ich aus Bergen stammte und meine Eltern dort wohnten. Wir hatten uns einmal persönlich im Zwischendeck unterhalten, wobei ich erfuhr, daß er aus Rostock stammte.

Der Leitende Ingenieur (LI) von *Z 28*, Kptlt. (Ing.) Fischer aus Greifswald, auf dem Foto noch Oblt., wurde von Besatzungsangehörigen auf eine Rettungsinsel gezogen!
Aufgrund seiner schweren Verletzungen verstarb er in den Armen vom Masch.Gefr. Wilhelm Müller (Gräberfeld 4, Grab-Nr.: 132).

In Bergen waren als Lazarett eingerichtet:
1. Volksschule
2. Ernst-Moritz-Arndt Gymnasium
3. Berufsschule
4. Krankenhaus

Die Besatzung von Turbinenraum I.
(v.l.n.r.)
Masch.Mt. Ferdi Rietmann, Masch.Ob.Gefr. Schulze, Masch.Ob.Gefr. Hein Schöpchen, Masch.Gefr. Wilhelm Müller.
Nach dem Bombentreffer schwamm der Masch.Mt. Ferdi Rietmann als einziger zur Mole. Dort angekommen, verließen ihn die Kräfte. Er verstarb durch Unterkühlung, fror auf den Steinen der Mole fest und mußte am nächsten Tag mit Lötlampen abgetaut werden (Gräberfeld 4, Grab-Nr.: 136).

Insgesamt konnte ich 10 oder 12 verletzte Kameraden finden. Die Namensliste übergab ich meinem Kommandanten in Saßnitz.
Von Saßnitz aus wurden wir Tage später nach Stralsund zur Frankenkaserne gebracht und neu eingekleidet. Außerdem gönnte man uns eine kurze Erholung. Danach erfolgte für mich und weitere 10 Kameraden die Kommandierung nach Wesermünde (Bremerhaven–Lehe) auf *Z 29*. Die Unterbringung erfolgte aber nicht an Bord, sondern im Zerstörerheim.«
In den darauffolgenden Tagen wurden die im Wasser treibenden oder ans Ufer gespülten, in ölverschmierten Lederpäckchen befindlichen Leichen der Besatzungsangehörigen von *Z 28* geborgen und beigesetzt. Nach der Aussage von ehemaligen Angehörigen der Leichenbergungskommandos überführte man einige Leichname auf den alten Saßnitzer Friedhof, andere wurden aufgrund der fortgeschrittenen Verwesung in unmittelbarer Nähe des Fundortes, im Dünenbereich von Prora, beigesetzt.
In dem völlig überbelegten Reservelazarett Saßnitz setzte nach dem Bombenangriff ein pausenloses Operieren in fünf OP-Gruppen ein. Für die Versorgung der Verwundeten standen der Oberschwester Hella Weström eine Vollschwester und 43 Hilfsschwestern zur Verfügung. Trotz des unbeschreiblichen Leids, das sie erleben mußte, prägte sich der Tod von 25 bzw. 26 Besatzungsangehörigen vom Zerstörer *Z 28* unauslöschlich in ihr Gedächtnis ein. Sie berichtet:
»So gegen 00.30 Uhr meldeten sich bei mir quietschvergnügt 25 oder 26 junge Marineangehörige in nassen und ölverschmierten Uniformen. Sie teilten mir mit, daß ihr Schiff gesunken sei und sie an Land geschwommen sind. Ich sagte nur noch ›Raus aus den Klamotten!‹ und schickte sie in den Waschraum zum Entkleiden und Waschen. Waschmittel hatten wir leider keines und so mußten sie sich gegenseitig das Öl vom Körper schrubben. Anschließend schickte ich sie zum Aufwärmen in den Heizungskeller, wo die Raumtemperatur immer über 25° C war. Da sie über Augenschmerzen zu klagen begannen, ließ ich den Augenarzt vom Marinelazarett Dwasieden holen. Gegen 02.00 Uhr ging ich todmüde in mein Zimmer. Kaum hatte ich mich hingelegt, als eine Schwester in mein Zimmer kam und laut rief: ›Die Soldaten im Heizungskeller sterben alle!‹
Ich hoch und runter in den Keller. Was ich dann sah, ließ mir mein Herz erstarren. Einige waren schon tot, andere schnappten noch nach Luft, sie versuchten zu schreien, wälzten sich auf der Erde, doch sie starben. Wir Schwestern wußten nicht warum und holten den Chefarzt Dr. Holsten. Er vermutete Sauerstoffmangel durch Porenverschluß, den das Heizöl verursacht haben konnte. Mittels Sauerstoffzufuhr versuchten wir die letzten vier zu retten, doch vergebens. Am nächsten Morgen brachte man sie mit einem LKW zum Friedhof und setzte sie in einem Massengrab bei.«

Grabstätte des am 6. März 1945 gefallenen Marinestabsarztes Dr. A. Wolfgang Anschütz, ehemaliger Besatzungsangehöriger von *Z 28*, auf dem alten Friedhof von Saßnitz (Gräberfeld 4, Grab-Nr.: 133).

In Auswertung ähnlicher Ereignisse, wie sie z.B. bei Überlebenden vom gesunkenen Zerstörer *Z 7* (2. Mai 1942) und *Z 26* (29. März 1942) bekannt wurden, erfolgte eine Konsultation mit Prof. Dr. sc. med. L. Cossel (Leipzig), ehemaliger Offizier der KM, über die mögliche Todesursache. Auszug aus seinem Brief vom 7. März 1989:
»Ein Erstickungstod infolge Verschluß der Hautporen durch Ölverschmierung kommt meines Erachtens nicht in Betracht. Entsprechend der Schilderung von Oberschwester H. Weström trat der Tod vermutlich durch eine akute Vergiftung durch Benzol bzw. Benzolderivate oder auch Schwefelkohlenstoffe ein. Diese Stoffe sind unter anderem im Heizöl enthalten und wirken akut als Nervengift (zum Teil auch als Blutgift). Nach den genannten Fakten kamen die Stoffe in erster Linie durch die unverletzte Haut

in die Blutbahn (Abwaschprozeduren) und im geringen Teil können diese Stoffe in Dampfform, unmittelbar über der Wasseroberfläche, von den schwimmenden Seeleuten eingeatmet worden sein. Dieses Gift führt meist nach einem anfänglichen Rausch- und Euphoriestadium über mehr oder weniger ausgeprägte Erregungszustände zu Benommenheit bis zur tiefen Bewußtlosigkeit mit tödlichem Ausgang durch Lähmung des Atemzentrums im zentralen Nervensystem.«

Aus der amtlichen Liste der Kriegstoten des Kreises Rügen vom 1. Juni 1972 konnten nebenstehend aufgeführte Besatzungsangehörige von *Z 28* im Massengrab auf dem Saßnitz-Stadtfriedhof/Soldatenteil ermittelt werden.

Weitere sieben tote Besatzungsangehörige von *Z 28*, die namentlich nicht mehr identifiziert werden konnten, wurden am 27. und 28. März 1945 auf dem Waldfriedhof in Saßnitz-Dwasieden beigesetzt.

Zu Tagesbeginn des 7. März 1945 begannen im Ort und Hafenbereich von Saßnitz die Aufräumungsarbeiten. Für die Bergungstrupps, die die sterblichen Überreste der Bombenopfer bargen, erfolgte die Ausgabe einer unbegrenzten Menge von Alkohol. *Z 28* war bei einer Wassertiefe von nur 9,5 m nicht gekentert und blieb auf ebenem Kiel stehen, so daß Schornsteine, Masten und die Brücke aus dem Wasser ragten. Somit konnten noch in der Nacht die Unterlagen usw. abgeborgen werden. Am 7. März um 08.45 Uhr wurden die Flagge und der Stander niedergeholt.

Bestattungsdatum: 11. März 1945

Lfd. Nr.	Reg. Nr.	Name	Vorname	Dienstgrad	Grab Nr.
1.	3.	Anschütz	Wolfgang	Stabsarzt	4
2.	42.	Chadde	Joachim	Mtr.Gefr.	4
3.	43.	Conrad	Erich	Mtr.(SOA)	161
4.	49.	Debernitz	Norbert	Ob.Stbs.Mt.	4
5.	63.	Ehrhardt	Wolfgang	Fw.Gefr.	4
6.	67.	Eiler	Gottfried	Ob.Gefr.	4
7.	79.	Fischer	Detlef	Kptlt.(Ing.)	4
8.	93.	Grom	Alfons		4
9.	106.	Hartwig	Erwin	Mtr.Ob.Gefr.	4
10.	108.	Hauke	Richard	Mtr.Gefr.	4
11.	111.	Hentze	Walter	Mtr.Ob.Gefr.	4
12.	112.	Herrmann		Mech.Ob.Gefr.	4
13.	158.	Klause	Enst	Masch.Ob.Gefr.	4
14.	159.	Klopsch	Werner	Schr.Ob.Gefr.	4
15.	161.	Knust	Georg	Mtr.Ob.Gefr.	4
16.	162.	Kokett	Walter	Fk.Hpt.Gefr.	4
17.	166.	Krause	H.-Jürgen	Ltn.z.See	4
18.	167.	Kretschmeier	Friedrich	Masch.Mt.	4
19.	168.	Kuntke	Kurt	Mtr.	4
20.	196.	Leng	Otto	Masch.Gefr.	4
21.	216.	Mierwald	Otto	Masch.Ob.Gefr.	4
22.	242.	Petsch	Fritz	Masch.Gefr.	4
23.	260.	Rischke	Hermann	Verw.Hpt.Gefr.	4
24.	261.	Rietmann	Ferdinand	Masch.Ob.Gefr.	4
25.	287.	Scholz	Erwin	Masch.Ob.Gefr.	156
26.	290.	Seiler	Otto	Oblt.(Ing.)	4
27.	295.	Strunk	Heinz	Mtr.Gefr.	4
28.	482.	Zeitiger	Kurt	Fw.Ob. Mt.	4

Anläßlich der 100-Jahr-Feier der Marinekameradschaft Hansestadt Stralsund von 1892/1991 e.V. wird auf der Reede vor Saßnitz der in See gebliebenen Seeleute am 1. November 1992 gedacht. Überlebende Besatzungsangehörige des Zerstörers *Z 28* gedenken ihrer gefallenen Kameraden (v.l.n.r.) Paul Rauh, Hermann Reißig, Hans Schade (*Z 29*), Wilhelm Müller und Werner Behrens.

Das Turbinenpassagierschiff *Hamburg* wurde im Auftrag der HAPAG bei Blohm & Voß in Hamburg gebaut.
Die Kriegsmarine übernahm die *Hamburg* ab 1940 als Wohnschiff der U-Boot-Lehrdivision und stationierte sie in Danzig. Ab Januar 1945 verwendete die Seekriegsleitung die *Hamburg* als Flüchtlingstransporter.

Das Ausschiffen der Flüchtlinge von der *Deutschland* und *Der Deutsche* wurde aufgrund der beim Angriff geworfenen Fallschirmfernzündungsminen vorerst mit hölzernen Rettungsbooten und Fischkuttern fortgesetzt. Die *Hamburg*, die keine Flüchtlinge mehr an Bord hatte, überstand den Nachtangriff ohne Beschädigung. Am gleichen Tag leitete der Kapitän der *Hamburg* trotz der bestehenden Minengefahr ein Verholmanöver ein, um das Schiff weiter seewärts vor Anker zu legen.
Auf der in der Nähe liegenden *Deutschland* wird das Manöver aufmerksam verfolgt. Nach Erreichen der neuen Position mit einer Wassertiefe von 20 m wurde das Ankermanöver eingeleitet. Zwei Minendetonationen, im Vorschiff an der Backbordseite, ließen das Schiff erzittern und ganz Saßnitz mit Entsetzen seewärts blicken.
Im Logbuch von *T 36* ist dazu vermerkt:
»17.30 Uhr Fahrgastschiff *Hamburg* vor Saßnitz auf Mine gelaufen.«
Oskar Schlanert berichtet:
»Den ganzen Tag lang schleppten wir bei herrlichem Wetter Munition zu unseren Geschützen. Es war bereits Nachmittag und ich trabte mit einer 10,5 cm-Granatpatrone auf dem Rücken zum Geschützstand, als ich von See her ein lautes Knacken hörte. An der *Hamburg* sah ich eine Wasserfontäne stehen, die sich gegen den Horizont malerisch abzeichnete. Wir beobachteten das Schiff und sahen wie es nach einiger Zeit kenterte.«
Die *Hamburg* kenterte innerhalb einer Stunde über Backbord und sank auf den Grund der Ostsee. Die Besatzung wurde durch die der *Deutschland* gerettet .
Bei einer Wassertiefe von 20 m ragte die Steuerbord-Seite des 24 m breiten Ozeanliners noch 4 m über die Oberfläche der See. Da neue Transporte mit Flüchtlingen und Verwundete erwartet wurden, erfolgte sehr rasch die Heranführung von Räumkräften, um die Saßnitzer Reede von Fernzündungsminen zu räumen und ein gefahrloses Ankern der Transportschiffe zu ermöglichen.

Der amerikanische Bombenangriff auf die Stadt und den Flottenstützpunkt Swinemünde – 12. März 1945

Zu den großen anglo-amerikanischen Flächenbombardements des Jahres 1945 auf deutsche Städte gehörte auch der am 12. März 1945 geflogene Angriff von 650 amerikanischen Bombern der 8. US-Air Force auf die Stadt und den Flottenstützpunkt Swinemünde. Bereits seit Februar 1945 hatte das alliierte Oberkommando (SHAEF) begonnen, die anglo-amerikanischen Fernfliegerkräfte wieder zu Terrorangriffen gegen Wohnzentren in Deutschland einzusetzen. Eines der ersten Bombardements in der Zeit vom 13. bis zum 15. Februar galt der Stadt Dresden, bei dem die Innenstadt zerstört wurde und etwa 35 000 Menschenopfer zu beklagen waren. Ziel der Angriffe war, die Bevölkerung Deutschlands zu demoralisieren, um damit angeblich das Dritte Reich ins Herz zu treffen und so das Kriegsende zu beschleunigen.

In Auswertungen der Luftaufklärung über der südwestlichen Ostsee war es dem alliierten Oberkommando bekannt, daß entsprechend dem Frontverlauf im Osten seitens der deutschen Kriegsmarine verstärkt Evakuierungstransporte aus dem Osten durchgeführt und der Hafen Swinemünde als vorrangiger Ausschiffungshafen genutzt wurde.

Während des gesamten Krieges war kein nennenswerter Angriff auf diesen Hafen geflogen worden, und ausgerechnet zu diesem Zeitpunkt, als die deutsch-sowjetische Front nur noch 27,8 km von Swinemünde entfernt war, erfolgte der Befehl zur Bombardierung. Vor diesem Angriff waren die Amerikaner den sowjetischen Truppen noch nie so nah gewesen. Welches Ziel verfolgten sie zu diesem Zeitpunkt damit? Sollte es eine Demonstration der Stärke sein?

Unaufhaltsam liefen die Evakuierungstransporte von Osten kommend den Hafen an. Die Evakuierung aus den ostpreußischen und den pommerschen Häfen erfolgte mit allem zur Verfügung stehendem Schiffsraum. Schwerpunkt war zu diesem Zeitpunkt die Evakuierung von Kolberg. Die Stadt war bereits seit dem 4. März von sowjetischen Truppen eingeschlossen und durch das OKH zur Festung erklärt worden. Ein weiteres Freikämpfen eines Rückzugsweges nach Westen wurde untersagt. Das gesamte noch verbliebene militärische Potential sollte für den Schutz der über See abzutransportierenden Bevölkerung eingesetzt werden. Zu dieser Zeit hatte die Rote Armee das ganze Ostufer des Stettiner Haffs fest in der Hand. Die Wolliner Brücken waren gesprengt. Es gab als einzige Festlandverbindung nur noch den Dievenower Brückenkopf, wo sich deutsche und sowjetische Einheiten in schweren Abwehrkämpfen gegenüberlagen. Am Westufer der Dievenow erfolgte verstärkt der Ausbau von Verteidigungsstellungen, um Swinemünde von Osten her zu sichern und damit die weiteren Flüchtlingstransporte ins Reichsinnere zu gewährleisten. Swinemünde war nicht nur Flottenstützpunkt, sondern auch Hauptzielhafen für die Evakuierungstransporte geworden. Brustat-Naval schreibt in seinem Buch »Unternehmen Rettung« auf S. 105, daß Swinemünde in diesen Märztagen von einer Welle von 30 000 Flüchtlingen überlaufen wurde. Lindenblatt schätzt in seinem Buch »Pommern 1945« auf S. 327 ein, daß sich zum Zeitpunkt des Angriffs etwa 14 000 Zivilisten und ca. 8 000 zumeist durchziehende Soldaten im Stadtbereich aufhielten. Auf der Insel Wollin sollen sich weitere 40 000 Flüchtlinge mit 1 800 Fahrzeugen (Autos und Pferdefuhrwerke) befunden haben. Nicht erfaßt sind die Tausende von Soldaten in den Dienststellen rund um und in Swinemünde. Die genaue Zahl derer, die sich im Verteidigungsabschnitt Swinemünde befunden haben, wird sich nie ermitteln lassen. Doch vermitteln uns die

Frau Hildegard Schulz, geb. Dröse, ehemalige Speditions-Abteilungsleiterin bei der Jacht- und Bootswerft Ernst Burmester in Swinemünde.

Schätzungen eine ungefähre Übersicht über die Konzentration von Menschen zum Zeitpunkt des Bombenangriffs auf Swinemünde.

Am 12. März 1945 fliegen 650 amerikanische Bomber vom Typ B 17 und B 24 der 8. US-Air Force den Bereich Swinemünde an. Diese bildeten den schwer bewaffneten Kern der strategischen Fliegerkräfte des amerikanischen Bombenkrieges. Gegen 12.00 Uhr erreichen sie mittels Radar das von Wolken bedeckte Zielgebiet und werfen nach offiziellen amerikanischen Angaben 1 609 t Sprengbomben im ungezielten Flächenwurf innerhalb einer knappen Stunde über Swinemünde ab.

Flugzeugtyp	Reichweite (max.) / Bombenlast(max.)	Zielentfernung
B 17G	3 200 km / 2 720 kg	ca. 1 200 km
B 24J	3 380 km / 4 000 kg	

Besatzungsmitglieder der zuletzt abgeflogenen Bomber sagten nach dem Angriff aus, daß der Rauch über dem Zielgebiet so dick gewesen war, wie sie ihn noch nie gesehen hatten. Es stiegen dichte gelbgrüne Wolken auf. Man war sich einig, daß die Öltanks getroffen waren. Das Fehlen der Jagdfliegerkräfte in der Luftverteidigung, die zu geringe Flaksicherung der Häfen und das zu späte Auslösen von Fliegeralarm (siehe auch den britische Nachtangriff am 6. März auf Saßnitz) waren die Ursache, daß an diesem Tag ein verheerender Schlag der amerikanischen Fernfliegerkräfte gegen den bedeutendsten Hauptzielhafen der deutschen Evakuierungstransporte hingenommen werden mußte. Schwache und ungenaue Flakabwehr erzielte nur die Beschädigung eines Bombers. Der Besatzung gelang es, die Maschine bis nach Schweden zu bringen und dort zu landen. Im Gegensatz zu vielen anderen Häfen entlang der Ostseeküste war Swinemünde mit einem gut ausgebauten System zur Vernebelung des Gebietes versehen. Es bestand aus stationären Nebelbatterien, mobilen, d.h. fahrzeuggebundenen und schwimmenden Einrichtungen. In Osternothafen lagen u.a. acht kleine Nebelboote mit deutscher und italienischer Besatzung. Bis heute konnte nicht geklärt werden, warum es nicht zu einer Vernebelung des Gebietes gekommen war.

Den Logbuchaufzeichnungen von *T 36*, das sich am 12. März in 42 sm (77,8 km) Entfernung nordwestlich von Swinemünde bei der Ansteuerungstonne Saßnitz (Weg 51, Tonne grün 03a) vor Anker liegend befand, konnten nachstehende Informationen entnommen werden:

»Wetterbericht: 12.00 Uhr

Wind:	SW 2–3
See:	0–1
Bewölkung:	einzelne Wolken
Luftdruck:	1 027 mbar
Lufttemperatur:	+ 6° C

Die Dichterin Agnes Miegel, geboren am 9. März 1879 in Königsberg. Nach der geglückten Evakuierung aus Königsberg kam sie in das dänische Flüchtlingslager Oxböl, wo sie für anderthalb Jahre interniert wurde. Nach der Entlassung fand sie in Bad Nenndorf ihre neue Heimat, wo sie am 26. Oktober 1964 verstarb.

Lagebericht:

11.17 Uhr	Fliegeralarm in Saßnitz.
11.18 Uhr	Fliegeralarm an Bord – Luftlagemeldung: Ein feindlicher Aufklärer bei Travemünde mit Ostkurs.
11.20 Uhr	Ein Bomberverband S-lich Lolland – Ostkurs.
11.21 Uhr	Luftgefahr mittlere Ostsee.
11.48 Uhr	40 km NW Saßnitz Flugzeuggeräusche mit Ostkurs.
11.49 Uhr	Anker auf – mit gestoppten Maschinen bei grün 03a.
11.55 Uhr	N-lich Saßnitz 200 Flugzeuge mit SO-Kurs.

12.10 Uhr Bomberverband im Raum Swinemünde (Bombenabwürfe gemeldet).
12.22 Uhr Die ersten Verbände bei Anklam im Abflug.
12.23 Uhr Laufende Angriffe auf Swinemünde (ca. 14 einfliegende Verbände).
13.15 Uhr Alle Verbände im Abflug nach Westen.
13.20 Uhr Fliegeralarm an Bord beendet.
13.29 Uhr Mit Bb. Anker geankert.
14.40 Uhr Luftgefahr für die mittlere Ostsee beendet.«

Wie dieses Inferno bei Augenzeugen in Erinnerung geblieben ist, verdeutlichen nachfolgende Berichte. So gibt Herr Günter Gilardoni, zur damaligen Zeit Sign.Ob.Gefr. auf dem Vorpostenboot *Vs 265* der 2. Sich. Fl. Swinemünde sein Erlebnis wie folgt wieder:

»Am 12. März 1945 befand ich mich an Bord von *Vs 265*. Wir hatten Reededienst und lagen im Bereich der Ostansteuerung vor Anker. Die See war ruhig. Es war gegen Mittag, als über See von NW her Flugzeuggeräusche in großer Höhe zu hören waren. Mit dem Fernglas sah ich zur Signalstelle und erkannte das Signal ›Fli-Max-30‹ (Fliegerangriff in 30 Minuten). An Bord wurde Fliegeralarm ausgelöst und wir gingen Anker auf. Die Signalstelle hatte in der Zwischenzeit das Signal ›Fli-Max-15‹ gesetzt. Die Bomber waren jetzt über uns und flogen ohne eine Bombe auszuklinken Richtung Hafen weiter. Auf dem Ankerplatz lagen etwa 15 Schiffe (Anm.: H. Schön schreibt in seinem Buch »Ostsee 45« auf S. 355 etwas von 50 Schiffen. Wertet man alle bisherigen Informationen aus, so war eine Ansammlung derartig vieler Schiffe zu keinem Zeitpunkt gegeben – d. Verf.).

Kein einziges Schiff wurde angegriffen. Die an Oberdeck stehenden Menschen wurden Augenzeuge eines für sie unvorstellbaren Terrorangriffs aus der Luft. Die gesamte Bombenladung ging über dem Hafengebiet, dem Stadtzentrum, Osternothafen und Ostswine herunter. Der Bombenangriff dauerte maximal 45 Minuten, dann war wieder Ruhe. Über Swinemünde stand eine riesige Staub- und Rauchwolke. Während des Angriffes standen wir auf und ab.«

Zum Zeitpunkt des Angriffs lagen namentlich bekannte Schiffe auf dem Ankerplatz: *Jupiter, Land, Mars, Masuren, Moltkefels, Oberhausen, Carl Peters, Vs 265* und *General San Martin*.

Von Hela kommend befand sich *Vp 1317* der 13. MS-Fl. im Anmarsch auf Swinemünde. Gerhard Schubert, ehemaliger Matr.Hpt.Gefr. und Rudergänger an Bord von *Vp 1317* berichtet:

»Am 12. März kamen wir von Hela-Reede und hatten das Schiff vollgeladen mit Frauen, Kindern und Soldaten. Wir liefen mit ausgebrachtem Kabelfernräumgerät (KFG). Selbst hatte ich Brückendienst und stand am Ruder. Etwa 2 bis 3 sm vor der Ansteuerungstonne Swinemünde rief plötzlich unser Funker: ›Kommandant – Signal Fasan!‹

Frau Gerda Eberl, geb. Egidy – Dezember 1941.

Das bedeutete Bomberverband im Anflug. Kurz darauf hörten wir das Geräusch eines Bomberverbandes über den Wolken. Unser Kommandant ließ daraufhin das KFG slippen und ich erhielt den Befehl ›Ruder hart Steuerbord!‹ Volle Flaksicherung wurde hergestellt. Ein Angriff feindlicher Jäger erfolgte nicht. Mit dem Fernglas schaue

Joachim Dommasch, ehemaliger Hauptgefreiter der 10,5 cm Marineflakabteilung, in Osternothafen auf dem Deckenschutzschild des Leitstandes der 10,5 cm Flakbatterie der M.Fla.A. stehend – 26. Dezember 1944.

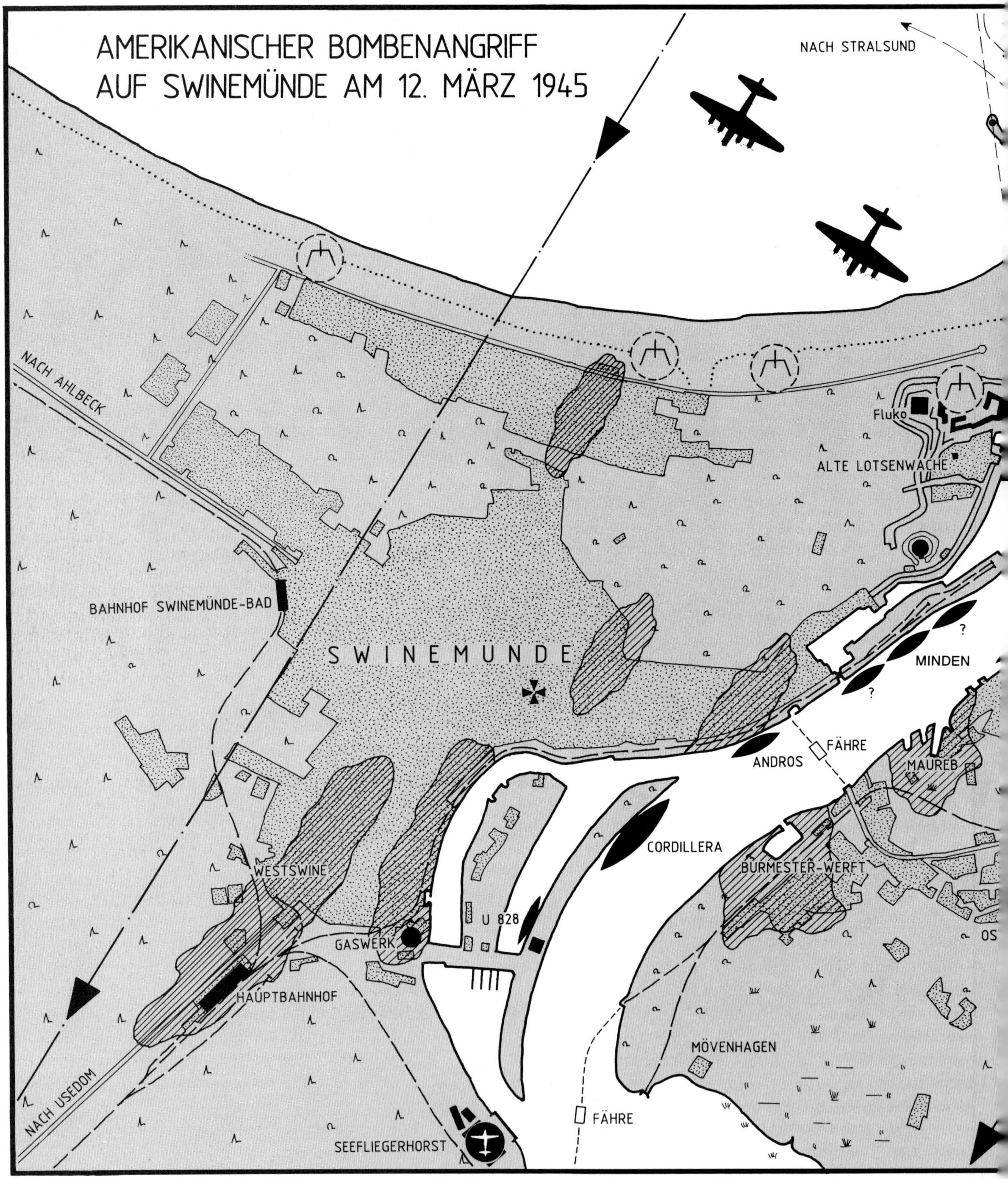
AMERIKANISCHER BOMBENANGRIFF
AUF SWINEMÜNDE AM 12. MÄRZ 1945
NACH STRALSUND
NACH AHLBECK
Fluko
ALTE LOTSENWACHE
BAHNHOF SWINEMÜNDE-BAD
SWINEMUNDE
MINDEN
ANDROS
FÄHRE
MAUREB
CORDILLERA
BURMESTER-WERFT
WESTSWINE
U 828
GASWERK
HAUPTBAHNHOF
MÖVENHAGEN
NACH USEDOM
FÄHRE
SEEFLIEGERHORST

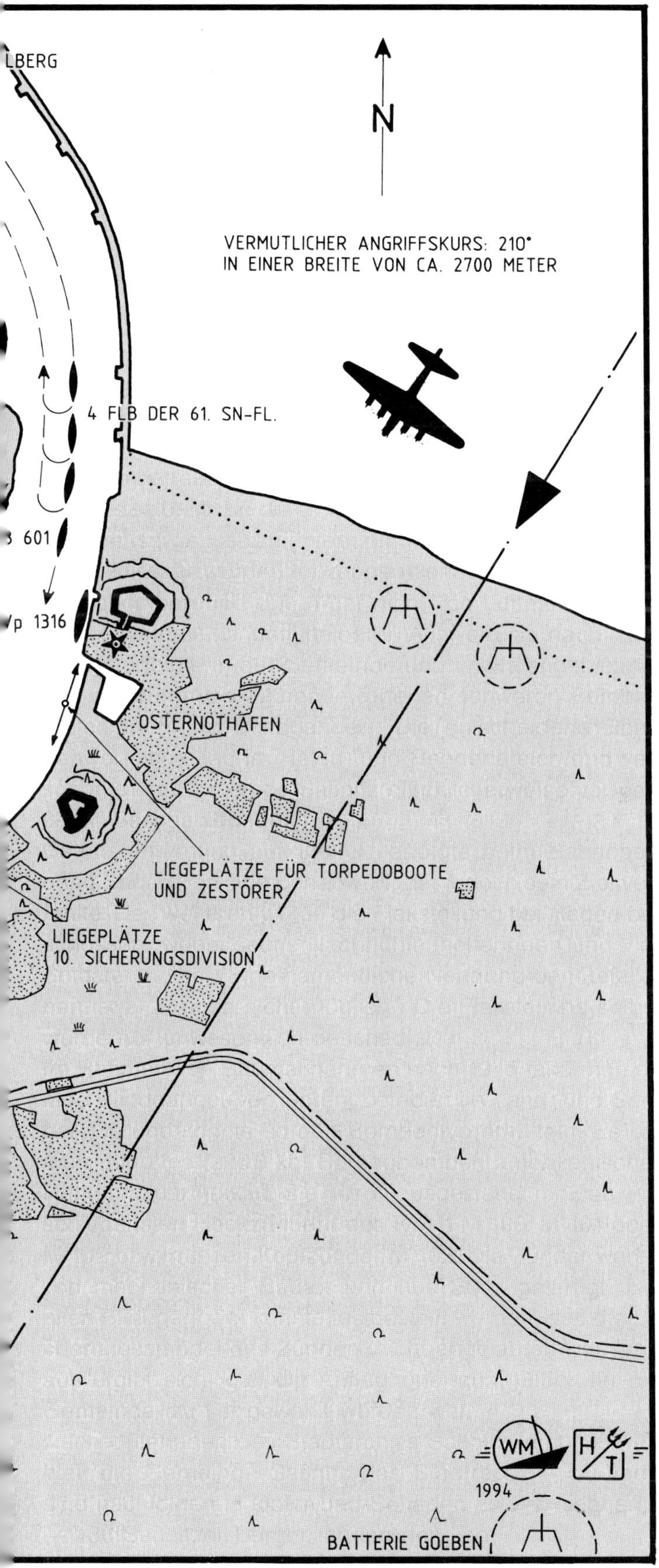

Signalobergefreiter Günter Gilardoni, Angehöriger der 2. Sicherungsflottille in Swinemünde. Stützpunkt Osternothafen.

ich zur Küste und sah wie die ersten Bomben im Strandbereich detonierten.

Nachdem der Angriff vorüber war, liefen wir in den Hafen ein und mußten mit Erschütterung feststellen, das unser Nachbarboot *Vp 1316* von mehreren Bomben getroffen am Anleger vor dem Leuchtturm gesunken war. Es hatte nur die Bordwache erwischt, die Kameraden waren gefallen. Nachdem wir festgemacht hatten, wurden wir bis in die Nacht hinein zur Leichenbergung eingesetzt. Bereits am nächsten Tag liefen wir in den Vormittagsstunden zur Evakuierung nach Kolberg ab.«

Der damalige Hpt.Gefr. Joachim Dommasch erlebte als Angehöriger der Marineflakabteilung Osternothafen den Bombenangriff von Land aus und berichtet darüber wie folgt:

»Seit September/Oktober 1944 befand ich mich bei der Marineflakabteilung Osternothafen, einer 10,5 cm Batterie. Am 12. März, kurz vor dem Mittagessen gab es plötzlich Alarm und wir eilten auf die Gefechtsstationen. Mein Platz war am Kommandogerät zur Bedienung des Flug-

Grab von Frau Elisabeth Egidy auf dem Golm bei Kamminke. Die Geburtsangaben auf dem Kreuz sind falsch eingetragen worden (geb. 16. Mai 1884).

höhenmeßgerätes. Vom Fluggruppenkommando (Fluko) Swinemünde erhielten wir telefonisch die Luftlagemeldung ›Jagdfliegerverbände über der Pommerschen Bucht Richtung Dievenow!‹. Fünf Minuten später: ›Bomberverbände im Anflug über Ahlbeck!‹.

Der Himmel war bedeckt und die Bomber flogen uns in einer Höhe von etwa 5 000 m an. Unser Funkmeßgerät vom Typ ›Würzburg-Nora‹ konnten wir nicht einsetzen, da durch Düppelabwurf (Stanniolstreifen) der Empfang gestört war. Somit schossen wir nur Sperre. Einen Abschuß konnten wir nicht verzeichnen. Im Batteriebereich fiel eine Bombe und tötete zwei Kameraden. Die etwa 200 m östlich stehende Baracke der italienischen Nebelkameraden erhielt ebenfalls einen Treffer und fiel in sich zusammen. Menschenleben waren nicht zu beklagen. Von einem weiteren Kameraden, er war von Beruf Fleischer und war zur Fleischerei nach Swinemünde abkommandiert, haben wir nie wieder etwas gehört. Er mußte als vermißt gemeldet werden.«

Frau Gerda Eberl, geb. Egidy, erlebte den Angriff auf Swinemünde von Neuhof/Heringsdorf aus. Ihre Eltern wohnten in Swinemünde, in der Färberstraße 51, bei dem Fleischermeister Watscho. Ausgerechnet an diesem Tag besuchte ihre Schwester Lotte mit ihrem Sohn die Eltern, sonst wohnte sie mit ihrer Familie in Jatznik. Sie erlebte und überlebte den Angriff und kam nach dem Angriff mit dem kranken Vater auf dem Handwagen nach Neuhof. Sie berichtete nachstehendes:

»Als die Sirene ertönte, liefen wir aus dem Haus zum Hochbunker, der sich auf dem Hinterhof befand. Als wir uns unmittelbar vor dem Bunker befanden, bemerkte Mutter, daß sie die Papiere vergessen hatte. Kurzentschlossen lief sie zurück. Kaum waren wir im Bunker, als die ersten Bomben fielen. Mutter erreichte den Bunker nicht mehr und wurde noch im Haus von einer detonierenden Bombe getötet und unter den Trümmern des Hauses verschüttet. Später berichtete uns unser Bruder Herbert, daß er mit einem Kameraden nach unserer Mutter gesucht habe und sie direkt unter der Treppe, mit einem Lungenriß, tot aufgefunden hat. Da die Toten alle eingesammelt und auf dem Tennisplatz sozusagen zwischengelagert wurden, fand er sie dann später hier wieder. Sie hatte noch die Hausschuhe an, doch den Ringfinger hatte man

Fracht- und Passagierschiff *Cordillera* der HAPAG, Hamburg. Einsatz als Wohnschiff der KM mit Liegeplatz Swinemünde, am Eichstaden.

Vermessung:	12 049 BRT;
L/B/T:	159,81 m / 20,00 m / 7,54 m;
Geschw.:	17 sm/h

Das durch Bombennahtreffer am 12. März 1945 gekenterte Wohnschiff *Cordillera* im Winter 1945/46.

ihr abgeschnitten. Die Beisetzung der Toten, unter denen sich auch unsere Mutter befand, erfolgte in Massengräbern auf dem Friedhof bei Kamminke, der sich auf dem Golm befindet. Da Mutter identifiziert worden war, erhielt sie die Nummer: Kamminke List. Nr. 33. Wie viele andere, deren Angehörige hier ihre letzte Ruhestätte gefunden haben, haben wir nach dem Krieg das Grab unserer Mutter aus dem aufgeworfenen Erdhügel, auf dem das Kreuz mit der Nr. 33 stand, herausgearbeitet und mit einem neuen Kreuz, auf dem jetzt der Name stand, versehen.«
Die ehemalige Speditions-Abteilungsleiterin der Burmester Werft, Frau Hannelore Schulz, geb. Dröse, überlebte den Angriff und erinnert sich:

»Ich befand mich in meinem Kontor und bereitete mich auf das Mittagessen vor. Unsere Mittagspause war von 12.00 bis 12.30 Uhr festgesetzt, und so wartete ich auf das Ertönen der Werksirene. Es muß demzufolge kurz vor 12.00 Uhr gewesen sein, als die Sirenen, völlig überraschend für mich, Vollalarm gaben. Ich schnappte meine Tasche, stopfte noch Verbandszeug rein und rannte um mein Leben zu dem nahegelegenen Bunker. Irgendwie heulten die Sirenen anders. Auf dem Betriebsgelände befanden sich mehrere Betonbunker von 4x4 m Abmessungen. Um zu meinem Bunker zu gelangen, mußte ich einen Bach überqueren, über dem ein schmaler Brettersteg lag. Fast als letzte erreichte ich den Bunker. Kaum war ich im In-

Frachtdampfer *Heiligenhafen* (Standardschiff Typ Hansa A) der Hamburger HAPAG. 1945 als Flüchtlingstransporter im Einsatz. Am 12. März 1945 im Hafen von Swinemünde durch Bombentreffer versenkt.

Vermessung:	1 923 BRT;
L/B/T:	91,83 m / 13,50 m / 6,18 m;
Geschw.:	10,0 sm/h

Langstreckenbomber Boeing B-17G »Flying Fortress II«
SPW/L/H: 31,63 m / 22,78 m / 5,82 m;
Geschw.: 458 km/h;
Aktionsradius: 2 700 km;
Bes.: 10 Mann;
Bew.: 12 x 12.7 mm MG

nern des Bunkers, fielen die ersten Bomben. Eine Bombe detonierte in unserer unmittelbaren Nähe und wirbelte uns durcheinander. Selbst wurde ich in die Luft gehoben und mir war, als wenn einem alles auseinandergerissen wird. Dann trat Ruhe ein, unbeschreibliche Ruhe. Als wir den Bunker verließen, sahen wir den Bombentrichter in 10 bis 15 m Entfernung. Er war etwa 3 m tief und hatte einen Durchmesser von etwa 5 m. Das ganze Werftgelände war verwüstet, an vielen Stellen brannte es und die Splittergräben waren teilweise eingeebnet. Unser Holzlager mit Stämmen von bis zu 60 cm Durchmesser war zusammengewürfelt wie bei einem Mikadospiel. Wir suchten auf dem Betriebsgelände nach Verwundeten und legten erste Notverbände an. Viele Mitarbeiter habe ich nie wiedergesehen.

Gegen 18.00 Uhr konnten wir den Betrieb verlassen. Zu viert machten wir uns auf den Weg zur Fähre. Wir, das waren Evi Blödorn, Oskar Beuge, Franz Müller und ich.

Einige Bomben waren in den auf den Straßen stehenden Flüchtlingsansammlungen detoniert. Fuhrwerke und Handwagen lagen kreuz und quer, und dazwischen unzählige Tote.

Der Fähranleger war unbeschädigt und die Fähre fuhr. Auf der Swinemünder Seite angekommen sahen wir, daß viele Häuser beschädigt und wohl kaum noch bewohnbar waren. Ich ahnte Schlimmes. Wir gingen durch die Neue Straße und danach durch den Kurpark zu meiner Wohnung in der Swinemünder Str. 2, wo ich bei Frau Krause ein möbliertes Zimmer gemietet hatte. Auf unserem Weg

Oberfeldwebel/Bootsmann Gustav Schütt, Jahrgang 1914, Bootsführer des *Fl.B 5003*.

durch den Park blieb uns vor Entsetzen fast das Herz stehen. Überall lagen Tote. Von den Bomben zerfetzte menschliche Überreste hingen in den Bäumen und Büschen. Was ich als 19jährige in diesen wenigen Minuten erleben mußte, ließ mich wohl um Jahre altern. Das Ausmaß dieses Leidens kann man nicht in Worte fassen. Die Wohnung meiner Wirtin war ausgebrannt. Von ihr habe ich nie wieder etwas gehört und gesehen. Mein ganzer Besitz war meine Handtasche, die ich bei mir trug. Wir gingen zu Evis Wohnung, die sich in der Kurparkstraße befand. Auch dieses Haus war duch Bombentreffer schwer beschädigt und unbewohnbar. Daraufhin beschlossen wir, zur Villa unseres Chefs zu gehen. Diese lag im Strandbereich in der Friedrichstraße. Er hatte sie uns als Anlaufpunkt genannt, wenn einer nicht mehr wußte, wo er hin konnte. Hier war alles unversehrt. Im Laufe des Abends fanden sich noch weitere 10 Mitarbeiter ein. Die Telefonverbindung zur Werft war unterbrochen. Am nächsten Tag gingen die Männer zur Werft. Das Ausmaß der Zerstörung war derart groß, daß der Betrieb eingestellt werden mußte. Wir Frauen wurden nicht mehr benötigt und konnten nach Hause gehen. So ging ich am 14. März nach Hause zu meinen Eltern in Usedom. Als ich ins Haus trat, rief meine Mutter vor Schreck ›Wie siehst Du denn aus!‹. Ich umarmte meine Mutter, heulen konnte ich nicht, und ging zu Bett.«

Während sich die Bomber unter Kontrolle der Luftaufklärung im Anflug auf Swinemünde befinden, läuft der Zerstörer *Z 34* in Unkenntnis der Situation in den Hafen von Swinemünde ein.

Es muß heute anerkennend eingeschätzt werden, daß der Zerstörerkommandant Korvettenkapitän K. Hetz durch sein seemännisches Können und seine persönliche psychische Beherrschung das Schiff und damit das Leben der Besatzung und das der an Bord befindlichen Flüchtlinge gerettet hat.

Der damalige Seekadett Hans-Joachim Bielitz erinnert sich:

»Auf *Z 34* war ich als Ansetzer am 4. Geschütz eingesetzt. Beim Einlaufen in Swinemünde haben wir den Motorenlärm der Bomber nicht wahrgenommen. Unsere Maschinenlüfter machten einen derartigen Lärm, daß wir ein fremdes Geräusch kaum wahrnahmen. Erst als die Bomber näher waren, übertönte deren Lärm die Lüftergeräusche und wir blickten nach oben. Der Himmel war dicht und wir haben keine Maschine ausmachen können. Wir haben nur geahnt, was auf uns zukam.«

Der Zerstörer *Z 34* hatte sich zur Artillerieunterstützung vor Kolberg befunden, als er am 12. März nach Swinemünde zurückbeordert wurde, lief er um 04.00 Uhr mit etwa 1 000 Soldaten, Flüchtlingen und Verwundeten, die er in der Nacht an Bord genommen hatte, aus dem Seegebiet vor Kolberg ab. Nach bisherigen Veröffentlichungen passierte er um 11.00 Uhr die Ansteuerungstonne Swinemünde und um 11.30 Uhr die Mole einlaufend. In diesem Moment setzt die Signalstelle das Signal für Fliegeralarm und über UK wurde die Luftlage mit der Information ›Starke Bomberverbände im konzentrischen Anflug auf Swinemünde!‹ empfangen. Im Fahrwasser einlaufend, konnte der 127 m lange Zerstörer nicht sofort wenden und mußte bis zum Bauhafen weiterlaufen. Erst hier gelang es durch ein geschicktes Wendemanöver, den Zerstörer zu drehen und mit hoher Geschwindigkeit der Hafeneinfahrt zuzusteuern, den Bombern entgegen.

Fl.B 601. Durch Bombennahtreffer am 12. März 1945 im Fahrwasser der Swine versenkt.

In dieser Situation, wo alles den Hafen verläßt, steuern vier Flugbetriebsboote der SN-Fl. 81, mit je 250 Flüchtlingen aus Kolberg an Bord die Hafeneinfahrt von Swinemünde an. Mit hoher Fahrtstufe passieren sie einlaufend die Mole und geraten in den ersten Bombenwurf.

Gustav Schütt, ehemaliger Schiffsführer des Flugbetriebsbootes *Fl.B 5003* der SN-Fl. 81 befand sich im Evakuierungseinsatz von Kolberg und berichtet darüber:

»Am 12. März wurden wir wieder mit vier Booten, von Swinemünde aus, zur Evakuierung von Flüchtlingen aus Kolberg eingesetzt. Gegen 05.00 Uhr liefen wir aus und hatten Munition und Verpflegung für die in Kolberg Eingeschlossenen an Bord. Nach dem Einlaufen in den Hafen von Kolberg machten wir an der Ostseite, in Höhe des Leuchtturmes, fest. Auf dem Rückmarsch hatten wir dann je 250 Flüchtlinge an Bord und steuerten in Kiellinie mit hoher Fahrtstufe den Hafen von Swinemünde an. Mit meinem *Fl.B 5003* war ich der Letzte im Verband. Wir passierten die Mole einlaufend, als vor uns ein Zerstörer als Entgegenkommer auftauchte. Er übermittelte uns eine Fliegerwarnung. Kaum hatten wir ihn passiert, als ich voraus Wasserfontänen, hervorgerufen durch Bombendetonationen, aufsteigen sah. Unser Führerboot, *Fl.B 601*, erhielt

Die Consolidated B-24J »Liberator«, das meistgebaute viermotorige Bombenflugzeug des Zweiten Weltkrieges.
Ab Juni 1941 erfolgte der Ersteinsatz in den USA-Luftstreitkräften.

SPW/L/H:	33,52 m / 20,47 m / 5,48 m;
Geschw.:	466 km/h;
Aktionsradius:	2 900 km;
Bes.:	9 Mann;
Bew.:	10 x 12,7 mm MG

kurz vor dem Leuchturm einen Nahtreffer, wurde angehoben, umgedreht und ging unter. Wir anderen drei Boote drehten sofort um und liefen mit Höchstfahrt ab. Ohne nochmals auf Stopp zu gehen, liefen wir durch den Greifswalder Bodden bis nach Stralsund und gaben die Flüchtlinge im Hafen an Land. Danach ging es sofort zurück nach Swinemünde. Dort angekommen erfuhren wir, daß unser Schiffsführer Hermann Schmidt vom untergegangenen *Fl.B 601* zwar verwundet, aber gerettet werden konnte. Alle weiteren Personen kamen ums Leben (ca. 260 Tote).
Zwei oder drei Tage später erfolgte die Bergung des Bootes. Es wurde auf dem Eichstaden an Land gelegt und wir konnten uns die Bescherung ansehen. Viele Tote waren

Mahnmal auf dem Golm für die Opfer des amerikanischen Bombenterrors am 12. März 1945 auf Swinemünde.

noch in den Trümmern eingeklemmt und mußten geborgen werden.«
Dieser Bombenangriff hätte auch die Versenkung der U-Boote *U 822* und *U 828* zur Folge haben können. *U 828* hatte im Innenhafen des Eichstaden festgemacht und befand sich damit genau im Zielgebiet des Angriffs.
Kommandant und Besatzung hielten sich zur Einnahme des Mittagessens im Schiffsinnern auf, als der Angriff begann. Dem Kommandanten Kapitänleutnant Alfred John blieb dieser schicksalhafte Tag für immer in seinem Gedächtnis haften. Befanden sich doch seine junge Frau (22 Jahre) und seine Schwiegereltern in Swinemünde. Sie wohnten im Zentrum der Stadt, in der Färberstraße 5. Auch sein I.WO (Name z.Z. unbekannt) bangte um seine Familie, die er im Gymnasium in der Bismarckstraße, einer Flüchtlingsunterkunft, untergebracht hatte. Als *U 828* Anfang Februar von Danzig nach Swinemünde verlegte, war es ihm gestattet worden, seine Frau mit den drei Kindern an Bord zu nehmen. Sie konnten somit rechtzeitig vor dem heranrückenden Feind evakuiert werden. Aus dieser Sicht schrieb der heutige Sanitätsrat Dr. Alfred John seine Erinnerungen nieder und seine Frau ergänzte seine Angaben an Hand ihres Tagebuches:
»Um 12.00 Uhr, wir wollten gerade zu Mittag essen, hörten wir einen metallischen Ton und unser Boot kam in eine leichte Bewegung so, als wäre ein Fahrzeug recht unsanft längsseits gegangen. Meine diesbezügliche Frage brauchte nicht mehr beantwortet werden; denn es folgten fortgesetzt Detonationen. Ich gab Fliegeralarm und ließ die Fla-Waffen besetzen. Bald zeigte sich jedoch, daß es sich um einen Massenangriff eines hochfliegenden Bomberverbandes handelte. Daraufhin ließ ich den größten Teil der Besatzung in einen in der Nähe befindlichen Bunker einrücken. Selbst begab ich mich mit einigen meiner

Besatzungsangehörigen in einen unmittelbar am Boot verlaufenden Splitterschutzgraben. Von hier aus konnten wir beobachten, wie die Bomben in der Stadt oder im Hafen detonierten. Kurz nach Beginn des Angriffs krängte plötzlich das am Eichstaden liegende Wohnschiff *Cordillera* nach der Stromseite. Durch die gewaltige Zugbelastung brachen die stromaufwärts befindlichen Festmachertrossen und das Schiff erhielt zunehmend Schlagseite. Durch den einwirkenden Strom wurde das Schiff an den noch vorhandenen Trossen um 180 Grad gedreht und blieb dann gekentert am Eichstaden liegen. Nach Ende des Bombardements bildete ich zwei kleine Gruppen von meiner Besatzung und ließ sie mit Gasmasken und Spaten ausrüsten. Mein I.WO und ich hasteten mit unseren Leuten, um zu helfen, zu unseren Familien. Die Häuser in der Färberstraße waren weitgehend zerstört, doch das Haus Nr. 5 hatte wie durch ein Wunder schwer beschädigt den Angriff überstanden und damit auch die im Keller befindlichen Bewohner.«

Frau Ursula John berichtet: »Den Angriff überlebte ich in unserem 1,50 m hohen Keller, dessen Decke mit Holzstempel abgestützt und die Kellerfenster durch Sandsäcke gesichert waren. Nach den ersten Nahtreffern fielen die Holzstempel um und die Sandsäcke flogen weg. Wir überstanden einen ungeheuren Luftdruck. Staub, Schmutz und Mörtel wirbelten durch die Luft. Wir kauerten auf der Erde und feuchteten immer wieder unsere Tücher, die wir vor Mund und Nase gebunden hatten, mit Wasser an. Das Gefühl für die Zeit hatte ich verloren. Endlich Ruhe, wir krochen langsam aus dem Keller heraus. Welche Veränderungen draußen: Trümmer über Trümmer. Aus dem Kino › Capitol ‹, uns gegenüberliegend, wurden Menschen herausgetragen und auf einen Wagen geladen; Tote, Verwundete, wer mochte es so schnell unterscheiden. In unserer Wohnung sah es schlimm aus, Türen und Fenster waren herausgerissen. Ich konnte nicht mehr denken und handeln, war wie gelähmt. Langsam kam ich zu mir und dachte mit Sorge an meinen Mann, der mit dem Boot im Hafen lag. Da ein Aufschrei: › Frau John, Ihr Mann kommt! ‹ Da stand er mit einigen Soldaten, er hatte mit dem Schlimmsten gerechnet.«

Der Rostocker Bildhauer Wolfgang Eckardt vor seinem Atelier.

Alfred John berichtet weiter:

»Auch die Familie des I.WO hatte mit leichten Verletzungen den Angriff glücklich überstanden.

In der Sorge vor weiteren Angriffen habe ich alle Familienangehörigen an Bord genommen und bin mit fünf Frauen und sieben Kindern in die Kaiserfahrt abgelaufen. An dem dort bei Kaseburg liegenden Wohnschiff (*Oceana*) bin ich dann längseits gegangen. Am Morgen des 15. März habe ich abgelegt und bin nach Kiel abgelaufen.«

Von besonderer Tragik ist der Tod von etwa 570 Flüchtlingen aus Pillau. Am 6. März hatten etwa 2000 Flüchtlinge an Bord des Frachters *Andros* den Hafen von Pillau verlassen. Die *Andros* erreichte am 12. März die Reede von Swinemünde und erhielt Einlaufgenehmigung. Um 11.20 Uhr macht das Schiff im Hafen fest und die Flüchtlinge waren im Glauben, vorerst die Strapazen überstanden zu haben. Gleich beim ersten Bombenwurf wurde das Schiff durch Direkt- und Nahtreffer, an der Pier liegend, versenkt. Auch die hinter und vor der *Andros* liegenden Schiffe *Heiligenhafen, Hilde, Ravensburg* und *Tolina* wurden ein Opfer des Angriffs. Bei dem Bombenangriff wurden nach bisherigen Ermittlungen 35 Schiffe und Boote vernichtet.

Wrack	
Name	Kriegsverwendung
Andros	Transporter
Cordillera	Wohnschiff
Heiligenhafen	Transporter
Hilde	Transporter
Jasmund	Seeschlepper
Ravensburg	Transporter
Tolina	Transporter
Fl.B 601	Flugbetriebsboot
Vp 1316	Vorpostenboot

Im weiteren wurden fünf R-Boote im Dock der Maureb und 21 unfertige KFK in der Burmester Werft schwer beschädigt.

Korvettenkapitän Karl Hetz, Kommandant des Zerstörers *Z 34.*

Es war ein Terrorangriff gegen die Zivilbevölkerung. Tagelang waren die Aufräumkommandos im Einsatz, um die Toten zu bergen und abgerissene Körperteile einzusammeln. Die Seuchengefahr durch einsetzende Verwesung war groß, und so mußten Leichenhaufen mit Chlor überschüttet werden. Auf allen westlich von Swinemünde (bis Koserow) liegenden Ortschaften mit einem Friedhof wurden Massengräber ausgehoben und die Toten dort beigesetzt. Die Bestattung der größten Anzahl von Toten erfolgte auf dem Friedhof bei Kamminke auf dem Golm.

Frau Anneliese Dröse, geb. Pieper, berichtete dazu:

»Ich erlebte als Usedomerin das Kriegsende im Dorf Teistungen, gelegen im Eichsfeld/Harz, wo wir bei dem Bauer Kunkel Quartier bekommen hatten. Das Dorf wurde von den Amerikanern besetzt. Im April bekamen wir dann eine dort herausgegebene deutsche Zeitung in die Hand. In der konnten wir dann lesen wie sich die Amerikaner rühmten, auf das kleinste Fleckchen Deutschlands die größte Menge Bomben geworfen zu haben. Es wurde der Angriff auf Swinemünde geschildert, den ich bei meinen Eltern in Koserow erlebt hatte. Mit eigenen Augen sah ich die Beisetzung von Toten in einem Massengrab auf dem Friedhof von Koserow. Es war für mich als Mutter von vier Kindern unvorstellbar, wie Menschen so durch Bomben zerrissen werden konnten, und dann dieser Artikel.«

Ausgehend von den Ergebnissen einer Geländeanalyse und Ortsbegehungen ist einzuschätzen, daß auf eine Fläche von etwa 15 Quadratkilometern ein Abwurf von 1 608 t Bomben erfolgt ist. Auf diese Fläche entfallen mehr als 50% Wasser sowie etwa 10% Moore und Wiesen. Somit war der Aufenthaltsbereich der Flüchtlinge, Soldaten, Verwundeten und Bewohner der Stadt eingegrenzt, was zu einer teilweisen hohen Ballung von Menschen führte, so daß bei dem Angriff etwa 23 000 Menschen ums Leben kamen. Vorwiegend waren es Frauen und Kinder. Die Stadt Swinemünde wurde nach Einschätzung von Herrn Plucinsky (1990), Direktor des Swinemünder Museums, nur zu 20 Prozent zerstört. Die Beschädigung militärischer Objekte war unbedeutend. Was auch in den geheimen Tagesberichten der deutschen Wehrmachtführung klar zum Ausdruck kommt. Der Angriff mit seinem enormen materiellen Aufwand erbrachte somit keine militärische Entlastung für die sowjetischen Einheiten, die sich zu diesem Zeitpunkt im Kampf um die Besetzung der Insel Wollin befanden.

Entsprechend dem Potsdamer Abkommen vom August 1945 und der am 6. Juni 1950 verabschiedeten Deklaration über den Grenzverlauf zwischen der früheren DDR und der damaligen Volksrepublik Polen kam der Badeort Swinemünde zu Polen und ist das heutige Swinoujscie. Da sich kein Pole veranlaßt fühlte, der toten Deutschen zu gedenken, ließ die damalige Staatsführung der DDR eine Gedenkstätte auf dem Golm errichten. Diese sollte in Erinnerung an die Opfer des Zweiten Weltkrieges, besonders derer, die bei dem Bombenangriff am 12. März 1945 umkamen, eine Mahnstätte für die Lebenden sein.

1956 bekam der Rostocker Bildhauer Wolfgang Eckardt den Auftrag, den Entwurf für eine Gedenkstätte auf dem Golm zu erarbeiten. Er berichtet:

»Als ich 1956 den Auftrag erhielt, konnte ich auf keine konkrete Dokumentation zurückgreifen, die mir Klarheit über den geschichtlichen Zusammenhang geben konnte. Nach Aussage von Bewohnern der umliegenden Ortschaften waren hier vorwiegend Frauen und Kinder in den Massengräbern beigesetzt worden. Sie sollen alle bei dem Bombenangriff am 12. März 1945 auf Swinemünde umgekommen sein. Eine Liste von Kriegstoten gab es nicht. Lediglich über die beigesetzten Toten aus den umliegenden Ortschaften gab es eine unvollständige Liste. Herr Richard Döring, Einwohner von Kamminke, war mir bei meinen Nachforschungen sehr behilflich. Selbst recherchierte er bereits seit längerem über die Kriegstoten (Anm.: Als ehemaliger Angehöriger des sogenannten

Strafbatallions 999 gehörte er zu den Überlebenden des Wehrmachtsgefängnisses Anklam – d. Verf.), die auf dem Golm beigesetzt worden waren. Für ihn war die Nachforschung über die Kriegstoten und die Pflege der Grabanlage sowie die der späteren Gedenkstätte zur Lebensaufgabe geworden. Bei den ersten Bestandsaufnahmen stellte ich fest, daß auf den Massengräbern durch die Bevölkerung willkürlich Grabsteine gesetzt und seitens der Forst über einige Gräberfelder eine Kiefernschonung angelegt worden war. Hervorstechend war die Grabstelle einer U-Bootbesatzung, an die mich noch gut erinnere.

Ausgehend von der Kunstentwicklung in der DDR verwarf ich verschiedene Entwürfe, stellte dann aber 1966 den entscheidenden künstlerischen Entwurf der Gedenkstätte vor.

In diesem Entwurf legte ich die 12 Jahre nationalsozialistische Diktatur zugrunde und wählte deshalb für das Mahnmal einen Ring mit einem Durchmesser von 12 m. Der Innenhof war über 12 Stufen zu erreichen und der Ein- und Ausgang wurde als Schießscharte ausgeführt. Für den Innenhof sah ich eine Pflasterung vor, um die 12 langen Jahre eines unbequemen Weges darzustellen. Für die Mitte des Innenhofes wählte ich die Inschrift »DREIUNDZWANZIGTAUSEND TOTE DES ZWEITEN WELTKRIEGES MAHNEN«, und für die Inschrift an der Ostseite des Innenhofes sah ich eine Textzeile aus der Nationalhymne der DDR, ›DASS NIE EINE MUTTER MEHR IHREN SOHN BEWEINT‹, vor. Das Relief an der Westseite des Innenhofes symbolisiert den Tod und das wiedererblühende Leben in der Gemeinschaft.

Der Entwurf wurde bestätigt und wir konnten mit der Projektierung beginnen.

Nach meinen Vorgaben wurde das Projekt ›Golm‹ erarbeitet. Dazu gehörte neben dem Mahnmal auch die Gartenarchitektur, die durch den Gartenarchitekten Herr Rosemann umgesetzt wurde. Die Bearbeitung der Architektur des Betonringes und die Bildende Kunst erfolgten durch den Architekten Herrn Prof. Dr. Lasch und den Kunstwissenschaftler Herrn Dr. Hermann Meusche.

Bereits im September 1968 konnten wir mit dem Bau beginnen. Mitte Dezember 1968 konnte die Architektur und Gartengestaltung abgeschlossen werden. Im Frühjahr 1969 gingen wir an den Innenausbau heran und befestigten die Inschrift. Aus technischen Gründen wurde die Weiterführung der Arbeiten vorerst unterbrochen. Aus finanziellen Gründen sollte ich jedoch meinen Reliefent-

Z 34, Zerstörer vom Typ 36 A (Mob), gebaut auf der Werft Deschimag A.G. Weser, Bremen. Am 5. Juni 1943 durch K.Kapt. Karl Hetz in Dienst gestellt. Nach dem Krieg mit Gasmunition beladen und am 26. März 1946 im Skagerrak versenkt.

13. März 1945 – Ausladen von Soldaten und Flüchtlingen im Hafen von Swinemünde, in unmittelbarer Nähe des Fähranlegers.
Die Soldaten und Flüchtlinge waren am 11. März im Rahmen der Evakuierung von Kolberg in See übernommen worden.

wurf abändern und dafür einzelne kleine Tafeln anbringen.
Diesem Anliegen konnte ich nicht zustimmen, da Ring, Relief und Schrift eine Einheit darstellen. Daraufhin wurde 1987 der Auftrag vom Rat des Kreises Wolgast zurückgezogen.«
Betritt man heute die Gedenkstätte, so wird nach Aussage von Herrn Eckardt die künstlerische Gestaltung durch das hölzerne Eingangstor, die Rosenbeete, die Steinplastik am Treppenaufgang sowie durch die Bauausführung der Blumenablage im Innenhof verfälscht. Sie sind in Eigeninitiative von Herrn R. Döring und dem Rat der Gemeinde entstanden.

Die Kampfhandlungen der 2. Belorussischen Front im Rahmen der »Berliner Operation«

In den frühen Morgenstunden des 16. April 1945, um Punkt 03.00 Uhr (MEZ), eröffneten die 1. Belorussische und die 1. Ukrainische Front den Angriff auf die Reichshauptstadt Berlin.
Trotz verzweifelter Abwehrkämpfe wurde die Reichshauptstadt am 25. April eingeschlossen. Der Kommandant des »Verteidigungsbereiches Berlin«, General Weidling, mußte am 2. Mai 1945 kapitulieren. Im Rahmen dieser Operation hatte die 2. Belorussische Front unter Führung ihres Oberbefehlshabers, Marschall der Sowjetunion K.K. Rokossowski, entlang der Oder zwischen der Ostseeküste und der Ortschaft Zehden Aufstellung genommen. Ihr Operationsbefehl sah vor, die Oder nördlich Schwedt zu überqueren, die Stettiner Kräftegruppe der Wehrmacht zu zerschlagen und durch einen Vorstoß bis an die Linie Wittenberge–Anklam die 3. deutsche Panzerarmee nach Norden abzudrängen. Aus der Bewegung heraus sollte anschließend bis zur Ostseeküste vorgestoßen und die Inseln besetzt werden.
Der Operationsplan sah dafür 12 bis 13 Tage vor. Der Frontabschnitt hatte eine Länge von etwa 140 km.
Der Hauptstoß war auf einer Breite von 47 km zwischen Schwedt und Stettin vorgesehen. Für den Durchbruchsabschnitt waren aber nur 4 km je Armee festgelegt. Für die Forcierung der Ost- und Westoder, einschließlich der Oderniederung standen

625 Pionierholzboote,
399 Fischerboote,
820 Brückenelemente (Belastbarkeit von je 60 t) sowie
3,9 km Faschinenweg zur Verfügung.

Im weiteren war vorgesehen, zehn Brücken über die Oderarme zu bauen, wobei zu beachten war, daß die Oder zu dieser Zeit Hochwasser führte.

Stückgutfrachter *Rose* am 24. April 1945 im Hafen von Stettin selbst versenkt.

Flugzeugträger *Graf Zeppelin* (links) und Sperrbrecher I ex: *Bahia Camarones* in Stettin an der Hafenterrasse liegend.

Da der Aufmarsch der 2. Belorussischen Front am 16. April noch nicht abgeschlossen war, wurde der Angriffsbeginn auf den 20. April festgelegt.
Irreführende Ablenkungsangriffe erschwerten der deutschen Führung eine reale Einschätzung, wo der zu erwartende Stoßangriff erfolgen würde. Am 20. April 1945 begannen um 05.40 Uhr die Kampfhandlungen der 2. Belorussischen Front. Damit waren auch die letzten Tage des Zweiten Weltkrieges an der vorpommerschen und mecklenburgischen Küste angebrochen. Nach einer Artillerievorbereitung von etwa zwei Stunden und anschließender Tieffliegerangriffe gelang es Einheiten der 65. Arme, südlich der Autobahnbrücke, die Oder bei dem Vorwerk Wilhelmshöhe zu überwinden und in einem raschen Vorstoß über die Autobahn die Ortschaft Hohenzahden einzunehmen sowie Pritzow anzugreifen. Während des Kampfes um die Ortschaft setzten weitere Einheiten nördlich der Autobahnbrücke über die Oder und gingen bei Kurow in Stellung. Somit war ein Brückenkopf geschaffen und Verstärkungen konnten nachgezogen werden. Am gleichen Tag gelang es auch Einheiten der 70. Armee Brückenköpfe bei Greifenhagen, Fiddichow und Nipperwiese zu schaffen und auszubauen. Die Oder war überwunden, die deutsche Wehrmacht hatte auch an diesem Teilabschnitt der »Nibelungen-Stellung« die Abwehrschlacht verloren.
Während der nächsten Tage stieß die 49. Armee westwärts über Pasewalk nach Ludwigslust vor, die nördlich von ihr operierende 70. Armee gelangte über Prenzlau, Neubrandenburg, Güstrow bis vor Wismar. Am 2. Mai traf sie östlich der Stadt auf Einheiten der 21. anglo-kanadischen Armeegruppe. Die 65. Armee wiederum ging über Pasewalk und Friedland auf Demmin vor und weiter in drei Stoßkeilen auf Barth, Ribnitz–Damgarten und Rostock. Entlang der Warnow drang ihr 40. Gardepanzerregiment nach Warnemünde vor und erreicht in den Nachmittagsstunden des 1. Mai 1945 hier die Ostseeküste.
Bereits seit März versuchten sowjetische Einheiten der 310. Infanteriedivision, Swinemünde über die Dievenow-Enge bei Wollin zu erreichen. Sowohl die Eisenbahn- als auch die Straßenbrücke wurden am 7. März gesprengt. Die deutsche Verteidigungsstellung auf der Insel Wollin und im Brückenkopf Dievenow konnte nicht durchbrochen werden. Damit scheiterte der Versuch, Swinemünde von Osten her einzunehmen.
Erst im Rahmen der »Berliner Operation« erzwang die 2. Stoßarmee am 24. April einen Durchbruch durch die südlichen Stadtgebiete von Stettin, um die Stadt von Westen her einzuschließen und die pommerschen und vorpommerschen Inseln vom Festland abzuschneiden. Diese Gefahr erkennend, befahl General Schak (Gen.Kdo.XXXII. A.K.) um 16.45 Uhr, daß die »Festung Stettin« bei Anbruch der Dunkelheit zu räumen ist. Alle Oderbrücken waren zu diesem Zeitpunkt gesprengt.
Auf Befehl von Kapt.z.S. Kähler, dienstältester Marineoffizier und Bevollmächtigter des Kommandierenden Admirals westliche Ostsee in der Festung Stettin, werden am

25. April der Flugzeugträger *Graf Zeppelin* sowie die Frachter *Ruhr, Rose, Hanna Cords, Viadra, Karl Friedrich Geiss* und verschiedene Kleinfahrzeuge versenkt sowie wichtige Kaimauern und Verladeanlagen gesprengt.

Ohne sich lange mit Stettin aufzuhalten, drangen die Einheiten der Roten Armee weiter auf Pölitz, Torgelow und Ueckermünde vor. Über die Reichsstraße R 109 erreichten sie am 28. April den Eisenbahnabzweig nach Swinemünde. Während sich der Hauptstoß auf Anklam richtete, drang die 86. sowjetische Schützendivision entlang der Eisenbahnlinie auf den Peeneübergang bei Kamp-Karnin vor. Anklam wurde am 29. April nach einem verlustreichen Kampf erobert. Kampflos konnte Greifswald am 30. April besetzt und Stralsund am 1. Mai, nach bedeutungslosen Abwehrkämpfen, eingenommen werden. Andere Einheiten, die über die Reichsstraße R 111 nach Wolgast vordrangen, konnten diese Stadt am 30. April besetzen. Die deutschen Truppen hatten sich über die Straßenbrücke auf die Insel Usedom zurückgezogen und diese anschließend gesprengt. Der Verteidigungsbereich Swinemünde war nun von Land her eingeschlossen.

Nachdem sich sowjetische und anglo-amerikanische Einheiten entlang der Demarkationslinie getroffen hatten, befanden sich die 2. Stoßarmee und die 19. Armee mit Teilen des 134. Schützenkorps immer noch im Kampf um die Besetzung der Inseln in Pommern und Vorpommern.

Die Situation verlangte es, daß Generaloberst Jodl , Chef des Wehrmachtführungsstabes, am 30. April um 16.30 Uhr an Großadmiral Dönitz und die HGr. Weichsel den Befehl erteilte, den Verteidigungsbereich Swinemünde zur Räumung vorzubereiten. Eine dazu erarbeitete geheime Kom-

Das Bild zeigt den Korvettenkapitän Wolfgang Kähler im Jahre 1941, damals I. AO der *Gneisenau*. Nach der Außerdienststellung der *Gneisenau* übernahm er verschiedene Kommandos, bis er im März 1945 »Dienstältester Marineoffizier« in der Festung Stettin wurde. Nach der Räumung von Stettin erfolgte die Ernennung zum Festungskommandanten von Kiel.

Luftbildaufnahme der Ortschaft Wollin mit den Brückenübergängen der Dievenow. Im Vordergrund die Straßenhubbrükke und dahinter die Eisenbahndrehbrücke. Am 1. März 1945 erfolgte der Angriff sowjetischer Einheiten auf Wollin. Beide Brücken wurden gesprengt, die Dievenow jedoch überwunden und Wollin eingenommen. Durch deutsche Einheiten zurückerobert, konnte Wollin bis zum endgültigen Rückzug am 4. Mai gehalten werden.

Stettin in Friedenszeiten – Blick über die Hafenterrasse auf das Schloß und das Stadtinnere.

mandosache vom 2. Mai 1945 legte die notwendigen Maßnahmen fest. Darin hieß es u.a.:
»Für die Räumung des Verteidigungsbereiches von der Zivilbevölkerung ist die politische Leitung verantwortlich. Nachdem in den letzten Wochen immer wieder von militärischer Seite gedrängt worden ist, die Zivilbevölkerung abzutransportieren, und mehrfach zur Verfügung gestellte Schiffe nicht voll ausgenutzt hatten abfahren müssen, wird angenommen, daß keine nennenswerten Zahlen von Zivilbevölkerung mehr abtransportiert werden wollen. Es ist vorgesehen, solange wie irgend möglich den Hafen Swinemünde (Kapt.z.S. Maßberg) als Haupteinschiffungshafen zu benutzen. Erst wenn durch Feindeinwirkung dieses nicht mehr möglich ist, werden die Einschiffungsplätze Ost (Kapt.z.S. Riewe, westl. Misdroy) und West (K.Kapt. Korpjuhn, Ahlbeck/Heringsdorf) benutzt. Diese Einschiffungsplätze sind bis zur Inbenutzbarnahme weitgehend zu tarnen, erst wenn unumgänglich notwendig, sind Pontons, Seeschlangen u. dergl. auf das Wasser zu bringen. Bis dahin ist alles in den Dünen größtmöglich zu tarnen« (Aus »Pommern 1945« von H. Lindenblatt, S. 362).

Das Absetzen vom Feind begann auf der Insel Usedom und Wollin planmäßig am 2. Mai. Keinen Widerstand antreffend, überwanden in der Nacht vom 2. zum 3. Mai die ersten sowjetischen Einheiten die Peene bei der gesprengten Eisenbahnhubbrücke Karnin und besetzten am 3. Mai die Stadt Usedom.

Am selben Tag feuerte der in der Swine auf Grund liegende Schwere Kreuzer *Lützow* seine letzten 28 cm Granaten auf die sowjetischen Stellungen am Ostufer von Wollin und wurde danach gesprengt. Ein Regiment nach dem anderen wurde aus dem Verteidigungsbereich herausgelöst und über See evakuiert. Nach zweitägigem Abwehrkampf erfolgt die Räumung der Stadt Wollin am 4. Mai. Nachdrängende sowjetische Einheiten überwanden die Dievenow und besetzten in der Zeit von 15.00 bis 16.00 Uhr die Stadt.

Am gleichen Tag wurde die Peene bei Wolgast überwunden, zu einem Zeitpunkt, wo die deutschen Stellungen auf die Landenge östlich der Ortschaft Zempin zurückgenommen wurden. Ein hier flächendeckend angelegter Minengürtel im Straßen- und Eisenbahngleisbereich sollte den Gegner im Vordringen auf Swinemünde aufhalten. Des weiteren wurden in die Reichsstraßen R 110 und R 111 sowie die Eisenbahnlinie Ducherow–Swinemünde Seeminen und Sprengsätze eingebracht.

Die auf den Inseln Wollin, Usedom, Ruden, Greifswalder Oie, Rügen und Hiddensee stationierten bzw. sich dahin zurückziehenden deutschen Einheiten konnten durch die Kriegsmarine bis zum 5. Mai vollständig nach Westen evakuiert werden. Die Seeherrschaft in der Ostsee lag nach wie vor bei der deutschen Kriegsmarine. Auch der verstärkte Einsatz sowjetischer Fliegerkräfte auf die im Hafen von Swinemünde und im Reedegebiet liegenden Schiffe konnte die Evakuierung nicht aufhalten. Die Angriffsoperation der 2. Belorussischen Front fand am 5. Mai 1945 mit der vollständigen Besetzung von Wollin, Usedom, Rügen und Hiddensee vorerst ihren Abschluß.

Über die Kämpfe und Evakuierung des Verteidigungsbereiches Swinemünde ist in der Tagesmeldung der Seekriegsleitung vom 8. Mai 1945 (bezogen auf den Vortag) nachstehendes vermerkt:

»Westl. Ostsee: Zusammenfassung Räumung Swinemünde:
Räumung Swinemünde 4. Mai abends beendet. Gesamte Truppe planmäßig in Hafen und an Küste verschifft. Alle fahrbereiten Schiffe und Boote ausgelaufen. Sprengungen und Lähmungen befehlsmäßig durchgeführt. Absetzbewegung aus Dievenow- und Peene-Stellung unter starker Unterstützung durch 2 AF, 2 Zerstörer und Marinebatterie planmäßig. Marinebatterien an Peene-Front durch besondere Standhaftigkeit und bei Gegenangriffen wiederholt ausgezeichnet. 4. Mai laufend schwere Luftangriffe auf Swinemünde Hafen, Reede und Batterien. Im Hafen versenkt: *3NPP*, *Hummel*, auf Reede *Orion* durch 3BT (3 Bombentreffer), *T 36* durch Bomben, *SCHLESIEN* nach Minentreffer auf Reede gesprengt.
Insgesamt etwa 35 000 Soldaten auf Transportern und Kriegsschiffen abtransportiert.«
In Nacht zum 5. Mai 1945 zogen sich die letzten deutschen Einheiten mit MFP der 11. L-Fl unter dem Schutz von zwei Artillerieträgern der 8. A-Fl. aus dem Verteidigungsbereich Swinemünde zurück.
Im Operationsgebiet der Sowjetarmee verblieb an ihrer seeseitigen Flanke die nach wie vor von deutschen Einheiten besetzte dänische Insel Bornholm.

Die kampflose Einnahme der Hansestadt Stralsund

Die Garnisons- und Hansestadt Stralsund war zur Festung erklärt und unter Heranziehung der Zivilbevölkerung durch das Anlegen von Panzerhindernissen, Feldstellungen und Straßensperren auf einen Abwehrkampf vorbereitet worden. Schwere Waffen standen für die Verteidigung nicht zur Verfügung. Der Einsatz der Zivilbevölkerung erfolgte auf Weisung des Gauleiters von Pommern und Reichsverteidigungskommissars, Franz Schwede-Coburg, der sich zu dieser Zeit in Stralsund befand.
Wehrmachtskommandant von Stralsund und Kommandant des Küstenabschnittes von Stralsund bis zur mecklenburgischen Grenze war Kapt.z.S. Herbert Zollenkopf.
Im April 1945 waren in Stralsund stationiert:
Kriegsmarine:
- 1. Schiffstammregiment.
  Dieses war dem Inspekteur des Bildungswesens der Marine unterstellt und es gehörten zu ihm in Stralsund:
  * 1. S.St.A. auf der Insel Dänholm
  * 3. S.St.A. »Schwedenschanze«
  * Segelschulschiff *Gorch Fock*
- 5. Hafenkompanie
- Marinelazarett
- Marineausrüstungsstelle
- Marinebauamt
- Stab der Inspektion des Bildungswesens der Marine
- Gericht des 2. Adm.d. Ostsee (Zweigstelle)
- 1. Annahmestelle für Offz.-Bewerber

Luftwaffe / Fliegerhorst Parow :
- Such- und Schutzstaffel der SNGr. 81/Ostsee
- 3. Staffel der SAGr. 126
- Stab der SAGr. 126

Stadtteil Andershof:
- 1. Luftwaffenflakabteilung

Heer:
- Wehrbezirkskommando

Waffen-SS:
- Ein Ausbildungsbataillon des SS-Regimentes »Das Reich«
- HJ-Bataillon

Hafenkapitän für den Hafen Stralsund war Kptlt. Hans-Heinrich Beerbohm, ehemals Kompaniechef der 5. Hafenkompanie.
Anfang April 1945 wurde von der HGr. Weichsel ein »Ortsstützpunkt« in der Stadt eingerichtet, Stützpunktkommandant war Generalmajor Breusing. Der Gefechtsstand befand sich im Stadttheater vor dem Knieper Tor. In der Zeit vom 18. bis 30. April vertrat ihn, aus gesundheitlichen Gründen, Generalmajor Hauschulz.
Am 25. April traf in Stralsund, direkt aus dem Führerhauptquartier, ein Befehl von Admiral Voß ein, wonach aus den Resten der drei Schiffstammabteilungen ein Ersatzbataillon für den Schutz der Reichskanzlei in einer Stärke von 600 Mann aufzustellen und in Marsch zu setzen war. Feldmarschmäßig ausgerüstet erfolgte noch am 25. April der Abtransport zu den Flugplätzen Pütnitz und Tutow. Mit Flugzeugen vom Typ Ju 352 wurde versucht, sie in den Verteidigungsbereich Berlin, zum Flugplatz Gatow, einzufliegen.
Zur Situation in Stralsund Ende April 1945 schreibt der damalige Ordonnanzoffizier beim Bataillonsstab, Oblt.z.S. Hermann Wolf, in einem Brief vom 8. September 1946:

»Am 29. April um 16.00 Uhr fand auf Veranlassung des Gauleiters Schwede-Coburg eine für die Stadt entscheidende Dienstbesprechung im Rathaus statt.
Man war sich darüber im klaren, daß die Befestigungsanlagen um und in Stralsund völlig unzureichend sind und den sowjetischen Vormarsch nicht aufhalten können. Im weiteren war die Stadt von Tausenden von Flüchtlingen bevölkert und die Lazarette übervoll. Aufgrund dieser Tatsache erklärt der Gauleiter seine Bereitschaft zur Räumung der Stadt. Der spätere Antrag von Kapt.z.S. Zollenkopf, Stralsund zur ›offenen Stadt‹ zu erklären, blieb unberücksichtigt.«
Im Bericht des Wehrmachtskommandanten, Kapt.z.S. Zollenkopf, anläßlich einer Lagebesprechung in der Nacht vom 29. zum 30. April 1945 mit Offizieren der Kriegsmarine im Objekt der 1. S.St.A. auf der Insel Dänholm liest man:
»Nach dem Lagebericht des Armeeoberkommandos 3 ist der Feind im zügigen Vormarsch auf Greifswald. Die Flüchtlingsströme über See und auf den östlichen Ausfallstraßen Stralsunds nehmen zu. Die Zahl der in die Stadt eingeströmten Flüchtlinge geht in die Zehntausende. Der Stralsunder Hafen ist durch zahlreiche, meist kleinere Dampfer, Fischereifahrzeuge und Schuten völlig verstopft, die sich im Schutz der Stadt sicher zu wiegen glauben oder aber nach kurzem Aufenthalt, besetzt mit Flüchtlingen und Soldaten, den Hafen in westlicher Richtung verlassen. Überall herrschen chaotische Zustände.

Weisungen der Ordnungsorgane werden nur teilweise befolgt. Die Rügendammbrücke ist auf Weisung der Gauleitung für den Flüchtlingsverkehr gesperrt, was ihren Abzug aus der Stadt wesentlich erschwert. Kleinere Soldatentrupps werden durch Ordnungsorgane der Wehrmacht aufgefangen und zu Alarmeinheiten zusammengestellt. Sie bilden jedoch keine nennenswerte Erhöhung der Verteidigungskraft der örtlichen Alarmeinheiten. Diese – im wesentlichen das 1. S.St.R. – haben ihre vorgesehenen Bereitschaftsräume eingenommen. Die Panzersperren an den Ausfallstraßen der Stadt sind geschlossen. Der Stützpunktkommandant von Stralsund (Generalmajor Hauschulz) hat im Stadttheater seinen Gefechtsstand eingerichtet.«

Ansicht des Seehafens Stralsund und des Rügendamms mit der Ziegelgrabenbrücke, der einzigen zeitweiligen festen Landverbindung mit der Insel Rügen. Im Vordergrund die Insel Dänholm im Mai 1993.

Das Wrack des Vermessungsschiffes *Triton* im Hafen Stralsund. Versenkt am 6. Oktober 1944 bei dem schwersten amerikanischen Fliegerangriff auf Stralsund.

Der Einsatzbefehl für die Verteidigung der Insel Dänholm und der Ziegelgrabenbrücke wurde gegeben. In diesem Zusammenhang ist zu vermuten, daß auch die Versenkung des im Fahrwasser des Sundes vor Anker liegenden Segelschulschiffes *Gorch Fock* befohlen wurde.
Da der Räumungsbefehl noch nicht gegeben war, bezogen in den frühen Morgenstunden des 30. April 1945 die Einsatzverbände die ihnen zugewiesenen Verteidigungsstellungen.
An diesem Tag wurde auch das bedeutendste Industrieunternehmen der Hansestadt, die Krögerwerft, evakuiert. Bereits am 18. April war der Verlegungsbefehl für die Werft erteilt worden. Die wichtigsten Maschinen und Werkzeuge waren demontiert und auf zwei Fracht-Motorsegler sowie zwei unfertige Schnellboote verladen worden. Zu den Frachtseglern gehörte der Motorschoner *Genius* des Rügener Reeders Ernst Striesow.
Frau Hildegard Schacht, seit dem 2. Februar 1945 in der Rechnungsabteilung der Firma angestellt, berichtet:
»Meine Freundin Anneliese Vierk aus Altefähr und ich wurden von der Familie Hans und Inge Kröger dahingehend angesprochen, ob wir nicht mit nach Westen kommen möchten. Mich brauchten sie vor allem wegen meiner englischen Sprachkenntnisse. In den Vormittagsstun-

den des 30. April erfolgte dann die Verladung der Privatgegenstände auf die Krögersche Privatjacht *Jan Maat*. Nachdem alle an Bord waren, legten die Schiffe ab und wir liefen bei schönstem Wetter durch die geöffnete Ziegelgrabenbrücke nach Norden. Abends erreichten wir die Reede vor Warnemünde und trafen hier mit seinem Bruder Karl Kröger zusammen. Entsprechend ihrer Absprache hatte sein Bruder die in Warnemünde beheimatete Bootswerft zur Evakuierung vorbereitet. Als wir auf der Reede vor Warnemünde eintrafen, lief er mit einem Transportschiff aus und schloß sich unserem Verband an.

Ansicht vom Ufer des Seefliegerhorstes Parow aus. An den Festmachertonnen liegen Flugboote vom Typ Do 18L.

Wir hatten kaum die Reede verlassen, als wir von Flugzeugen angegriffen und beschossen wurden. Der Verband lief auseinander und die drei Transportschiffe verloren wir, wegen der eintretenden Dunkelheit, aus den Augen. Spätere Nachforschungen ergaben, das sie in dänische Häfen eingelaufen waren. Die Dänen hatten sofort die Maschinen und Werkzeuge als Reparationsgut beschlagnahmt. Mit den zwei verbliebenen Schnellbooten steuerten wir die Insel Fehmarn an und liefen am 1. Mai in den Hafen von Burgstaaken ein. Hier erlebten wir dann die Kapitulation.«

Das im Fahrwasser des Strelasunds vor Anker liegende Segelschulschiff *Gorch Fock* wurde in den Vormittagsstunden des 30. April zur Sprengung vorbereitet, der Befehl zur Sprengung jedoch noch nicht gegeben.

Der damalige Oberwachtmeister Erich Lafrenz, vom Kommando Segelschulschiff *Gorch Fock*, berichtet:

»Als ich am 27. Februar 1945 von Kiel zum Kdo. *SSS Gorch Fock* zurückkommandiert worden war, lag die *Gorch Fock* im Hafen Stralsund an der Ballastkiste. Wie ich erfuhr, hatte man die Bark am 1. Oktober 1944 zwecks Winterlage nach Stralsund verholt. Das Schiff wurde von einem Dampfprahm geheizt. Später erfolgte die Beheizung durch eine Lokomotive. Kurz nach meinem Eintreffen verholte man das Schiff am 9. März 1945 und legte es nordwestlich der Halbinsel Drigge vor Anker.

Der Kommandant, Kptlt. Wilhelm Kahle, stellte befehlsgemäß am 27. April das Schiff außer Dienst.

Das Schiff wurde teilweise abgetakelt und die Ausrüstung im Bootsschuppen der 1. S.St.A. auf der Insel Dänholm eingelagert. Für mich selbst gab es viel Arbeit, da sämtliche Führungsbücher bis zu diesem Zeitpunkt abgeschlossen werden mußten. Mit dem Tag der Außerdienststellung verließen die meisten Kameraden das Schiff und wurden zur Hafenkompanie Stralsund kommandiert. Eine kleine Wache unter Führung von Oberbootsmann Karl Köhnke blieb an Bord zurück.«

Karl Köhnke berichtet:

»Nachdem das Schiff außer Dienst gestellt worden war, verblieb ich mit sieben Mann als Schiffswache zurück. Unerwartet für uns erhielten wir in den Vormittagstunden des 30. Mai Handfeuerwaffen und Munition. Unsere Aufgabe lautete: ›Ein Übersetzen feindlicher Truppen nach Rügen zu verhindern!‹

Der Vormittag ging vorüber und wir waren gerade mit dem Mittagessen fertig, als gegen 13.00 Uhr eine Motorschute längsseits kam und Effekten übernehmen sollte. Ich begab mich unter Deck ins Vorschiff, um die notwendigen Maßnahmen vorzubereiten. Plötzlich knallte es und ich wurde durch umherfliegende Splitter verletzt. Als ich wieder an Oberdeck war, sah ich dann die Bescherung. Der Beschuß dauerte etwa 45 Minuten, wobei der Gegner vier Treffer erzielte.

Drei Granaten beschädigten die Takelage und den

Die Segelschiffe *Horst Wessel* und *Gorch Fock* (rechts) auf Ausbildungsfahrt in der Ostsee, Sommer 1937.

Rumpf, wärend die längsseits liegende Schute einen Treffer abbekommen hatte. Die Granate hatte beide Bordwände durchschlagen und war zum Glück erst danach explodiert. Wie wir beobachten konnten, wurden wir von Panzern, die auf dem Hochufer bei Andershof standen, beschossen. An Bord der Schute verband man mich notdürftig. Kurz darauf legte die Schute, ohne mein Bordkommando, ab. Ohne den Dänholm noch einmal anzusteuern, liefen wir durch das Gellenfahrwasser zu einem Ankerplatz an der Westseite der Insel Hiddensee, wo wir in Höhe Kloster vor Anker gingen.«

Wie wir heute wissen, erreichte am 30. April eine motorisierte sowjetische Vorausabteilung, auf der Reichsstraße R 96 von Greifswald kommend, die Abzweigung nach Devin. Dort befand sich im Bereich der Höhe 27,3 eine vorgeschobene deutsche Verteidigungsstellung. In einem kurzen Gefecht wurde diese niedergekämpft. Der Überlieferung nach sind dabei 48 deutsche Soldaten (Flakhelfer) gefallen.

Von dieser Anhöhe aus muß die in 2 km Entfernung bei der Halbinsel Drigge vor Anker liegende *Gorch Fock* gut zu sehen gewesen sein und war für die Panzer ein lohnendes, leicht zu erreichendes Ziel.

Unter der sich von Stunde zu Stunde verschlechternden Lage erging der Befehl zur Sprengung des Schiffes. In der Nacht vom 30. April zum 1. Mai erfolgte gegen 00.55 Uhr auf der Position 54° 17,28′ N und 13° 08,22′ O die Versenkung des Schiffes.

Das Wrack des Segelschulschiffes *Gorch Fock* im Fahrwasser des Strelasundes liegend (vermutlich Sommer 1946).

Angesichts der aussichtslosen Lage gegenüber dem unaufhaltsam gegen Greifswald vorrückenden Gegner entschloß sich Oberst Rudolf Petershagen, Kampfkommandant von Greifswald, die Stadt kampflos zu übergeben. Mit seinem Stab und führenden Vertretern der Universität wurden alle erforderlichen Vorbereitungen getroffen. Da er als Kampfkommandant vor Ort bleiben mußte, übernahm sein Stellvertreter, Oberst der Luftwaffe Max Otto Wurmbach, die Leitung der Parlamentärdelegation. Am Vormittag des 30. April 1945, gegen 11.00 Uhr, wurde die Stadt kampflos an Generalmajor Ljaschtschenko, Kommandeur der 90. Ropschaer Schützendivision, übergeben. Das war gleichzeitig der erste Fall, daß eine zur Festung erklärte deutsche Stadt kampflos an den Gegner ging.

Diese Entscheidung rettete die Stadt vor der Vernichtung und bewahrte Tausenden von Menschen auf beiden Seiten das Leben.

Vor den Einheiten der 2. Stoßarmee lag jetzt die ebenfalls zur Festung erklärte Hansestadt Stralsund. Ohne Zeit zu verlieren, setzte eine motorisierte sowjetische Einheit aus der Bewegung heraus ihren Kampfweg auf Stralsund fort. Bereits gegen 12.00 Uhr des 30. April erreichte sie Reinberg und passierte um 12.15 Uhr die Ortschaft Brandshagen.

In Abstimmung mit der sowjetischen Führung rief Oberst Petershagen kurz nach 11.00 Uhr Generalmajor Hauschulz in Stralsund an. Er teilte ihm mit, daß er Greifswald kampflos übergeben habe und forderte ihn auf, das gleiche zu tun. Eine Zusage erhielt er jedoch nicht.

Auf der abendlichen Lagebesprechung beim Stützpunktkommandanten, sein Gefechtsstand war in der Zwischenzeit in den Hafen verlegt worden und im Silo von Koch & Poggendorf untergebracht, stimmten die Generäle Breusing und Hauschulz dem Vorschlag von Kapt.z.S. Zollenkopf betreffs der sofortigen Räumung der Stadt zu.

Noch am 30. April erfolgt der Vormarsch sowjetischer Verbände entlang der R 96 auf Stralsund. Bei Brandshagen, 8 km vor Stralsund, und unmittelbar vor der Stadtgrenze von Stralsund kam es zu bedeutungslosen Gefechten. Hier verharrten die sowjetischen Einheiten, die Stadt beobachtend, bis zum Morgen des 1. Mai.

Die Krögerwerft in Stralsund mit Blick auf die Ziegelgrabenbrücke und die Insel Dänholm. Im Vordergrund liegen zwei Flugbetriebsboote (Fl.B).

Chefarzt des Marinelazarettes Stralsund, Admiralarzt Dr. med. Hugo Caanitz, anläßlich einer Sportveranstaltung im Park des Marinelazarettes (1. Reihe, mit Brille) im Sommer 1944.

Der Stab von General Breusing begab sich am 1. Mai gegen 03.00 Uhr von Stralsund in Richtung Rügen und nahm Quartier in der Ortschaft Frankenthal, während sich der Gauleiter von Pommern, Schwede-Coburg, bereits in der Ortschaft Plüggenthin eingerichtet hatte.

Marine- und Wehrmachtseinheiten verließen ebenfalls Stralsund. Der Fliegerhorst Parow wurde geräumt und die dort aus Treibstoff- und Personalmangel verbliebenen Flugzeuge teilweise zerstört oder einfach stehengelassen.

In diesen letzten Apriltagen wurde der Kommandeur der SNGr.81/Ostsee, Fliegerhauptmann Karl Born, von einem Arzt telefonisch gefragt, ob eine Evakuierung des Marinelazarettes Stralsund durch die Seenotgruppe möglich sei. Seinen damaligen Standpunkt gibt K. Born wie folgt wieder:

»Entsprechend dem mir zur Verfügung stehenden Transportraum und in Absprache mit den Kommandanten des Segelschulschiffes *Horst Wessel*, das Schiff lag zu diesem Zeitpunkt im Greifswalder Bodden vor Lauterbach, konnte eine Evakuierung des Lazarettes in Erwägung gezogen werden und war aus meiner Sicht möglich. Daraufhin begab ich mich zum Marinelazarett nach Stralsund und unterbreitete dem Chefarzt Admiralarzt Dr. Caanitz meinen Evakuierungsplan. Admiralarzt Dr. Caanitz lehnte eine Evakuierung strikt ab. Unverrichteter Dinge flog ich von Parow aus zurück zum Seefliegerhorst Bug.

Am 30. April erfuhren wir vom Tod Adolf Hitlers. Daraufhin führte ich mein letztes Telefongespräch mit meinem Vorgesetzten, dem Seenotführer Mitte. Ich unterbreitete ihm meinen Evakuierungsplan für die Verlegung meiner Seenotgruppe nach Westen und bat um seine Genehmigung. Oberstleutnant Hess gab mir die Erlaubnis, nach eigenem Ermessen zu handeln. Als ich die Meldung über eine Kampfhandlung zwischen einer Gruppe Hitlerjungen und sowjetischen Panzerspitzen bei Andershof erhielt, unternahmen wir doch noch den Versuch, wenigstens einen Teil der Insassen des Marinelazarettes zu evakuieren. Bootsführer meldeten sich freiwillig und so gestattete ich es Oblt. Reißenstein, mit einem Fl.B-Boot nach Stralsund abzulaufen. Mit ca. 119 Verwundeten an Bord kehrten sie nach Bug zurück.«

Auf der Grundlage seiner Tagebuchaufzeichnungen gibt Dr. med. Friedjung Glatzer, ehemaliger Marineassistenzarzt, dazu nachstehenden Erinnerungsbericht:

»Seit dem 1. Oktober 1944 war ich, nach Abschluß des Studiums an der »Marineärztlichen Akademie Kiel«, als Assistenzarzt im Marinelazarett Stralsund tätig. Hier lernte ich auch meine spätere Frau Käthe Dau kennen. Sie war als Schwester in der Augenabteilung von Dr. Stamms tätig und kann meine Angaben bestätigen. Chefarzt war Admiralarzt Dr. Hugo Caanitz, ein Augenarzt. Das Lazarett, ehemals zur Aufnahme von 250 Patienten gebaut, war um das drei- bis vierfache mit Verwundeten überbelegt. Viele der Verwundeten waren über Saßnitz oder mit Schiffen und Booten, die den Hafen Stralsund direkt ansteuerten, von der Ostfront gekommen. Erst am 29. und am 30. April 1945 kam es zur teilweisen Evakuierung von

Luftbildaufnahme vom Marinelazarett Stralsund unmittelbar nach der Fertigstellung.

einigen hundert Verwundeten. Diese wurden auf das im Stralsunder Hafen liegende Lazarettschiff *Rügen* (2170 BRT) und das Schiff *Nagier* (842 BRT) gebracht. In den Vormittagsstunden des 30. April war Dr. Caanitz zu einer Besprechung beim Festungskommandanten General Hauschulz geladen. Wie wir anschließend erfuhren, ging es um die Verteidigung von Stralsund. Aufgrund der vielen Verwundeten in der Stadt habe sich Dr. Caanitz dagegen ausgesprochen. Voll belegt war ja nicht nur das Marinelazarett, sondern auch einige Kasernengebäude des 1. S.St.R., das Stadtkrankenhaus, die Lambert-Steinwich-Schule (sie war offiziell als Reservelazarett eingerichtet), die Infektionsbaracken und weitere Einrichtungen in der Stadt.

Aufgrund der zu erwartenden Kampfhandlungen mußten wir alle Patienten, wie bei einem Fliegerangriff, in den Keller des Lazarettes bringen. In der Nacht vom 30. April zum 1. Mai hatte ich Dienst. Von einer überstürzten Evakuierung in den Morgenstunden des 1. Mai habe ich keine Kenntnis erhalten. Als ich mich in der Zeit zwischen 07.00 und 08.00 Uhr rasierte, konnte ich von meinem Fenster aus beobachten, wie der Adjudant von Dr. Caanitz einen russischen Reiter empfing. Der Stations- und OP-Dienst ging unter erschwerten Bedingungen weiter. Vorübergehend war die Stromversorgung ausgefallen. Unser Chef erhielt die Aufforderung, sich bei dem russischen General Fedjuninski, der sich noch in Greifswald befand, zu melden. Es wurde ihm freies Geleit zugesichert. Wir haben ihn nicht wiedergesehen. Bis auf Dr. Caanitz kam kein Angehöriger des Marinelazaretts in russische Kriegsgefangenschaft. Wie ich später erfuhr, wurde er erst 1955, nach dem Besuch von Bundeskanzler Adenauer in Moskau, aus der Kriegsgefangenschaft entlassen. Seine Frau war hier in Stralsund in der Städtischen Lungenfürsorge als Lungenärztin tätig. 1952 oder 1953 verzog sie nach Ostberlin. Wie uns bekannt wurde, soll sie nach einem schweren Augenleiden nach Westberlin umgezogen sein.

Unseren Chefarzt Dr. Hugo Caanitz habe ich als einen außerordentlichen gütigen und väterlichen Menschen in Erinnerung. Er war außerordentlich belesen und bei dem Personal beliebt. Leider haben wir nie wieder etwas von ihm gehört.«

Die bisherige Auffassung, daß Oblt. Reißenstein die Verwundeten vom Marinelazarett geholt hat, konnte nicht bestätigt werden. Oblt. Reißenstein hat vermutlich den Hafen der 3. S.St.A./Schwedenschanze angesteuert und dort Verwundete übernommen.

Zudem kann der Uferbereich in Höhe des Marinelazarettes von FL.B-Booten mit einem Tiefgang von 1,50 m nicht angesteuert werden.
Um ein Nachsetzen der sowjetischen Einheiten nach Rügen zu verhindern sowie Zeit für die Evakuierungen von der Insel zu gewinnen, wurde die Ziegelgrabenbrücke, die Verbindung zwischen dem Festland und der Insel Dänholm, um 05.30 Uhr gesprengt. Oberwachtmeister E. Lafrenz erlebte die Sprengung und berichtet:
»Um 02.45 Uhr verließ ich das Lagezimmer im Kasernengebäude 5 auf dem Dänholm und begab mich zum Marinehafen. Hier traf ich fünf oder sechs Kameraden, die einen Kutter zum Ablegen klar machten. Ich begab mich an Bord und wir steuerten die Ziegelgrabenbrücke an. Kaum hatten wir diese passiert, wir waren vielleicht 50 m entfernt, detonierten die Sprengladungen. Zu unserem Glück wurde keiner von uns verletzt. In Altefähr trafen wir mit weiteren Booten unserer Hafenkompanie zusammen. In den Vormittagstunden verließen wir Altefähr und steuerten die Insel Hiddensee an. Im Hafen Vitte machten wir fest und blieben bis zum 4. Mai dort.«
In den frühen Morgenstunden des 1. Mai 1945 begann der Einmarsch der 90. Ropschaer Schützendivision in Stralsund. Zur Einschüchterung möglicher Verteidiger und der Bevölkerung eröffneten Panzer und Infanteristen das Feuer. Es kam aber zu keinem Schußwechsel mehr, und die Bevölkerung hatte weiße Fahnen aus den Fenstern gehangen.

Im Hafen von Stralsund.
Karl Köhnke, ehemaliger Oberbootsmann des SSS *Gorch Fock*, anläßlich seines Stralsundbesuches am 7. Januar 1994.

Die anschließenden Kapitulationsverhandlungen mit den Vertretern der Stadt wurden jedoch von sowjetischer Seite hinausgezögert und erschwert. Sie verknüpften die Kapitulation der Stadt mit der irrealen Forderung einer gleichzeitigen Kapitulation der Inseln Dänholm, Rügen, Usedom und Wollin.

Das Kriegsende in Rostock und Warnemünde

In den letzten Apriltagen 1945 kündigte sich das nahe Kriegsende auch für den Rostocker Hafen, die Stadt und Warnemünde an.
Mit der sich immer schneller nach Westen verlagernden Front nutzten zunehmend Schiffe und Transporter die Warnowmündung als Rückzugsetappe. An den Kais wurde wichtiges Evakuierungsgut verladen, Truppenteile und Flüchtlinge warteten auf eine Chance zur Einschiffung, um weiter nach Westen zu gelangen.
Bis zum 30. April 1945 hatten somit fast alle fahrtüchtigen Schiffe Rostock und Warnemünde verlassen und waren in Richtung Schleswig-Holstein, Norwegen oder Dänemark abgelaufen.
Nach einem Auszug aus der Rostocker Lotsenkladde von April 1945 passierten auslaufend nachstehend aufgeführte Fahrzeuge die Mole von Warnemünde:

»Montag, den 30.04.1945:

Motorschiff	*Modak*
Schleppdampfer	*Gustav* mit Dampfer *E. Fuhler*
Dampfer	*Neidenfels*
	Kapt. Steuer nach Kopenhagen
Schleppdampfer	*Riesenburg*
Schleppdampfer	*Möwe*
Dampfer	*Gertrud*
Dampfer	*Main*
Dampfer	*L.M. Russ*

Dienstag, den 01.05.1945:

Motorschiff	*Grete*
Motorschiff	*Lambert* mit Neubau
Dampfer	*Stolpe*
Schleppdampfer	*Stralsund* mit Raddampfer
Dampfer	*Duala*
Dampfer	*Friedrich*
Dampfer	*Ida Blumenthal*
Motorschiff	*Gesine*
Dampfer	*Stettin*
Motorprahm	(?)
Motorprahm	(?)

Eine der zerstörten Werkhallen der Neptunwerft.
1933 wurde die Werft zum Rüstungsbetrieb. Auf ihr wurden 3 S-Boot Begleitschiffe, 1 Torpedoschulschiff, 28 M-Boote und 22 U-Boote vom Typ VII C gebaut.

Infolge des Kriegsgeschehens wurde der Dienst auf der Lotsenstation am 1. Mai 1945, nachmittags 15.30 Uhr, bis zum 13. Mai 1945 eingestellt und am 14. Mai 1945 wieder aufgenommen.
Aus Richtung Tessin kommend, rückte das 40. sowjetische Gardepanzerregiment (G.Pz.R.) auf Rostock vor. Kurz vor Erreichen der Mühlendammbrücke wurde diese in letzter Minute gesprengt. Das 1. Gardepanzerkorps unter Gardekapitän Dimitrevskiy nahm daraufhin den Weg über die Petribrücke und drang so direkt ins Rostocker Hafengebiet vor.
Weitere Sprengungen mit Hilfe von DO-Werfergeschossen waren von deutschen Truppen an sechs weiteren Stadtausgängen vorbereitet, doch nicht mehr ausgeführt

Signalstelle der Kriegsmarine auf der Düne in Warnemünde. Im Hintergrund ist deutlich ein auf dem Dach des Hotels befindlicher 2 cm Flakstand zu erkennen.

worden. Wie sich später herausstellte, war u.a. die Sprengstelle in Schutow Richtung Bad Doberan erbrochen und die Sprengladungen entfernt.
Die Landstraße von Warnemünde nach Diedrichshagen war mit einer solchen Schleudermine gesichert. Den Sprengverantwortlichen stellte der Sicherheits- und Hilfsdienst. Panzersperren und ein tiefer Panzergraben um die Stadt, unter Einbeziehung von Wasserläufen wie dem Laak-Kanal, sollten dem Volkssturm, Polizeitruppen mit SS-Teilen und der Hitlerjugend bei einer Verteidigung Rückhalt bieten. Heer, Marine und Luftwaffe hatten sich abgesetzt. Ohne auf nennenswerten Widerstand zu stoßen, besetzten die sowjetischen Einheiten Rostock.
Am Kai des Haedge-Hafens fanden die Vorkommandos den Dampfer *Boltenhof* (Reederei A. Bolten, Wm. Millers Nachf., Hamburg) vor, der zuletzt als Wohnschiff für die im Hafen eingesetzten sowjetischen Kriegsgefangenen diente. An Dalben in der Flußmitte festgemacht lagen die vormaligen dänischen Minenleger *Kvintus, Sixtus* und die *Lossen* im verwahrlosten Zustand. Gleichfalls im Stadthafen verblieb der Rostocker Dampfer *Harald Schröder* (Reederei Richard Schröder) und daneben eine Reihe kleinerer Fahrzeuge, wie Barkassen, Schuten und Schleppdampfer der Ludewig'schen Werft. Im Bereich der Schiffswerft AG »Neptun« erbeuteten die sowjetischen Truppen das im Ausbau befindliche Schnellbootbegleitschiff *Windhuk* (Bau-Nr.: 485C ex türkisch *Salon*) und Rümpfe von Minensuchbooten in verschiedenen Baustadien.
Weisungsgemäß hatte sich die Werftleitung mit wesentlichen Unterlagen in westliche Richtung zurückgezogen.
Durch die Stadt und über die Chaussee in Richtung Warnemünde passierten die ersten Einheiten der Roten Armee das Gelände der Heinkel-Flugzeugwerke in Marienehe. Ein deutscher Luftangriff auf das Werk gegen 15.00 Uhr sollte sehr wahrscheinlich dortige Anlagen und Flugzeuge (Strahljäger He 162) nachträglich zerstören, denn das Flugzeugwerk fiel ohne die angeordneten Sprengungen in die Hände der Roten Armee.
Die russischen Panzer standen in den Nachmittagsstunden auf der Mole sowie am Strand von Warnemünde und beschossen die letzten ablaufenden Schiffe, aber auch solche, die aus Unkenntnis der militärischen Lage noch nach Warnemünde einlaufen wollten, wie z.B. die *Lieselotte Schröder*. Auf Reede befanden sich zudem noch die U-Boote *U 2540, U 3030* und *U 3032*. Der Hafen des Badeortes Warnemünde war nahezu leer.
Bericht des ehemaligen Mtr.Hpt.Gefr. Gerhard Schubert, wie er als Besatzungsangehöriger des Vorpostensicherungsschiffes *V 1317* die Besetzung von Warnemünde durch eine sowjetische Vorausabteilung am 1. Mai 1945 erlebte:

Mtr.Ob.Gefr. Gerhard Schubert.
Am 9. Februar 1945 wurde er an Bord von *V 1317* zum Mtr.Hpt.Gefr. befördert.

»Nachdem wir unsere Räumaufgabe vor dem Hafen Neksö der Insel Bornholm erfüllt hatten, liefen wir zur nächsten Aufgabe nach Warnemünde ab. Am späten Abend des 30. April trafen wir in Warnemünde ein und machten im Neuen Strom, nördlich der Stromfähre, am westlichen Anleger fest.
Für den 1. Mai hatten wir Geleitsicherung für ein Fährschiff (FS *Mecklenburg*) zu fahren. Zwischen 04.00 und 05.00 Uhr machten wir seeklar und liefen anschließend auf unsere Warteposition bei der Ansteuerungstonne Warnemünde aus. Hier erfolgte das obligatorische Probeschießen mit den Fla-Waffen (3 bis 4 Schuß), anschließend brachten wir das Kabelfernräumgerät (KFG) aus. Um 08.00 Uhr lief das Fährschiff aus, wir setzten uns davor und liefen bis vor dem Hafen Gedser Minengeleit. Es war ein schöner Tag mit klarem Himmel, aber kalter Luft. Gegen 10.00 Uhr erreichten wir die Ansteuerung von Gedser und scherten aus dem Verband aus. Während das Fährschiff einlief, zogen wir mit ausgebrachtem KFG un-

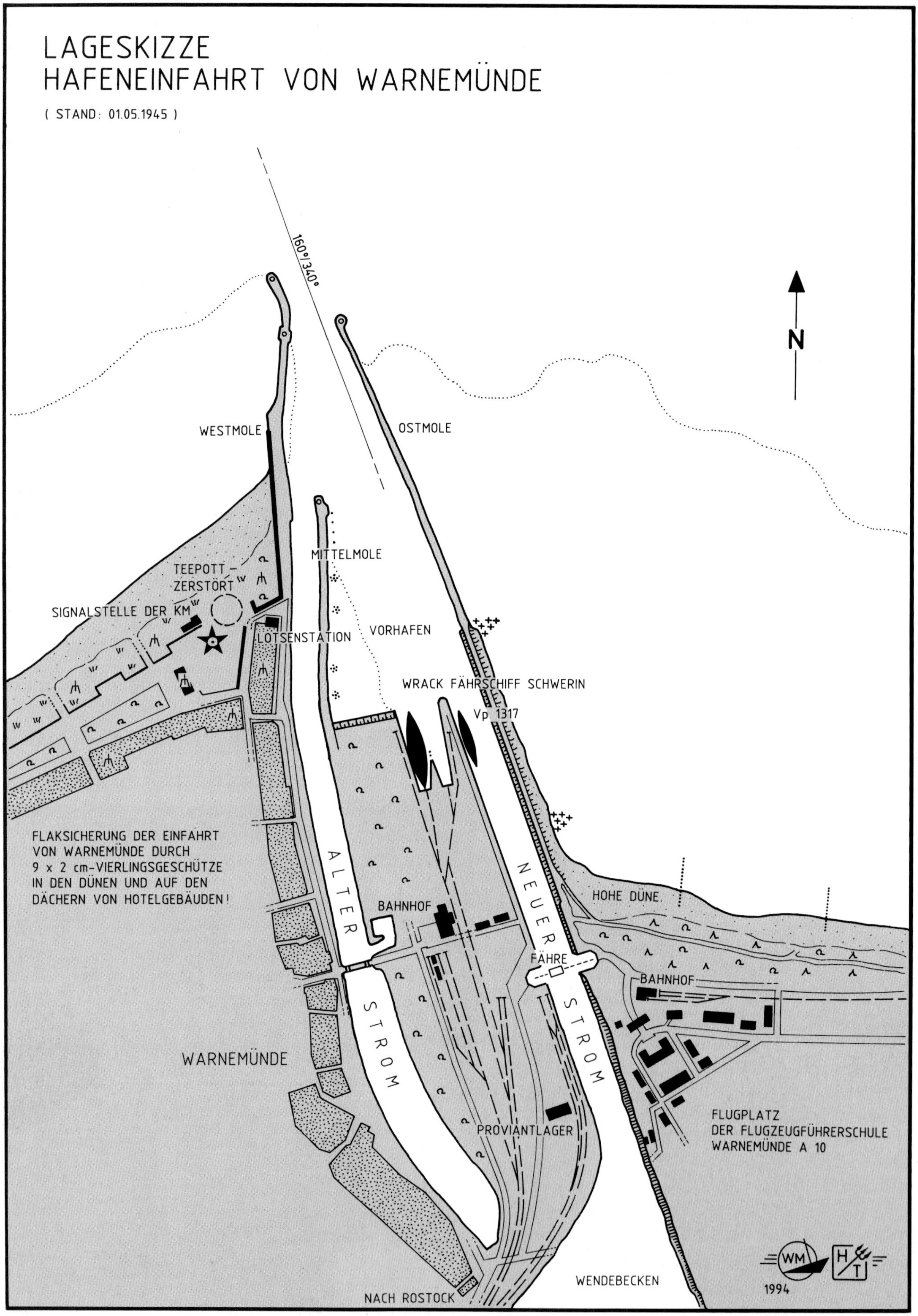
LAGESKIZZE
HAFENEINFAHRT VON WARNEMÜNDE
(STAND: 01.05.1945)
160°/340°
N
WESTMOLE
OSTMOLE
MITTELMOLE
TEEPOTT – ZERSTÖRT
SIGNALSTELLE DER KM
LOTSENSTATION
VORHAFEN
WRACK FÄHRSCHIFF SCHWERIN
Vp 1317
FLAKSICHERUNG DER EINFAHRT VON WARNEMÜNDE DURCH 9 x 2 cm-VIERLINGSGESCHÜTZE IN DEN DÜNEN UND AUF DEN DÄCHERN VON HOTELGEBÄUDEN!
ALTER STROM
NEUER STROM
BAHNHOF
HOHE DÜNE
FÄHRE
BAHNHOF
WARNEMÜNDE
PROVIANTLAGER
FLUGPLATZ DER FLUGZEUGFÜHRERSCHULE WARNEMÜNDE A 10
WENDEBECKEN
NACH ROSTOCK
1994

sere Kreise auf der Warteposition. Nach etwa einer Stunde verließ die Fähre den Hafen Gedser. Wir geleiteten sie zurück nach Warnemünde, wo wir gegen 13.00 Uhr die Ansteuerungstonne Warnemünde erreichten. Wir nahmen erst unser KFG ein und liefen danach gegen 14.00 Uhr ein. Bevor wir die Mole erreicht hatten, kamen uns wie ein aufgescheuchter Schwarm alle möglichen Boots- und Schiffstypen auslaufend entgegen. Was bedeutete das? Der Kommandant eines uns bekannten Bootes wurde von unserem ›Alten‹ mittels Megaphon angerufen.
›Was ist los in Warnemünde?‹
Antwort: ›Der Iwan ist bestimmt schon am Bahnhof!‹
Trotz dieser Hiobsbotschaft liefen wir weiter, machten im Neuen Strom in Höhe des Fährhafens fest und brachten die Stelling aus.
Es war vielleicht eine Stunde vergangen, als unser Ob.Masch. Max Sternkopf, ein gebürtiger Flensburger, zu uns kam und sagte: ›Kommt Jungs, wir holen hier Verpflegung, nehmt eure Seesäcke mit!‹ Irgendwie muß er rausbekommen haben, daß sich hier in der Nähe ein Proviantlager befand. Mit acht bis zwölf Mann zogen wir los und erreichten das Proviantlager südlich des Anlegers der Stromfähre. Es war durch ältere Kameraden des Volks- oder Landsturmes gesichert.
Sie wollten uns erst nicht hineinlassen. Nachdem wir ihnen aber die Lage erläutert hatten, sind sie abgehauen und haben sich selbst in Sicherheit gebracht.
Wir brachen die Schlösser auf, schoben die Tore beiseite und trauten unseren Augen kaum. Alles, was der Gaumen begehrte, war vorhanden. Die Seesäcke füllten wir mit Schinkenbüchsen (Flottenspeck) und Dauerwurst. Dann entdeckten wir eine Treppe, die in den Kellerlagerraum führte. Hier lagerten die Spirituosen und Weine. Nun stand die Frage, wie die Flaschen mitnehmen? Kurzerhand steckten wir unsere Hosenbeine in die Stiefelschächte und brachten so in jedem Hosenbein ein paar Flaschen unter. Mit dem Geburtshelfer (Flaschenöffner) öffneten wir erst einmal ein paar Flaschen und kippten uns den Inhalt hinter die Binde, wir wollten uns so richtig schön sattrinken. Plötzlich hörten wir draußen MG-Feuer. Wir raus und zu unserem Schiff. Die Seesäcke haben wir stehengelassen. An der Stromfähre, sie lag im Fährbett, mußten wir uns durch eine große Menschenansammlung durchkämpfen, bevor wir freien Weg hatten. Am Liegeplatz unseres Schiffes herrschte gähnende Leere, unser Schiff war weg. Ob das Fährschiff noch dort lag, weiß ich heute nicht mehr, jedenfalls kann ich mich nicht mehr daran erinnern. (Anm.: Die *Mecklenburg* war nach Gedser ausgelaufen, später nach Lübeck beordert und dort von den Engländern übernommen – d. Verf.).
Wie ich mich erinnere, waren wir nur noch drei Mann. Zwischen den Dalben fanden wir ein Dingi (Ruderboot) mit zwei Riemen. Ohne lange zu überlegen, bestiegen wir das Boot und ruderten Richtung offene See. Auf der Ree-

Vorpostensicherungsschiff *V 1317* der 13. Vp-Fl.
Bew.: 1 x 10,5 cm
1 x 4 cm Bofors
2 x 2 cm Einzellafette
1 x 2 cm Vierling
2 x 1,7 cm SMG

de vor Warnemünde lagen etwa 20 bis 30 Fahrzeuge aller Art und darunter auch unser Schiff. Kaum hatten wir die Hälfte bis zur Reede zurückgelegt, als westlich von uns eine Wasserfontäne emporstieg. Wir sahen am Strand von Warnemünde einen Panzer stehen, der in Richtung See schoß. Wir bekamen Manschetten und legten uns ordentlich ins Zeug. Kurz darauf tauchte auf den Dünen ein zweiter Panzer auf und schoß ebenfalls auf die auf Reede liegenden Schiffe. Die Einschläge lagen aber zu kurz und stellten keine Gefahr für die Schiffe dar.
Gegen 17.00 Uhr erreichten wir glücklich und erschöpft unser Schiff und meldeten uns beim Kommandanten zurück an Bord. Wir spendierten ihm sofort eine Flasche aus den Hosenbeinen. Gegen 20.00 Uhr traf auch unser Obermaschinist mit einem Ruderboot und den anderen Kameraden ein. Damit waren wir wieder vollzählig. Max Sternkopf sagte gleich bei seiner Ankunft: ›Jetzt ist der Iwan voll in Warnemünde!‹ Am nächsten Morgen kam die

Motorboot *Europa* (Ar.2). Beim KM-Lotsendienst Warnemünde seit September 1939 im Einsatz.
Eigner Friedrich Flügge (l. außen 2. R.) wurde 1940 zur KM eingezogen und als Matrose auf seiner *Europa* stationiert. Am 30. April 1945 setzte er sich mit seinen Kameraden nach Heiligenhafen ab.

Fliegeraufnahme des Hafenbereichs von Warnemünde.

Parole auf, daß wir nach Wismar einlaufen sollten. Über Funk erhielten wir aber rechtzeitig die Information, daß dort der Russe sei. Vom 2. bis zum 5. Mai liefen wir Räumeinsätze mit ausgebrachtem KFG auf dem Zwangsweg (Weg 1, zwischen Tonne 8a und dem Feuerschiff *Fehmarnbelt* – d. Verf.). Hierbei hatten wir mehrere Räumerfolge zu verzeichen. Die britischen Fliegerangriffe am 3. Mai auf die Schiffseinheiten im Seegebiet der Mecklenburger Bucht haben wir nicht erlebt, wir standen zu weit östlich. Wir erhielten den Befehl, in Kopenhagen einzulaufen. Am 6. Mai 1945 machten wir dann an der ›Langen-Linie‹, etwa 100 m hinter der *Prinz Eugen* fest.« Auch aus der Krögerwerft waren alle fahrbereiten Schiffe in den Westen verlegt worden. Einen Räumungskalender zur Rückführung der Werft nach Schleswig-Holstein hatte die Rüstungsinspektion II, Stettin, des Reichsministers für Rüstung und Kriegsproduktion, ausgearbeitet. Am 1. Mai 1945 setzte sich die Werft auf Befehl des Räumungsoffiziers Major Borchardt nach Rendsburg ab. Sprengungen im Werftgelände waren mittags angeordenet, doch auf Einspruch Karl Krögers ausgesetzt worden. Der aufgestellte Räumungskalender war nach der Durchführung befehlsgemäß zu vernichten.

Rostock und das Ostseebad Warnemünde waren somit am 1. Mai 1945 von der Roten Armee besetzt. Als erster Stadtkommandant wurde Major Gromow eingesetzt.

Wismar am 2. Mai 1945

Auf dem Weg nach Plön machte die Führungsgruppe des Oberkommandos der Wehrmacht (OKW), aus Zossen kommend, in Wismar Station. In der Stadt fand eine letzte Lagebesprechung zwischen Generalfeldmarschall Wilhelm Keitel und Generaloberst Alfred Jodl statt. Mittags kam der neue und letzte Oberbefehlshaber der HGr. Weichsel, Generaloberst Student, in die Besprechung und erhielt letzte Anweisung für die Sicherung des Rückzuges nach Westen. Der Kommandeur der deutschen Fallschirmtruppe hatte jedoch nicht mehr viel Handlungsspielraum zwischen den sowjetischen Verbänden und den auf Wismar zumarschierenden Westalliierten.

Wenige Stunden vor dem Einmarsch der Alliierten in Wismar verholte das Segelschulschiff *Großherzogin Elisabeth* im Schlepp des Luftwaffentankers *August* nach Fehmarn. Im September 1944 hatte man das Schulschiff aus Sicherheitsgründen von Hamburg nach Wismar verlegt und dort den Schulbetrieb für Seemannsschüler und

Am 2. Mai 1945 strömen deutsche Flüchtlinge durch die Wismarer Innenstadt. Rostock liegt 57,5 km hinter ihnen, bis nach Lübeck sind es noch weitere 60 km, doch der Krieg ist für sie zu Ende.

Feldmarschall Montgomery und der sowjetische Marschall Rokossowski auf dem Weg ins Hauptquartier der 6. Airborne Division im Wismarer Lindenhof.

Auch für zahlreiche deutsche Soldaten endet der Zweite Weltkrieg mit Kriegsgefangenschaft auf dem Wismarer Marktplatz.

Leichtmatrosen wieder aufgenommen. So lag es nun seit dem 12. Dezember 1944 im Holzhafen von Wismar. Nach dem schweren Fliegerangriff auf Wismar verlegte man am 20. April das Schiff auf die Außenreede von Wismar. Auch das für den Verwundetentransport eingesetzte ehemalige Passagierschiff *Der Deutsche* verließ mit Flüchtlingen und Verwundeten an Bord den Wismarer Hafen, mußte jedoch aufgrund von Kohlenmangel mitten im Fehmarnbelt vor Anker gehen.

Am 2. Mai 1945 rückten britische und kanadische Truppen der 21. Armeegruppe mit Panzern der »Scots Greys« kampflos in Wismar ein, besetzten den Hafen mit der Hansewerft und hielten hinter Kritzow-Burg am östlichen Stadtausgang an, sowjetische Verbände erwartend. Die Insel Poel wurde durch sowjetische Einheiten besetzt. Fehlende maritime Kampfmittel verhinderten jedoch eine Beherrschung der Wismarer Bucht von Timmendorf aus. Flüchtlinge zogen durch die Stadt und weiter in den Westen. Auf dem Markt, an der Wasserkunst, konzentrierten die alliierten Truppen deutsche Kriegsgefangene. Sherman-Panzer waren vor dem beschädigten Rathaus aufgefahren.

Der Hafen Wismar besaß bis Kriegsende nur regionale Bedeutung. Wirtschaftliches Rückgrat der Stadt waren das Dornier-Flugzeugwerk und die Waggonbaufabrik. Im Hafenbereich waren einige Schiffe verblieben, die sich nicht mehr in den Westen hatten absetzen können. Dazu gehörten das fahruntüchtige Schiff *Marijampole* und die *Johann Ahrens* (ex *Grete Cords*), die in der Wismarer Bucht am westlichen Ufer nahe Hoben lag.

Ostsee-Einsatz und Untergang des Schweren Kreuzers Lützow

Aufgrund der sich zuspitzenden militärischen Lage an der Ostfront wurde Ende Juli 1944 seitens der Marineführung die 2. Kampfgruppe (2. KGr.) aufgestellt. Bis April 1945 wurde diese durch Vizeadmiral August Thiele geführt. Zur 2. KGr. gehörten die Schweren Kreuzer (SK) *Lützow* und *Prinz Eugen*, dazu traten ab Oktober 1944 auch der Schwere Kreuzer *Admiral Scheer* sowie Zerstörer und Torpedoboote. Truppendienstlich war die 2. KGr. dem Befehlshaber der Flotte, Vizeadmiral Meendsen-Bohlken, unterstellt.

Ihre vordringliche Aufgabe bestand in der Feuerunterstützung der Landfront, um von See aus den Vormarsch der Roten Armee entlang der Ostseeküste aufzuhalten und die eingeleiteten Evakuierungsmaßnahmen über See zu sichern. Entsprechend der militärischen Lage stieg Vizeadmiral Thiele mit seinem Stab am 16. Januar 1945 auf die in Pillau liegende *Lützow*. Vom 10. März bis 22. März 1945 übernahm Vizeadmiral Bernhard Rogge, Befehlshaber des Ausbildungsverbandes der Flotte auf *Prinz Eugen*, die Führung der 2. Kampfgruppe. Während dieser Zeit wurde die KGr. auch unter der Bezeichnung »Kampfgruppe Rogge« geführt. Vom 23. März an befehligte Vizeadmiral Thiele wieder die KGr. und führte diese ebenfalls von Bord der *Prinz Eugen* aus.

Als am 3. März 1945 die 1. Belorussische Front im Zuge der sowjetischen Frühjahroffensive das Stettiner Haff erreichte, wurde die 2. KGr. in das Seegebiet vor Swinemünde verlegt. Während der Schwere Kreuzer *Admiral Scheer*, die Zerstörer *Paul Jacobi*, *Z 31* und das Torpedoboot *T 36* am 7. März den Landzielbeschuß in Richtung Dievenow-Front von See aus eröffneten, lief die *Lützow* in die Swine ein und wurde durch Schlepper in eine vorbereitete Feuerstellung südlich von Swinemünde bugsiert. Die Position befand sich an der Westseite des Fahrwassers in Höhe Lognitzer Ort, wo die Mellinfahrt (Swine-Flußschlinge) in die Kaiserfahrt übergeht. Bis zum 21. März (nach dem Tagebuch von J. Richter) verblieb die *Lützow* auf dieser Gefechtsposition.

Die sowjetischen Angriffe auf den Raum Danzig/Gotenhafen veranlaßten das MOK Ost, neben der 2. KGr. auch das Linienschiff *Schlesien* des Ausbildungsverbandes zum Landzielbeschuß einzusetzen. Zur weiteren Feuerunterstützung wurde die *Lützow* von ihrer Gefechtsposition abgezogen und zur Danziger Bucht in Marsch gesetzt, wo sie am 22. März eintraf. Das Schwesterschiff *Admiral Scheer* konnte nicht mehr eingesetzt werden, da es wegen seiner völlig ausgeschossenen Geschützrohre zur Neuberohrung nach Kiel entlassen werden mußte.

Schwerer Kreuzer *Lützow* ex *Deutschland* auf Ausbildungsfahrt in der Ostsee. Am 15. November 1939 erfolgte auf Veranlassung von Hitler die Umbenennung. Ihm mißfiel die Vorstellung, ein so benanntes Schiff könnte sinken. Das Bugwappen wurde demontiert.

Herbert Pilz, ehemaliger Besatzungsangehöriger des Linienschiffes *Schlesien* (Gefechtsstation Turm ›Bruno‹-Kartuschenaufzug), berichtet:
»Nachdem wir im Landzielbeschuß die 28 cm Munition verschossen hatten, liefen wir Gotenhafen an. Da keine Munition mehr greifbar war, übernahmen wir mehr als 1 000 Verwundete und laufen am 20. März gegen 12.00 Uhr von Hela-Reede nach Swinemünde ab.
Zu unserem Verband gehörte auch der beschädigte Tender *Gazelle*, den wir im Schlepp mitnehmen sollten.

Luftbildaufnahme von der Wracklage der *Lützow* nach dem erfolgreichen britischen Fliegerangriff vom 16. April 1945. Deutlich sind die von den »Tallboy«-Bomben herrührenden Bombentrichter zu sehen.

Aufgrund der schlechten Wetterlage konnte die Schleppverbindung nicht hergestellt werden, so daß die *Leipzig* mit eigener Kraft nach Westen verlegen mußte (Anm.: Einlaufen in Apenrade am 29. März 1945 – d. Verf.). Nachdem wir die Verwundeten in Swinemünde von Bord gegeben hatten, verlegten wir in die Kaiserfahrt bei Kaseburg (Anm.: Damaliger Liegeplatz der *Lützow* – d. Verf.). Hier erfolgte auch die Übernahme von 600 Schuß 28 cm Granaten, die man mit Schuten vom Munitionsdepot Swinemünde heranschaffte. Vor Eintreffen der *Lützow* verlegten wir etwas südlicher in die Kaiserfahrt und tarnten das Schiff mit Kiefernbäumen des nahen Waldes.«

ders *Hela* in Swinemünde. Zur Begrüßung der Kampfgruppe ließ er sich an Bord der *Prinz Eugen* übersetzen. Vizeadmiral Thiele, zum »Kommandierenden Admiral östliche Ostsee« ernannt, wurde am 14. April mit dem Eichenlaub zum Ritterkreuz ausgezeichnet. Die 2. KGr. sowie der Ausbildungsverband der Flotte wurden aufgelöst. Es erging der Befehl zur Stillegung der Schiffe wegen Brennstoffmangel, wobei als Dislozierungsorte Swinemünde, Kiel, Stralsund und Warnemünde sowie einige Häfen in Dänemark vorgesehen wurden.

Prinz Eugen hatte sich in der Danziger Bucht verschossen. Da ein Einsatz für den Landzielbeschuß nicht mehr

Auf dem Marsch der 8. A-Fl. nach Stettin fotografierte der Flo.Chef der 8. A-Fl. von Bord seines Führerschiffes *AF 106*, das in der Kaiserfahrt liegende Linienschiff *Schlesien*.

Bereits am 18. März 1945 hat das Flottenkommando den Einsatz der 2. KGr. zur Verteidigung des Raumes von Stettin und Swinemünde für die weitere Seekriegsführung in der Ostsee vorgesehen und folgende Aussage getroffen: »Hier liegt z. Z. der Schwerpunkteinsatz unserer Seekampfmittel, der notfalls – für die Herbeiführung entscheidender Heeresunterstützung erforderlich – ein hohes Maß an Risiko rechtfertigt.«

Am 8. April 1945 traten die letzten Einheiten der 2. KGr., bestehend aus *Prinz Eugen, Lützow, Z 31, Z 38* und *T 36*, unter Vizeadmiral Thiele ihren Verlegungsmarsch aus der Danziger Bucht in Richtung Westen an. Der Verband traf am 9. April auf der Reede von Swinemünde ein. Bis auf *Prinz Eugen* liefen alle Einheiten in den Hafen ein. Der Befehlshaber der Flotte, Vizeadmiral Meedsen-Bohlken, befand sich zu diesem Zeitpunkt an Bord des Flottentengegeben war, wurde er nach Kopenhagen verlegt und traf dort am 20. April ein. An diesem Tag wurde dem Kommandanten, Kapt.z.S. H. J. Reinicke, per Funkspruch das Ritterkreuz verliehen.

Die *Lützow* bezog wieder den seit dem 7. März vorbereiteten Liegeplatz in der Swine. Das Schiff wurde mit dem Bug seewärts gedreht und an der Dalbengruppe festgemacht. Die Verbindung zum Ufer ermöglichte eine am Liegeplatz befindliche Floßbrücke.

In unmittelbarer Nähe bezogen das Linienschiff *Schlesien* sowie die Zerstörer *Paul Jacobi, Z 31, Z 33, Z 38* und *Z 39* Feuerstellung.

Das sowjetische Armeeoberkommando erhielt sehr bald Kenntnis über das Eintreffen der *Lützow* und das Beziehen der Feuerstellung. Es ersuchte deshalb die britischen Verbündeten, die *Lützow* vor Beginn der sowjetischen

Günter Kneter, ehemaliger Masch.Hpt.Gefr. und Besatzungsangehöriger des Zerstörers *Z 34*.

Offensive gegen Stettin und Swinemünde zu vernichten. Diesem Anliegen Rechnung tragend, erging der Befehl zur Vernichtung der *Lützow* an die Royal Air Force (RAF). Vorgesehen war der Einsatz der 5,4 t schweren Spezialbomben »Tallboys«. Der erste Angriff mit den berühmten »Dambusters« der 617. Bomber Squadron erfolgt am 13. April 1945 vom englischen Fliegerhorst Woodhall Spa in Lancashire aus.

Infolge einer dichten Wolkendecke über dem Zielgebiet mußte der Angriff aber abgebrochen werden. Auch am 15. April mußten die bereits im Anflug befindlichen Bomber wegen einer Wetterverschlechterung zurückbeordert werden. Ein dritter Angriffsversuch war entsprechend der Wettervorhersage für den 16. April vorgesehen.

An diesem Tag wird über der gesamten Flugstrecke ein wolkenloser Himmel erwartet. In den Morgenstunden starteten 18 viermotorige Bomber des Typs »Lancaster« (Dambuster) mit Jagdschutz von zwölf Jägern. Der Flug erfolgt als getarnter Anflug auf Berlin in einer Höhe von 22 000 Fuß (6 700 m). Nach Erreichen der Kursänderungsposition wurde die *Lützow* in einem Direktanflug zwecks Punktzielwurf mit einer Wurfhöhe von 14 000 bis 16 000 Fuß (4 500 bis 5 500 m) angesteuert. Gegen 17.20 Uhr erreichte der Verband das Ziel und konnte bei heftigem Abwehrfeuer der Flak sieben »Tallboys« sowie diverse 250 kg Sprengbomben abwerfen. Durch die Flak der *Schlesien* wurde ein Bomber abgeschossen, weitere Maschinen wurden schwer beschädigt. Ein Volltreffer kann mit den Spezialbomben nicht erzielt werden. Der »Tallboy«-Nahtreffer an der Backbordseite achtern der *Lützow* reichte aber aus, den Kreuzer derart zu beschädigen, daß er die Schwimmfähigkeit verlor. Er setzt mit dem Achter-

Von der britischen Luftwaffe eingesetzte Bomben.
Rechts in der Mitte die von Professor Barner Wallis entwickelte Spezialbombe »Tallboy« (Große Kerle) von 12 000 lb MC (5,443 t) mit einer Länge von 8,0 m.
Diese Bombe wurde sowohl gegen die *Lützow* als auch gegen das Schlachtschiff *Tirpitz* eingesetzt.

schiff auf Grund auf und kam mit einer Schlagseite von 50 Grad Backbord gegen die Uferböschung zum Liegen. Dazu wurde der Kreuzer von mehreren 250 kg Sprengbomben getroffen. Zwei der Bomben durchschlugen das Deck und verblieben als Blindgänger im Schiff. Eine der Bomben war im Bereich der Munitionskammer des achteren Geschützturmes ›Bruno‹ eingeschlagen. Insgesamt waren zwölf Tote und achtzehn Verwundete zu beklagen. Zu den Verwundeten gehörte der Kommandant Kapt.z.See Knoke. Der Kreuzer war manörierunfähig und vorerst total gefechtsunklar.

Im Lagebericht der Skl. vom 16. April 1945 heißt es:

»17.15–17.55

Angriff von 80 Lancaster, Liberator und Mustang in drei Wellen auf Swinemünde mit Ziel *Lützow* und *Schlesien*. *Lützow* 3 Treffer, schwerer Wassereinbruch, Heck auf Grund, 7° Krängung, achtern noch 1 m Freibord. Eine

Kapitän zur See Bodo-Heinrich Knoke, Kommandant des Schweren Kreuzers *Lützow*, wurde bei dem britischen Bombenangriff auf das Schiff am 16. April 1945 schwer verwundet.

Matrose Jürgen Richter.
Ein Erinnerungsfoto vom November 1943. Seit Oktober 1944 als Seekadett an Bord der *Lützow* gehörte er am 3. Mai 1945 zu den letzten Besatzungsangehörigen, die den Kreuzer verließen.

Bombe am Mast detoniert, E-Meß und Funkmeß ausgefallen. Ein Blindgänger durch das ganze Schiff.

4 Tote und 20 Verletzte.

Hela leicht beschädigt durch Nahtreffer. Ein Abschuß sicher, einer fraglich.

Nachbericht am 17. April 1945:

7 Tote, 14 Vermißte, 13 Verletzte.«

Vergleicht man diesen Lagebericht der Skl., mit den bisherigen Veröffentlichungen (z.B. Prager, »Panzerschiff *Deutschland* Schwerer Kreuzer *Lützow*« S. 463), so ist die Anzahl von 80 anfliegenden Maschinen – vermutlich durch eine Fehlmeldung – stark übertrieben.

Erlebnisbericht des ehem. Seekadetten J. Richter:

»Sonnabend, den 16. April 1945: Es ist 16.00 Uhr und der obligatorische Zeugdienst beendet. Bis zum Aufbacken haben wir Freizeit. Über Lautsprecher wird uns mitgeteilt, daß ein britischer Kampfverband von 18 Maschinen im Anflug über Mecklenburg, mit Ostkurs, sei. Keiner von uns ahnte, daß dieser Angriff uns gilt und so maßen wir dieser Meldung auch keinerlei Bedeutung bei. Ich sitze gegen 17.15 Uhr noch auf dem kleinen Kantinenbord im Wohndeck und will gerade anfangen Strümpfe zu stopfen, als über Bordlautsprecher der Befehl ›S-Flak auf Station!‹ gegeben wird. Kurz darauf wird ›Fliegeralarm‹ ausgelöst. Von nun ab überstürzen sich die Ereignisse. Für diesen Fall gab es einen Befehl, der vorsah, daß bei ›Fliegeralarm‹ alle nicht zur Flak gehörenden Besatzungsangehörigen das Schiff auf dem schnellsten Wege zu verlassen haben und sich an Land, im nahen Wald, in Deckung zu begeben haben. Also packte ich meine Stopfsachen weg und nehme meinen Überzieher aus dem Spind. Die Uhr zeigte 17.20 Uhr, als es plötzlich fürchterlich krachte. Einige Beherzte schließen die Panzerblenden der Bulleyes, wahrend Ich zum Kantinenquergang eile, um von dort den Niedergang zum Backdeck zu erreichen. Das Schiff zittert und bebt von den Bombentreffern und bekommt schnell Schlagseite nach Backbord. Im Gedränge

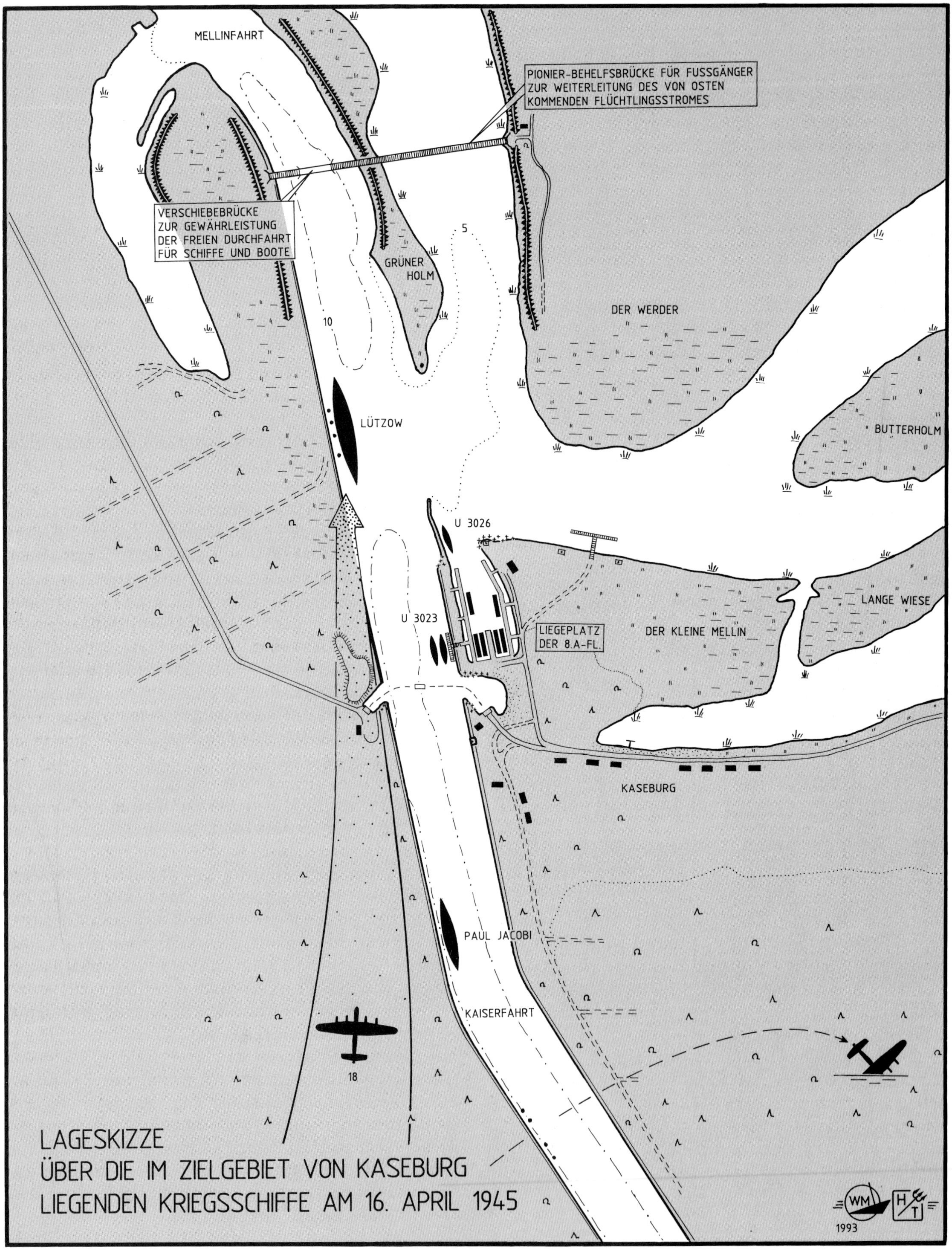

LAGESKIZZE
ÜBER DIE IM ZIELGEBIET VON KASEBURG
LIEGENDEN KRIEGSSCHIFFE AM 16. APRIL 1945

zwänge ich mich in den Niedergang hoch und erreichte so das Deck. Ein Wasserschlammgemisch, hochgeworfen von Bombennahtreffern, flutet mir entgegen. Über Bordlautsprecher ergeht der Befehl: › Alle Mann von Bord, außer Flak und Schiffsicherung! ‹. Bei Turm › Anton ‹ passiere ich eine große Bombeneinschlagstelle und erreichte die 2 cm-Flak auf der Vorback. Das Vorschiff ragt bedeutend höher aus dem Wasser als sonst. Einige springen über Bord, um an Land zu kommen. Selbst laufe ich nach achtern, entlang dem Aufbaudeck und erreiche die Schanz, wo ein ziemliches Durcheinander ist. Auch hier springen viele über Bord, um schwimmend das Ufer zu erreichen. Als guter Schwimmer (DLRG-Leistungsschein) behalte ich, wegen der geringen Wassertemperatur, alles Zeug wie Überzieher, Jumper und Stiefel an und lasse mich vorsichtig ins Wasser gleiten. Um das sumpfige Ufer zu vermeiden, schwimme ich bis zur Kaseburger Fähre. Hier quäle ich mich halb erstarrt an Land. Im Wald sammeln sich die Überlebenden. Zum Trocknen und Aufwärmen legen wir uns große Holzfeuer an. Selbst habe ich großes Glück, als mir ein Platz in der Wohnbaracke der hier stationierten italienischen Soldaten, die als Nebeltrupps dienten, zugewiesen wird. Den Anflug der Maschinen konnte ich nicht beobachten. Erst als ich an Oberdeck war, konnte ich zwei Bomber ausmachen und sah, wie einer eine große Bombe ausklinkte. Es sah aus, als wenn ein Güterwagen vom Himmel fällt.«

Aus einem Erinnerungsbericht des ehemaligen Flo.Chef der 8. A-Fl., G.-D. Schneider:

»Am Tage des Fliegerangriffs auf die *Lützow* lag ich mit einigen AF's meiner Flottille im Hafen von Kaseburg. Unser Div.Chef, F.Kapt. Heydal, ist zu diesem Zeitpunkt gerade bei mir zum Wachbootskaffee, als der Angriff erfolgt. Die Lancaster fliegen, vom Haff kommend, die *Lützow* im Direktflug an. Wir, die wir nur etwa 400 Meter seitlich liegen, werden nicht angegriffen. Nach dem Angriff fahre ich mit unserem Motorboot, wir nannten es immer › Flieger-Schwalbe ‹ und meinem Flo.Arzt, Dr. Eickmeyer, sofort zur *Lützow*, um unsere Hilfe anzubieten. Beim Näherkommen sehe ich, daß ein Nahtreffer in der Höhe des Achterschiffs backbordseitig eingeschlagen ist. Der Kreuzer war bis zur Deckskante weggesackt. Hilfe unsererseits war nicht erforderlich.«

Der Besatzung gelang es, das Wrack mit Unterstützung eines Bergungsschiffes sowie einer schwimmenden Diesel-Generatorstation (Dieselprahm) und dem Ausbringen von Lecksegeln teilweise zu lenzen und aus seiner Schräglage aufzurichten. Das E-Werk 4 und ein Hilfskessel konnten wieder in Betrieb genommen werden. Am 17. April entschärfte ein Feuerwerkerkommando mit Unterstützung von KZ-Häftlingen aus Swinemünde alle Blindgänger.

Angesichts der sowjetischen Angriffe auf Swinemünde erfolgte eine Überprüfung, inwieweit die Schiffsartillerie noch für den geplanten Landzielbeschuß eingesetzt werden konnte. Nach Probeschüssen des vorderen Drillingsturms › Anton ‹ (28 cm) und der Stb.-Batterie der M.A. (15 cm) konnten beide klar gemeldet werden. Entsprechend der Lage des Kreuzers konnte aufgrund des zulässigen Bestreichungswinkels das 1. Geschütz der Steuerbordbatterie nicht eingesetzt werden. Die auf der Schanz befindlichen beiden Vierlingstorpedorohrsätze samt Panzerkalotten sowie alle an Bord befindlichen Flakgeschütze wurden demontiert und einige davon zur Luftabwehrverstärkung bis zum 26. April auf den Zerstörern *Z 33* und *Z 34* eingebaut.

Bei der Maurep. in Swinemünde liegt der manövrier- und gefechtsunklare Zerstörer *Z 34*. Am Abend des 17. April 1945 erhielt K.Kapt. Karl Hetz, Kommandant des Zerstörers *Z 34*, von K.Adm. Schubert, Kommandierender Admiral westliche Ostsee, den Befehl aus seiner Besatzung ein 125 Mann starkes Landungskorps zur Unterstützung der Oderfront zu formieren. Im weiteren war vorgesehen, das Schiff als feste schwimmende Batterie in die Verteidigung von Swinemünde mit einzubeziehen.

Was war geschehen? Der Zerstörer hatte am 15. April auf der Hela-Südreede einen Torpedotreffer an der Backbordseite im Bereich der Abteilung III und IV erhalten. Durch diesen Treffer war *Z 34* schwer gefechts- und manövrierbehindert. Im Schlepp von *M 204* und im Schutz von *T 36* wurde der Zerstörer nach Westen gebracht. Am 17. April erreichte der Verband Swinemünde. Um nun diesen Befehl nicht ausführen zu müssen, versuchte K.Kapt. Hetz den Zerstörer so schnell wie möglich wieder fahrbereit zu bekommen. Ein aus Stettin herausgeschlepptes Schwimmdock konnte zur Eindockung genutzt werden.

Günter Kneter, ehemaliger Masch.Hpt.Gefr., erlebte die letzten Tage des Zerstörers und berichtet:

»Wir waren uns einig, den Zerstörer mußten wir so schnell wie möglich wieder klar kriegen. Bereits am 18. April dockten wir ein. Da kein geeignetes Dockpersonal vorhanden war, haben wir die Steuerung des Docks selbst vorgenommen. Von der Werft erhielten wir kaum Unterstützung, und so haben wir in Tag- und Nachtschichten die Reparatur selbst ausgeführt. Parallel zu unseren Arbeiten erfolgte die Zusammenstellung des Landungskorps und die Demontage fast aller Fla-Waffen. Es blieben nur die zwei 3,7 cm Doppellafetten an Bord. Die ausgebauten Waffen wurden auf LKW montiert. Bereits am 20. April konnten wir ausdocken und machten an der Pier bei Osternothafen fest. Der Zerstörer war fahrbereit. K.Adm. Schubert änderte jetzt seinen Befehl. Statt als feste schwimmende Batterie zu dienen, war der Zerstörer wieder für den Seeinsatz vorzubereiten. In der Zwischen-

Eine 4 cm Bofors von der *Lützow* wird mit einem Schwimmkran zum Zerstörer *Z 34* gebracht.

zeit war das Landungskorps zusammengestellt und ausgerüstet. Zum Kompaniechef war Kptlt. Hecht, unser Torpedooffizier und Kadettenausbilder, befohlen worden. Um nun den Zerstörer wieder gefechtsklar zu bekommen, erhielten wir 105 Mann Flakbedienung und zwei 4 cm Bofors von der *Lützow*. Die Montage erfolgte auf dem Achterdeck und auf der Plattform des demontierten 2 cm Vierling. Zusätzlich wurden zwei Raketenabwurfgeräte (RAG) an Bb.- und Stb.-Seite des hinteren E-Meßstandes montiert. Die Not-Fla-Bewaffnung war am 26. April abgeschlossen. Da die Geschütze 2 (27. März 45), 3 (28. März 45) und 4 (16. März und erneut am 14. April 45) durch Rohrkrepierer nicht einsatzklar waren, hatten wir nur noch den vorderen 2 x 15 cm Turm, die zwei 3,7 cm Doppellafetten und die zwei 4 cm Bofors in Einzellafetten. Bis zum 4. Mai verblieben wir bei Osternothafen liegen.«

Unterweisung am neu montierten Raketenabwurfgerät (RAG) an Bord des Zerstörers *Z 34*.

Aufgrund seiner Verletzung mußte Kapt.z.See Knoke am 22. April in ein Landlazarett eingewiesen werden. Das Kommando über die *Lützow* übernahm der bisherige I.O. und Stellv. des Kommandanten F.Kapt. Ernst Lange. Die vorerst entbehrlichen Besatzungsangehörigen von etwa 530 Mann wurden von Bord genommen, wovon 105 Mann Flakbedienung an Bord von *Z 34* kommandiert wurden.
Bereits seit den Vormittagsstunden des 20. April 1945 ist die 2. Belorussische Front im Rahmen der Berlin-Operation zum Angriff übergegangen und konnte Stettin am 26. April einnehmen.
Die deutsche Hauptkampflinie ›Wotanstellung‹ wurde durchbrochen und die sowjetischen Stoßkräfte erreichten am 28. April den Raum Pasewalk. Damit gelangten die sowjetischen Panzertruppen in den Wirkungsbereich des vorderen 28 cm Drillingsturmes der *Lützow*. Sowohl die S.A. als auch die M.A. erhalten Feuererlaubnis. Während die S.A. vorerst die Umgebung von Pasewalk beschießt, feuern die drei 15 cm Schnellfeuerkanonen zur Verhinderung von Übersetzversuchen bei Cammin und Wollin in Richtung Dievenow-Front. In den Abendstunden des 30. April werden weitere 273 Besatzungangehörige von Bord genommen und mit dem Frachter *Irmtraut Cords* nach Westen evakuiert. Der verbleibende Rest von 206 Mann bereiteten das Kreuzerwrack zur Vernichtung vor. Hierbei wurden unter anderem zur Sprengung der Außenhaut erbeutete britische Luftminen aus dem Artilleriearsenal Swinemünde geholt und außenbords angebracht. Am 3. Mai 1945 kam es zum letzten Einsatz der Schiffsartillerie auf die Dievenow-Front. Danach meldete F.Kapt. Lan-

In Gedenken des am 16. April 1945 (nicht am 26. April 1945) abgeschossenen britischen Bombers vom Typ Lancaster errichteten die Polen diese Gedenkstätte am Absturzort im Wald von Karsibor (Kaseburg). Bis auf das für die Gedenkstätte verwendete Teil des Höhenleitwerkes sind alle weiteren Flugzeugtrümmer weggeräumt.

Noch heute, nach mehr als 50 Jahren sind die Bombentreffer vom 16. April 1945 im Bereich des westlichen Ufers des Kanals Piastowski, der ehemaligen Kaiserfahrt, zu sehen. Im Anflug auf die *Lützow* erfolgte ein zu früher Abwurf der »Tallboy«-Bomben.
Da die polnische Seite keine Reparaturen vornahm, sind gegenwärtig noch sechs Bombentreffer im Uferbereich nachweisbar (Aufnahme vom 24. April 1994).

ge die Feuerbereitschaft der *Lützow* beim Seekommandanten ab. R-Boote holten dann weitere 105 Mann vom Kreuzer und brachten sie nach Swinemünde an Bord des Zerstörers *Z 34*.
Der ehemalige Seekadett, Herr J. Richter, Augenzeuge der letzten Stunden des Kreuzers, berichtet:
»Am 3. Mai 1945 gehörte ich zur Restbesatzung des Kreuzers. Nach der letzten Salve der M.A. und des Geschützturmes ›Anton‹ werden unter Leitung von Kptlt. Schönherr die Geschütze und das Wrack zur endgültigen Sprengung vorbereitet. Als die letzte noch arbeitende Lenzpumpe ausfiel, kommt es am 3. Mai, vermutlich durch Selbstentzündung von auslaufendem Öl, zu einem folgenschweren Brand. Die auf dem Aufbaudeck gestapelten etwa 150 Kartuschen vom Kaliber 15 cm detonieren. Durch das sich ausbreitende Feuer kommt es zur Selbstzündung der in einer Offizierskammer deponierten Luftminen-Sprengzünder. Die vorbereitete Sprengung der Außenhaut war damit nicht mehr möglich. Während des Brandes verließen wir vorübergehend den Kreuzer und suchte im nahen Wald Schutz. Erst nachdem sich der Brand gelegt hatte, kehrten wir nachmittags auf das Wrack zurück. Kurz nach Mitternacht, es herrscht absolute Dunkelheit, wurden wir unerwartet durch eine dramatische Aktion des Räumbootes *R 225* vom Wrack abgeborgen (Anm.: *R 225* gehörte zur 14. R-Fl., Kmdt. Stb.Ob.Strm. Erwin Nickel – d. Verf.). Wir verließen das Wrack in absoluter Stille. Die Russen, die vermutlich die Kaseburger Fähre erreicht hatten, hätten ja auf uns das Feuer eröffnen können. Wir haben auch jeden Augenblick mit einem Übersetzversuch gerechnet. Von Deck des mit langsamer Fahrt ablaufenden Räumbootes beobachtete ich nach dem Passieren der Behelfsbrücke gegen 00.20 Uhr achteraus fünf Detonationen. Die Behelfsbrücke über die Mellinfahrt war gesprengt.
Ohne weitere Hindernisse passierten wir in gespenstischer Fahrt Swinemünde und erreichten in den Morgenstunden des 04. Mai 1945 den auf Reede liegenden Zerstörer *Z 34*. Hier treffen wir auf weitere ehemalige Besatzungsangehörige der *Lützow*.«
Somit hatte der schwer beschädigte Zerstörer *Z 34* die gesamte Restbesatzung der *Lützow* in Stärke von 206 Mann an Bord.

Der Einsatz der 8. Artillerieträgerflottille in der Ostsee

Die 8. Artillerieträgerflottille (8. A-Fl.) wurde im April 1944 mit Befehl (OKM SKL Qu All Org.B.Nr.: 3026/ 4 G) vom 16. März 1944 in Rotterdam aufgestellt. Ihr Flottillenchef (Flo.Chef) war bis Kriegsende Oblt.z.S. Gerd-Dietrich Schneider.
Die Flottille war in den Kämpfen zur Abwehr der alliierten Invasion an der Westfront zwischen Le Havre und Ostende im Zeitraum von Juni bis September 1944 eingesetzt. Für die ausgezeichnete Führung seiner Flottille in dieser Zeit wurde dem Oblt.z.S. Schneider, damals erst 23 Jahre alt, am 3. Oktober 1944 das Ritterkreuz verliehen.
Am 31. März 1945 verlegte die 8. A-Fl. mit den noch vorhandenen Einheiten von Cuxhaven nach Swinemünde, wo sie am 8. April eintraf und der 10. Sich.Div., F.Kapt. Heydel, unterstellt wurde. Diese Division handelte im Befehlsbereich des »Kommandanten der Seeverteidigung Pommern«, Seekommandant: Kapt.z.S. J. Rieve.
Nach Swinemünde verlegten folgende Einheiten der Flottille:

Kennung	Kommandant (Kmdt.)
AF 100	Lt.z.S. d.R. Schuster
AF 102	Oblt.z.S. d.R. Stephan
AF 104	Lt.z.S. d.R. Budzinski
AF 106	Oblt.z.S. d.R. Bartelt (Führerboot)
AF 107	Lt.z. S. d.R. Zeitler
AF 109	Lt.z.S. d.R. Gerecke
D 242	unbekannt (Werkstattschiff)

Der Einsatz der 8. A-Fl. im Bestand der 10. Sich.Div. wird vom ehem. Flo.Chef Schneider, einem gebürtigen Stettiner, wie folgt geschildert: »Am 8. April 1945, kurz nach Mitternacht, trafen wir in Swinemünde ein. Die 5. A-Fl. unter Kptlt. Dietrich Cordes war dort mit den *AF 73, 74, 75, 77, 79, 80* und *81* bereits seit Ende Januar am Eichstaden stationiert. Das Führerschiff *Reiher* des Chefs der 10. Sich.Div. lag unmittelbar vor dem gekenterten Wohnschiff *Cordillera*, beim Leuchtfeuer des Eichstaden. An

Bord des Führerschiffes erstattete ich dem Div.Chef F.Kapt. Heydel Meldung. Zur Unterbringung meines Stabes mit einer Personalstärke von 35 Mann wurden mir drei Villen bzw. Pensionen in Ahlbeck zugeteilt. Für die Boote der Flottille erhielt ich den Liegeplatz am Eichstaden zugewiesen.
Da dieser Hafen aber schon randvoll und geradezu wegen dieser Massierung mir wie ein Magnet für Luftangriffe erschien, ich hatte da meine Erfahrungen von der Kanalfront – das Invasionstrauma –, erhielt ich die Genehmigung mir einen anderen Liegeplatz zu suchen. Nach der Einquartierung des U-Stabes fuhr ich mit dem Pkw nach Kamminke. Nach einer eingehenden Besichtigung des Hafens zeigte sich, daß dieser für unsere Boote zu klein war. Später dann fanden wir in der Kaiserfahrt den Hafen Kaseburg (Anm.: Es handelte sich hierbei um den Hafen, der für die 5. S-Fl. vorgesehen war und der erst während des Krieges gebaut worden war. Er ist somit auch in keiner der damaligen Seekarten enthalten. Die 5. S-Fl. operierte zu diesem Zeitpunkt von Bornholm aus – d. Verf.). Der Hafen war für die 8. A-Fl. geradezu maßgeschneidert.
Vom 10. bis 18. April hatte ich die Aufgabe, den bewaffneten Schutz der aus Stettin zu überführenden Docks bis zur Südeinfahrt der Kaiserfahrt zu gewährleisten. Insgesamt haben wir drei Dock-Geleite durchgeführt (11./12. April; 13./14. April und 17./18. April). Den Einsatz am 21. April mußten wir wegen zunehmender Helligkeit abbrechen. Auf unserer Fahrt am 14. April führten wir im Schlepp zusätzlich diverse Sportboote mit. Sie sollten zur Sicherstellung von Evakuierungsmaßnahmen über die Dievenow und Swine dienen. Nach Erfüllung der Aufgabe lief ich wieder in den Hafen von Kaseburg ein und wartete auf weitere Befehle. Zur Verstärkung meiner Flottille wurden mir zwei Marineartillerieleichter (MAL), *MAL 37* und *38*, unterstellt. Auf dem Marsch nach Swinemünde erhielt *MAL 37* vor Saßnitz einen Minentreffer und ging verloren. *MAL 38*, Kommandant Lt.z.S. d.R. Block, traf in der zweiten Aprilhälfte bei mir ein.
Entsprechend der sich schnell verändernden Frontlage erfolgte am 26. April eine Lagebespechungen beim Seekommandanten zur Festlegung von Evakuierungsmaßnahmen und ›Werwolf‹-Einsätzen auf den Inseln Wollin und Usedom. Noch galt ein OKW-Befehl, der das Halten dieser Inseln mit Swinemünde als lebensnotwendigen Stützpunkt für die Versorgung der Verteidigungsbereiche Hela und Kurland anordnete. Die Zivilbevölkerung durfte dagegen die Inseln verlassen. Als durch die massierten russischen Angriffe die Oderfront zusammenbrach, sollte die sogenannte ›Anklam-Front‹ aufgebaut werden. Hierbei hatte die 8. A-Fl. Übersetzversuche zur Insel Usedom und die 5. A-Fl. zur Insel Wollin durch russische Truppen zu verhindern.
Am 27. April ging der Befehl zum Anlaufen der Räumung von Swinemünde ein. Oblt.z.S. Bartelt, mein ›Ältester Kommandant‹ (ÄK), verlegte noch am gleichen Tag mit vier Artillerieträgern (*AF 106, 104, 107* und *109*) zur Räumung von Ueckermünde und zur anschließenden Sicherung der Eisenbahnbrücke Karnin und der Straßenbrücke Zecherin ab. Übersetzversuche waren zu verhindern.

Oblt.z.S. Schneider im Kreise seiner Offiziere und Oberfähnriche während der Werftliegezeit in Hamburg im Winter 1944/45.
(v.l.n.r. vordere Reihe):
Lt.(Ing.) Rudolf Samann,
Lt.z.S.d.R. Zeitler,
Oblt.z.S. Gerd-Dietrich Schneider,
Oblt.z.S.d.R. Ollrich Bartelt,
Oblt.z.d.R. Willy Stephan,
Ob.Fhr.z.S. Grötsch

Führerboot *AF 106* (Artillerieträger Typ D) im April 1945 auf dem Achterwasser. Das Führerboot war als einziges mit einem Funkmeßgerät ausgerüstet.
Vermessung : 355 t;
L/B/T/: 49,82 m / 6,61 m / 1,18-1,35m /;
Antr.: 3x125 PS LKW Diesel;
Geschw.: 8 sm/h
Bes.: 65 Mann
Bew.: 2x8,8 cm- L/35 U-Boot-Kanonen
1x3,7 cm L/30 U-Boot-Kanone
2x2,0 cm Vierling
2x1,5 cm MG / Luftwaffe
4x8,6 cm RAG

Selbst mußte ich zur Lagebesprechung beim Seeko. nach Ahlbeck. *AF 100* und *102* verblieben in Kaseburg in Sofortbereitschaft. 28. April 45 – Befehl:
›Gruppe Bartelt Brückensicherung bei Rückzug Divisions-Gruppe Ledebur nach Usedom. Nach Durchführung Unterstellung Kampfkommandant Wolgast. Sowjets vor Anklam und Ducherow.‹
Im Verlauf der Lagebesprechung am 28. April beim Seeko. wurde auf meine Veranlassung hin dem höheren Pionierführer ausdrücklich auferlegt, mit Rücksicht auf die

Lt.(Ing.) Rudolf Samann, 2. Flo.Ing. der 8. A-Fl. an Bord von *AF 107* im Hafen von Stralsund: 7. April 1945 verläßt die Flottille den Stralsunder Hafen zum Weitermarsch nach Wolgast.

auf der Peene operierenden Marineverbände, die zu den Inseln führenden Brücken nur im geöffneten Zustand zu sprengen.
Mein U-Stab verlegte über die Seebrücke Ahlbeck auf unser Werkstattschiff *D 242* und *MAL 38*. Beide Schiffe liefen über See nach Lauterbach, einem kleinen Hafen an der Südküste der Insel Rügen ab.
Durch die Verschärfung der militärischen Lage im Raum Wolgast erfolgte die Verlegung von zwei Artillerieträgern, *AF 75* und *AF 77* von der 5. A-Fl., zur Sicherung der Straßenbrücke Wolgast. Nördlich der Brücke gingen sie vor Anker.
Am 29. April erhielt ich den Befehl, den Artillerieträgereinsatz zur Unterstützung der Verteidigung von Wolgast einschließlich des Brückenüberganges zu koordinieren. Mit dem PKW fuhr ich nach Wolgast und meldete mich bei dem Kampfkommandanten von Wolgast. Von ihm erhielt ich einen aktuellen Situationsbericht. Eine Verteidigung der Stadt war seinerseits nicht vorgesehen und so erhielt ich von ihm zur Antwort: 'Verteidigt werde nicht, da das Heer die Peene-Stellung nicht hat halten können, dafür wird morgen geräumt!' Wir haben dann noch Verteidigungsmaßnahmen besprochen, um mit der Feuerunterstützung der zwei Artillerieträger die Rückführung von Kampfverbänden nach Usedom zu sichern. Zahlreiche Marine-Infanterieverbände passierten in den Abendstunden die Stadt und bezogen am Westufer der Insel Usedom, unmittelbar gegenüber der Stadt Wolgast, Stellung.«
An diesem 29. April 1945 erfolgte kurz nach 12.00 Uhr die beidseitige Sprengung der Zufahrtsrampen der Eisenbahn-Doppelhubbrücke Karnin. Damit war, nach nur 12jähriger Betriebszeit, eine der modernsten Eisenbahnbrücken in Europa zerstört. Sie stellte die kürzeste Ver-

Fliegeraufnahme Usedoms vom Mai 1993. Deutlich ist der Peeneübergang bei Wolgast zu erkennen.

kehrsverbindung zwischen Berlin und Swinemünde sowie zu den weiteren Ostseebädern auf den Inseln Usedom und Wollin dar. Zum Verteidigungssystem des Flottenstützpunktes Swinemünde gehörend wurde auch sie planmäßig zur Sprengung vorbereitet. In den Brückenpfeilern waren Sprengkammern eingebaut und mit Sprengstoff versehen. Zwischen den Stahlträgern der Hubbrücke war je eine 500 kg Fliegerbombe eingelagert und der Eisenbahndamm südlich der Brücke und nördlich des Bahnhofs Karnin durch Ankertau-Seeminen gesichert.

Augenzeuge Bruno Kruse, ehemaliger Brückenwärter, berichtet:

»Im Februar 1945 wurde ich als Eisenbahner von der Ostfront entlassen und nahm in meinem Heimatort Karnin die Tätigkeit als Brückenwärter bei der Eisenbahnbrücke auf. Am Tage der Sprengung hatte ich Dienst und befand mich im Brückenhaus. Wir sahen wie die schilfgedeckten Häuser von Kamp und der Anklamer Fähre brannten. Ein SS-Sprengkommando, vom Festland kommend, traf bei uns ein und teilte uns mit, daß die Brücke gesprengt wird. Die Bevölkerung von Karnin wurde durch das Kommando gewarnt. Brückenwärer Albert Hagemann, aus Karnin stammend, erhielt den Befehl hochzufahren. Wir wurden entlassen und konnten uns um unsere Familien kümmern. Die gesamte Bevölkerung von Karnin begab sich in die Nähe der Ortschaft Mönchow (1 km entfernt). Von hier aus erlebten wir die Sprengung. Im Moment als die Sprengung erfolgte lagen alle, um Schutz zu suchen, im Straßengraben. Einzelne Betonstücke flogen bis hierher. Personen wurden nicht verletzt. Als wir nach Karnin zurückkamen, sahen wir die Bescherung. Bei allen Häusern waren die Fenster raus und von einigen Häusern sogar die Dächer abgedeckt bzw. diese schwer beschädigt. Wir Eisenbahner mußten dem SS-Kommando den Bahndamm entlang folgen. In Erinnerung an meine Rußlanderlebnisse setzte ich mich bei der ersten besten Gelegenheit ab und ging zurück nach Karnin.«

Die Sprengung erfolgte zentral vom Stellwerk KOB (Karnin-Ost-Bude) des Bahnhofs Karnin aus. Außer der Hubbrücke wurden alle Brückenpfeiler der Zufahrtsrampen und diese selbst gesprengt. Das Fahrwasser war somit nicht behindert und gestattete die freie Durchfahrt. Um mögliche Übersetzversuche sowjetischer Einheiten zu verhindern, waren zwischen der Zecheriner und der Karniner Brücke die Reste einer Panzergrenadierdivision mit

Ansicht der gesprengten Zecheriner Straßenbrücke mit geöffneter Brückenklappe.

einer Stärke von etwa 300 Mann in Stellung gegangen. Der ehemalige Flo.Chef G.-D. Schneider berichtet über die weiteren Ereignisse:
»Am Morgen des 30. April hatte die Stadt Wolgast weiß geflaggt, der Gefechtslärm war hörbar näher gerückt. Von Süden her war die Gruppe Barthel eingetroffen, sie verlegte um 11.20 Uhr bereits wieder zurück zur Brückensicherung bei Zecherin und Kamp/Karnin. Um 12.40 Uhr laufen die AT wieder Richtung Wolgast und gehen in Höhe Hohendorf um 15.45 Uhr im Fahrwasser vor Anker. Bei einer Erkundungsfahrt kommt *AF 106* um 17.20 Uhr bei Ziemitz fest. Über die Nordansteuerung von Wolgast trafen drei Marinefährprahme (MFP) ein und liefen nördlich Wolgast auf den Strand. Sie hatten die Aufgabe, im äußersten Notfall Truppen aufzunehmen. Nach Seekarte ließ ich durch *AF 75* und *77* einige 8,8-Lagen, zur Entla-

Ansicht der Eisenbahn-Doppelhubbrücke bei Karnin (erbaut von 1932 bis 1934), bevor sie am 29. April 1945 gesprengt wurde.

stung der kämpfenden Einheiten, auf die südwestliche Zufahrtsstraße (Kreuzung R 111) nach Wolgast schießen. Diesen Widerstand nicht erwartend, unterbrachen die Russen ihren Angriff. Für eine kurze Zeit war der Vormarsch gestoppt und die vorderste Linie konnte zurückgenommen werden. Nachmittags verstärkten sich die Kampfhandlungen vor der Stadt, truppweise ging die Infanterie über die Brücke auf die Insel Usedom zurück. Die Marine-Infanterie ging an Bord der MFP und lief nach Norden ab. Am späten Nachmittag des 30. April 1945, die letzten Einheiten hatten die Brücke passiert, wurde die Klappe aufgerichtet und die beidseitigen Brückenteile gesprengt. Mit den beiden mir unterstellten Artillerieträgern lief ich nach Peenemünde ab.
Nachmittags erreichte ich Peenemünde. Um mögliche Übersetzversuche von Kröslin her zu verhindern, blieb *AF 75* vor dem Hafen in Bereitschaft, während ich mit *AF 77* in den Hafen einlief.
Hier erlebte ich die Evakuierung des verbliebenen Luftwaffenpersonals mittels Lastkähnen, Selbstfahrern, Jachten und anderen Fahrzeugen.«
Die sich von Peenemünde nach Westen absetzenden Wehrmachtseinheiten bereiteten alles zur Sprengung des Kraftwerkes der Heeresversuchsanstalt Peenemünde vor. Beabsichtigt war, vom Krösliner Ufer aus die Sprengung auszulösen. Unter Leitung des damaligen und auch späteren Direktors des Kraftwerkes, Herrn Ing. Petzold, wurde die Sprengung durch Zerschneiden der Zündkabel verhindert. Er selbst hat dann das Werk unzerstört einem sowjetischen Kommandeur der Peenemünde besetzenden Einheit übergeben.
Herr G.-D. Schneider berichtet weiter:
»Am 1. Mai holte man mich mit einem Krad zur Lagebesprechung beim Seeko. nach Ahlbeck. Hier erfahre ich, daß mein Führerboot *AF 106* im betonnten Fahrwasser der Peene, bei Ziemitz, auf Grund festgekommen sei. Wegen des niedrigen Wasserstandes konnte es bisher nicht freigeschleppt werden. Von Negenmark aus erhielten die Boote bereits Panzerbeschuß. *AF 104* erhielt einen Treffer, und es waren zwei Schwerverwundete zu beklagen. Wie wir über FT erfuhren, mußten um 20.30 Uhr die Abschleppversuche vorerst eingestellt werden. Die Besatzung von *AF 106* war an das Hochufer bei Ziemitz, zur Verteidigung des Bootes, in Stellung gegangen. Dazu hatten sie die 2 cm Vierlings Flak ausgebaut und in eine separate Landlafette, die wir nach unseren Invasionserfahrungen vorsorglich angefertigt hatten, eingebaut und an Land aufgestellt. Die anderen drei Boote liefen in die Krumminer Wiek und gingen um 21.00 Uhr vor Neeberg vor Anker. Im Morgengrauen des 1. Mai hatte dann *AF 109*, im Schutz der anderen Boote, wiederholt versucht, *AF 106* freizuschleppen. Doch ohne Erfolg. Die Boote gingen vor Krummin vor Anker. Auf dem Rückweg nach Peenemünde fuhr ich nach Krummin und ich besprach mit den Kommandanten die weiteren Bergungsmaßnahmen und erläuterte ihnen gleichzeitig die militärische Lage, wonach die Räumung Swinemündes bevorstand. Danach fuhr ich nach Peenemünde und mußte feststellen, daß *AF 77* den Hafen verlassen hatte und auf der Peene auf und ab stand. Von einem Flak-Stand aus ließ ich das Boot anmorsen, worauf man mich mit einem Dingi abholte. An Bord erfahre ich dann, daß sie von Kröslin aus Panzerbeschuß erhalten hatten und daraufhin ausgelaufen seien. Gleichzeitig teilte man mir den Tod von Hitler mit.
Am Morgen des 2. Mai traf dann über Funk die Hiobsbotschaft ein, daß die Abschleppversuche in der Nacht gescheitert waren und *AF 106* bei Hellwerden gesprengt werden mußte. Damit hatten wir ein kampfstarkes Boot verloren, was als einzigstes meiner Flottille mit einem Funkmeßgerät ausgerüstet war. Wie ich später erfuhr, ging die Besatzung von *AF 106* nach Swinemünde.
Da die Benutzung der Peene über Wolgast nicht mehr möglich war, liefen die anderen drei Boote unter Führung von *AF 109* um 23.50 Uhr Richtung Swinemünde ab.
Wie ich erfuhr, erhielten die Boote beim Passieren von Lassan Panzerbeschuß, passierten die im offenen Zustand gesprengten Brücken von Zecherin sowie Kamp/Karnin ohne Störung und machten um 07.30 Uhr in Kaseburg fest.«

In der Nacht erhält Lt.z.S. Gerecke, Kommandant von *AF 109*, ein FT, in dem er erfährt, daß Übersetzversuche bei der Karniner Eisenbahnbrücke abgewehrt werden konnten. Er berichtet:
»Als ich die Meldung von Übersetzversuchen der Russen bei der Eisenbahnhubbrücke Kamp/Karnin erhielt, setzte ich kurz nach Mitternacht *AF 104* und *AF 107* in Marsch. Selbst lief ich mit anderen Einheiten durch die alte Swine in das östliche Haff, wo wir Störfeuer auf die Straße bei Soldemin, westlich Wollin, schossen. Hierbei hatten wir russische Tiefflieger abzuwehren. Abends machten wir ohne Verluste und Schäden in Kaseburg fest.
Die anderen beiden Boote bekämpften um 05.10 und 07.30 Uhr sowie in der Zeit von 10.00 bis 10.30 Uhr russische Übersetzversuche bei der Brücke Karnin. Dabei wurde Wirkungsfeuer auf Floßansammlungen und feindliche Stellungen in den Kamper Wiesen geschossen. Selbst hatten sie feindliches Artilleriefeuer und Tieffliegerangriffe abzuwehren. Auf dem Rückmarsch nach Kaseburg mußten weiterhin laufende Tieffliegerangriffe abgewehrt und Ari-Beschuß aus Neuwarp ausmanövriert werden. Um 16.30 Uhr konnten auch *AF 104* und *AF 107* ohne Verluste und Schäden in Kaseburg wieder festmachen. *AF 104* lief anschließend nach Swinemünde, um die Trefferschäden vom 30. April provisorisch beheben zu lassen.«

Führerschiff *Reiher* des Kommandeurs der 10. Sich.Div., F.Kapt. Heydel.

Über die weiteren Ereignisse des 3. Mai berichtet Bruno Kruse:
»In den Vormittagsstunden sah ich am Festlandufer eine große Anzahl von Russen. Ein anfliegender russischer Doppeldecker beschoß uns mit Bordwaffen, ansonsten blieb es ruhig. Am späten Vormittag sah ich Einheiten der Kriegsmarine und es kam zu einem Feuergefecht, wobei die Russen ihre ›Katjuscha‹ einsetzten. Einige Häuser in Karnin erhielten Treffer und brannten. Auch das Bahnhofsgebäude, in dem wir wohnten, wurde durch ein reaktives Geschoß getroffen. Glücklicherweise war es ein Blindgänger, dessen Einschlagstelle noch heute zu sehen ist. Die Artillerieträger der Kriegsmarine liefen zurück ins Haff.«
Nach dem Ablaufen der AT und dem Absetzen der Infanterie der Panzergrenadierdivision querten sowjetische Einheiten die Peene und stießen bis zur Stadt Usedom vor.
Am 4. Mai lagen *AF 107* und *109* gut getarnt in der Kaiserfahrt, während laufende sowjetische Fliegerangriffe auf Swinemünde und die Reede geflogen wurden. Erst am Nachmittag werden sie entdeckt und müssen drei Angriffe abwehren, Verluste sind nicht zu beklagen. Ein Maschinenschaden auf *AF 104* verzögerte das Ablaufen nach Westen. Obwohl der Schaden noch nicht ganz behoben ist, entschließen sich beide Kommandanten zum Ablaufen. *AF 109* nahm *AF 104* in Schlepp, und so legen beide Boote um 21.30 Uhr ab. Kurz darauf ist der Schaden auf *AF 104* behoben und beide Boote steuern Swinemünde an, übernahmen die dort wartende Besatzung von *AF 106* und verlassen Swinemünde in Richtung Kopenhagen.
Flo.Chef, G.-D. Schneider, berichtet weiter:
»Nachdem ich am 2. Mai Peenemünde verlassen hatte, befand ich mich mit *AF 77* und *AF 75* im Greifswalder Bodden und hatte Übersetzversuche nach Rügen zu verhindern.
Deutlicher Kampflärm auf dem Festland und zahlreiche Überflüge zeigten mir die Aktivität des Gegners an. Im Raum Struck-Freesendorf kommt es zu einem kurzen Feuergefecht mit einem *T 34*, den wir im direkten Richten mit der 8,8 abschossen.
Nachmittags treffe ich mich mit den aus Lauterbach ausgelaufenen *MAL 38* und *D 242*, die meinen U-Stab an Bord haben.
Steige auf *MAL 38* über und verlege zum Hafen Greifswalder Oie. Zur Verstärkung treffen *AF 100* und *AF 102* aus Swinemünde kommend ein. Ich stieg auf *AF 102* über und führte diese Aufgabe bis zum 4. Mai weiter durch. Stützpunkt in diesen letzten Tagen war der kleine Hafen der Insel Greifswalder Oie. Am 4. Mai 1945 wurden im Rahmen der Truppenevakuierung über Swinemünde die Stellungen gegenüber von Wolgast geräumt und hinter die Landenge von Zempin verlegt. Um diese Truppenbewegung zu unterstützen, sollten wir von der offenen See aus den sich bildenden russischen Brückenkopf gegenüber Wolgast beschießen. Zunehmender Wind und Seegang verhinderten aber aufgrund der stärker werdenden Eigenbewegung der Artillerieträger letztendlich den Be-

Betonreste des gesprengten Leitstandes (aufgenommen am 7. Juni 1987). Die Leitstelle stand im Mai 1945 noch etwa 40 m von der Steilküste entfernt. Wind und Wellen haben das Land abgetragen, so daß die Trümmer vom Hochufer abgestürzt sind.

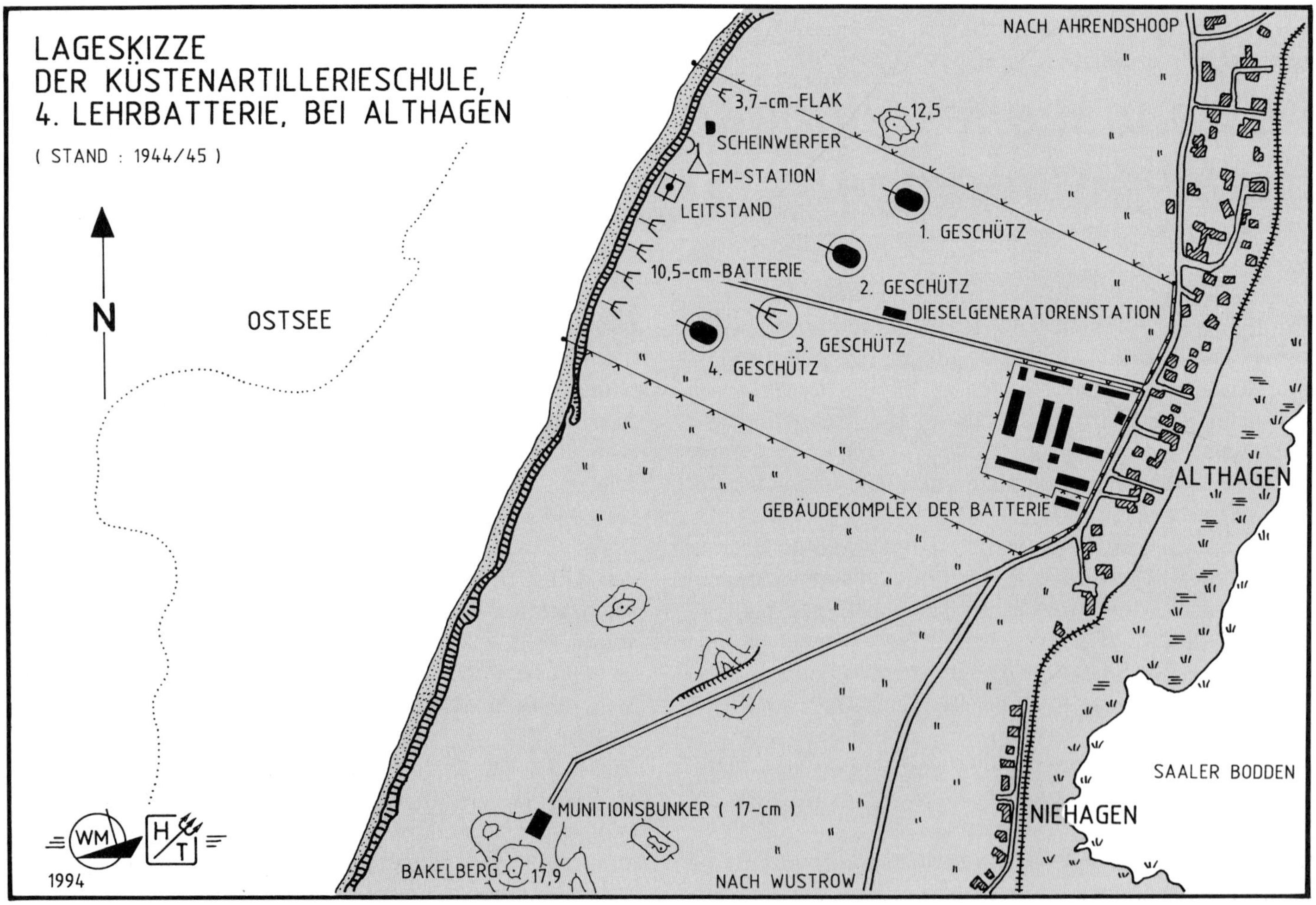

Signalmaat Erhard Piontkowski an Bord des *Netzleger I* ex *Franz E. Schütte.*

dieser Batterie drohende Gefahr bekannt. Aus diesem Grund veranlaßte Generaloberst Batow die Bereitstellung von einigen 22 cm Geschützen am Ostufer des Saaler Boddens zur eventuellen Niederkämpfung der Althagener Batterie.

Es ist der Besonnenheit des NSDAP-Ortsgruppenleiters, dem Ahrenshooper Lehrer Deutschmann zu danken, einen erhaltenen Befehl im Interesse der Bevölkerung nicht durchgesetzt zu haben. Der Befehl lautete: »Beim Erscheinen der Russen ist bis zur letzten Granate zu schießen!« Der damalige Maat Werner Eknigk, heute wohnhaft in Althagen, war Angehöriger der Batterie, gehörte zum Sprengkommando und erinnert sich: »Seit dem 18. Januar 1943 gehörte ich zur Stammbesatzung der Küstenartillerieschule (Küst.-Art.-Schule), 4. Lehrbatterie. Lehrgruppenführer der Batterie war Kptlt.M.A.d.R. Dr. Krappmann (Studienrat), Kompaniechef der Stammbesatzung Oblt.M.A.d.R. Major und Leitstandoffizier Oberfeldwebel Görn aus Hamburg. Selbst war ich erst im Leitstand und später im Artilleriebüro tätig.

Anfang Januar 1945 kam eine FM-Kompanie in einer Stärke von etwa 120 Mann nach Althagen und nahm im Kurhaus Quartier. Lehrgruppenführer war Kptlt.d.R. Wegener. Sie kamen aus dem Osten, doch ich weiß heute leider nicht mehr von wo.

In Kenntnis der militärischen Lage ließ Kptlt. Krappmann um den 20. April seine Familie mit LKW der Firma Bachmann nach Westen bringen. Am 21. April wurde er zur Dienstbesprechung nach Kiel befohlen und mußte diese Reise ebenfalls mit einem LKW antreten. Wie wir später erfahren haben, geriet er in einen Fliegerangriff und zog sich beim Indeckunggehen eine Gehirnerschütterung zu. Das Kriegsende erlebte er in einem Krankenhaus.«

In seinem Buch über »Ahrenshoop« schreibt F. Schulz auf S. 116: »Am 2. Mai ließ Deutschmann durch seinen Verbindungsmann, einen Feldwebel, an Kptlt. Wegener den Befehl überbringen:

Leitstandsmaat Werner Eknigk und sein Leitstandoffizier, Ob.Fähnrich Hans Ekat von der Küst.-Art.-Schule, 4. Lehrbatterie, in Althagen im April 1944.

Beurlaubungen
(ausgenommen Standort- und Sonntagsurlaub)

1. Vom ... bis ... nach ...
Grund: ...
Dienststelle den ...
Feldpostnummer 07224
(Unterschrift des Disziplinarvorgesetzten)

2. Vom ... bis ... nach ...
Grund: ...
den ...
Dienststempel (mit Feldpost-Nr.)
(Unterschrift des Disziplinarvorgesetzten)

3. Vom 24.3. bis 8.4.42 nach Finsterwalde N.L.
1942 Grund: Jahresurlaub
Dienststelle den 23.3.42
Dienststempel
Feldpostnummer 07224
(Unterschrift des Disziplinarvorgesetzten)

Vom 1.10.42 bis 22.10.42 nach Finsterwalde
Grund: Erholungsurlaub
den 1. Oktober 1942
Dienststempel (mit Feldpost-Nr.)
(Unterschrift des Disziplinarvorgesetzten)
Leutnant M.A. u. Batteriechef

36

5. Vom 26.11.42 bis 2.12.42 nach ...
Grund: Sonderurlaub
den 25 November 1942
Dienststempel (mit Feldpost-Nr.)
(Unterschrift des Disziplinarvorgesetzten)

6. Vom 1.10. bis 14.10.43 nach Finsterwalde
Freifahrt (14+2 Tg.) Grund: Erholungsurlaub
den 30. September 1943
Dienststempel (mit Feldpost-Nr.)
(Unterschrift des Disziplinarvorgesetzten)
Leutnant M. A. u. Komp.-Chef

7. Vom 27.12.44 bis 2.1.45 nach Finsterwalde
Freifahrt 5+2 Tg. Grund: Sonderurlaub eigene Hochzeit
den 21.12.44
Dienststempel (mit Feldpost-Nr.)
(Unterschrift des Disziplinarvorgesetzten)
Oberleutnant M. A. u. Batteriechef

8. Vom 2.5.45 auf weiteres
in Vernichtung ... Grund: ...
Dienststempel (mit Feldpost-Nr.)
Schlacke
Lt. (MA) u. Batt...
(Unterschrift des Disziplinarvorgesetzten)
Schlacke, Lt. (MA)

Faksimile aus dem Soldbuch des ehemaligen Angehörigen der Küst.-Art.-Schule, 4. Lehrbatterie, Maat Werner Eknigk. Von besonderer Bedeutung ist die letzte Eintragung vom 2. Mai 1945. Leutnant Schlacke war Lehrgangsteilnehmer und gehörte nicht zu Stammbesatzung.

›Es wird nicht geschossen, alle Kriegsgeräte (Geschütze und Munition) sind vor Mitternacht zu sprengen.‹
Noch zwei Stunden lang beriet Wegener mit einigen Vertrauten über etwaige »Verteidigungsmaßnahmen«. Schließlich aber siegten die Vernünftigen und der Verbindungsmann teilte Deutschmann um 19.00 Uhr mit, daß sein Befehl befolgt und zwischen 23.00 und 24.00 Uhr alles gesprengt würde. So geschah es dann auch.
Werner Eknigk berichtet weiter:
»Es wurden an allen Geschützen und dem Leitstand Sprengladungen angebracht. Zu einem sofortigen Sprengen konnten wir uns aber doch noch nicht entschließen. Kleinere SS-Gruppen, vom Darß kommend, durchzogen Althagen, um nach Wustrow zu gelangen. Auf einen Schußwechsel mit der SS wollten wir uns nicht einlassen. Als erstes sprengten wir den Leitstand und danach das 2. Geschütz. Beabsichtigt war die Sprengung des Rohres und der Turmtechnik. Unerwartet für uns kam es zur Ansprengung der tiefer liegenden Munition. Das ganze Geschütz flog auseinander und die umherfliegenden Trümmer hätten uns fast erwischt. Bei den nächsten Sprengungen gingen wir dann etwas vorsichtiger zu Werke. Wir verblieben in unseren Unterkünften und warteten auf den nächsten Morgen.
Am frühen Morgen des 3. Mai erschien aus Wustrow eine sowjetische Vorausabteilung und kontrollierte sozusagen unser Vernichtungswerk. Da alles zerstört war ließ man uns in Ruhe, und sie fuhren zurück.« F. Schulz faßt die Ereignisse des 1. und 2. Mai auf S. 116 richtig zusammen, wenn er formuliert: »Ahrenshoop, Alt- und Niehagen waren nicht nur Luftbombardements, sondern auch ein vernichtender Artilleriebeschuß erspart geblieben!«

U-Boot-Netzsperre

Die Auslegung der U-Boot-Netzsperre erfolgte in unmittelbarer Vorbereitung des Rußlandfeldzuges vom Sommer 1941. Es erging der Befehl, daß ab 8. Juni 1941 mit der Auslegung der vorbereiteten Hafenschutzsperren in der

Feierlicher Appell in der Küst.-Art.-Schule, 4. Lehrbatterie, im Februar/März 1945. Im Hintergrund ist die Höhe 12,5 zu sehen. Rechts, außerhalb des Bildes, befanden sich die Geschützstellungen.

östlichen und mittleren Ostsee sowie der U-Boot-Netzsperre Gedser Meerenge zu beginnen sei.
Für das Einsatzgebiet der Ostsee und deren Zugänge war die »Netzsperrflottille Mitte« verantwortlich. Das Legen der U-Boot-Netzsperre erfolgte durch den *Netzleger I* ex *Franz E. Schütte*, einem 2042 BRT großen ehemaligen Frachter der Argo-Reederei. Die Sperre bestand aus zwei fest verankerten Teilabschnitten. Diese wurde in Richtung Land bis zu einer Wassertiefe von 5 m verlegt. Im Verlauf des Zwangsweges (Weg 1) befand sich ein beweglicher Netzsperrteil von 60 bis 80 m Länge zur Sperrung der Netzdurchfahrt. Für die Bewachung waren fünf bis sechs Wachschiffe, die längs der Netzsperre auf und ab standen, im Einsatz. Unmittelbar nach der Besetzung Dänemarks erfolgte der Aufbau einer Küstenbatterie (12,7 cm?) auf der Südspitze der Insel Falster, östlich des Fährhafens Gedser. Sie war sowohl für den Schutz des Hafens als auch für die U-Boot-Netzsperre vorgesehen.
Um eine sichere Passage der Sperre zu gewährleisten wurde ein Lotsendienst eingerichtet und dem Sperrkommando Warnemünde unterstellt. Zwei Wachschiffe zur Aufnahme der Sperrlotsen waren im Abstand von etwa zwei Seemeilen nördlich und östlich der Sperre verankert.
Als Lotsenübersetzboote kamen unter anderem die Fischkutter *Wa 1* und *Wa 2* zum Einsatz.
Fischer Joachim Peters aus Warnemünde berichtet: »Im Sommer 1941 wurde Vater mit seinem Kutter *Wa 1* (*Emmi*) und Karl Tettweiler mit *Wa 2* (*Magdalena*) zum Sperrkommando dienstverpflichtet. Um an den zu lotsenden Schiffen längsseits gehen zu können, mußten die Kutter abgetakelt werden. Danach fuhren wir ständig zwischen den Wachschiffen *Elbe II* und *Pinguin* hin und her. Zudem erledigten wir Zubringerfahrten zwischen den Wachschiffen und Warnemünde.
Anfang November 1941 kollidierte *Wa 1* bei stark bewegter See mit dem Wachschiff *Pinguin*, schlug leck und ging unter. Wir konnten uns auf das Wachschiff retten. Betreffs der Lotsen kann ich mich nur noch an den Lotsen Fietow vom Kaiser-Wilhelm-Kanal erinnern.«
Bisher konnte nicht in Erfahrung gebracht werden, wann das Sperrkommando die Lotsungen an der U-Boot-Netzsperre einstellte und die Sperre teilweise aufgenommen hatte. Bekannt ist jedoch, daß nach dem Krieg die restlichen Netzsektionen mit den noch vorhandenen Tragebojen abgeschossen wurden.

Die sowjetischen Fliegerangriffe auf die in der Pommerschen Bucht befindlichen Schiffe und Boote – 4. Mai 1945

Die Gefechtstätigkeit der Marinefliegerverbände der Baltischen Rotbannerflotte konzentrierte sich im Zeitraum April/Mai besonders auf die Pommersche Bucht (Oderbucht) mit dem Flottenstützpunkt Swinemünde.
Die schnelle Einnahme küstennaher Flugplätze und Seefliegerhorste sowie anderer Einrichtungen und Anlagen der deutschen Luftwaffe und Kriegsmarine sowie erbeuteter Treibstoff- und Munitionsvorräte verschoben den Aktionsradius nach Westen und gestatteten Einsätze im Raum der Pommerschen Bucht bis zur Insel Rügen. Die spezifischen Aufgaben der sowjetischen Marineflieger bestanden darin, selbständig und im Zusammenwirken mit der 4. Luftarmee die Küstenflanke der Roten Armee vor Beschießungen durch deutsche Überwasserkräfte zu sichern und Seetransporte sowie Nachschubhäfen und Stützpunkte des Gegners zu bekämpfen.
Nach Angaben der sowjetischen Luftaufklärung stützen sich auf den Hafen von Swinemünde etwa 30 bis 40 geg-

Das Frachtturbinenschiff *Kurmark* der Hamburg-Amerika-Linie. Am 27. März 1930 i.D. gestellt, erfolgte nach Ausbruch des Krieges der Umbau zum Hilfskreuzer HSK 1 *Orion*. Sein Einsatz erfolgte im Atlantik sowie Pazifik für den Zeitraum von Dezember 1939 bis August 1941. Danach wurde es als Werkstattschiff und am 12. Januar 1944 als Artillerieschulschiff *Hektor* in der Ostsee eingesetzt. Im März 1945 erfolgte die Umbenennung wieder als *Orion*.

Vermessung:	7 021 BRT;	Geschw.:	14 sm/h;	4 x 3,7 cm Doppellafetten
L/B/T:	148,00 m / 18,60 m / 8,20 m;	Bew.:	6 x 15 cm	4 x 2 cm Doppellafetten
Antr.:	Dampfturbine 6 200 PS;		1 x 7,5 cm	2 x 3 TR 53,3 cm

Kapitänleutnant Robert Hering, Kommandant des Flottentorpedobootes *T 36*. Unter seiner Führung konnte die Besatzung 564 Schiffsbrüchige des am 30. Januar 1945 um 21.08 Uhr torpedierten Passagierschiffes, *Wilhelm Gustloff* retten.

nerische Kriegsschiffe unterschiedlicher Art. Gedeckt wurden diese durch Jagdfliegerstaffeln und starke Flakgruppierungen von Heer, Luftwaffe und Marine.
Nachdem am 30. April der Befehl zur Räumung des Festungsbereiches Swinemünde erteilt wurde, begannen die Evakuierungsmaßnahmen für die militärischen Einrichtungen und Einheiten anzulaufen. Alle Brückenverbindungen zu den Inseln Usedom, Wollin und Gristow waren bereits gesprengt sowie Minensperren angelegt worden, so daß eine kurzzeitige Behinderung des Vordringens von Einheiten der Roten Armee erreicht werden konnte. Die Landungspionierbrückenkompanie (Ldgs.Pi.Br.Kp.) 768 begann am 1. Mai auf der Insel Usedom mit dem Bau von Landungsbrücken bei Zinnowitz und Bansin sowie am 3. Mai westlich von Misdroy, auf der Insel Wollin. Die Aktion »Knobelbecher« – Räumung Swinemünde – konnte beginnen.

In planmäßigen Abwehrkämpfen zogen sich die deutschen Einheiten an die Küsten der Inseln Usedom und Wollin sowie deren Häfen zurück, von wo aus die Einschiffung erfolgte.

Vorgesehen war, die gesamte Räumung am 4. Mai abzuschließen und die Hafeneinfahrt von Swinemünde durch die Versenkung des schwer beschädigten aber noch fahrtüchtigen Frachtschiffes *Winrich von Kniprode* (10 131 BRT) zu blockieren. Dazu kam es nicht mehr, da das Schiff letztendlich doch für die Evakuierung genutzt werden mußte.

Um einen wirkungsvollen Schlag gegen die deutschen Kriegsschiffe in der Pommerschen Bucht führen zu können, erfolgte durch den Stab der sowjetischen Marinefliegerkräfte die Ausarbeitung eines speziellen Angriffsplanes. Dieser sah nachstehende Aufstellung vor:

Das Wrack des Artillerieschulschiffes *Orion* auf der Reede vor Swinemünde liegend. Die Aufnahme erfolgte im Sommer 1945. Rechts im Bild sieht man das Wrack des Linienschiffes *Schlesien*.

Schlaggruppen:
20 Flugzeuge vom Typ A-20 DO »Boston« des 51. Minen-Torpedo-Fliegerregiments.
Gefechtssicherungsgruppen:
28 Flugzeuge vom Typ IL-2 des 7. Garde-Schlachtflieger-Regiments.
Deckungsgruppen:
48 Flugzeuge vom Typ Jak-9 des 12. und 21. Jagdflieger-Regiments.
Aufklärungsgruppen:
6 Flugzeuge vom Typ Jak-9R des 15. selbständigen Aufklärungsflieger-Regiments.

Da Verluste und Beschädigungen an Flugzeugen in Rechnung zu stellen waren, erhielten die Piloten die Weisung, die Schiffe möglichst von der Seeseite her anzugreifen und sofortige Wiederholungsanflüge zu vermeiden. So war die Möglichkeit einer Notlandung in Küstennähe bzw. auf Land zur Rettung der Besatzungen gegeben. Am 4. Mai 1945, um 09.30 Uhr, begann die sowjetische Luftoffensive gegen die auf Reede vor Swinemünde liegenden deutschen Kampf- und Hilfsschiffe.
Aus einem Erinnerungsbericht des ehemaligen Gefechtsrudergängers von SAT 14 – *Berkelstroom*, Joachim Peters:
»Am 22. April 1945 wurde ich als Gefechtsrudergänger an Bord des Schweren Artillerieträgers SAT *Berkelstroom (B)*, der in Swinemünde Osternothafen lag, kommandiert.
In den Morgenstunden des 4. Mai bekam unser Kommandant den Befehl, die Bevölkerung zum Mitfahren aufzufordern. Bereits um Mitternacht hatten wir begonnen, seeklar zu machen und lagen zum sofortigen Auslaufen bereit. Einige Besatzungsangehörige, so auch ich, erhielten den Befehl, mittels Glasen einer kleinen Glocke die Bevölkerung zur Mitfahrt aufzufordern. Wir rannten durch die Straßen von Osternothafen, einige ließen sich sogar mit der Fähre nach Swinemünde übersetzen. Es meldete sich aber keiner zur Mitfahrt. In den Vormittagsstunden lief der Verband, bestehend aus vier schweren Artillerieträgern, aus und formierte sich auf Reede. Führerschiff war SAT *August* (A). Unsere Aufgabe bestand in der Überführung verschiedener Typen technischer Schiffe, wie z.B. dem Schwimmkran *Langer Heinrich* sowie den Segelschiffen *Padua* und *Kommodore Johnsen*. Der Verband hatte sich gerade formiert, als sowjetische Flugzeuge aus Südost angriffen. Die schweren Artillerieträger eröffneten das Feuer, eine Maschine wurde abgeschossen, während die anderen erfolglos nach Osten abdrehten. Mit einer Marschgeschwindigkeit von etwa 4,0 sm/h verließen wir die Reede von Swinemünde.
Da im Fehmarnbelt mit Fliegerangriffen zu rechnen war, steuerten wir den Sund an und liefen über das Kattegatt, den Großen Belt in Richtung Flensburger Förde, die wir Mitte Mai wohlbehalten erreichten.«
Nachstehende Tabelle wurde auf der Grundlage einer Ausarbeitung von Oberst Prof. Dr. P. N. Iwanow erarbeitet und stützt sich auf die Aussagen der am Luftangriff vom 4. Mai beteiligten sowjetischen Piloten.

Moskauer Zeit (DSZ)	Flugzeuge Anzahl	Typ	Ergebnis
1. Angriff: 11.30 Uhr (09.30 Uhr)	10 24 40	A-20 DO IL-2 Jak-9	– Volltreffer auf dem LS *Schlesien* mit einer Bombe FAB-500 – Versenkt wurden: 3 Transporter, 2 Minensucher
2. Angriff: 16.07 Uhr (14.07 Uhr)	6 16 16	A-20 DO IL-2 Jak-9	– Unterwasserdetonation am LS *Schlesien* – Versenkt wurden: 1 Transporter, 1 Wachschiff – Beschädigt wurden: 2 zerstörergroße Kriegsschiffe, 1 Transporter
3. Angriff: 20.03 Uhr (18.03 Uhr)	5 16 16	A-20-DO IL-2 Jak-9	– Volltreffer auf dem Achterschiff des LS *Schlesien* mit einer Bombe FAB-1 000 – Versenkt wurden: 1 Transporter, 1 Kriegsschiff (als Zerstörer angesprochen) – Beschädigt wurden: 1 Minensucher, 1 Wachschiff

Anm.: DSZ: Deutscher Sommerzeit

Damit endete am 4. Mai der im großen Maßstab durchgeführte Angriff sowjetischer Marineflieger gegen die auf Reede liegenden Schiffe. Insgesamt sollen hierbei 135 Einsätze geflogen worden sein. Über abgeschossene bzw. beschädigte Flugzeuge konnten aus der sowjetischen Literatur keine Angaben ermittelt werden. Im weiteren war es bis heute nicht möglich nachzuweisen, daß Flugzeuge der deutschen Luftwaffe zum Schutz der Schiffe zum Einsatz gekommen waren. Eine zusammenfassende Auswertung nach sowjetischen Aufklärungsangaben ergab:

a) Treffermeldung:
   - Schwerer Kreuzer *Prinz Eugen*
   - 3 Zerstörer oder Torpededoboote

- 1 Minensucher
- 1 Wachschiff
- 1 Transporter (3000 BRT)

b) Versenkungsmeldung:

- Linienschiff *Schlesien*
- Hilfskreuzer *Orion*
- 2 zerstörergroße Kriegsschiffe
- 2 Minensucher
- 1 Wachschiff
- 6 Transporter (ges. 29000 BRT)

Ausgehend von den tatsächlichen Begebenheiten, vorliegenden Dokumenten sowie Augenzeugenberichten kann eine Korrektur der sowjetischen Erfolgsmeldung vorgenommen werden.

Treffermeldungen durch Bordwaffenbeschuß oder Bombenabwurf, die zu Beschädigungen führten (ausschließlich *T 36*), werden hier nicht näher untersucht, da sie von untergeordneter Bedeutung sind.

Auf der Grundlage einer Analyse zur Wracklage im betrachteten Seegebiet ergeben sich folgende Schiffsverluste für den 4. Mai 1945:

Lfd. Nr.	Name	Kriegsverwendung
1.	*Hummel*	Flakschiff
2.	*Orion*	Artillerieschulschiff
3.	*T 36*	Flottentorpedoboot (schwer beschädigt, gesprengt)
4.	?	Minenschiff
5.	?	Minenräumboot
6.	?	Flakkreuzer (?)
7.	?	Transportschiff
8.	?	Transportschiff

Im weiteren müssen zu einzelnen Schiffen einige Erläuterungen zur geschichtlichen Richtigstellung dargelegt werden.

Schwerer Kreuzer *Prinz Eugen*:

Am 14. April 1945 wurde die 2. KGr., zu der auch die *Prinz Eugen* gehörte, aufgelöst, und da sich der Schwere Kreuzer verschossen hatte, erfolgte seine Verlegung nach Kopenhagen. Somit befand er sich zum Zeitpunkt des Fliegerangriffs nicht mehr im Seegebiet der Pommerschen Bucht.

Linienschiff *Schlesien* – genannt *Sophie Nanni* (SN):

Das bereits mit dem Vorschiff auf Grund aufsitzende Linienschiff wurde bei keinem Angriff durch Bomben getroffen. Nach dem zweiten Angriff erteilte Vizeadmiral Leo Kreisch, »Führer der Zerstörer« (F.d.Z.), den Befehl zur Sprengung der *Schlesien*. Von einer Totalsprengung mußte abgesehen werden, da sich etliche Schiffe in unmittelbarer Nähe des Linienschiffes befanden. Aus den Aufzeichnungen der Logkladde von *T 36* geht hervor, daß die Sprengung um 15.50 Uhr stattfand.

Fregattenkapitän Hans-Eberhard Busch im Jahre 1942. Als Kapitän zur See übernahm er im Oktober 1944 das Kommando des Linienschiffes *Schlesien*.

Durch Herrn Dr. Eckart Busch, Sohn des letzten Kommandanten der *Schlesien*, Kapt.z.S. Hans-Eberhard Busch, wurde der persönliche Erinnerungsbericht seines Vaters »Über die letzten Monate der *Schlesien*« zur Auswertung und Veröffentlichung dankend zur Verfügung gestellt.

Auszug:

»Im Oktober 1944 übernahm ich das Kommando als Kommandant des LS *Schlesien*, mit ausdrücklichem Befehl, das bisher nur als Seekadetten-Schulschiff dienende Schiff zu einem für Flugabwehr und für Landzielschießen brauchbaren Kampfschiff vorzubereiten.

Die psychologische Situation war nicht ganz einfach. Bald nach der Kommandoübernahme begann die große, entscheidende Offensive der sowjetischen Armee. Auch wurde Gotenhafen, das bisher von Luftangriffen verschont geblieben war, Ziel der feindlichen Flieger.«

Es war der 18. Dezember 1944, als ein englischer Fliegerangriff auf den Hafen von Gotenhafen erfolgte. In einem Bombenreihenwurf wurden die im Hafenbecken 5 hintereinander liegenden Schiffe *Schleswig-Holstein (SX)* und

Gneisenau getroffen und schwer beschädigt. Die *Schlesien* lag zu diesem Zeitpunkt querab zur *SX* im Hafenbecken 6. Die *SX* und die *SN* befanden sich in der Umrüstung zu Flakkreuzern und hatten aufgrund technologischer Werftfestlegungen Tage vorher einen Liegeplatzwechsel vornehmen müssen.

Nach einer beschleunigten Ausbildung der Besatzung kam die *Schlesien* zum ersten erfolgreichen Landzielbeschuß bei den Abwehrkämpfen vor Zoppot und zur Flugabwehr auf der Reede von Gotenhafen zum Einsatz.

Nach Verschuß der 28 cm Munition erging der Befehl zur Verlegung nach Swinemünde. Am 30. März trat das Schiff den Verlegungsmarsch mit 1 200 Verwundeten, darunter zum Teil Schwerverwundete, an Bord an.

Kapitän Busch schreibt weiter:

»Gleich nach der Ausschiffung der Verwundeten wurde die *Schlesien* in die Kaiserfahrt verlegt, um von dort aus – nach einer bei den damaligen Transportverhältnissen recht schwierigen Munitionierung – mit ihren 28 cm Geschützen die deutschen Truppen im Landkampf entlasten zu können. Hierzu kam es aber nicht, da wir Befehl erhielten, in der Nacht vom 2. auf den 3. Mai 1945 von See aus russische Truppen auf der Insel Usedom zu beschießen. Während wir bei vorausfahrendem Minensuchboot die Greifswalder Oie ansteuerten und – vergeblich – das uns angegebene Hilfsziel – ein Lichtzeichen von Land – suchten, erhielt die *Schlesien* um 03.01 Uhr am Bug einen Grundminentreffer, dem nur zwei Soldaten zum Opfer fielen. Da es unmöglich war, das Leck selbst zu stopfen, blieb nur übrig, das eindringende Wasser zu lenzen und kleinere Leckagen in den Schotten zu dichten.

Wer die *Schlesien* in ihrem schiffbaulichen Zustand kannte, weiß, wie schwierig diese Aufgabe für das Lecksicherungspersonal war.

Nachdem die Schwimm- und Fahrmöglichkeit festgestellt waren, erhielt ich den Befehl, die *Schlesien* nach Swinemünde-Reede zu bringen. Unter Schlepperhilfe durch *Z 34* (Anm.: Es war *Z 39* – d. Verf.) gelang die Fahrt über den Achtersteven durch das mit Grundminen verseuchte Gewässer ohne weitere Minentreffer oder Luftangriffe. Bei der Ansteuerungstonne von Swinemünde hatte das Vorschiff dann Grundberührung, da inzwischen zuviel Wasser eingedrungen war.

Auf der Reede lagen noch Kriegs- und Handelsschiffe, die Räumung von Swinemünde über See war in vollem Gange. Ich erhielt den Befehl, unter Aufrechterhaltung der Kampfbereitschaft für die Flak und den hinteren 28 cm Turm, am 3. Mai die erste Hälfte der Besatzung auszuschiffen, um am 4. Mai die *Schlesien* zu sprengen. Während der an Bord gebliebene Besatzungsteil am 4. Mai die Sprengung und Ausschiffung vorbereitete, wurde ich Augenzeuge eines Luftangriffes auf einen Hilfskreuzer (*Orion*), auf dem die erste Hälfte meiner Besatzung eingeschifft worden war. Diesem Angriff fielen auch Besatzungsangehörige der *Schlesien* zum Opfer.

Wegen der geringen Wassertiefe konnten wir die *Schlesien* durch Sprengungen nicht zum Kentern bringen (Anm.: Wassertiefe = 11,30 m ; Tiefgang = 8,25 m max. – d. Verf.). Das eindringende Wasser setzte das Schiff sofort mit seinem breiten Kiel auf den Grund.

Nachdem Flagge und Wimpel niedergeholt waren, wurde, wo es noch möglich war, Feuer gelegt. Am Abend, als wir Swinemünde-Reede verließen, gab uns die *Schlesien* als leuchtende Fackel das Geleit. In Kopenhagen sammelte sich, bis auf wenige kleine Gruppen, die *Schlesien*-Besatzung auf der *Magdalene Vinnen*. Nachdem am 7. Mai die Kriegsflagge niedergeholt werden mußte, veranlaßte ich das Zerteilen der auf der *Schlesien* zuletzt gewehten

T 22, Flottentorpedoboot 1939, Stapellauf 1941 bei der Schichau-Werft, Elbing. *T 36* als letztes Boot dieser Serie wurde am 9. Dezember 1944, unter seinem Kommandanten R. Hering, i.D. gestellt.

Vermessung:	1 754 t;
L/B/T:	102,50 m / 10,00 m / 3,22 m;
Antr.:	2 Wagner Getriebe-Dampfturbinen 2 x 16 000 PS;
Geschw.:	32,5 sm/h, *T 36* erreichte 35,5 sm/h;
Bes.:	198 Mann;
Bew.:	4 x 10,5 cm, 2 x 3,7 cm Doppellafette, 1 x 2 cm Vierling, 5 x 2 cm Fla-MG, 2 x 3 TR 53,3 cm.

Kriegsflagge, so daß jeder (einige !) Besatzungsangehörige ein Stück Flaggentuch erhielt.«

Erich Murawski hat in seinem 1986 erschienenen Buch »Die Eroberung Pommerns durch die Rote Armee« den an das Bundesarchiv/Militärarchiv in Freiburg übergebenen Erinnerungsbericht von Kapt.z.S. a.D. Busch ebenfalls genutzt, doch leider auf Seite 366/367 verfälscht. So verschießt die *Schlesien*, nach seinen Vorstellungen, in den letzten 24 Stunden ihrer Existenz noch die gesamte an Bord befindliche Munition und wird letztendlich am 4. Mai um 16.15 Uhr durch *T 36* torpediert. Tatsächlich wurde kein einziger Schuß des Hauptkalibers mehr verschossen. Die spätere Bergung bewies es. *T 36* war durch einen Minentreffer in den frühen Stunden des 4. Mai manövrierbehindert und hatte mit sich selbst zu tun.

Der ehemalige Masch.Ob.Mt. der *Schlesien*, Herbert Schönberg, verantwortlich für die technischen Hilfseinrichtungen wie Rudermaschine, Turmschwenkpumpen sowie Kran- und Kühlanlagen, berichtete:

»Ich gehörte am 4. Mai 1945 zur etwa 80 Mann starken Restbesatzung und erlebte an Oberdeck stehend (Bb.-Seite) den für uns überraschenden Fliegerangriff. Am Tage zuvor hatte die *Schlesien*, südlich der Insel Greifswalder Oie, einen Minentreffer im Vorschiff erhalten und war über das Heck durch *Z 39* auf die Reede von Swinemünde geschleppt worden. Mit dem Bug wurde das Linienschiff auf Grund gesetzt. Gegen 17.00 Uhr erfolgte das Kommando ›Alle Mann achteraus!‹ Maßnahmen zur Reduzierung der Besatzung wurden bekanntgegeben. Noch am Abend des 3. Mai gingen ca. 800 Mann von Bord. Durch Schlepper und Pinassen erfolgte die Verteilung auf die im Hafen und auf Reede liegenden Schiffe. Als der Angriff am nächsten Tag begann, sah ich, wie das von der Reede ablaufende Artillerieschulschiff *Orion* einen Bombentreffer erhielt und zu brennen anfing. Herbeieilende Schiffe übernahmen die an Bord befindlichen Personen. Die Verwundeten brachte man zu uns ins Schiffslazarett. Die *Schlesien* hatte bei diesem Fliegerangriff weder einen Voll- noch einen Nahtreffer erhalten. An Bord der *Orion* befanden sich vorwiegend ehemalige Besatzungsangehörige der *Schlesien*. Nach dem Angriff kam ein kleiner Tanker bei uns längsseits und übernahm noch Heizöl. Gegen 14.00 Uhr stiegen weitere Besatzungsangehörige, zu denen auch ich gehörte, auf den Tanker über. Ein Sprengkommando von ca. 20 Mann verblieb an Bord. Nachdem der Tanker abgelegt hatte, wir befanden uns noch in unmittelbarer Nähe des Linienschiffes, erfolgte der 2. Fliegerangriff. Wir erhielten Bordwaffenbeschuß und ich wurde durch kleine Splitter verwundet. Wie ich beobachten konnte, erhielt die *Schlesien* auch diesmal keinen Bom-

Das Linienschiff *Schlesien* als Flakkreuzer auf dem Marsch nach Westen. Im Jahre 1908 i.D. gestellt, überlebte es den Ersten Weltkrieg als Wohnschiff und verblieb entsprechend den Vereinbarungen des Versailler Vertrages in der deutschen Flotte. Während der Weimarer Republik Einsatz als Schulschiff in der Reichsmarine, später in der Kriegsmarine. Ende 1944 erfolgte die Reaktivierung als Kriegsschiff mit gleichzeitiger Fla-Waffenverstärkung in Gotenhafen.

Vermessung:	14218 t;
L/B/T:	126,00 m / 22,20 m / 8,30 m;
Antrieb:	3 – dreifach Expansionsmaschinen;
Leistung:	17000 PS;
Geschw.:	18 sm/h;
Bew.:	4 x 28 cm Doppellafette, 10 x 4 cm, 22 x 2 cm Zwillings- und Vierlingslafetten.

bentreffer. Der Flottentender *Jagd* kam längsseits und übernahm uns. Ich selbst kam sofort ins Schiffslazarett. Wie ich später erfuhr, befand sich V.Adm. Kreisch an Bord der *Jagd*.«

Der Zerstörer *Z 38* und weitere Fahrzeuge bergen die an Bord befindlichen Soldaten.

50 Gefallene sind zu beklagen, davon vermutlich 15 Kameraden vom Linienschiff.

Die *Orion* blieb schwimmfähig, brannte aber aus. Am Abend versenkte *Z 38* die *Orion* durch Artilleriebeschuß.

Aufgrund der im Original erhaltenen und durch den damaligen Kommandanten, Kptlt. Robert Hering zur Verfügung gestellten Logkladde von *T 36* einschließlich seiner persönlichen Aufzeichnungen und Erinnerungen sowie denen des damaligen Flottillenchefs der 5. T-Fl., K.Kapt. Jan Heinrich Hansen Nootbaar, und weiterer Besatzungsangehöriger war es möglich, eine sehr genaue Rekonstruktion über den Ablauf der Ereignisse nach dem Eintreffen des Bootes auf der Reede von Swinemünde bis zu seiner Versenkung am 5. Mai 1945 vorzunehmen.

»Am Dienstag, den 17. April, traf ich, von Hela kommend, auf der Reede von Swinemünde ein. Im Geleit hatte ich den gefechts- und manövrierbehinderten Zerstörer *Z 34*, Kommandant K.Kapt. Hetz. Geschleppt wurde er von dem Minenschiff *M 204*. Der Zerstörer hatte bei einem russischen Schnellbootsangriff am 15. April auf Hela-Reede einen Torpedotreffer erhalten. Nachdem ich von *Z 34* entlassen worden war, lief ich in Swinemünde ein und machte am Eichstaden fest.

Am 20. April ließ ich *T 36* mittels zweier Schlepper nach Kaseburg verholen und machte ca. 200 m hinter der auf Grund festsitzenden *Lützow* an den Dalben fest. Hier hatten wir bis auf einen Fliegerangriff auf die *Lützow* am 24. April (14.32 bis 14.50 Uhr), wo uns ein Nahtreffer fast erwischt hätte, relative Ruhe und konnten uns von den Strapazen der Vortage erholen. In den Morgenstunden des 27. April wurden wir um 03.03 Uhr durch Fliegeralarm aus den Kojen geholt. An diesem Tag mußte der Russe zum Großangriff übergegangen sein, da wir im Verlauf des Tages weitere drei Angriffe abzuwehren hatten. Mit der Ruhe war es vorbei.

Zur Sicherung der auf der Reede liegenden Schiffe erhielt ich den Auslaufbefehl. Am 28. April, um 11.45 Uhr lief ich ab und ging abends auf dem Ankerplatz ›Jota‹ vor Anker. Bis zum 3. Mai blieben wir hier vor Anker liegen, wobei wir täglich Fliegeralarm, besonders in den späten Nachmittags- oder Abendstunden, über uns ergehen lassen mußten. Am Morgen des 3. Mai, um 05.38 Uhr erhielt ich einen Funkspruch mit dem Befehl zur Sofortbereitschaft von *T 36*. Den ganzen Tag über hielt man uns mit Fliegeralarm, Ankermanöver sowie Heizöl- und Wasserübernahme auf Trab. Um 18.20 Uhr gingen wir dann endgültig Anker auf. Bereits um 18.54 Uhr gab es erneut Fliegeralarm, und um 19.04 Uhr erfolgte ein Direktangriff, der durch den Einsatz unserer 10,5 cm abgewehrt werden konnte. Anschließend erhielt ich den Befehl, für die *Schlesien* Sicherung zu fahren. Weitere Fliegerangriffe waren abzuwehren. Gegen 19.23 Uhr konnten wir einen Bombentreffer auf dem Wrack der *Berlin* beobachten. Nachdem die Dunkelheit hereingebrochen war, standen wir auf und ab bei der *Schlesien*. Gegen 22.13 Uhr erzitterte das Boot durch eine gewaltige Detonation im Vorschiff. Bei einer Wassertiefe von nur 12 m war das Boot durch einen Minentreffer im Bereich der Abteilungen 10 bis 12 schwer getroffen worden. Glücklicherweise behielt das Boot seine Schwimmfähigkeit. Das Vorschiff war leicht abgeknickt und lief voll Wasser. Durch den Minentreffer waren ausgefallen:

- Der gesamte Vorschiffsbereich mit dem 1. Geschütz und der Ankereinrichtung,
- das 2. Geschütz,
- die beiden 3,7 cm Doppellafetten,
- die Funkmeßanlage,
- der Kesselraum 2

12 Besatzungsangehörige wurden durch Prellungen und Brüche verwundet. Leider hatten wir auch 9 Gefallene, die sich im Augenblick der Detonation in den vorne gelegenen Wohndecks aufhielten, zu beklagen. Bis auf den schwerverwundeten Bootsmann Schecher, den unser LI, Oblt.(Ing.) Schwarz, aus einer Blechumklammerung herausschweißen konnte, verblieben alle gefallenen Besatzungsangehörigen im Vorschiff.

Gefallene von *T 36* am 3. Mai 1945

Lfd. Nr.	Name	Dienstgrd.
1.	Altenkirch	Masch.Ob.Gefr.
2.	Biester	Masch.Gefr.
3.	Bagusche	Masch.Gefr.
4.	Hartmann	Masch.Ob.Gefr.
5.	Löffler	Masch.Ob.Gefr.
6.	Radaatz	Fk.Ob.Gefr.
7.	Steinkraus	Fk.Ob.Gefr.
8.	Weizenbichler	Masch.Ob.Gefr.
9.	Wipperfürth	Masch.Ob.Gefr.
10.	Burghardt	Mtr.Hpt.Gefr.

Selbst erwischte es mich im Kartenraum sitzend, wobei mein rechtes Knie bei einem Sturz in Mitleidenschaft gezogen wurde. Ich hatte fürchterliche Schmerzen und war nicht in der Lage, mich aufzurichten und zu gehen. Noch heute leide ich unter dieser Verletzung.«

K.Kapt. Jan Heinrich Hansen Nootbaar, Flottillenchef der 5. T-Fl., befand sich an Bord seines Führerschiffes und berichtet: »Als die Detonation erfolgte, befand ich mich mit Robert Hering im Kartenhaus, er saß mir gegenüber mit

übergeschlagenen Beinen auf einem Klappsitz, während ich auf dem einzigen festeingebauten Polstersitz Platz genommen hatte. Bei dem Detonationsknall flog ich in die Luft und prellte mir beim Aufprall auf dem Boden sehr schmerzhaft beide Ellbogen – Hering lag vor mir am Boden. Ich stürzte so schnell ich konnte raus auf die Brücke und ließ mir vom I.WO Meldung erstatten. Da Hering nicht laufen konnte und starke Schmerzen im linken Bein hatte, ließ ich den Sanitätsmaaten kommen und übernahm vorerst die Schiffsführung.
Anweisung an I.WO: ›Geben Sie an alle Stellen durch – Kommandant wegen Verwundung zunächst ausgefallen – Chef übernimmt Kommando!‹
Nachdem der Kommandantenaufklarer und der Obersteuermann für den Kommandanten ein provisorisches Lager im Kartenraum eingerichtet und der Sani ihn behandelt hatte, ging ich ins Kartenhaus zurück.
Hering hockte stöhnend und fluchend auf einem Kissen und ich sagte ihm:
›Robert, so und so ist die Lage – Back mit 1.Geschütz ist weg – kein Feuer, und Maschinen scheinen klar zu sein – Wassereinbruch bisher nur im Vorschiff – Boot schwimmt auf ebenem Kiel. Ich habe es für richtig gehalten, bis auf Weiteres das Kommando zu übernehmen und habe das an alle Stellen durchgegeben lassen. Wenn es Ihnen besser geht und Sie wieder stehen und gehen können, übernehmen Sie selbstverständlich wieder das Kommando.‹
Nach den eingeleiteten Schiffssicherungsmaßnahmen und den eingehenden Meldungen konnte ich einschätzen, daß das Boot zwar manövrierbehindert, aber nicht fahruntüchtig war. Durch den Signalmaaten ließ ich eine Meldung an den F.d.Z. an Bord der *Jagd* absetzen. Dieser schickte im Morgengrauen ein Boot mit seinem 1. Asto, um sich persönlich nach dem Befinden des Kommandanten und der Fahrbereitschaft des Bootes zu erkundigen. Danach stellte er mir die Frage, ob ich noch 20 Schwerstverwundete von der *Schlesien* übernehmen könnte. Dieses Anliegen mußte ich strikt ablehnen, und ich sagte: Herr Kapitän! Melden Sie bitte dem F.d.Z., daß ich als derzeitiger Kommandant dieses Bootes und – zusätzlich – als Chef der Flottille, zu der dieses Boot gehört, es ablehnen muß, diesen Befehl auszuführen. Ich kann es einfach nicht verantworten, allen diesen Schwerverwundeten noch zusätzlich die Gefahren einer solchen Mitfahrt zuzumuten! Ich bitte Sie, Herr Kapitän, diese meine Meinung dem Admiral auszurichten.‹
Ich wollte ihm dies noch schriftlich geben, worauf er aber verzichtete. Wir unterhielten uns dann noch über den beabsichtigten Marsch nach Kopenhagen und ob ich in einem größeren Geleit, in dem sich auch der havarierte Zerstörer *Z 34* befand, mitlaufen wollte. Um mich nicht den feindlichen Flugzeugen auszusetzen, lehnte ich diesen Vorschlag ab und wollte im Alleinmarsch in Sichtweite des Geleites vorweg oder aber hinterherlaufen. Am Schluß unserer Unterhaltung bat ich ihn zu veranlassen, daß mein Flo.Arzt an Bord von *Z 34* zur Behandlung des Kommandanten und im Falle der Doch-Mitnahme der Schwerverwundeten auf *T 36* kommandiert wird.
Über dieses Gespräch unterrichtete ich Hering, und wir waren uns einig über die Ablehnung des Verwundetentransportes. Etwa gegen 09.00 Uhr ging ein Boot bei uns längsseits und ein Fähnrich oder Ob. Fähnrich brachte mir den Befehl des F.d.Z. zur Mitnahme der Verwundeten. Nachdem ich meinen Ärger runtergeschluckt hatte, besprach ich mit Hering die neue Situation. Da Hering den F.d.Z. aus seiner mehr als einjährigen Dienstzeit als 3. Asto kannte, beruhigte er mich und wir beschlossen, das Boot für die Übernahme der Verwundeten klar zu machen. Zuerst erschien der Unterarzt und dann brachte uns ein R-Boot (Anm.: Es war *R 234* von der 14. R-Fl., Kmdt. Sommer – d. Verf.) zweimal je 10 Schwerverwundete. Sie wurden auf der voraussichtlichen Leeseite an Oberdeck nebeneinander sorgfältig hingelegt. Der Unterarzt betreute sie wirklich erstklassig, er machte seine Sache gut.
In Vorbereitung unseres Verlegungsmarsches nach Kopenhagen kam um 08.40 Uhr *Z 39* zwecks Brennstoffübergabe bei uns längsseits.

Funkspruch des F.d.Z. vom 4.5.45 16.30 Uhr:
›KR KR
Flotte, M.O.K. Ost, 1 SKL, Adm. westl. Ostsee: *T 36* 3.5. abends Swinemünde – Reede Minentreffer. Vorschiff beschädigt. Absicht: Mit eigener Kraft nach Kopenhagen verlegen zur Ausnutzung Transport von Soldaten und Material.
– F.d.Z. –‹

Um 16.30 Uhr traten wir unseren Marsch nach Kopenhagen an. Das Boot läuft 9 bis 10 sm/h. An dem ersten noch tragendem Schott steht ein zuverlässiger Maat mit Bü-Verbindung zur Brücke. Er hatte die Aufgabe, mir sofort Meldung zu machen, wenn das Schott anfängt zu flattern. Mit Hering habe ich mich abgestimmt, daß ich mich während des Marsches auf der Brücke, in Rufweite zu ihm, aufhalte. Wir waren uns beide einig darüber, daß bei einem Fliegerangriff ein Zick-Zack-Kurs nichts bringt und es besser ist, den Kurs beizubehalten, damit die Artillerie am Ziel bleibt.
So marschieren wir in angespannter Erwartung und leichter Nervosität, bei schärfsten Ausguck, nach Kopenhagen. Achteraus war in weiter Entfernung das nachfolgende Geleit zu sehen.
Der Artillerieoffizier (AO) auf dem Gefechtsstand beugt sich zu mir runter und sagt: ›Herr Kapitän! Die Sonne steht an der Kimm, die Russen haben uns heute vergessen!‹

Da quäkt auch schon das Telefon vom Funkraum und ich erhalte die Meldung: ›Die Russen kommen! Nicht weit weg – wahrscheinlich von Westen her!‹
Wir hatten seit der Räumung der Insel Ösel und der Halbinsel Sworbe immer den gleichen »B-Trupp« an Bord. Sie hörten den Funkverkehr der russischen Piloten ab und konnten uns so rechtzeitig vor dem Angriff warnen. Oftmals wurde englisch gesprochen, so daß wir meinten, daß englische Piloten die Maschinen flogen. Es waren tüchtige und gefährliche Knaben, die die russischen Jagdbomber vom Typ IL 2 flogen.
Kurz darauf melden mehrere Ausguckposten gleichzeitig den Anflug einer Vielzahl von Maschinen von Backbord querab. ›Fliegeralarm!‹ Dann habe ich sie im Fernglas und sehe sie im Tiefflug, dicht über dem Wasser, auf uns zufliegen. Nach der Eintragung in der Logkladde ist es 18.50 Uhr. Ich erteile dem AO für die noch zur Verfügung stehenden Waffen die Feuererlaubnis. Wir zählten ca. 15 Jagdbomber, die uns von Backbord nach Steuerbord umflogen und dann im Tiefflug um 18.58 Uhr mit Bomben und Bordwaffenbeschuß angriffen.
Bevor ich mich auf den Gefechtsstand begebe, schaue ich noch in den Kartenraum rein und rufe: ›Robert sie sind da, halte Dich fest!‹
Die Anflughöhe lag bei 10 bis 20 m , so daß fast ohne Rohrerhöhung geschossen wurde. Gleich im ersten Anflug wurde eine Maschine getroffen und stürzte 200 m vor uns ins Wasser. Durch den Bordwaffenbeschuß erlebte ich auf dem Gefechtsstand eine unangenehme Überraschung. In Gotenhafen hatten wir den Gefechtsstand, zum besseren Schutz für uns, innen mit 5 mm starken Stahlplatten ausgekleidet. Jetzt erlebten wir, wie die Geschosse über die dem Feind zugekehrten Seite hinwegsausend die gegenüber befindliche Stahlplatte trafen, daran abprallten und wie Billardkugeln im Gefechtsstand rumsausten. Rechts neben mir fiel der Obersteuermann, links der Zielgebermaat und weitere Männer erhielten schwere Verwundungen. Einen derartigen Direktbeschuß hatte ich während des gesamten Krieges bisher noch nicht erlebt.
Dann waren die Flugzeuge über uns, und wir haben im nachhinein vier abgeworfene Bomben pro Maschine geschätzt. *T 36* erhielt zwei Bombentreffer, wobei der 1. Treffer den Geschützstand der Vierling-Flak traf und der 2. Treffer schlug beim 1. Torpedorohrsatz ein. Ich sah wie die Plattform des Vierling-Standes mitsamt der Bedienung durch die Luft flog und ins Wasser klatschte. Der zweite Treffer verursachte einen Brand, den wir nicht unter Kontrolle bekamen. Das Boot lag ohne Fahrt erstaunlicherweise immer noch auf ebenen Kiel.
Nachdem die Flugzeuge verschwunden waren, kletterte ich runter zur Brücke und ließ mir von dem unverwundeten I. WO und dem LI einen Lagebericht geben. Der Unterarzt bemühte sich mit seinem Sani-Personal, die überlebenden Schwerverwundeten von der *Schlesien* zu versorgen. Alle an Bord befindlichen Flöße werden für alle Fälle ins Wasser gebracht und durch Leinen an der Bordwand befestigt. Die Boote waren leider, bis auf das Dingi, zerstört. Dann erteile ich dem I.WO den Befehl, den Signalmaaten, sofern er noch einsatzfähig ist, oder einen der Signalgäste zu beauftragen, sich mit *Z 34* oder irgend einem anderen Schiff in Verbindung zu setzen und Hilfe anzufordern, Unterschrift ›Cäsar Fritz-Fünf‹. Der Funkmeister sollte zu mir in den Kartenraum kommen. Danach begebe ich mich zum Kommandanten meines Führerschiffes, um ihm einen Bericht über den Zustand des Bootes und seiner Besatzung zu geben. Glücklicherweise war er unverletzt und hatte mich schon sehnsüchtig erwartet. Nachdem ich ihm meinen Bericht gegeben hatte, trat der Funkmeister ein und wir setzten gemeinsam einen FT an den ›F.d.Z.‹ und ›Adm. westl. Ostsee‹ auf, in dem wir die Feindberührung meldeten und um dringende Hilfe baten.«

Robert Hering, als Kommandant von *T 36* aufgrund seiner Verletzung zur Untätigkeit gezwungen, berichtet weiter: »Trotz dieser weiteren Beschädigung blieb das Boot schwimmfähig und, wie mir mein LI später berichtete, hatten die Bombennahtreffer eine bedeutend größere Wirkung als die Direkttreffer. Das Unterwasserschiff war leckgesprungen und Wasser drang ein. Der Bordwaffenbeschuß hatte eine verheerende Wirkung auf die an Oberdeck oder auch unter Deck befindlichen Besatzungsangehörigen bzw. auf die von der *Schlesien* übernommenen Verwundeten. Von der Besatzung waren 63 Mann gefallen und 44 verwundet. Da trotz aller Befürchtungen das Schiff schwimmfähig blieb, mußte es zum geeigneten Zeitpunkt versenkt werden. Wir beschlossen, den LI zu beauftragen, an geeigneten Stellen Sprengladungen anzubringen. Als dann in der Dunkelheit mehrere Fahrzeuge auf uns zusteuerten, entschließen wir uns, *T 36* zu verlassen und zu sprengen. Ich erteile den Befehl ›Alle Mann von Bord!‹ Zuerst werden die Verwundeten an Bord der Flöße untergebracht. Selbst werde ich, in der Hängematte liegend, an Bord des Dingis gefiert. Nachdem alle von Bord waren, erging an den LI der Befehl ›Sprengpatronen zünden!‹ Das Dingi legte ab und wir sammelten alle Rettungsinseln ein und warteten nun auf die Sprengung und die Retter. Bevor sie kamen, gingen die Sprengladungen hoch und *T 36* sackte langsam weg. Viele kleinere Fahrzeuge wie KFK's und R-Boote kamen längsseits und übernahmen uns Überlebende. Hansen Nootbaar und ich kamen an Bord von *R 230* (Anm.: *R 230*, ein Räumboot der 14. R-Fl., Kmdt. Lt.z.S. Reiche – d. Verf.), von wo aus wir um 22.02 Uhr nachstehenden FT absetzten:

›KR KR KR
T 36 Qu 8545 1.K.o. 18.58 Uhr Angriff 12 IL 2.
3 Bombentreffer. Boot wegen Ausfall beider Maschinen nach Sprengung 20.20 Uhr gesunken.
- Chef 5. T.-Flott. durch *R 230* –
(Positionsangabe: Qu 8545 / AO 8545 : B= 54° 12,4′ N L= 14° 12,6′ O)‹
R 230 brachte uns nach Kopenhagen, wo ich wegen meiner Knieverletzung auf das Lazarettschiff *Pretoria* eingewiesen und behandelt wurde. Wie ich später erfuhr, gelangten einige Besatzungsangehörige nach Rönne, auf der Insel Bornholm, wo sie dann in russische Gefangenschaft kamen.«
Flottillenchef Hansen Nootbaar berichtet weiter:
»Als wir auf der Reede vor Kopenhagen ankamen, sah ich zwei Torpedoboote neben einem kleinen Tanker längsseits liegen und vermutete, daß es *T 23* und *T 28* waren. Auf Anfrage erhielt ich die Bestätigung und ließ mich durch ein Boot abholen. *T 28* wurde in dieser Lage mein neues Führerboot. Mit beiden Booten bin ich dann noch einmal nach Hela abgelaufen und wir haben weitere Soldaten aus dem Verteidigungsbereich evakuieren können.«
Der damalige Seekadett Jürgen Richter berichtete über seine Beobachtungen am 4. Mai auf der Grundlage seiner Tagebuchaufzeichnungen wie folgt:
»Ich gehörte zur Restbesatzung des Schweren Kreuzers *Lützow* und war in den frühen Morgenstunden des 4. Mai auf den Zerstörer *Z 34* übergestiegen. Wie ich erfuhr, hatte der Zerstörer nicht mehr seine volle Gefechtsbereitschaft. Er hatte in der Nacht vom 15./16. April vor Hela einen Torpedotreffer von russischen Schnellbooten (Anm.: Der Angriff erfolgte durch die sowjetischen Torpedoschnellboote *TK-131* und *TK-141* – d. Verf.) erhalten. Da er seine Schwimmfähigkeit behielt, war er zur Notreparatur nach Swinemünde geschleppt worden und sollte nun im Geleit nach Kopenhagen gebracht werden. Den ganzen Tag stand *Z 34* mit kleinster Fahrt zwischen den auf Reede liegenden Schiffen auf und ab. Da wir an Bord überzählig waren, konnte ich das Geschehen dieses Tages bis zum Abmarsch gut beobachten und meine Tagebucheintragungen tätigen. Von Bord des Zerstörers sah ich *T 36* bereits in den Morgenstunden schwer beschädigt neben einem Zerstörer liegen. Wie ich erfuhr, hatte *T 36* in der Nacht zuvor einen Minentreffer im Vorschiff erhalten. Die Back war durch diesen Minentreffer leicht abgeknickt, das Torpedoboot aber manövrierfähig geblieben. Gegen 17.00 Uhr formierte sich unser Geleit. Hinter einem mit ausgebrachtem Räumgerät fahrenden Räumboot verließen wir die Swinemünde-Reede mit Kurs auf Kopenhagen. Ich stand in der Höhe der Brücke von *Z 34* und sah von achteraus mehrere zweimotorige Flugzeuge unseren Verband anfliegen. Die Schiffe eröffneten das Feuer, wobei *Z 34* aufgrund seiner Beschädigung die achteren drei 15 cm-Geschütze nicht einsetzen konnte. Die Maschinen umflogen uns von Backbord nach Steuerbord und griffen zielgerichtet *T 36* an. Eine gewaltige Detonationswolke zeigte uns, daß *T 36* schwer getroffen sein mußte. Ohne Aufzustoppen lief der Verband weiter und erreichte ohne weitere Zwischenfälle am 5. Mai 1945 Drogden-Reede vor Kopenhagen.«
Das Geleit, in dem *Z 34* fuhr, muß *T 36* südlich überholt haben. Nach Aussage des Flo. Chefs der 5. T-Fl. ist es ihm noch heute unklar, warum er mit dem nachlaufenden Geleit keine Verbindung bekommen und auch keine Hilfe erhalten hat.

Drogden Feuerturm – Hierbei handelt es sich um eine künstliche, auf den Grund des südlichen Ausganges des Sundes, auf der Position B = 55° 32,2′ N und L = 12° 43,0° O abgesenkte Insel. Ausgerüstet mit einem Leuchtfeuer und einer Signalstation wurde sie während des Zweiten Weltkrieges von der Kriegsmarine besetzt. Die Betreuung des Leuchtfeuers erfolgte nach wie vor von dänischem Zivilpersonal.
Die Insel wurde mit zwei 2-cm-Flawaffen in Einzellafette vom Typ Madsen bewaffnet.

Die sowjetische Besetzung der Insel Rügen

Mit der Einnahme von Stralsund am 1. Mai 1945 war die Insel Rügen vom Festland abgeschnitten. Auf der Insel Dänholm lagen in etwa 100 m Entfernung deutsche Einheiten in den Verteidigungsstellungen. Sie hatten den Befehl, jeglichen russischen Übersetzversuch zu verhindern. Die Verbindung über die Rügendammbrücke zur Insel Rügen war aus taktischen Gründen vorerst nicht unterbrochen worden, mußte doch eine Rückzugsmöglichkeit für die auf dem Dänholm verbliebenen Soldaten gegeben sein.

Mit dem Vorstoß sowjetischer Einheiten an die Küste Vorpommerns flüchteten viele Eigner mit ihren Schiffen zur Insel Rügen. Unter Mitnahme von Verwundeten und Flüchtlingen steuerten sie die kleinen Häfen in den Buchten der Insel an, um hier das Kriegsende abzuwarten.

Bereits Ende 1944 erfolgte durch den Festungsbaustab Saßnitz ein systematischer Ausbau der Halbinsel Jasmund zum Verteidigungsbereich. In der ersten Phase wurde das Luftverteidigungssystem um den Hafen Saßnitz durch den Aufbau von weiteren Flakbatterien ergänzt.

Im April 1945 wird die Halbinsel zum Verteidigungsbereich erklärt und am 13. April Generalmajor Hans Voigt zum Kommandeur des Verteidigungsbereiches Saßnitz und zum Kommandanten von Rügen (Inselkommandanten) ernannt. Der Gefechtsstand ist in Saßnitz im »Hotel am Meer« eingerichtet. Als Hafenkommandant wird Kapt.z.S. Jeck eingesetzt. Leiter der Seetransportstelle Saßnitz ist Kptlt.d.R. Heinz Streitenfeld.

Unter Heranziehung der Bevölkerung erfolgte die Errichtung und der Ausbau von Straßensperren auf allen Zufahrtsstraßen zur Halbinsel Jasmund und vor Saßnitz auf der *R 96*. Landseitig wurden um die Stadt Saßnitz Schützengräben und Panzersperren angelegt. Zu diesen Arbeiten griff man auf die Bevölkerung zurück. Aus Mangel an männlichen Arbeitskräften mußten die Schanzarbeiten vorwiegend von Frauen ausgeführt werden. Hinzugezogen wurde die Angehörigen der Hitler-Jugend (HJ) und die Kinder des Deutschen Jungvolkes (DJ).

Fritz Andrae, damals 11jähriger im Deutschen Jungvolk, kann sich noch gut an die Schanzarbeiten für das Verteidigungssystem von Saßnitz erinnern:

»Etwa Mitte April wurden wir älteren Schüler (ab 11 Jahre) zu Schanzarbeiten am Verteidigungssystem von Saßnitz, unterhalb des Lenzberges, eingesetzt. Die Aufsicht hatte unser Lehrer Herr Friedrich Grabbert. Der Einsatz unserer Klasse und einer anderen erfolgte zwischen dem Lenzberg und dem alten Friedhof. Wie wir von unserem Lehrer erfuhren, sollten wir einen Panzergraben anlegen. Das Erdreich an dieser Stelle war lockerer, sandiger Boden und konnte von uns mit Schaufel und Spaten leicht bewegt werden. Nach meinem Ermessen dauerte der Einsatz etwa eine Woche, wobei wir aber nur 4 bis 5 Stunden täglich gearbeitet haben. Eine zentrale Verpflegung gab es nicht.«

Entsprechend dem Verteidigungssystem erfolgte bei dem Gut Borchtitz die Anlegung eines Feldflugplatzes. Der ehemalige Ob. Feldwebel und Pilot der Luftwaffe, Walter Wrobel aus Stralsund, berichtet:

»Als die Halbinsel Jasmund zur ›Festung‹ erklärt worden war, konnte der Fliegerhorst Bug nicht mehr die erforderlichen Aufgaben für Saßnitz übernehmen. Aus diesem Grund erging der Befehl, einen Feldflugplatz bei dem Gut Borchtitz anzulegen. Um beim Anflug von Maschinen genügend Bodenpersonal bereit zu haben, wurde ich mit weiteren fünf Flugzeugführern vom Bug hierher abkommandiert. Während die Offiziere im Gutshaus untergebracht waren, kampierten wir in einem Großraumzelt für 20 Mann. In der gesamten noch verbleibenden Zeit ist kein Flugzeug gelandet.«

Für den Gauleiter von Pommern und Reichsverteidigungskommissar für den Wehrbezirk II, Franz Schwede-Coburg, und seine Parteigenossen war die Insel Rügen der letzte Schlupfwinkel in Deutschland geworden.

In einem Brief an Großadmiral Dönitz vom 2. Mai, überbracht durch den SA-Obergruppenführer Nibbe, schildert Schwede-Coburg die Situation auf der Insel Rügen und bittet um eine militärische Entscheidung. Der im Zwischenarchiv Potsdam des Freiburger Militärarchivs vorhandene Brief lautet auszugsweise:

»Auf mein Schreiben vom 30. April 1945, das Ihnen durch den Kreisleiter der AO, Pg. Wegner, überbracht worden ist, habe ich auf Grund der veränderten Lage noch keine Antwort erhalten können. Der Verlust Stralsunds und die Zustände auf der Insel Rügen veranlassen mich, meine im Brief vom 30. April 1945 ausgesprochene Bitte noch einmal eindringlich zu wiederholen.

Die Stimmung in der Bevölkerung Rügens ist auffallend schlecht. Die Bevölkerung zeigt verschiedentlich die weiße Flagge und neigt zu einer Haltung, die eine Verteidigung behindert.

Ausgelöst wird diese Haltung durch die feindlichen Erfolge und durch die Angst, Hab und Gut und Leben bei der Verteidigung der Insel zu verlieren. Genährt wird diese Stimmung der Bevölkerung aber auch durch die allgemei-

BESETZUNG DER INSEL RÜGEN DURCH SOWJETISCHE TRUPPEN

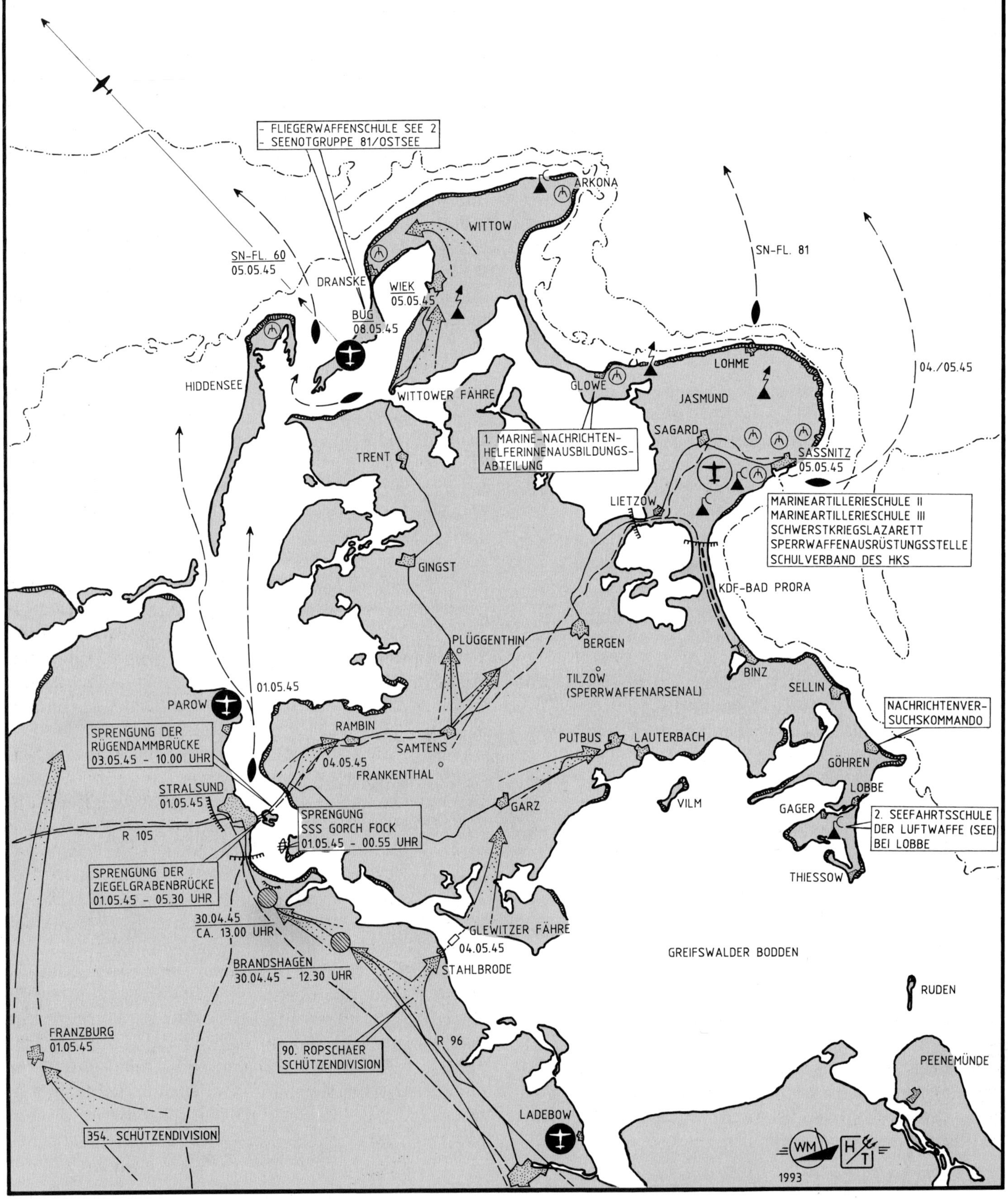

ne nicht mehr zu verbergende Erkenntnis, daß die für die Verteidigung der Insel zur Verfügung stehenden Kräfte äußerst gering sind. Auf der Insel befindet sich kein einziges aktives Frontbatallion. 50% der Verteidiger besteht aus Splittergruppen, der Rest aus HJ-Bataillonen und Volkssturmeinheiten.
Die Bewaffnung besteht durchweg aus Beutewaffen mit zum Teil geringen Munitionsbeständen. Schwere Waffen fehlen fast vollständig. An Geschützen sind nur drei ortsgebundene Flakbatterien in Saßnitz vorhanden. Infolgedessen werden die Militär- und Parteidienststellen der Insel immer wieder gefragt, ob eine Verteidigung mit diesen Kräften überhaupt noch sinnvoll ist und gegenüber der Bevölkerung zu verantworten sei. Tatsächlich billigt auch der Kommandant der Insel der Festung nur kurze Widerstandskraft zu, wenn ihr nicht schwere Waffen und Hilfe durch Marine und Luftwaffe zugeführt werden kann. Darum, verehrter Herr Großadmiral, wiederhole ich noch einmal meine Bitte, der Inselfestung Rügen schwere Waffen, vor allen Dingen Artillerie und Pak, aber auch mindestens ein anständiges Regiment Infanterie zuzuführen, sowie Schutz von See und aus der Luft sicherzustellen. Sollte dagegen auf Grund der allgemeinen Lage eine ausreichende Verstärkung der Verteidigungskraft der Insel nicht durchgeführt werden können, dann erbitte ich klare Weisung, was unter diesen Umständen zu geschehen hat und ob auch jetzt noch mit geringen Mitteln die hartnäckige Verteidigung der Insel zwingend notwendig ist.«
Vergleicht man alle bisherigen Augenzeugenberichte, so entspricht die geschilderte Lage sehr genau der tätsächlichen Situation auf der Insel Rügen.
Angesichts der Möglichkeit, die vom Festland abgeschnittenen Inseln Dänholm, Rügen und auch die Insel Usedom kampflos in die Hände zu bekommen, unterbreitete am 2. Mai die Führung der 2. sowjetischen Stoßarmee den Vertretern der Stadt Stralsund den Vorschlag, durch deutsche Parlamentäre den jeweiligen Kommandeuren eine Kapitulationsaufforderung und einen Appell der Bevölkerung von Stralsund zu überbringen. Diesem Vorschlag wurde zugestimmt. Generalleutnant Fedjuninski, Oberbefehlshaber der 2. Stoßarmee, empfing die Parlamentäre im Rathaus der Hansestadt.

Parlamentärgruppen für die Inseln

Rügen	Dänholm	Usedom
Pfarrer Radek	Dr.med. Glatzer	Pastor Helbig
Frau Radek	Dr.med.habil. Grieshammer	Herr Thomas
Dipl.-Ing. Beug	DRK Schwester Judisch	

Während die Parlamentärgruppen für die Inseln Dänholm und Rügen am 2. Mai zum Einsatz kamen, wurde aufgrund der Frontlage von einem Einsatz auf der Insel Usedom Abstand genommen.

Unter Berücksichtigung einer anderen Terminstellung lautete der Text des zu überbringenden Ultimatums:
»An den Abschnittskommandanten der Insel Rügen!
Der Krieg ist längst entschieden. Jedes weitere Blutvergießen ist sinnlos. Wir haben nicht die Absicht, das deutsche Volk zu vernichten. Deshalb fordere ich Sie hiermit auf, sofort die Waffen niederzulegen und die Insel Rügen kampflos zu übergeben.
Das Kommando der Roten Armee sichert allen Gefangenen das Leben, gute Behandlung, Eigentum und Heimkehr nach dem Kriegsende zu. Den Zivilpersonen wird Leben, gute Behandlung und Eigentum zugesichert. Offiziere und Mannschaften dürfen die Uniformen und Auszeichnungen behalten, die Offiziere außerdem ihre Stichwaffen. Die Übergabe muß bis um 10.00 Uhr des 3. Mai 1945 erfolgt sein. Die zur Verhandlung mit dem Kommandanten der Sowjettruppen bevollmächtigten Parlamentäre haben sich bis 7 Uhr des 3. Mai 1945 auf dem Festlandufer zu Stralsund mit weißer Flagge einzufinden.
Im Falle der Ablehnung werden wir ihren Befehlsbereich sowohl aus der Luft, vom Wasser und von der Erde mit allen Mitteln angreifen. Für jedes Opfer der Wehrmacht und der Zivilbevölkerung sind Sie allein verantwortlich.
Wir sind leider nicht in der Lage, eine eigene Parlamentärdelegation zu schicken, weil entgegen allen Kriegsbräuchen in Budapest die sowjetische Militärdelegation unter weißer Flagge beschossen wurde.
Ljastschenko, Generalmajor«
Um 16.00 Uhr erfolgt der Einsatz der ersten Parlamentärgruppe für den Dänholm. Sie wurden zur Insel gerudert und übergaben die Schreiben dem Stützpunktkommandanten K.Kapt. Dittmers. Die Insel sollte noch am 2. Mai bis 20.00 Uhr übergeben werden. Eine fristgerechte Entscheidung wurde zugesagt, die Parlamentäre kehrten nach Stralsund zurück.
Die zweite Gruppe unter Pfarrer Radek mußte dagegen unter erheblichen Schwierigkeiten und zeitweiliger Lebensgefahr ihre Mission erfüllen. Die Schreiben wurden Generalmajor Voigt in Saßnitz übergeben. Über die noch bestehende Telefonverbindung nach Stralsund konnte eine Verbindungsaufnahme mit dem Stab von Generalmajor Ljastschenko hergestellt werden und so der Termin für die Kapitulationsverhandlungen auf den 3. Mai mittags verschoben werden.
In Abstimmung mit Generalmajor Voigt erfolgte in der Nacht und in den frühen Morgenstunden des 3. Mai die Räumung der Insel Dänholm. Nachdem sich die letzten Soldaten nach Rügen abgesetzt hatten, wurde gegen 10.00 Uhr das erste Brückenteil der Rügendammbrücke, dänholmseitig, gesprengt. Damit war für die Evakuierung der auf Rügen befindlichen Soldaten kostbare Zeit gewonnen worden.

Generalmajor Voigt unterrichtete das OKW von dem vorgelegten Ultimatum der Russen und erwartete weitere Befehle.
In einer Besprechung mit dem Gauleiter war man sich einig geworden, auf die Kapitulationsaufforderung nur zum Schein einzugehen, um Zeit zu gewinnen und die Insel planmäßig zu räumen.
Der daraufhin gegebene Absetzbefehl erreichte nicht alle Einheiten. Die Evakuierungen begannen mit allen zur Verfügung stehenden Mitteln.
Trotz des unmittelbar bevorstehenden Kriegsendes veranlaßte aber der Gauleiter Schwede-Coburg noch Werwolfeinsätze und andere abschreckende Maßnahmen.

Hafenüberwachungsstelle Saßnitz.
Leiter Major Roggatz, neben ihm stehend, Kurt Andrae.

Hermann Bebert, ein Seemann aus Hamburg-Wandsbek, seit 1941 als Hafenaufseher auf dem Hafenamt Saßnitz beschäftigt, verweigerte die Teilnahme am Werwolf. Der Ortsamtsverwalter Rudolf Broß ordnete daraufhin die Erschießung von Bebert an. In der Nacht vom 2. zum 3. Mai wurde er abgeholt und von dem Polizei-Hauptwachmeister Otto Kuckuck im nahen Wald durch Genickschuß getötet. Seine Leiche wurde beim Zuschütten der Panzergräben gefunden und auf dem alten Friedhof in Saßnitz beigesetzt.
Die Bevölkerung von Saßnitz wußte, daß Stralsund von der Roten Armee besetzt und das Kriegsende abzusehen war. Sie hatten genug vom Krieg und wollten nicht, daß ihre Stadt in einem aussichtslosen Verteidigungskampf zerstört und weitere Opfer zu beklagen wären.
So kam es zu einer spontanen Demonstration von etwa 200 Frauen, die geschlossen vor dem im »Hotel am Meer« untergebrachten Gefechtsstand von Generalmajor Voigt zogen. Ihre Forderung lautete: »Saßnitz muß erhalten bleiben. Es geht um das Leben der Bevölkerung. Veranlassen Sie alles, um Saßnitz kampflos zu übergeben.«
Der ehemalige Marine-Oberstabszahnarzt beim Arzt des Insel- und Abschnittskommandanten Rügen-Hiddensee, Dr. Gerhard Gentz, befand sich im Gefechtsstand bei Generalmajor Voigt, als eine Abordnung der Saßnitzer Frauen dieses Ersuchen vorbrachte und berichtet:
»Durch den Fliegerangriff am 6. März 1945 hatte die Bevölkerung von Saßnitz eine Vorstellung von der Realität des Krieges bekommen und wollte sich nicht in einen Verteidigungskampf einlassen.
Die Initiatoren waren:

Frau Wolter, Hilde	(Hausfrau)
Frau Jädke	(Lehrerin)
Frau Haß, Lotte	(Schneiderin)
Frau Dueque	(Hausfrau)
Frau Schimmelpfennig, Lotte	(Hausfrau).«

Frau Hertha Haß berichtet über diesen Tag:
»Ich war auch mit bei der Demonstration. Meine Schwägerin hatte mich geholt und wir Frauen gingen so um

15.00 Uhr zum General Voigt. Wir schickten eine Abordnung zum General mit der Aufforderung, Saßnitz kampflos zu übergeben. Meine Schwägerin gehörte mit zu der Abordnung. Wir Frauen warteten inzwischen draußen. Anschließend gingen wir nach Hause. Am nächsten Tag war der Generalstab abgehauen und man hatte uns allein gelassen!«
Diesem Aufbegehren innerhalb der Bevölkerung widersetzte sich besonders der NSDAP-Ortsgruppenleiter von Saßnitz, Franz Jakobi, und bekam dafür eine ordentliche Tracht Prügel von den Saßnitzer Frauen, bevor er sich ebenfalls mit einem Schiff absetzte.
Trotz Ablaufs der Kapitulationsfrist erging kein Angriffsbefehl an die sowjetischen Einheiten. Nachmittags gegen 16.00 Uhr erschien Generalmajor Breusing mit einem Motorboot, von Altefähr kommend, in Stralsund und unterzeichnete die Kapitulationsurkunde. Anschließend fuhr er zurück und begab sich nach Saßnitz, von wo aus er sich mit Generalmajor Voigt nach Westen absetzte. Unter Ausnutzung der im Hafen Saßnitz liegenden Schiffseinheiten hatte sich in der Zwischenzeit auch der Gauleiter von Pommern unerkannt abgesetzt.
Bis auf einige Hundert versprengte Soldaten war Saßnitz am 5. Mai fast vom Militär geräumt.
Generalmajor Voigt befand sich bereits in See, als er am 4. Mai um 09.25 Uhr vom Chef des OKW, Generalfeldmarschall Wilhelm Keitel, über FT den Befehl erhielt: »Insel nicht verteidigen, Antwort verzögern. Abtransportieren was möglich, danach Insel übergeben!«
Frau Magdalena Telligmann, geb. Karkowsky, ehemalige Lernschwester des Kinderheimes »Hotel Nordperd« in Göhren, erinnert sich an den Tag der Evakuierung:
»Nachdem ich am 3. März durch ein Wasserflugzeug aus Nest mit den Kindern evakuiert worden war, traf ich am 4. März mit den Kindern in unserer Hauptschule in Greifswald ein. Bereits am nächsten Morgen schickte man mich mit zwei weiteren Lernschwestern per Bahn nach Göhren in das Kinderheim »Hotel Nordperd«, wo wir Kinder im Alter von 6 bis 14 Jahre zu betreuen hatten. Zur Ruhe kamen wir nicht. Am 4. Mai hieß es dann, auch dieses Heim wird evakuiert. Mit der Bahn gelangten wir nach Saßnitz-Hafen und von hier brachte man uns mit kleineren Booten zu einem auf Reede liegenden Schiff. Es war das U-Bootbeischiff *Kurland*, mit dem wir dann nach Kopenhagen abliefen.« Auch das Segelschulschiff *Horst Wessel* verließ am 29. oder 30. April den Ankerplatz vor Lauterbach und lief durch das Landtief in die offene See. Nach einem kurzen Aufenthalt vor Saßnitz erreichte das Schiff am 2. Mai 1945 die Reede von Glücksburg und ging dort vor Anker. An dieser Stelle muß die Darlegung von Brustat-Naval in seinem Buch »Unternehmen Rettung« auf S. 209 korrigiert werden, er schreibt: »Das Segelschulschiff *Horst Wessel* hatte sich mit 1 000 Verwundeten und Flüchtlingen aus Lauterbach, Putbus und Saßnitz entfernt.«

Willy von Nordeck, Kriegslandrat von Rügen.
Am 1. Januar 1940 zum Admiral ernannt, wurde er am 31. August 1942 aus dem aktiven Dienst verabschiedet. Nach Aufhebung der z.V.-Stellung durch den Oberbefehlshaber der Kriegsmarine wurde er Kriegslandrat von Rügen und hatte seinen Sitz in Bergen. Er und seine Familie werden am 30. April 1945 durch die Luftwaffe (See) von Saßnitz aus nach Stubbeköbing evakuiert.

Heinz Zander, ehemaliger Verwaltungsobermaat auf der *Horst Wessel*, wurde zur damaligen Lage befragt und erklärte:
»An Bord befanden sich nur die 90 Mann der Stammbesatzung und zusätzlich etwa 70 Personen, die sich hauptsächlich aus Angehörigen der Stammbesatzung rekrutierten und vorwiegend in Lauterbach zugestiegen waren. Auf der Reede von Saßnitz angekommen, hatte ich die Genehmigung, meine Familie aus Stralsund zu holen. Da die Bahnverbindung noch nicht gestört war, verlief alles reibungslos und wir trafen abends wieder in Saßnitz ein. Mit der Pinasse wurden wir sofort zum Schiff gebracht. Kurze Zeit später ließ Kaptl. Schnibbe, Kommandant der *Horst Wessel*, Anker lichten. Somit war ich der Letzte, der

mit seiner Familie aufstieg. Die Angehörigen des Verwaltungsobermaaten Siegfried Meinhardt schafften es leider nicht mehr, rechtzeitig in Saßnitz zu sein. Am 10. September 1945 musterte ich von der *Horst Wessel* in Wilhelmshaven ab und traf im März 1946 mit meiner Familie wieder in Stralsund ein.«

Da in Stralsund keine Übersetzmittel zur Überquerung des Strelasundes vorhanden waren, mußten erst die gesprengten Brückenteile durch sowjetische Pioniereinheiten begehbar gemacht werden. Anschließend begann das 108. Schützenkorps am Vormittag des 4. Mai mit der Forcierung des Rügendammes und bildete einen Brückenkopf auf der Insel Rügen. Zur gleichen Zeit überwanden sowjetische Einheiten bei der Glewitzer Fähre den Strelasund und gingen auf Garz und weiter nach Lauterbach vor.

Als die Besetzung der Insel Rügen durch die Rote Armee begann, war schnelles Handeln seitens der auf dem Bug stationierten SNGr.81 geboten. Dank seines vorsorglichen Absetzplanes erteilte der Gruppenkommandeur der Seenotgruppe 81/Ostsee (SNGr.81), Flugkapitän Hptm. Born, den Verlegungsbefehl. Sammelpunkt war der Guldborg-Sund, vor der dänischen Stadt Guldborg zwischen den Inseln Falster und Lolland. In den Vormittagstunden des 5. Mai 1945 starteten die Flugboote der Seenotstaffel 81. Die Seefahrzeuge hatten Befehl, zu folgen.

Ein Ausruhen gab es für die Seenotgruppe nicht. Ständig waren die Flugboote und Seefahrzeuge im Einsatz, um ihre humanen Aufgaben zu erfüllen. Wie es in den Monaten März und April 1945 im Küstenbereich und auf der Ostsee aussah, ist an anderer Stelle beschrieben. Der sich täglich verändernde Frontverlauf veranlaßte Hptm. Born, bereits Mitte April einen Plan zur Gewährleistung eines Absetzens der SNGr. nach Westen auszuarbeiten.

Die Fl.B-Boote der SN-Fl. 60 befanden sich am 30. April 1945 auf ihrem Rückmarsch von Hela nach Westen, einige Boote der SN-Fl. 81 operierten noch von Swinemünde

Demontierte Entfernungsmeßgeräte in der Artillerieschule III in Saßnitz-Dwasieden.

aus. Da alle Gefechtsstandsaufzeichnungen und Bordbücher etc. auf Befehl des Gruppenkommandeurs am 5. Mai 1945 vernichtet wurden, ist eine eindeutige Aussage über die Flottillenzugehörigkeit der Fl.B-Boote nicht nachvollziehbar. Aus den Erinnerungen zweier Zeitzeugen wird der Kampfweg der Fl.-Boote *5003* und *5503* rekonstruiert und damit versucht, einen Rückblick auf die letzten Einsatztage bis zum 9. Mai 1945 wiederzugegeben.

Gustav Schütt, damaliger Oberfeldwebel der Luftwaffe und Bootsführer des *Fl.B. 5003* gehörte zu den Besatzungen, die mit ihren Booten von der SNGr. 80/Nordsee zur Unterstützung der SNGr. 81/Ostsee abkommandiert wurden. Er berichtet:

»Mit drei Booten verlegten wir im Spätsommer 1944 nach Travemünde. Wir übernahmen Feldpost für Libau und weiter ging es nach Parow. Hier erhielten wir die Anweisung, den Seefliegerhorst Swinemünde anzulaufen. In Swinemünde angekommen, mußten wir die Feldpost an das Flugsicherungsschiff *Günther Plüschow* übergeben. Von jetzt ab gehörten wir zur SN-Fl. 81 und fuhren unsere Einsätze von Swinemünde aus. Schwerpunkteinsatz war im Frühjahr 1945 die Evakuierung von Kolberg. Nachdem Kolberg aufgegeben werden mußte, wurde ich mit noch einem Boot (Nummer unbekannt) am 19. März nach Pillau zur SN-Fl. 60 abkommandiert. Eine Havarie im Hafen von Hela, die eine starke Beschädigung des Bootskörpers im Vorschiffbereich zu Folge hatte, beendete vorerst für uns die Einsätze, die anfangs von Pillau, später von Hela aus erfolgt waren. Ende April erhielt ich den Befehl, nach Swinemünde abzulaufen. Von dort begleiteten wir drei kleine Fahrzeuge der Taucherschule Travemünde über die Peene und den Greifswalder Bodden zum Seefliegerhorst Parow. Die Stralsunder Kröger-Werft führte eine provisorische Reparatur durch. Danach lief ich den Hafen Gager, der 2. Seefahrtschule der Luftwaffe (See) Lobbe, an. In der kleinen Werft konnten wir weitere Instandsetzungen vornehmen. Die Besatzungen der im Hafen liegenden unklaren Boote wurden zum Verteidigungskampf nach Saßnitz abkommandiert. Vorher haben wir uns aber noch abgesprochen, daß sie sich in Abhängigkeit von der Lage nach Lohme absetzen sollten und wir sie dort abholen werden. Am 1. Mai erhielt ich den Auftrag, die Bewegung oder Stellung der Russen auf der Festlandseite vom Sund aus zu ermitteln. Bei Stahlbrode konnten wir den Gegner im Hafenbereich beobachten. Auf der gegenüberliegenden rügenschen Seite entdeckten wir deutsche Soldaten und liefen den Fähranleger Glewitzer Fähre an. Leider wurden bei dem Anlegemanöver beide Schrauben beschädigt. Einen Hauptmann und 60 Soldaten haben wir trotzdem an Bord genommen und liefen anschließend nach Gager zurück. In der dortigen Werft konnte der Schaden behoben werden.

Stabsoberbootsmann Willi Leven qualifizierte sich zum Marine-Fachschuloberlehrer und war 1945 bei der 1. S.St.A. auf dem Dänholm tätig.

Als wir dann am 7. Mai Gager verließen, steuerten wir den kleinen Fischerhafen von Lohme an. Vor der Einfahrt blieben wir mit gestoppten Maschinen liegen. Mit Hilfe der Fischer kamen unsere Kameraden an Bord. Wir setzten unsere Fahrt fort und steuerten den dänischen Hafen Stubbenköbing an. Hier trafen wir mit den Booten der SN-Fl. 60 zusammen. Gemeinsam setzten wir unsere Fahrt nach Guldborg fort. Hier befand sich unser Gruppenkommandeur Hptm. Born mit den Flugbooten der SN-Staffel 81.«

Gustav Voigt, damaliger Unteroffizier der Luftwaffe (See) und Maschinist des *Fl.B 5503*, berichtet:

»Entsprechend den Eintragungen in meinem Soldbuch war ich Angehöriger der Luftwaffe (See), Kmdo. Schiffe und Boote der Luftwaffe Kiel. Als Angehöriger des seemännisch-technischen Spezialpersonals gehörte ich ab 24. November 1944 zur Seenotflottille 81 und wurde an Bord des Flugbetriebsbootes *Fl.B 5503* kommandiert. Bootsführer war Feldwebel Megerle. Unser Stützpunkt war Pillau und wir operierten entlang der Küste von Ostpreußen und Kurland, im Frischen Haff sowie in der Danziger Bucht. Als wir Pillau räumen mußten (25. April 1945), verlegten wir nach Hela.

Erst am 30. April liefen wir aus der östlichen Ostsee nach Westen ab. Voll besetzt mit Zivilisten, Nachrichtenhelferinnen und hohen Offiziere eines Stabes, die wir in Schiewenhorst und Nickelswalde an Bord genommen hatten. Ohne Zwischenfälle erreichten wir Swinemünde und setzte den größten Teil der Zivilisten an Land ab. Noch am gleichen Tag liefen wir aus und wollten nach Stralsund. Da die Abenddämmerung einsetzte, gingen wir auf der Ostseite der Insel Ruden vor Anker. Völlig überraschend wurden wir von der Ortschaft Freest oder Spandowerhagen her, ohne Erfolg, beschossen. (Anm.: Entfernung 7,5 km. Der Beschuß erfolgte durch einen Panzer T-34/85, Schußweite ca. 5–8 km. Dieser Panzer wurde später von einem Artillerieträger der 5. AT-Fl. abgeschossen – d. Verf.). Am Morgen des 1. Mai gingen wir Anker auf und liefen in den Greifswalder Bodden ein, um Stralsund zu erreichen. Noch im Greifswalder Bodden erhielt unser Bootsführer einen FT, in dem ihm mitgeteilt wurde, daß der Russe in Stralsund sei und ein Einlaufen nicht mehr möglich ist. Wir drehten um und liefen entlang der Außenküste von Rügen zum Seefliegerhorst Bug. Als wir das Libbenfahrwasser ansteuerten, befand ich mich gerade an Oberdeck und so konnte ich die im Seegebiet vor Anker liegenden 15 bis 20 Schiffe beobachten. Dadurch, daß wir die Schiffe des öfteren in See und auf den Reeden passiert hatten bzw. sogar längsseits gegangen waren, konnte ich einige identifizieren. Dabei waren unter anderem die *Rügen, Nadir, Der Preuße, Elisabet, Glückauf, Adler* und weitere Schiffe, an die ich mich heutzutage nicht mehr genau erinnern kann. Ohne Feindeinwirkung erreichten wir den im Wieker Bodden liegenden Hafen des Seefliegerhorstes Bug.

Die Vorbereitungen zur Evakuierung des Fliegerhorstes nach Westen begannen. Wir überholten erst einmal unsere Boote. Wenige Tage später starteten die Flugboote. Die von uns mitgebrachten Stabsoffiziere sollen mitgeflogen sein. Wir hatten Befehl, später nachzukommen und wie ich erfuhr, den Hafen Burgstaaken auf der Insel Fehmarn anzusteuern. Am 8. Mai erfuhren wir, daß die Kapitulation bevorstand. Es wurde uns mitgeteilt, daß am 8. Mai 1945 gegen 02.30 Uhr mit dem Eintreffen der Russen zu rechnen ist. Der Fliegerhorst wird kampflos übergeben. Da ich wußte, daß sich meine Frau bei Bekannten in Vitte auf Hiddensee befand, wollte ich nicht weiter mit nach Westen. Ich erhielt vom Flottillenchef die Genehmigung hierzubleiben und der Luftwaffenunteroffizier Buschendorf übernahm meine Funktion an Bord. Zwei oder drei Fl.B-Boote, die unklar waren, wurden versenkt. Nachts um 02.00 Uhr legten die restlichen Boote der SN-Fl. 60 ab. Da ich das Gewässer gut kannte, fuhr ich mit einem Fl.C-Boot als Lotse voraus. Bei mir an Bord befanden sich

U-Boot-Beischiff *Kurland*.
Mit diesem Schiff erfolgte am 4. Mai 1945 die Evakuierung der Kinder aus dem Kinderheim »Hotel Nordperd« und weiterer Flüchtlinge vom Hafen Saßnitz aus.

weitere Kameraden, die mit nach Hiddensee wollten. Nachdem wir das Libbenfahrwasser passiert hatten, drehte ich um und lief nach Vitte ab.«

Aus dem Brückenkopf beim Bahnhof Altefähr erfolgte der weitere sowjetische Vormarsch entlang der R 96 bis Bergen. Bei Samtens teilte sich die Vorausabteilung. Während die eine Gruppe in Richtung Bergen vorrückte, marschierte die andere in Richtung Wittower Fähre.

Da die Fähre noch im Einsatz war, konnte sie zum Übersetzen genutzt werden. Gegen 18.00 Uhr erreichten die Einheiten das Gut Zürkvitz, wo sie die Nacht über kampierten. Zum Glück für die Dorfbevölkerung von Wiek!

Eine sich aus Stralsund zurückziehende SS-Einheit, in ihren Reihen einige Hitlerjungen, zog sich auf die Halbinsel Wittow zurück. Über die Wittower Fähre kommend, erreichten sie in den Vormittagsstunden des 4. Mai die Ortschaft Wiek und wollte diese verteidigen. Mit dem Ausbau von Stellungen wurde sofort begonnen.

Frau Lieselotte Ballke, Ehefrau des späteren Pfarres Ballke, er war Oberleutnant des Heeres und zu diesem Zeitpunkt bereits in sowjetischer Gefangenschaft, erinnert sich:

»Als wir hörten, daß eingetroffene Soldaten Wiek verteidigen wollten, versuchten wir Wieker Bürger, unter ihnen auch einige Parteigenossen, sie von der Nutzlosigkeit ihres Vorhabens zu überzeugen. Bei der herrschenden Untergangsstimmung gelang uns dieses auch. Wir haben Ihnen vorgeschlagen, sich an Bord eines im Hafen liegenden Kohlenschiffes (?) zu begeben und nach Westen abzulaufen. Abends haben sie Wiek verlassen. Vorher haben wir ihnen noch Zivilbekleidung gegeben. Selbst habe ich einem jungen Soldaten eine Postkarte für meine Mutter mitgegeben. Sie wohnte in Pülsen, Kreis Plön in Holstein. Wie ich später erfuhr, hat sie die Karte von der Insel Fehmarn erhalten.

Am nächsten Morgen, dem 5. Mai, marschierten kurz nach 07.00 Uhr die ersten Russen in unser Dorf ein. An diesen Zeitpunkt kann ich mich sehr gut erinnern.

Mein Schwiegervater, Theodor Ballke, hatte kurz nach 07.00 Uhr seine reparierte Uhr vom Uhrmacher Jakobs abgeholt. Er befand sich auf dem Nachhauseweg, als die ersten Russen auftauchten, ihn anhielten und ihm die Uhr wegnahmen. Er war sehr betrübt darüber.«

Am 4. Mai nachmittags werden auch die letzten Angehörigen der Marineartillerieschule III aus Saßnitz, etwa 150 Mann, mit dem Fahrgastschiff *Stettin* evakuiert. Vormittags erfolgte noch eine gründliche Zerstörung aller Entfernungs- und Funkmeßgeräte der Schule. Während die E Meßgeräte mit großen Hämmern zertrümmert wurden, sprengte man die FM-Geräte.

Als sich am 5. Mai sowjetische Einheiten vorsichtig auf Saßnitz zubewegten, befanden sich noch 400 Napola-Schüler von Sellin im Anmarsch auf den Hafen Saßnitz.

Oberfeldwebel Walter Wrobel, Einsatz als Pilot an der Ostfront, wurde im Juli 1944 zum Fliegerhorst Bug/Rügen versetzt.
Er verblieb mit seiner Familie in seiner Dienstwohnung auf dem Gelände des Fliegerhorstes und erlebte am 8. Mai 1945 die sowjetische Besetzung.

Dem Leiter der Seetransportstelle, Kptlt. Streitenfeld, war dieses am Abend vorher gemeldet worden. Als Transportschiff hält er den Frachter *Wiking* zurück. Endlich, um 07.10 Uhr treffen die Schüler ein. Er selbst begibt sich an Bord eines Fischereischutzbootes. In seinem Geleit nach Kopenhagen befindet sich neben der *Wiking* noch ein Schlepper. Doch es war nicht das letzte Schiff, wie es in den bisherigen Veröffentlichungen immer heißt, was Saßnitz verließ!

Der damalige Fähnrich z.S., Reserveoffizieranwärter (ROA) Eberhard Keindorf, berichtet:

»Am 3. Mai konnten wir uns vom Dänholm nach Rügen absetzen und gelangten bis Rambin. Als wir feststellten,

Flugkapitän Hauptmann Karl Born, Gruppenkommandeur der Seenotgruppe 81/Ostsee, am 21. Mai 1945 von einem Dänen in Guldborg fotografiert.

daß wir führerlos waren, setzte sich unsere Gruppe mit einem bereitstehenden Zug, der uns nach Saßnitz brachte, ab.
Außer einem fahrunklaren Tanker war kein Schiff im Hafen zu entdecken. Auf der Suche nach einer Fluchtmöglichkeit entdeckten wir dann das fahrunklare Lotsenboot *Peene*. Es gelang uns, das Boot fahrklar zu bekommen, und so konnten wir mit 40 Mann an Bord den Hafen in letzter Minute am 5. Mai verlassen. Nachdem wir die Hafeneinfahrt passiert hatten , wurden wir von vier russischen Tieffliegern angegriffen. Ich habe dieses Bild noch genau vor mir. Abends gegen 20.00 Uhr erreichten wir das Feuerschiff *Gedser Rev.* Wir ließen uns dort den Kurs zum Hafen Gedser geben, den wir dann kurz vor Mitternacht erreichten. Das draußen vor der Einfahrt liegende Minensuchboot *M 3613* forderte von uns das Erkennungssignal und wir hatten glücklicherweise eine funktionstüchtige Klappbuchse an Bord und konnten antworten. Wer weiß, was geschehen wäre, wenn wir nicht hätten antworten können. Man war auf dem Boot schon feuerbereit.
Nach dem Einlaufen stellte ich dann fest, daß im Hafen die 36. MS-Fl. lag. Sie war von Warnemünde kommend hier eingelaufen. Ich ging an Bord des Bootes, was ich am 13. Januar 1945 verlassen hatte, um in Stralsund einen Zugführerlehrgang zu absolvieren. Der Kreis hatte sich geschlossen. Noch in der gleichen Nacht wurde ich vom Flo. Chef. vernommen und konnte in der Folgezeit wieder als WO an Bord fahren. Nach dem 8. Mai liefen wir nach Kopenhagen und von dort nach Kiel.«
Zurück bleiben noch einige hundert Soldaten, die im Hafengebiet von Saßnitz umherirrend, vergebens nach einer Fluchtmöglichkeit suchten.
In dem kleinen Hafen Martinshafen, gelegen im Großen Jasmunder Bodden, lag ein Kahn voll beladen mit Verwundete aus dem Lazarett Ueckermünde. Als die Stadt im April evakuiert werden mußte, wurde dieser Kahn nach Rügen verholt. Man glaubte sich im Innern der Insel sicher. In der Nähe befand sich zumal auch das Lazarett Saßnitz.
Anfang Mai war unter den Verwundeten Typhus ausgebrochen. Als eine sowjetische Einheit Martinshafen besetzte, durfte niemand mehr von Bord. Der Kahn wurde in die Mitte des Hafens verholt. Nach und nach starben Verwundete, die dann im Hafenbereich beigesetzt wurden. Der kleine Friedhof ist noch heute vorhanden.
Die von Garz über Putbus vorgehenden sowjetischen Einheiten erreichen in den Vormittagstunden des 5. Mai den Hafen Lauterbach. Der Hafen ist bis auf Jachten und Fischerboote fast leer. Die größeren Schleppkähne, beladen mit Munition, Lebensmittel und Effekten waren durch den Schlepper *Willi* auf die Reede vor Lauterbach geschleppt worden und haben sich dort vor Anker gelegt. Abwartend was kommen wird. Die Kähne der Schiffer Max Daberkow, Willi Rube, Karl Radatz und Albert Schmidt waren mit Munition beladen. Seit dem 13. März lag auch der Eisbrecher *Stettin*, unter Kapitän Walter Dittmer, vor Lauterbach vor Anker. Aus Kohlenmangel sollte die *Stettin* dann am 1. Mai versenkt werden. Wie der Zufall mitspielte, traf gerade jetzt der Seeleichter *Quistorp IV*, von Peenemünde kommend, auf der Reede ein. Außer Personal vom »Restkommando Peenemünde« hatte er als Ballast oberschlesische Gasflammkohle an Bord. Durch Übernahme dieser Kohle konnte die *Stettin* wieder einsatzbereit gemacht werden und so am 2. Mai, mit Flüchtlingen und den Peenemündern an Bord, Lauterbach verlassen. Am Abend liefen sie in Saßnitz ein. Am 4. Mai um 06.40 Uhr verließ dann die *Stettin* mit der Fähre *Versailles* im Schlepp den Saßnitzer Hafen.
Wie der Enkel des Schiffers Daberkow berichtet, beabsichtigte der Kapitän der *Stettin* zwei der Schleppkähne nach Westen mitzunehmen. Aufgrund der Wetterverschlechterung lehnten die Schiffer das Angebot ab.
Nach dem Einmarsch ließ sich eine sowjetische Kontrollgruppe mit dem im Hafen liegenden Schlepper *Willi* zu

den Kähnen bringen. Die Kähne mußten im Verlauf des Tages in den Hafen zurückgeschleppt werden.
Mit der Einnahme des Fliegerhorstes Bug auf der Halbinsel Wittow war am 8. Mai 1945 die Besetzung der Insel Rügen abgeschlossen.
Die in Gefangenschaft geratenen deutschen Soldaten müssen vorerst den Marsch in das sowjetische Internierungslager des NKWD in der Nähe der Ortschaft Fünfeichen, bei Neubrandenburg, antreten. Bei diesem Ort hatte sich von 1939 bis 1945 ein deutsches Kriegsgefangenenlager »Stalag II A – Fünfeichen« befunden und war der Einfachheit halber gleich als Internierungslager weiter benutzt worden. Zu denen, die in Gefangenschaft gerieten, gehörte auch der Ob.Fähnrich z.See Wilhelm Leven, wohnhaft in Saßnitz, Fischersteig 3. Seine Frau berichtet:
»Mein Mann war in seiner Funktion als Marinefachschuloberlehrer auf dem Dänholm tätig. Er gehörte mit zu den Letzten, die die Insel Dänholm am Vormittag des 3. Mai verlassen haben. Sie setzten sich bis Sagard ab. Wie er mir später erzählte, wurde er dann allein in Sagard von den Russen geschnappt und kam nach Neubrandenburg ins Lager ›Fünfeichen‹.«

Die Kapitulation der deutschen Besatzung auf der Insel Bornholm

Entsprechend den Bedingungen der Gesamtkapitulation der deutschen Wehrmacht vom 7. Mai 1945 war für den 9. Mai, 01.00 Uhr deutscher Sommerzeit, jede aktive Kampftätigkeit einzustellen. Somit mußte auch die deutsche Besatzung auf der Insel Bornholm die Waffen niederlegen und hatte den erlassenen Befehlen der Siegermächte ab 01.00 Uhr Folge zu leisten.
Im Rahmen der militärischen Operation »Weserübung« zur Besetzung Dänemarks und Norwegens wurde am 10. April 1940 auch die Insel Bornholm besetzt.
An diesem Tag lief das Minenschiff *Hansestadt Danzig*, von Warnemünde kommend und beladen mit Landungstruppen, in den Hafen Rönne ein. Das Schiff gehörte zur »Kriegsschiffs-Gruppe 8«, dessen Führer der Kommandant des Minenschiffes *Hansestadt Danzig*, K.Kapt. Wilhelm Schroeder, war.
Unter dem Kommando von Major Kaiser besetzte das 2. Bataillion des 205. Infantrieregiments die Insel Bornholm. Es begann der Auf- und Ausbau militärischer Einrichtungen. Die Insel stellte für die Überwachung der südlichen Ostsee eine Schlüsselstellung dar und man bezeichnete sie auch als das »Malta der Ostsee«.
So war vorgesehen, im Norden bei Hammeren und im Süden bei Dueodde, je eine 38 cm Batterie (Schußweite: 362 hm = 36,2 km) aufzubauen. Hierzu sollten die Reservegeschützrohre der *Bismarck* und *Tirpitz* verwendet werden. In Vorbereitung des Rußlandfeldzuges erfolgte im Februar 1941 die Einstellung der Baumaßnahmen an den Küstenbatterien. Mit der zukünftigen und vollständigen Beherrschung der Ostsee durch die deutsche Kriegsmarine erachtete man die Küstenbatterien als nicht mehr erforderlich. Schwerpunkt der Baumaßnahmen waren nun Anlagen zur Überwachung des Luft- und Seeraumes, einer Funkstation, eines Flugplatzes sowie von Dienststellen des Unterseebootabnahmekommandos.
Erst im Oktober 1940 wurde die Dienststelle »Inselkommandant Bornholm« geschaffen und unterstand 1945 dem »Kommandierenden Admiral westliche Ostsee«.
Unterstellung:

Okt. 1940 – Okt. 1942	»Marinebefehlshaber Dänemark«
Okt. 1942 – April 1944	»Kommandant im Abschnitt Südjütland u. dänische Inseln«
April 1944 – Nov. 1944	»Seekommandant dänische Inseln«
Nov. 1944 – Ende	»Kommandierender Admiral westl. Ostsee«

Inselkommandanten waren:

1. Okt. 1940 – Mai 1941	Kapt.z.S. West, Georg
2. Mai 1941 – Okt. 1942	Kapt.z.S. Köhler, Hans
3. Okt. 1942 – Aug. 1943	Kapt.z.S. Rabe, Eduard
4. Aug. 1943 – Juli 1944	Kapt.z.S. v. Rosenberg, Joachim

5.	Juli 1944 – April 1945	F.Kapt. Dr. Morath, Robert
6.	April 1945 – 9. Mai 1945	Kapt.z.S. v. Kamptz, Gerhard

Ein Rapport, gegeben am 10. Oktober 1944 beim »Admiral Skagerrak«, gibt eine Besatzungsstärke von 1 008 Mann an.

Sie bestand aus:

Marine	219 Mann
Luftwaffe	218 Mann
Heer	571 Mann

Bis zum Januar 1945 waren keine dem Inselkommandanten direkt unterstellte Marineeinheiten auf Bornholm stationiert. Erst ab Januar 1945 wurde auf Bornholm die L.M.A.A. 535 (Leichte-Marine-Artillerie-Abteilung) unter K.Kapt.(M.A.) Ernst Werntgen stationiert.

Ausstellungsvitrine im Wehrmuseum in Rönne.
Am 22. Juni 1982 besuchte Kapt.z.S.a.D. Kamptz in Begleitung seiner Frau das Wehrmuseum. Anläßlich dieses Besuches übergab er dem Museum seine Mütze und und seine höchste Auszeichnung das »Ritterkreuz des Eisernen Kreuzes mit Eichenlaub«. Das in der Vitrine liegende Foto zeigt ihn beim Verlassen des Treffpunktes mit Mitgliedern des dänischen Freiheitsrates nach der Beratung am 7. Mai betreffs der bevorstehenden Kapitulation.

Mit dem Vordringen der Roten Armee nach Westen erhielt die Insel Bornholm eine bedeutende Funktion in der Sicherstellung der Evakuierungs- sowie der Versorgungstransporte der Kurlandarmee. Die Insel mußte um jeden Fall gehalten werden. Daß der Ausbau der Küstenverteidigung im Februar 1941 durch Einstellung der Bauarbeiten an der 38 cm Küstenbatterie am Kap Dueodde abgewertet wurde, machte sich jetzt für die Verteidigungsmaßnahmen äußerst unangenehm bemerkbar.

Um eine Seelandung sowjetischer Einheiten auf der Insel Bornholm zu verhindern, verstärkte man vorbeugend im Frühjahr 1945 die Küstenverteidigung durch Infanterie und Heeresartillerie.

Ein im Anmarsch auf Neksö befindliches MFP-Geleit, mit Infanterie an Bord, wurde am 8. Mai durch sowjetische Jabo angegriffen. Zwei Sicherungsfahrzeuge der 13. L-Fl., der SAT *Westlandern* und der LAT *Prinses Beatrix* wurden dabei durch Bombentreffer vor Neksö versenkt. Zwei Tage später konnte ohne Feindberührung das Feldlazarett 189 von Hela nach Neksö evakuiert werden. Noch am 6. Mai bringt die *Bishorst* der 24. L.Fl. eine Gruppe Marineinfanteristen, ausgerüstet nur mit Handfeuerwaffen, von Hela nach Bornholm. Vom 4. bis 6. Mai 1945 lief die Evakuierung des IX. Armeekorps der HGr. Nord nach Bornholm. Kommandierender General des IX. Armeekorps war General Wuthmann. Er wurde Stellvertreter des »Inselkommandanten Bornholm«.

Die von Kiel in den Verteidigungsbereich Swinemünde mit neun Booten verlegte 5. S-Fl., stationiert im Hafen Kaseburg, wurde im April 1945 nach Rönne verlegt. Flottillenchef war K.Kapt. Hermann Holzapfel, er führte die Flottille seit ihrer Wiederaufstellung im Juli 1944. Zwecks Sicherung der Kurlandgeleite war es erforderlich geworden, am 6. Mai die Flottille nach Libau zu verlegen.

Nach den dänischen Veröffentlichungen wird für Mai 1945 für Bornholm eine Besatzungsstärke von ca. 19 000 Mann veranschlagt. Dazu gehörten das 9. Artilleriekorps, die 252. Infanteriedivision, eine Flakdivision, eine Lazarettformation, ein Jagdgeschwader (geringe Anzahl von Flugzeugen), ein Marine-Bau-Bataillion und weitere Einheiten.

Die Verteidigungsmaßnahmen waren bereits am 25. Januar 1945 in einer Beratung im Führerhauptquartier mit angesprochen worden. Gerade Bornholm deckte mit seiner günstigen geographischen und strategischen Lage die Zwangswege der Kriegsmarine und die Luftroute der

Transportflugzeuge der Luftwaffe gegen sowjetische Schiffs- und Fliegerkräfte. Im weiteren war das Seegebiet um Bornholm das vorerst einzige verbliebene U-Boot-Erprobungs- und Ausbildungsgebiet, was außerhalb der Feindeinwirkung lag.

Zur Unterstützung seiner immer weiter an der Küste westwärts vordringenden Truppen der 2. Belorussischen Front und für den Einsatz der Baltischen Rotbannerflotte (BRF) gegen die Evakuierungsgeleite der Kriegsmarine war die Besetzung der Insel Bornholm für die sowjetische Führung von strategischer Bedeutung.

Erst mit der Einnahme von Kolberg, am 18. März 1945, ergab sich für die Führung der BRF die Möglichkeit, Torpedoschnellboote (TS-Boote) im Wirkungsbereich zu Bornholm zu stationieren und von hier aus aktive Handlungen vorzunehmen. Auf dieser Grundlage wandte sich am 23. April 1945 der Flottenadmiral Kusnezow an den Chef des Generalstabes mit dem Vorschlag zur Durchführung einer Seelandung auf Bornholm. Daraufhin erhielt der Befehlshaber der BRF am 26. April den Befehl zur Ausarbeitung des Operationsplanes. In Vorbereitung der Seelandung wurden Einheiten der Fliegerkräfte der BRF in den Raum Kolberg (Anm.: u.a. auf dem Flugplatz Rohnshagen, östlich Kolberg – d. Verf.) verlegt und begannen ab 3. Mai mit Angriffen auf Schiffe im Seegebiet der Pommerschen Bucht.

Ausgehend vom Ergebnis der separaten Kapitulationsverhandlungen der neuen deutschen provisorischen Regierung mit dem britischen Feldmarschall Montgomery, trat für den 5. Mai 1945 um 08.00 Uhr eine Teilkapitulation gegenüber den britischen Truppen in Kraft. Damit bestand die Möglichkeit, daß britische Truppen auch Bornholm besetzen könnten. Eine Seelandung auf Bornholm erwies sich für die sowjetische Führung als praktisch unumgänglich.

Ein Funkspruch des Chefs der Führungsgruppe im Wehrmachtsführungsstab, Generalmajor Erich Dethleffsen, zeigte, daß auch hier diese Möglichkeiten erörtert wurden:

»Für Innehaltung zu Lande, zu Wasser und in der Luft auf Bornholm ist MOK Ost im Einvernehmen mit W.B. Dänemark verantwortlich.

Der Kampf gegen die Sowjets ist jedoch mit allen Mitteln fortzusetzen. Etwaige englische Landung auf Bornholm wird vorher durch OKW angekündigt.«

Entsprechend dem sowjetischen Operationsplan erfolgte die Verlegung von TS-Booten und anderer Übersetzmittel in den Hafen von Kolberg sowie die Bereitstellung der 18. Schützendivision aus dem Bestand der 2. Belorussischen Front. Ab 5. Mai begann eine intensive sowjetische Luft- und Seeaufklärung. In Auswertung der Aufklärungsergebnisse entschloß sich die sowjetische Führung zum Angriff. In Kenntnis der Unterzeichnung der bedingungslosen Kapitulation der Wehrmacht vom 7. Mai 1945, wonach am 9. Mai 00.00 Uhr die Kampfhandlungen einzustellen waren, wandte sich der Chef der BRF am 8. Mai mit einem Kapitulationsangebot an den Inselkommandanten Kapt.z.S. G. von Kamptz und seinen Stellvertreter General Wuthmann. Nach sowjetischen Informationen soll

Kapitän zur See Gerhard von Kamptz. Seit April 1945 bis Kriegsende Inselkommandant von Bornholm. Vom 9. Mai 1945 bis zum 1. Januar 1954 in sowjetischer Kriegsgefangenschaft.

dies als Funkspruch auf der Frequenz des MOK erfolgt sein. Dieser Sachverhalt kann z.Zt. nicht belegt werden. Ein diesbezügliches sowjetisches Flugblatt, das am 7. Mai gegen 18.45 Uhr über Rönne abgeworfen wurde, befindet sich im dortigen Wehrmuseum.

1965 interviewte Herr Thomas Jensen, Redakteur der »Bornholmer Zeitung«, Herrn Gerhard von Kamptz in Kiel und veröffentlichte in der Broschüre »EN Ö I KRIG« auf S. 20 die Aussage von Herrn von Kamptz zum russischen Kapitulationsangebot: »Am 07. 05. 45 erhielt ich vom Regionschef Herrn Jörgensen (Anm.: Ltn. Kjödt Jörgensen war Kommandeur des dänischen Widerstandsbewegungskommandos auf der Insel Bornholm – d. Verf.), ein

Ansicht der zerstörten Stadt Rönne nach dem sowjetischen Bombenangriff vom 8. Mai 1945.

Schreiben, in dem ich um eine Stellungnahme zu dem auf einem abgeworfenen russischen Flugblatt befindlichen Kapitulationsangebot gebeten wurde.
General Wuthmann und ich hatten uns abgestimmt, daß wir uns strikt an die Befehle halten und die Waffen nur gegenüber den Westalliierten, d.h. gegenüber Montgomery niederzulegen haben. Dementsprechend habe ich dann auch das Antwortschreiben an Herrn Jörgensen abgefaßt.
Eine vorfristige Kapitulation gegenüber den Russen kam nicht in Frage, es wäre sonst Verrat gewesen. Als Soldat habe ich 1945 nicht anders handeln können.«

Da vom Inselkommandanten die Antwort ausblieb, starteten gegen 12.00 Uhr Marineflieger der BRF von ihren Flugplätzen bei Kolberg und flogen Angriffe auf die sich in See und in den Häfen Rönne und Neksö befindlichen Schiffe.

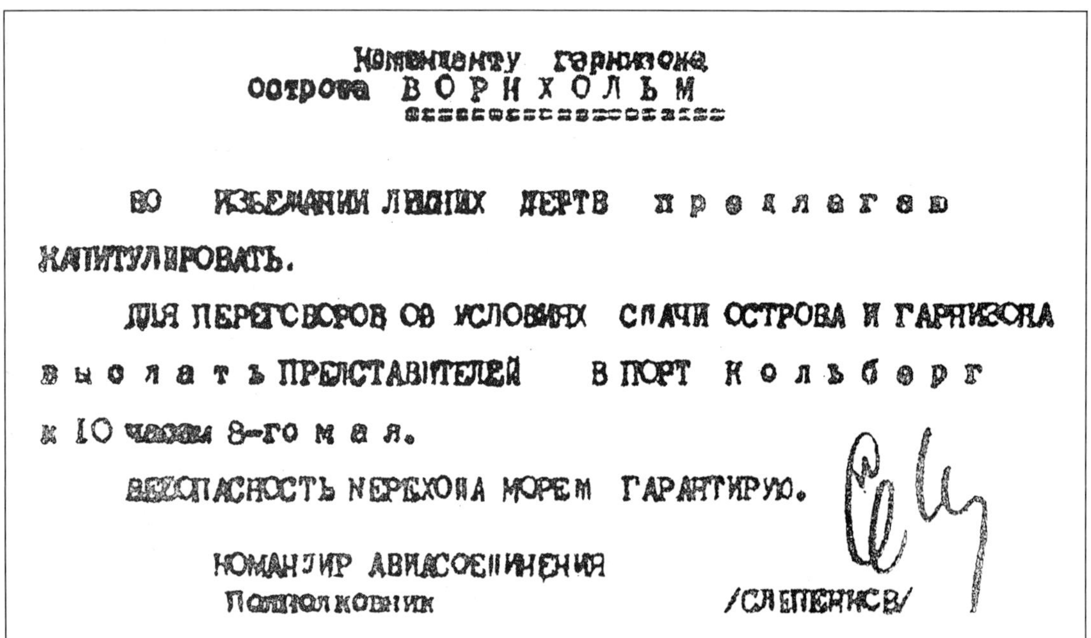

Коменданту гарнизона
острова БОРНХОЛЬМ

Во избежании лишних жертв предлагаю капитулировать.

Для переговоров об условиях сдачи острова и гарнизона выслать представителей в порт Кольберг к 10 часам 8-го мая.

Безопасность перехода морем гарантирую.

Командир авиасоединения
Полковник /Слепенков/

Sowjetisches Flugblatt, das am 7. Mai 1945 kurz nach 18.45 Uhr über dem Stadtgebiet von Rönne abgeworfen wurde. In ihm wird Kapt.z.S. von Kamptz zur Kapitulation aufgefordert und mitgeteilt, daß er am 8. Mai um 10.00 Uhr in Kolberg zur Verhandlung erwartet wird.

Nach sowjetischen Angaben kamen zum Einsatz: 78 Schlachtflugzeuge »IL-2« und 24 Jäger »Jak-9«.

Skl.: Tagesmeldung vom 8. Mai 1945/Auszug Westl.Ostsee: »Russ. S-Boot 7. Uhr morgens von Bornholm 195° gepeilt. 10.00 Uhr russ. Flugzeuge über Neksö. Zwischen 12.00 Uhr und 13.00 Uhr Luftangriff auf Neksö und Rönne durch 12 Schlachtflugzeuge. Schäden bisher nicht gemeldet. Unter der dänischen Zivilbevölkerung kamen bei den Angriffen in Neksö eine Person und bei dem Angriff auf Rönne neun Personen ums Leben. Schiffsverluste waren nicht zu beklagen.«

In Vorbereitung auf eine mögliche Fortführung der Fliegerangriffe begann am 8. Mai die vollständige Evakuierung der Bevölkerung aus diesen beiden Städten. Wie zu erwarten, kam es in den Vormittagsstunden des 8. Mai zu weiteren Fliegerangriffen, wobei nach sowjetischen Angaben 21 Schlachtflugzeuge »IL-2«, 28 Bomber und 62 Jäger »Jak-9« zum Einsatz kamen.

Antwortschreiben des Inselkommandanten Kapt.z.S. von Kamptz an den Kommandeur des dänischen Widerstandsbewegungskommandos auf der Insel Bornholm, Ltn. Jörgensen, vom 8. Mai 1945.

Inselkommandant
Bornholm

Rönne, den 8. Mai 1945

An den

Regionschef J ö r g e n s e n

R ö n n e

Rathaus

Auf Ihr Schreiben vom 7. Mai 1945 antworte ich, dass das abgeworfene russische Flugblatt nicht beantwortet wird.

Die deutsche Wehrmacht auf Bornholm hat Befehl die Insel gegen jeden Angriff zu schützen.

Auf Grund der Waffenstillstandsbedingeungen ist Bornholm englisches Interessengebiet.

Ich habe Befehl nur die Engländer auf Bornholm landen zu lassen.

v. Kamptz

Kapitän z. See und
Inselkommandant

Fährschiff *Ostbornholm*, am 8. Mai 1945 durch Bombennahtreffer im Hafen von Neksö gekentert.

Abbildung unten: Luftbildaufnahme der Stellung der deutschen 38 cm Küstenbatterie auf der Insel Bornholm am Kap Dueodde, deren Bauarbeiten im Februar 1941 eingestellt wurden.

SAT *Westflandern* in der Hafeneinfahrt von Neksö durch Bombentreffer am 8. Mai 1945 versenkt.

Stadt	Angriffszeit	Schiffsverluste nach dän. Angaben	Schiffsverluste nach sowj. Angaben
Rønne	09.40	1 Kriegsschiff	
	09.43	2 Frachter	
	09.52		6 Transporter
	10.00		1 MFP
	10.07		1 TS-Boot
	10.30		2 Motorboote
Neksö	14.30	1 Fährschiff	
	15.39	2 Frachter	
		20 Fischerboote	

Nach Aussage von Herrn Skaarup, Leiter des »Wehrmuseums« von Bornholm, war der Wohnraum der Stadt Rönne zu 40 bis 50 Prozent und in Neksö zu 70 Prozent durch die Bombenangriffe zerstört worden. Aufgrund der Evakuierungsmaßnahmen gab es glücklicherweise nur wenige Verletzte. Einen Erfolg erreichte die sowjetische Militärführung der BRF mit diesen Fliegerangriffen nicht.

In dieser Situation erging am 8. Mai an den sowjetischen Kommandeur der Flottenbasis Kolberg, Kapitän 1. Ranges (Kapt.z.S.) Guskow, ein Funkspruch des Chefs des Stabes der BRF, mit dem Befehl:

»Sie oder Ihr Stabschef haben mit einer Abteilung Torpedoschnellboote (TS-Boote) und einer maximal möglichen Anzahl von Soldaten bei Sonnenaufgang nach Bornholm (Rönne) auszulaufen und Bornholm zu besetzen. Der Kommandant ist nach Kolberg zu bringen!«

In der Nacht vom 8. zum 9. Mai führte eine Gruppe von vier TS-Booten eine Such- und Aufklärungsfahrt im Seegebiet östlich und südlich von Bornholm ohne Erfolg durch. Aus sowjetischer Sicht schildert der damalige Stabschef des Kommandeurs der Flottenbasis Kolberg, Kapitän 1. Ranges (Kapt.z.S.) Schawzow, die Operation zur Besetzung der Insel Bornholm, veröffentlicht in der Broschüre »Morskoi Sbornik« 1985/5, wie folgt (auszugsweise):

»In den frühen Morgenstunden des 9. Mai, 05.15 Uhr lief ich mit einer Abteilung von sechs TS-Booten aus. (Nach dem neuesten sowjetischen Nachschlagewerk, Moskau 1988, »Schiffe und Boote der sowjetischen Seekriegsflotte 1928–1945« befanden sich die TS-Boote *Nr. 37* ex *TK-37, Nr. 96, TK-183, TK-185, TK-188* und *TK-193* von Kolberg aus im Einsatz – d. Verf.). Abt. Chef war Kapitän 3. Ranges (K.Kapt.) Ossetzky. An Bord der Boote befanden sich 110 Matrosen aus dem Personalbestand einer Luftabwehrbatterie, ein Kommandantenzug und drei Offiziere unter dem Befehl von Major P. Autonjuk. Es war windstill, die See ruhig und Nebel lag über dem Wasser. Während der Überfahrt sichteten wir einen Landungsprahm, der bis zum Rand mit Soldaten besetzt war. Wir stoppten ihn und eines unserer TS-Boot brachte ihn nach Kolberg.

Um 08.00 Uhr (07.00 Uhr DSZ) erreichten wir die Ansteuerungstonne Rönne. Aufgrund des dichten Nebels warteten wir mit der Anlandung noch ab. Gegen Mittag lichtete sich der Nebel, worauf wir in den Hafen von Rönne einliefen. Das Landungskommando ging an Land

und sofort in Stellung. Zwei TS-Boote schickte ich auf Vorposten und die anderen drei Boote sicherten mit ihren MG's unsere Truppen die im Hafen an Land Stellung bezogen hatten. An den Stab in Kolberg setzte ich einen Funkspruch über unsere Landung in Rönne ab. Im Falle eines Angriffes wurde uns Fliegerunterstützung zugesagt.
Kurz nach unserer Landung fuhr ein Auto vor und es stiegen der Gouverneur der Insel, ein Vertreter der deutschen Führung, der dänische Leiter der Widerstandsbewegung und ein Dolmetscher aus. Dem Gouverneur erklärte ich, daß die Insel in der Handlungszone der sowjetischen Streitkräfte liegt und wir gelandet sind, um die Kapitulation der deutschen Garnison entgegenzunehmen. Ich erhielt die Zusage zur Unterstützung. Der deutsche Offizier schlug mir vor, ihn zum Stab der Garnison zu begleiten. Das lehnte ich ab und forderte meinerseits, daß der Kommandeur der Garnison bei mir zu erscheinen hätte. Zum Stab schickte ich meinen Stellvertreter mit einem Marinekommando mit, um die Deutschen unter Kontrolle zu haben. Kurz darauf erschien der General (Anm.: Gemeint ist Kapt.z.S. von Kamptz – d. Verf.) bei mir, und entsprechend meinem Befehl brachte ich ihn nach Kolberg.«

Nach Aussage von Kapt.z.S. a.D. von Kamptz übergab er um 15.00 Uhr in seinem Hauptquartier im Hotel »Helligdommern« alle Vollmachten an seinen Stellvertreter General Wuthmann und begab sich in russische Kriegsgefangenschaft. Am Abend des 9. Mai 1945 traf das TS-Boot mit Kapt.z.S. Gerhard von Kamptz in Kolberg ein.
Unter Mitwirkung dänischer Widerstandskämpfer kam es inzwischen auf Bornholm zur Besetzung der Nachrichtenzentrale bei Almindingen und des Flugplatzes. Die Lage auf der Insel blieb russischerseits weiterhin undurchsichtig. Am 10. Mai wurden von Kolberg aus weitere 600 Infanteristen unter dem Befehl des Kapitän 3. Ranges (K.Kapt.) W. Starostin mit TS-Booten nach Rönne gebracht. Die einzelnen deutschen Einheiten mußten sich ergeben und die Waffen abgeben.
Nach sowjetischen Angaben befanden sich zu diesem Zeitpunkt 9 900 Offiziere und Soldaten, darunter 1 400 Verwundete, und 4 500 deutsche Zivilisten auf der Insel.
Gleichzeitig begann für die dänische Bevölkerung der Insel Bornholm die Zeit der Besetzung durch sowjetische Truppen, die bis zum 5. April 1946 andauern sollte.

Deutsche U-Boot-Verluste in der Ostsee – Die Situation im Frühjahr 1945

Rückblickend auf den operativen Einsatz deutscher U-Boote in der Ostsee ist festzustellen, daß ein solcher nur während des Polenfeldzuges im September 1939, der Operation »Barbarossa« von Juni bis August 1941 und im Zeitraum von Juni 1944 bis März 1945 erfolgte.
Während des gesamten Krieges gingen in der Ostsee 76 deutsche U-Boote durch Feindeinwirkung und Havarien verloren. Diese Verluste waren vornehmlich auf die Überlegenheit der westalliierten Luftwaffe zurückzuführen. Tausende von Minen, durch Flugzeuge abgeworfen, führten zu einer erheblichen Minengefahr in den Flachwassergebieten der westlichen und südwestlichen Ostsee. Allein durch Minentreffer gingen 11, durch Fliegerangriffe auf die Häfen und Werften sowie deren Zufahrten 33 U-Boote verloren.
Von außerordentlicher Tragik war der Verlust von 25 im Ausbildungseinsatz befindlichen U-Booten durch Havarien. Insgesamt konnten nach bisherigen Angaben nur 20 Boote durch das »Marinebergungs- und Seedienstkommando Mitte« bis zum Kriegsende gehoben werden.

U 6 als sowjetische Beute.
U 6 gehörte als Ausbildungsboot zur 21. U-Fl. in Gotenhafen. Am 7. August 1944 erfolgte hier die Außerdienststellung. Auf dem Bild ist erkennbar, daß sowjetische Offiziere das U-Boot inspizieren und sogar noch eine Kriegsflagge finden.

U-Boot Verluste in der Ostsee – Stand: 14.10.1993									
				URSACHE					
Datum	FliBo/Rak.	WaBo	Mine	Torpedo	Ari.	Kolli.	Unfall	Unbek.	Bemerkungen
1941									
09.08.	–	–	–	*U 144*	–	–	–	–	
11.11.	–	–	–	–	–	*U 580*	–	–	Kolli. *Angelburg*
15.11.	–	–	–	–	–	*U 583*	–	–	Kolli. *U 153*
1942									
06.08.	–	–	–	–	–	*U 612*	–	–	geh.; 31.05.43 i.D.
02.09.	–	–	–	–	–	*U 222*	–	–	Kolli. *U 626*; geh.
21.09.	–	–	*U 446*	–	–	–	–	–	12.11.42 geh.; a.D.
12.11.	–	–	–	–	–	*U 272*	–	–	Kolli. *U (?)*
1943									
24.02.	–	–	–	–	–	*U 649*	–	–	Kolli. *U 232*
19.03.	–	–	–	–	–	–	*U 5*	–	
30.03.	–	*U 416*	–	–	–	–	–	–	geh.; 04.10.43 i.D.
14.05.	*U 235*	–	–	–	–	–	–	–	geh.; 29.10.43 i.D.
14.05.	*U 236*	–	–	–	–	–	–	–	geh.; 29.09.43 i.D.
14.05.	*U 237*	–	–	–	–	–	–	–	geh,; 08.10.43 i.D.
14.05.	*U 474*	–	–	–	–	–	–	–	11.10.44 geh.; a.D.
05.08.	–	–	–	–	–	*U 34*	–	–	Kolli. *Lech*; geh.; a.D.
20.08.	–	–	–	–	–	*U 670*	–	–	Kolli. *Bolkoburg*
08.09.	–	–	–	–	–	*U 983*	–	–	Kolli. *U 988*
20.09.	–	–	–	–	–	–	*U 346*	–	Sabotage
18.11.	–	–	–	–	–	*U 718*	–	–	Kolli. *U 476*
20.11.	–	–	–	–	–	*U 768*	–	–	Kolli. *U 745*
13.12.	*U 345*	–	–	–	–	–	–	–	–
1944									
04.02.	–	–	*U 854*	–	–	–	–	–	geh. (?)
18.02.	–	–	–	–	–	–	*U 7*	–	
03.03.	–	–	–	–	–	*U 738*	–	–	Kolli. *Erna*; geh.; a.D.
17.03.	–	–	–	–	–	*U 1013*	–	–	Kolli. *U 286*

Das Wrack von *U 446* taucht aus den Fluten der Ostsee auf und wird nach Lübeck zur Instandsetzung überführt.

U-Boot Verluste in der Ostsee – Stand: 14.10.1993									
				URSACHE					
Datum	FliBo/Rak.	WaBo	Mine	Torpedo	Ari.	Kolli.	Unfall	Unbek.	Bemerkungen
1944									
17.03.	–	–	–	–	–	–	*U 28*	–	geh.; 04.08.44 a.D.
08.04.	–	–	–	–	–	U 2	–	–	Kolli. *H.Fröse*; geh.; a.D.
11.04.	*U 108*	–	–	–	–	–	–	–	geh.; 17.07.44 a.D.
11.04.	*U 902*	–	–	–	–	–	–	–	22.07.44 geh.; a.D.
27.04.	–	–	*U 803*	–	–	–	–	–	geh.; 09.08.44 a.D.
19.05.	–	–	–	–	–	*U 1015*	–	–	Kolli. *U 1014*
23.07.	*U 1164*	–	–	–	–	–	–	–	beschä.; a.D.
29.07.	–	–	*U 2323*	–	–	–	–	–	08.44 geh.; rep. i.D.
30.07.	–	*U 250*	–	–	–	–	–	–	
19.09.	–	–	–	–	–	*U 1054*	–	–	Kolli. *Peter Wessel*; 19.09.44 a.D.
29.09.	–	–	*U 1000*	–	–	–	–	–	geh.; 29.09.44 a.D.
10.10.	–	–	–	–	–	–	*U 2331*	–	geh.; rep.; i.D.
28.11.	–	–	–	–	–	–	*U 80*	–	
12.12.	–	–	–	–	–	–	–	*U 479*	Mine (?)
12.12.	–	–	–	–	–	*U 416*	–	–	Kolli. *M 203*
26.12.	–	–	*U 2342*	–	–	–	–	–	
1945									
10.01.	–	–	–	–	–	–	–	*U 679*	
24.01.	*U 763*	–	–	–	–	–	–	–	
31.01.	–	–	*U 3520*	–	–	–	–	–	
04.02.	–	–	–	–	–	–	–	*U 745*	letzte Meldung »Mine«
09.02.	–	–	*U 923*	–	–	–	–	–	
18.02.	–	–	–	–	–	*U 2344*	–	–	
19.02.	–	–	–	–	–	–	–	*U 676*	
02.03.	–	–	*U 3519*	–	–	–	–		
15.03.	–	–	*U 367*	–	–	–	–	–	
03.04.	*U 1221*	–	–	–	–	–	–	–	
03.04.	*U 2542*	–	–	–	–	–	–	–	
03.04.	*U 3505*	–	–	–	–	–	–	–	
04.04.	*U 3003*	–	–	–	–	–	–	–	
04.04.	*U 237*	–	–	–	–	–	–	–	
04.04.	*U 749*	–	–	–	–	–	–	–	
09.04.	*U 1065*	–	–	–	–	–	–	–	
09.04.	*U 1227*	–	–	–	–	–	–	–	schw.Beschä.; 10.04.45 a.D.
09.04.	*U 2516*	–	–	–	–	–	–	–	
09.04.	*U 4708*	–	–	–	–	–	–	–	
14.04.	*U 235*	–	–	–	–	–	–	–	durch *T 17*
15.04.	*U 103*	–	–	–	–	–	–	–	
16.04.	–	–	–	–	*U 78*	–	–	–	
19.04.	*U 251*	–	–	–	–	–	–	–	
28.04.	*U 56*	–	–	–	–	–	–	–	
02.05.	*U 1007*	–	–	–	–	–	–	–	
02.05.	*U 2359*	–	–	–	–	–	–	–	
03.05.	*U 52*	–	–	–	–	–	–	–	
03.05.	*U 2503*	–	–	–	–	–	–	–	
03.05.	*U 3012*	–	–	–	–	–	–	–	
04.05.	*U 2521*	–	–	–	–	–	–	–	
04.05.	*U 2338*	–	–	–	–	–	–	–	
05.05.	*U 579*	–	–	–	–	–	–	–	
05.05.	*U 534*	–	–	–	–	–	–	–	
05.05.	*U 3523*	–	–	–	–	–	–	–	
06.05.	*U 1008*	–	–	–	–	–	–	–	
06.05.	*U 2534*	–	–	–	–	–	–	–	
Gesamt:	34	2	11	1	1	18	6	4	= 77

* Die Angaben unter der Rubrik »Bemerkungen« beziehen sich nur auf die Zeit des Krieges vom 1. September 1939 bis zum 9. Mai 1945.

U 10 (vorn) und *U 4* (dahinter) als sowjetische Beute. Beide U-Boote gehörten als Ausbildungsboote zur 21. U-Fl. und wurden am 1. August 1944 a.D. gestellt.
Die Inspektion durch sowjetische Offiziere erfolgte vermutlich im April 1945.

U 2516 durch Bombentreffer im Dock der Deutschen Werke Kiel vernichtet, daneben *U 1227*.

U 1007 als Wrack in der Trave bei Dalben 11 liegend.

Die mittlere Ostsee war für die Kriegsmarine das ideale Übungsgebiet für die Erprobung von U-Bootneubauten, aber auch für die Ausbildung von U-Bootbesatzungen in Vorbereitung auf den Fronteinsatz. Vorrangiger Übungsraum war die Danziger Bucht mit Wassertiefen bis zu 100 m.

Die U-Boote waren in der Ausbildungszeit dem »Kommandierenden Admiral der U-Boote« truppendienstlich unterstellt.

Als die 1. Baltische Front der Roten Armee im Oktober 1944 die Ostseeküste zwischen Libau und Memel erreichte, war die östlichste Dienststelle die 4. U.L.D. mit dem Stützpunkt Memel in den unmittelbaren Frontbereich gelangt und mußte im November 1944 evakuiert werden. Am 28. Januar 1945 wurde Memel von der Roten Armee besetzt.

Aufgrund der Auflösung von Dienststellen und mehrmaliger Verlegung von Stäben des »Admirals östliche Ostsee« ab März 1945 war die Organisation der truppendienstlichen Führung der U-Boote nur noch bedingt wirksam.

Um die Unterstellung der U-Boote in der Ostsee für das Kriegsjahr 1945 aktuell und übersichtlich darzustellen, erfolgte auf der Grundlage der im U-Boot-Archiv befindlichen Kopie des Befehls » B.- Nr.Gkdos 6629 P1 » vom 1. August 1944 und in Abstimmung mit Herrn Hans-H. Hildebrand die Erarbeitung eines Organisationsschemas. Angesichts des Vormarsches der 1., 2. und 3. Belorussischen Front gingen die Werften östlich der Oder verloren und einzelne Ausbildungsstützpunkte für U-Boote mußten nach Westen verlegt werden. In diesem Zusammenhang erfolgte auch die Verlegung aller nicht frontklaren U-Boote in die Häfen und Buchten der westlichen Ostsee.

Organisation der Führung der U-Boote im Kriegsjahr 1945

Reichspräsident (seit dem 01.05.1945)
Oberbefehlshaber der Marine (Ob.d.M.)
Befehlshaber der U-Boote (B.d.U.)

Großadmiral Dönitz, Karl

Stab: Hauptquartier »Koralle« 4/45 in Plön,
in der Nacht vom 02./03.05.45
Verlegung nach Flensburg-Mürwik

Operative Führung

Unterseebootsführungsabteilung
(2. Abt.Skl./B.d.U.op.)

In der Nordsee, im Atlantik und im Indischen Ozean (Ostasien)

Abt.Chef:
K.Adm. Godt, Eberhard

Standort: Berlin
12.43 Bernau »Koralle«
02.45 Sengwarden
04.45 Plön
05.45 Flensburg-Mürwik

Unterstellte Dienststellen
F.d.U. West
F.d.U. Nordmeer

Truppendienstliche Führung

Kommandierender
Admiral der U-Boote

Kom.Adm.: Admiral von Friedeburg, Hans Georg 02.43 – 05.45
Kapt. z.S. Dobratz, Kurt
05.45 – Ende

Standort: Kiel
– Verlegung vor Kriegsende nach Mürwik

Unterstellte Dienststellen
Sämtliche
F.d.U.s
H.K.U.
U.A.K.
U-Stützpunkte im Heimatkriegsgebiet

Marineoberkommando Ostsee

Ob.d.MOK Ost:
Gen.Adm. Kummetz, Oskar
03.45 – Ende

Die operative Führung der U-Boote in der östlichen Ostsee erfolgte durch den Kommandierenden Admiral östliche Ostsee, Adm. Burchardi, Theodor.
Ihm war als U-Füsto/U-Einsatzleiter zugeteilt:

F.Kapt. Brandi, Albrecht	07.44 – 01.45
Kptl. Gelhaus, Harald	12.44 – 04.45

Organisation der Truppendienstlichen Unterstellung der U-Boote im Bereich der Ostsee – 1945

Kommandierender Admiral der U-Boote

Höheres Kommando der U-Bootsausbildung (H.K.U.)

H.K.U.: Kapt.z.S.
Schmidt, Albrecht
01.43 – Ende

Stab: Kiel
01.45 Plön
04.45 Neustadt (3. U.L.D.)

Aufgabe:
Dem H.K.U. waren alle Ausb.- und Front-U-Fl. truppendienstlich unterstellt. D.h., er war für die personelle und ausrüstungsmäßige Sicherstellung verantwortlich. (Grundausbildung)

Stützpunkt		
Einheit	Aufgestellt	Verlegung
1. U.L.D.	Pillau	Hamburg
* 21.U-Fl.	Pillau	3/45 aufg.
2. U.L.D.	Gotenhafen	3/45 aufg.
* 22.U-Fl.	Gotenhafen	Wilhelmshaven
3. U.L.D.	Neustadt i.H.	
1. U.A.A.	Plön i.H.	
2. U.A.A.	Godenstedt	Zeven/ Hannover
3. U.A.A.	Pillau	Schleswig

Führer der U-Boote Ost (F.d.U. Ost)

F.d.U. Ost: Kapt.z.S.
Schellong, Otto
05.43 – Ende

Stab: Danzig, 28.03.45 Verlegung an Bord des U-Bootbegleitschiffes *Saar* über Hela nach Schirnau bei Rendsburg.

Aufgabe:
Dem F.d.U. Ost unterstanden die in der Heimat zum Fronteinsatz klarmachenden U-Boote (Neubauten und Reparaturboote).

Stützpunkt		
Einheit	Aufgestellt	Verlegung
4.U-Fl.	Stettin	Flenzburg
5.U-Fl.	Kiel	
8.U-Fl.	Danzig	1/45 aufg.
31.U-Fl.	Hamburg	Wesermünde
32.U-Fl.	Königsberg	Hamburg

Führer der Unterseebootsausbildungsflottillen (F.d.U.-Ausb.)

F.d.U.-Ausb.: Kapt.z.S.
Schütze, Viktor
03.43 – Ende

Stab: Gotenhafen
Verlegung nach Westen an Bord des Führerschiff *Erwin Wassner*

Aufgabe:
Ausbildung von U-Boots-besatzungen für den Fronteinsatz.
- Kommandanten-Vorschule
- Ausguckschulung unterstellt.
- Hafengrundausbildung
- Vortaktische Ausbildung
- Kommandantenschießausbildung
- Unterwasserortungsausbildung
- Taktische Ausbildung
- Schießausbildung U-Boote

Stützpunkt		
Einheit	Aufgestellt	Verlegung
18.U-Fl.	Hela	3/45 aufgelöst
19.U-Fl.	Pillau	Kiel
20.U-Fl.	Pillau	2/45 aufgelöst
23.U-Fl.	Danzig	3/45 aufgelöst
24.U-Fl.	Memel	Eckernförde
25.U-Fl.	Libau	Travemünde
26.U-Fl.	Pillau	Warnemünde
27.U-Fl.	Gotenhafen	4/45 aufgelöst

Technische Ausbildungsgruppe Frontunterseeboote (Agru Front)

Kmdr.: Kapt.(Ing.) Heintz, Kurt
05.44 – Ende

Stützpunkte: 09.41 – 03.45 Hela
– Verlegung nach Rönne (Bornholm)
danach .05.45 nach Eckernförde-TVA

Erprobungsgruppe für Unterseeboote

1.Asto. beim F.d.U. Ausb. u. Erpr.Ltr. neuer U-Boote: K.Kapt. Schulz, Wilhelm

Typ XXI: F.Kapt. Topp, Erich
Typ XXIII: K.Kapt. Emmermann, Carl

Unterseebootsabnahmekommando (U.A.K.)

Chef: Kapt.z.S.
(Ing.) Hülsmann, Walter
10.44 – Ende

Stab: Kiel

Zweigstelle: Danzig
Ltr. F.Kapt. Eckermann, Hans
11.44 – 04.45

Aufgabe:
Erprobungsgruppe für U-Boots-neubauten. Das U.A.K. war militärisch dem Kom.Adm.d.U. und fachlich dem OKM unterstellt.

Stützpunkt		
Einheit	Aufgestellt	Verlegung
Gruppe I-VI u. X	Kiel	
Gruppe Schall	Kiel	
Gruppe VII-IX	Danzig	

Abwicklungsamt für Unterseeboote

Ltr.: Kapt.z.S. (V) Benck, Christian
10.43 – Ende

U-Boot-Verluste im Seegebiet der südwestlichen Ostsee 1944/45

In diesem Seegebiet gingen durch Feindeinwirkung und Havarien 9 U-Boote verloren, wobei etwa 170 Angehörige der U-Boot-Waffe gefallen sind.

Lfd.Nr.	Flottille	Name	Typ	Untergang Datum	Untergang Ursache	Tote	letzter Kmdt.	Verbleib
1.	a.D.	*U 108*	IX B	11.04.44	FliBo	–	unbesetzt	25.04.45 gespr.;verschr.
2.	a.D.	*U 803*	IX C40	27.04.44	Mine	9	Kptlt. Schimpf	geh. 09.04.1944
3.	4.U-Fl.	*U 854*	IX C	04.02.44	Mine	51	Kptlt. Weiher	geh.; unbek.
4.	31.U-Fl.	*U 1007*	VII C	02.05.45	Rak./(+)	1	Oblt.z.S. Raabe	geh. 5.1946; verschr.
5.	31.U-Fl.	*U 1013*	VII C	17.03.44	Kolli	25	Oblt.z.S. Linck	geh. .07.1944; unbek.
6.	32.U-Fl.	*U 2342*	XXIII	26.12.44	Mine	8	Oblt.z.S. Schad von Mittelbiberach	gespr.; verschr.
7.	32.U-Fl.	*U 2344*	XXIII	18.02.45	Kolli	7	Oblt.z.S. Ellerlage	geh. 1955; verschr.
8.	4.U-Fl.	*U 3012*	XXI	03.05.45	FliRa	?	Kptlt. Meier (?)	unbek.
9.	5.U-Fl.	*U 3519*	XXI	02.03.45	Mine	65	Kptlt. von Harpe	geh. 1949; unbek.

Bis zum heutigen Zeitpunkt konnte noch nicht für jedes der neun genannten U-Boote eine eindeutige Aussage über Untergang, Bergung und den Verbleib getroffen werden.
Eine Kurzbeschreibung mit Angabe zu den gefallenen Besatzungsangehörigen soll den gegenwärtigen Erkenntnisstand darlegen.

U 108
Seit September 1943 gehörte *U 108* zur 8. U-Fl. und erhielt während des Werftaufenthaltes beim Luftangriff auf Stettin am 11. April 1944 einen Bombentreffer und sank. Nach der Bergung erfolgte aufgrund der schweren Beschädigungen am 17. Juli die Außerdienststellung. Bei der Räumung von Stettin wurde *U 108* als frontunklares U-Boot am 24. April 1945 auf dem Werftgelände der Oderwerke gesprengt.

U 803
In der Seebeck-Werft Wesermünde am 07. September 1943 in Dienst gestellt, erhielt das Boot im April 1944 in den Stettiner Oderwerken als Nachrüstung einen Schnorchelmast. Hier erlebte die Besatzung am 11. April 1944 den Bombenangriff auf Stettin, wobei vier Besatzungsangehörige den Tod fanden.

Lfd.Nr.	Name	Vorname	Dienstgrad
1.	Hinze	Fritz	Mech.Gefr.
2.	Huck	Arthur	Fhr. (?)
3.	Kluge	Gerhard	Mtr.
4.	Neumann	Heinz	Mtr.Ob.Gefr.

Nachdem der Schnorchelmast eingebaut war und das Boot nach Swinemünde verlegt hatte, trat es am 27. April von Swinemünde aus seinen Rückmarsch nach Hela an.

Unmittelbar nach dem Ablegen erhielt es im Fahrwasser der Swine, querab zum Leuchtturm, einen Minentreffer und sackte weg. Weitere neun Besatzungsangehörige kamen hierbei ums Leben. Nach Aufzeichnungen im U-Boot-Archiv sind gefallen:

Lfd.Nr.	Name	Vorname	Dienstgrad
1.	Baumann	Johann	Mtr.Gefr.
2.	Hagemeister	Paul	Mtr.Hpt.Gefr.
3.	Helbing	Wernerd	Lt.z.S. (II. WO)
4.	Hellmold	Willy	Mtr.Gefr.
5.	Herz	Magnus	Mech.Ob.Gefr.
6.	Körner	Heinz	Masch.Gefr.
7.	Kohlrieser	Oskar	Mtr.Gefr.
8.	Plautz	Ulrich	Masch.Gefr.
9.	Stoschek	Franz	Mtr.Ob.Gefr.

Nach der Bergung am 9. August 1944 mußte *U 803* aufgrund der schweren Beschädigungen außer Dienst gestellt werden. Über den weiteren Verbleib liegen gegenwärtig noch keine Unterlagen vor. Die Vermutung liegt nahe, daß *U 803* nach Stettin zur Werftbesichtigung überführt worden war. Am 6. März 1945 verlegte die 4. U-Fl. aufgrund der näher rückenden Front mit dem Wohnschiff *Oceana* vorerst in die Kaiserfahrt, südlich des Schweren Kreuzers *Lützow*.

Da in Stettin außer *U 108* kein weiteres U-Boot zurückgeblieben ist, wurde *U 803* vermutlich mit überführt. Von Bord des Schweren Kreuzers *Lützow* aus konnte der damalige Seekadett Jürgen Richter die Sprengung eines U-Bootes in den letzten Apriltagen beobachten.

Es ist zu vermuten, daß dieses frontunklare Boot hier vernichtet worden ist. Erst am 30. April verließ die 4. U-Fl. die Kaiserfahrt in Richtung Flensburg-Mürwik.

U 854

Das Boot *U 854*, am 19. Juli 1943 bei Deschimag A.G. Weser, Bremen, in Dienst gestellt, gehörte zur 4. U-Fl. mit dem Stützpunkt Stettin. Am 4. Februar 1944 befand sich Kaptlt. Horst Weiher mit dem U-Boot auf Ausbildungsfahrt nordwestlich der Untiefe »Adlergrund«. Die Wassertiefen in diesem Seegebiet liegen bei durchschnittlich 30 m. Als das Boot den vernichtenden Minentreffer erhielt, muß es sich in Unterwasserfahrt befunden haben. Die Beschädigungen waren so groß, daß es zu einem Totalverlust kam und 51 Besatzungsangehörige gefallen sind.

Die Untergangsposition B= 54° 44,0' N und L= 14° 16,0' O basiert auf der Veröffentlichung in der Neuausgabe von E. Gröners »Die deutschen Kriegsschiffe 1815-1945«, Band 4. Als Bergungstermin wird hier der 18. November 1968 ohne nähere Angaben genannt. Eine Überprüfung der vermutlichen Bergung zu diesem Zeitpunkt erbrachte auch in den »Informationen für Seefahrer« keinerlei Anhaltspunkte.

Aus der amtlichen Liste der Kriegstoten des Kreises Wolgast vom 30. April 1972 konnten nebenstehend gefallene Besatzungsangehörige von *U 854* ermittelt werden.

Die gefallenen Besatzungsangehörigen wurden in einer in sich geschlossenen Grabanlage beigesetzt.

Bei der Befragung von Personen, die diese auf dem Golm bei Kamminke noch kannten, wurde immer wieder von einer markanten Grabstelle gesprochen, wo eine U-Boot-Besatzung beigesetzt worden war. Diese Angaben wurden durch den ehemaligen Kommandanten von *U 828*, Alfred John, bestätigt. Es handelte sich dort um eine zweireihige Grabanlage, in deren Mitte sich der Grabstein des U-Bootkommandanten Horst Weiher befand.

Leider wurden alle Grabstellen auf dem Golm, einschließlich die der U-Boot-Besatzung, im Zuge der Schaffung einer allgemeinen Gedenkstätte für die Kriegstoten eingeebnet. Unbekannt blieb bislang das genaue Beisetzungsdatum der gefallenen Kameraden von *U 854*. Somit kann durch die Tatsache der Beisetzung der Gefallenen mit Sicherheit davon ausgegangen werden, daß *U 854* bereits 1944 – kurz nach seiner Versenkung – durch das Marine-Bergungs- und Seedienstkommando gehoben wurde. Der Verbleib des U-Boot-Wracks ist bis heute nicht geklärt.

U 1007

Am 24. März 1945 verlegte das Boot zum Einbau eines Schnorchelmastes und zur Nachrüstung einer 3,7 cm Flak von Kiel nach Lübeck in die Flender-Werke. Durch

Friedhof : Kamminke / Golm
Todestag : 04.02.1944
Ortsangabe: Swinemünde – Swinemünder Bucht

Lfd.Nr.	Reg.Nr.	Name	Vorname	Dienstgrad
1.	83	Breuer	Walter	Masch.Gefr.
2.	303	Effe	Hans-Georg	Mtr.Ob.Gefr.
3.	725	Kobor	Josef	Masch.Ob.Gefr.
4.	969	Mehl	Kurt	Mtr.Ob.Gefr.
5.	1005	Mühle	Hans	Masch.Mt.
6.	1013	Müller	August	Masch.Mt.
7.	1076	Nösser	Hans	Masch.Gefr.
8.	1096	Oberer	Friedrich	Masch.Mt.
9.	1159	Poltersdorf	Wolfgang	Oblt.(Ing.) (LI)
10.	1403	Spazierer	Alfred	Masch.Gefr.
11.	1408	Sprengler	Helmut	Masch.Gefr.
12.	1545	Thölke	Heinrich	Masch.Gefr.
13.	1549	Tometschek	Erwin	Masch.Gefr.
14.	1706	Zien	Heinz	Masch.Gefr.

Nach Aufzeichnungen im U-Boot-Archiv sind weitere Besatzungsangehörige als gefallen dort registriert:

15.		Barz	Heinz	Masch.Mt.
16.		Bernkurth	Siegfried	Mt.Ob.Gefr.
17.		Brylka	Konstantin	Mt.Ob.Gefr.
18.		Drunkenpolz	Robert	Masch.Mt.
19.		Fischer	Hans	Ob.Mech.Mt.
20.		Gölzner	Eduard	Ob.Strm.Mt.
21.		Gosch	Friedrich	Ob.Fhr.
22.		Hecker	Heinz	Masch.Gefr.
23.		Heinze	Otto	Masch.Gefr.
24.		Hengst	Walter	Ob.Masch.
25.		Hugel	Adolf	Masch.Mt.
26.		Ibold	Gerhard	Mtr.Gefr.
27.		Jäschke	Günter	Fk.Ob.Gefr.
28.		Kaczmarek	Alois	Masch.Gefr.
29.		Klein	Wilhelm	Masch.Mt.
30.		Köhler	Heinrich	Ob.Masch.Mt.
31.		Lippelt	William	Fk.Gefr.
32.		Lippert	Ernst	Stb.Ob.Strm.
33.		Maurer	Wilhelm	Masch.Gefr.
34.		Menge	Kurt	Fk.Mt.
35.		Ohlendorf	Rudolf	Masch.Mt.
36.		Ording	Wilhelm	Mtr.Gefr.
37.		Palmer	Georg	Mtr.Ob.Gefr.
38.		Petersen	Christian	Stb.Ob.Masch.
39.		Rau	Rudi	Masch.Gefr.
40.		Sauter	Ernst	Mtr.Gefr.
41.		Schiffski	Hermann	Masch.Ob.Gefr.
42.		Schmidt	Gerhard	Masch.Gefr.
43.		Schmied	Erich	Btsm.
44.		Schwarz	Heinz	Masch.Gefr.
45.		Siche	Heinz	Mech.Gefr.
46.		Siebert	Heinz-Ulrich	Mtr.Gefr.
47.		Stampehl	Günter	Lt.z.S. (I.WO)
48.		Thome	Heinrich	Mtr.
49.		Utsch	Herbert	Masch.Gefr.
50.		Warstat	Wilhelm	Oblt.z.S. (II.WO)
51.		Weiher	Horst	Kptlt. (Kmdt.)

das Vordringen der britischen Truppen konnten diese Arbeiten nicht mehr abgeschlossen werden. Um das U-Boot dem Feindzugriff zu entziehen, entschloß sich sein Kommandant, Oblt.z.S. Karl-Heinz Raabe, das Boot in der Lübecker Bucht zu versenken. Werner Neis, ehemaliger Masch.Mtr. von *U 1007* berichtet:
»Am 2. Mai 1945 übernahmen wir das Boot von der Werft. Alle unsere Effekten nahmen wir von Bord und lagerten sie im Casino ein. Mittags erhält unser Kommandant von seiner Frau, sie wohnten in Lübeck, einen Telefonanruf, in dem sie ihm mitteilte, daß so komische Panzer mit einem Stern an der Seite auf den Straßen rollten. Im Dienstbereich wird Alarm ausgelöst. *U 1007* läuft mit Kommandant, Obersteuermann, Leitendem Ingenieur und weiteren vier Mann unserer Besatzung aus. Gleichzeitig legen weitere zwei U-Boote ab.
Alle restlichen Besatzungsangehörigen werden zur Verteidigung des U-Boot-Stützpunktes eingesetzt.«
Während der Revierfahrt auf der Trave wurden die U-Boote durch britische Jagdbomber vom Typ »Typhoon« angegriffen. *U 1007* sank nach Raketentreffer in Höhe des Dalbens 11a. Verluste waren zum Glück nicht zu beklagen.

U 1013
Am 17. März 1944 um 20.20 Uhr kollidierte *U 1013* mit *U 286* und ging verloren. *U 1013* befand sich östlich von Rügen auf einer Ausbildungsfahrt, Wassertiefe etwa 20 m. Es ist bis heute noch unbekannt, wann und wie das Boot gehoben wurde. Auf der Grundlage der Liste der Kriegstoten des Kreises Rügen vom 1. Januar 1972 konnte festgestellt werden, daß es im Juli 1944 zu einer Beisetzung von 15 gefallenen Besatzungsangehörigen auf dem Stadtfriedhof von Saßnitz kam. Aus diesen Angaben ist ersichtlich, daß *U 1013* drei Monate nach dem Untergang gehoben worden sein muß. Über den Verbleib des U-Bootwracks ist bisher nichts bekannt.

Todestag: 17.03.1944
Bestattungstag: 21.07.1944 und 25.07.1944
(Lfd.Nr.: 3, 4 u. 8)

Lfd.Nr.	Reg.Nr.	Name	Vorname	Dienstgrad
1.	21.	Fiedler	Fritz	Mtr.Ob.Gefr.
2.	22.	Flock	Josef	Masch.Gefr.
3.	27.	Gasser	Christian	Masch.Gefr.
4.	28.	Gröbe	Hans	Monteur (Zivilist)
5.	37.	Hendrich	Horst	Mtr.Gefr.
6.	39.	Hilscher	Otto	Masch.Gefr.
7.	47.	Kracht	Hermann	Mech.Gefr.
8.	48.	Kroll	Waldemar	Ob.Strm.Mt.
9.	56.	Minartz	Hans	Masch.Gefr.
10.	66.	Pilz	Karl	Flak.Gefr.
11.	67.	Pliske	Erwin	Flak.Gefr.
12.	68.	Pongratz	Josef	Mtr.I.

Todestag: 17.03.1944
Bestattungstag: 21.07.1944 und 25.07.1944
(Lfd.Nr.: 3, 4 u. 8)

Lfd.Nr.	Reg.Nr.	Name	Vorname	Dienstgrad
13.	74.	Rinz	Franz	Mtr.Gefr.
14.	75.	Risse	Heinz	Mtr.Gefr.
15.	85.	Schneider	Helmut	Mech.Gefr.
Nach Aufzeichnungen im U-Boot-Archiv sind als weitere gefallene Besatzungsangehörige aufgeführt:				
16.		Felgner	Fritz	Masch.Gefr.
17.		Hegemann	Hans	Masch.Gefr.
18.		Heinzelmann	Karl	Mtr.Ob.Gefr.
19.		Kowalski	Franz	Monteur (Zivilist)
20.		Kreutzer	Richard	Masch.Gefr.
21.		Linck	Gerhard	Oblt.z.S. (Kmdt.)
22.		Nötzel	Hans	Masch.Ob.Gefr.
23.		Postendörfer	Alfred	Mtr.Gefr.
24.		van Berck	Johann	Mtr.
25.		Weidtkamp	Gerhard	Mtr.Ob.Gefr.

U 2342
Am 1. November 1944 erfolgte die Indienststellung von *U 2342* bei der Deutschen Werft in Hamburg. Noch in der Ausbildungsphase seiner Besatzung erhielt das Boot nördlich der Ansteuerung von Swinemünde am 26. Dezember 1944 einen Minentreffer. Infolge von schweren Beschädigungen im Bereich des Turmes verlor das U-Boot seine Schwimmfähigkeit und ging unter. Der Kommandant, Oblt.z.S. Berchtold Schad von Mittelbiberach, sowie weitere fünf Besatzungsangehörige konnten sich nicht retten.
Entsprechend den Aufzeichnungen im U-Boot-Archiv sind nachstehende Angehörige der Besatzung gefallen:

Lfd.Nr.	Name	Vorname	Dienstgrad
1.	Gryga	Herbert	Fk.Mt.
2.	Hartmann	Kurt	Masch.Mt.
3.	Phillipp	Rudolf	Mtr.Ob.Gefr.
4.	Piplow	Günther	Oblt. (Ing.) (LI)
5.	Schubert	Gerhard	Ob.Strm.
6.	Schad von Mittelbiberach	Berchtold	Oblt.z.S. (Kmdt.)
7.	Decker	Wilhelm	Ob.Mech.,
	konnte gerettet werden, verstarb aber am 27.12.44 im Marinelazarett Swinemünde infolge seiner Verletzungen.		
8.	Barth	Konrad	Fk.Gefr.,
	konnte ebenfalls gerettet werden, verstarb aber aufgrund seiner Verletzungen im Januar 1945		

Prof. Dr. Jürgen Rohwer, damaliger Lt.z.S. (Crew VI/42) und I. WO auf Minensuchboot *M 502*, erlebte den Untergang des Bootes und berichtet:
»Wir gehörten mit *M 502* zur 2. Sicherungsflottille und waren in Swinemünde stationiert. Am 24. oder 25. Dezember

1944 erhielten wir den Befehl, den Geleitschutz für einen von Osten kommenden U-Boot-Verband zu übernehmen. Wir liefen ihnen entgegen und haben 10 U-Boote vom Typ XXI und XXIII in offener See zum Minengeleit nach Swinemünde übernommen. Ausgebracht hatten wir das Kabelfernräumgerät (KFG), dazu achteraus zwei Geräuschbojen und am Bug eine Geräuschboje. In der Nacht des 26. Dezember, es war eine sehr dunkle und kalte Nacht, dazu hatte Schneesturm eingesetzt, als es plötzlich achteraus eine Detonation gab. Wir befanden uns kurz vor der Ansteuerung Swinemünde. Durch ein Signal mittels Handscheinwerfer von einem der U-Boote erfuhren wir, daß *U 2342* durch Minentreffer gesunken sei. Unser Kommandant ließ sofort das Gerät, mit einer Boje gesichert, slippen und wir liefen zur vermutlichen Untergangsposition zurück. Um nach Überlebenden zu suchen, wurde der Kutter zu Wasser gelassen. Wegen der herrschenden Kälte mußte alles sehr schnell gehen, wollte man noch einen lebend bergen. Die anderen Boote konnten praktisch nichts tun, ihre runden Decks waren vereist und niemand hätte sich dort halten können. Wir haben in kurzer Zeit sieben überlebende Kameraden in den Kutter gezogen, was bei dem Wetter nicht einfach war, und sie so schnell es ging zu *M 502* gebracht. Unter großen Mühen gelang es, fünf von ihnen wiederzubeleben, bei zweien waren die Bemühungen erfolglos.«

Wrackskizze von *U 2342*. Angefertigt durch den Bergungstaucher H. Maß am 12. August 1953.

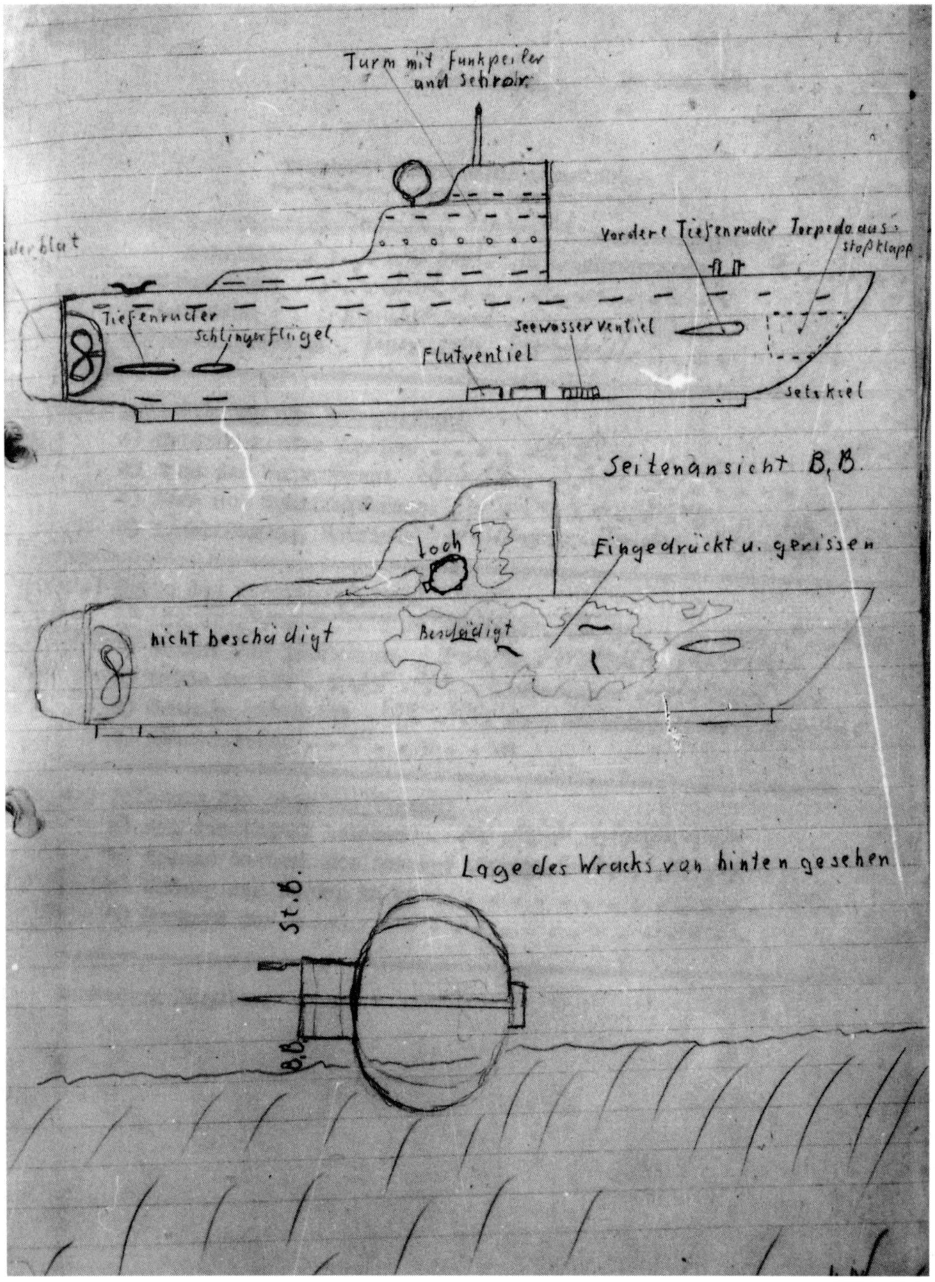

Nach dem vorliegenden Taucheruntersuchungsbericht vom 12. August 1953 erfolgte die letztmalige Besichtigung des Wracks durch den Bergungstaucher H. Maß vom damaligen VEB Schiffsbergung und Taucherei Stralsund.

Danach wurde das U-Boot durch den Taucher- und Sprengmeister H. Funk gesprengt. Die Bergung der Wrackteile übernahm das Bergungskommando des Hebeschiffes *1. Mai*. Das im Rostocker Schiffahrtsmuseum erhaltene Schiffstagebuch vom *1. Mai* nennt folgende Einzelheiten zur Bergung der U-Boot-Wrackteile.

30.10.54 Am Wrack S 32 (Anm.: Wrack-Nr. von *U 2342*)
Anschlagen eines vom U-Boot abgesprengten Stückes, hieven bis zu einer Last von ca. 75 Tonnen.
Stück reißt ab.
Unter Land, im zweiten Versuch neue Löcher gebrannt, Transport in der Gien nach Karlshagen vorbereitet.

31.10.54 6.00 Uhr Arbeitsbeginn
Klarmachen zum Anhieven des U-Bootes (Achterschiff), stärkere Ketten und Schäkel anbringen, anschlagen und anhieven.
Anker auf und im Schlepp von der *Warnow* mit dem U-Bootteil nach Karlshagen um 9.30 Uhr, 17.00 Uhr fest in Karlshagen und Feierabend.

U 2344 im Schwimmdock der Neptunwerft in Rostock – 1955

01.11.54 Teil von ca. 65 Tonnen an Land.
02.11.54 Mit 55 t Stück von S 32 nach Karlshagen, ein 20 t Stück in Schute verladen.
03.11.54 Hebeschiff *Gigant* hilft in Karlshagen am Wrackteil.

Damit vollendet sich auf dem Schrottplatz von Karlshagen im Herbst 1954 das Schicksal von *U 2342*. Nach Aussage des Bergungstauchers Erich Rüchel fand man bei den Brennarbeiten die sterblichen Überreste von zwei gefallenen Besatzungsangehörigen. Über den Verbleib der Gebeine konnte bisher nichts in Erfahrung gebracht werden.

U 2344

Im Sommer 1955 erfolgte auf der Position B= 54° 17,35' N und L=11° 46,30' O nördlich Heiligendamm die Bergung eines U-Bootes vom Typ XXIII durch den damaligen VEB Schiffsbergung und Taucherei (S.u.T.) Stralsund im Auftrag der VP-See der damaligen DDR.
Aus dem im Wrack aufgefundenen Bootstagebuch konnte der Name des Bootes eindeutig als *U 2344* identifiziert werden. Aus den Aufzeichnungen geht hervor, daß das Boot am 18. Februar 1945 zur Mittagspause auf dem Grund der Ostsee gelegen hatte und gegen 13.00 Uhr das Auftauchmanöver eingeleitet worden war. *U 2344* befand sich unter seinem Kommandanten, Oblt.z.S. Ellerlage, auf Ausbildungsfahrt in der Mecklenburger Bucht.

Der Turm von *U 2344* muß kurz unter der Wasseroberfläche gewesen sein, als es zur Kollision mit dem in Überwasserfahrt befindlichen Boot *U 2336* kam und das Boot so schwer beschädigt wurde, daß es sank.
Eine Auswertung des Unfalls läßt folgende Ursachen, die zum Untergang führten, erkennen:

1. Nichtbeachtung der Seegebietsgrenzen des zugewiesenen Tauchquadrates durch *U 2336*.
2. Vermutliche Vernachlässigung der Anweisung für U-Boot-Kommandanten durch Oblt.z.S. Ellerlage:
   »Vor dem Auftauchen sollte erst mit dem Horchgerät rund gehorcht werden, dann auftauchen bis auf Sehrohrlage, um Rundblick zu nehmen.«

Erst nach diesen Sicherheitsmaßnahmen sollte aufgetaucht werden. Hätte der Kommandant von *U 2344* wenigstens die Sehrohrlage eingenommen, so wäre zwischen Turm und Wasseroberfläche noch ca. 3,5 m Wasser gewesen. Bei Wahrnehmung des Kollisionsgegners, maximaler Tiefgang 4,41 m, hätte ein rechtzeitiges Abtauchen noch Erfolg gehabt. Eine Beschädigung des Sehrohres oder der oberen Turmverkleidung wäre zu erwarten gewesen, doch die U-Boot-Besatzung hätte mit dem Schrecken davonkommen können. So starben bei dem Untergang 11 von 14 Besatzungsangehörigen.
Entsprechend den Aufzeichnungen im U-Boot-Archiv konnten bisher nachstehende Marineangehörige ermittelt werden:

Lfd.Nr.	Name	Vorname	Dienstgrad
1.	Becker	...	Mtr.Ob.Gefr.
2.	Bremer	Alfred	Masch.Ob.Gefr.
3.	Euler	Ernst	Masch.Mt.
4.	Hartmann	Alois	Masch.Gefr.
5.	Helm	...	Masch.Ob.Gefr.
6.	Mai	Heinz	Masch.Gefr.
7.	Ullmann	Georg	Fk.Gefr.

Nach der erfolgreichen Zylinderbergung im Sommer 1955 wurde das Wrack zur Neptunwerft nach Rostock eingeschleppt. Hier erfolgte die Eindockung in das Schwimmdock.

Unter Kontrolle des kriminaltechnischen Institutes Berlin begannen Pioniertaucher der VP-See das U-Bootwrack zu untersuchen. Um eine eventuelle Gasvergiftung zu vermeiden, arbeitete das Team unter angelegter Schutzausrüstung.

Leiter des Kommandos: Oblt.z.S. Reichmut
Taucherkommandoleiter: St.Ob.Mstr. Rößler

Bei den Aufräumungsarbeiten im Innern des Bootes fand man die Gebeine von 11 toten Besatzungsangehörigen, die Kriegsflagge, das Schiffstagebuch sowie weitere Dokumente. Die Untersuchung des Schiffskörpers zeigte, daß neben der Turmbeschädigung der Druckkörper ein Leck an der Steuerbordseite im Bereich der E-Maschine erhalten hatte. Es war ein senkrecht verlaufender Riß von ca. 20 cm Breite und 1,0 m Länge.

Der ehemalige Leiter der Abteilung Technik im damaligen Kommando der späteren Seestreitkräfte der DDR, K.Kapt.(Ing.) a.D. Hans Georg Rieschke berichtet:

»Wie mir bekannt wurde, hatte 1956 der ehemalige Kommandant des U-Bootes einen Brief an das Kommando geschrieben, mit der Bitte, die sterblichen Überreste der Toten nach Westdeutschland zu überführen. Er mußte über die Bergung seines Bootes aus den Presseveröffentlichungen erfahren haben. Jedenfalls wurde diesem Wunsch nicht entsprochen und der Hinweis gegeben, daß auch bei uns, in der DDR, eine entsprechende Traditionspflege besteht und die Gebeine der toten Besatzungsangehörigen ordentlich beigesetzt werden. Sie wurden dann auch in aller Stille auf dem ›Neuen Friedhof‹ in Rostock, in dem Gräberfeld der Kriegstoten des Zweiten Weltkrieges, beigesetzt.«

Nachforschungen aufgrund dieser Aussage haben allerdings keine Klarheit über den genannten Ort der Grabstelle erbracht. Es ist z. Z. nicht nachvollziehbar, wo sie beigesetzt worden sind.

Erinnerungsfoto anläßlich der Indienststellung von *U 3013* am 22. November 1944 in Bremen Vegesack. In der Mitte der Kommandant, Kptlt. Volker Simmermacher.

U 3012

Das Boot lag Ende April 1945 mit einigen anderen U-Booten, ohne Besatzung, im Hafen von Travemünde, dem letzten Stützpunkt der 25. U-Fl., und sollte dem feindlichen Zugriff durch Selbstversenkung entzogen werden. Doch dazu sollte es nicht kommen!

Bisherige Veröffentlichungen gehen davon aus, daß *U 3012* in bzw. unmittelbar vor Travemünde selbst versenkt worden ist, was aber nicht stimmt.

Aufgrund einiger Unklarheiten, im Zusammenhang mit der Selbstvernichtung deutscher U-Boote, ergab sich das Erfordernis, dem Sachverhalt um *U 3012* nochmals nachzugehen.

Nach Aussage von Herrn Günter Kautz, ehemaliger Obersteuermann auf *U 3012*, traf das Boot Mitte April in Travemünde ein. Vor dem Auslaufen zum Fronteinsatz sollten in der Schlichting-Werft noch einige Reparaturarbeiten erledigt werden. Doch dazu kam es nicht mehr: Über den Flo. Chef der 25. U-Fl. erhielt der Kommandant, Kaptl. Kloevekorn, vom Abteilungschef der Operationsabteilung, K.Adm. Godt, den Befehl, das in Kiel liegende und frontklare Boot *U 1101* (Anm.: *U 1101* wurde am 5. Mai von Oblt.z.S. Dübler in der Geltinger Bucht selbstversenkt – d. Verf.) von Oblt.z.S. Dübler zu übernehmen. Aus diesem Grunde erfolgte am 24. April, in Travemünde, die Außerdienststellung von *U 3012* durch die alte Besatzung.

Am späten Nachmittag des 27. April trifft von Kiel kommend die ehemalige Besatzung von *U 2513* in Travemünde ein und stellt ihrerseits *U 3012* wieder in Dienst.

Hans Loeck, ehemaliger Oblt.(Ing.), gehörte als zusätzlicher Ingenieur zur Besatzung von *U 2513*. Er erlebte die erneute Indienststellung von *U 3012* und überlebte die Versenkung des Bootes:

»Ich befand mich zur Ausbildung als zusätzlicher Ingenieur an Bord von *U 2513*, mit der Zielstellung einmal ein großes Boot eigenständig als LI übernehmen zu können. Ende April befand sich das Boot in Kiel und war bis auf die Ausrüstung mit Torpedos frontklar. Hier in Kiel erfuhren wir, daß unser bisheriger Kommandant, Kaptlt. Hans Bungards, der nur zwei Feindfahrten als WO aufzuweisen hatte, durch einen fronterfahrenen Kommandanten abgelöst werden sollte.

Am 26. April kam der ›Neue‹ mit kompletter Besatzung und wir durften von Bord. Es war F.Kapt. Topp!

(Anm.: Als Chef der ›Erprobungsgruppe für U-Boote Typ XXI‹ erfolgte am 1. Dezember 1944 seine Beförderung zum Fregattenkapitän. Mit der Übernahme von *U 2513* fand er nochmals als Kommandant Verwendung. Nach der Bootsübernahme verließ er Kiel und erreichte den U-Boot-Stützpunkt Horten in Norwegen. Nach der Kapitulation wurde *U 2513* durch die Engländer besetzt. Das Boot kam später an die USA, wo es noch bis 1954 als Versuchsboot unter dem Kommando von Topp im Einsatz

Oberfähnrich Jürgen Rohwer am Tage seiner Auszeichnung durch K.Adm. Bütow mit dem EK-II.
Am 1. Dezember 1944 zum Lt.z.S. ernannt, übernahm er Mitte Dezember 1944 das Kommando als I.WO auf *M 545*.

war. Erst 1954 erfolgte die Versenkung durch den U.S. Zerstörer *Owens* – d. Verf.). Unsere Besatzung wurde an Land untergebracht und am nächsten Tag (27. April) mit drei LKW nach Travemünde transportiert. Auf der Fahrt von Kiel nach Travemünde machten wir in Eutin, dem Heimatort unseres I.WO, Wolfgang Schlett, Mittagspause. Während wir uns in der Stadt umsahen, besuchte unser I.WO seine Eltern und hatte dazu unseren Kommandanten und den II.WO, Lt.z.S. Wolfgang Kurze, eingeladen. Der Vater unseres I.WO war Gymnasialdirektor in Eutin.

Als wir in Travemünde eintrafen, fanden wir mehrere U-Boote, alle ohne Besatzung, an einer langen Pier stadtseitig liegen.

Als wir Offiziere so zusammenstanden und uns unterhielten, tauchte ein höherer Offizier in Begleitung auf, wie sich herausstellte, war es der Flo. Chef der 25. U-Fl., K.Kapt. Schulz. Von den vier fahr- und tauchklaren Booten sollten wir uns eins aussuchen, die Entscheidung darüber überließ er aber uns. Wir bildeten eine Untersuchungsgruppe, bestehend aus dem Kommandanten, LI, Obermaschinisten, Zentralemaat, Oberfunkmeister und meiner Person. Wir untersuchten vier U-Boote und entschieden uns dann für *U 3012*. Dieses Boot war bis auf einen auf den Flurplatten liegenden Junkers-Verdichter im besten Zustand. Die Besatzung von *U 2513* stieg also am Abend des 27. April 1945 auf *U 3012* ein. Man erzählte sich damals, daß die alte Besatzung zur Verteidigung von Berlin herangezogen worden war. Wir waren froh, wieder einen schwimmenden Untersatz zu haben, mit dem wir nach Horten (Norwegen) auslaufen sollten. Die technische Überprüfung legten wir auf den nächsten Tag fest. Alle Maschinen sollten durchgefahren und alle Druckanlagen 10 Prozent über Normaldruck auf Dichtigkeit untersucht werden. Die Erlaubnis, am Nachmittag vor Travemünde einen Trimmversuch zu fahren, hatten wir. Doch vorerst erhielt die Besatzung erst einmal Landgang.

Unteroffiziere von *U 3519* (v.l.n.r.):
Ob.Strm. Willi Schöps, gefallen,
Ob.Masch. Erich Schmidt, gefallen,
Hein Dannmeyer
sowie ein bisher unbekannter Angehöriger der KM.

U 108 und *U 902* in Wracklage in der Kaiserfahrt (Odermündung). Im Vordergrund *U 902*, noch ohne Turmverkleidung. Das dahinter liegende *U 108* war bei dem Bombenangriff auf Stettin am 11. April 1944 so schwer beschädigt worden, daß es a.D. gestellt wurde. Auch das unfertige *U 902* erhielt bei diesem Angriff so schwere Beschädigungen, daß von einem Weiterbau abgesehen worden war.
Als im Februar 1945 die 4. U-Fl. mit dem Wohnschiff *Oceana* aus Stettin in die Kaiserfahrt südlich Swinemünde verholte, sind beide Boote vermutlich mit überführt und dann später bei Kaseburg gesprengt worden.

Am nächsten Morgen, dem 29. April, das Frühstück war beendet, begannen wir mit der technischen Überprüfung. Unser Kommandant, I.WO, Oberfunkmeister und einige Maate gingen auf das Vorschiff. Plötzlich begann, für uns völlig überraschend, die vordere 2 cm Turmlafette zu schießen. Unser I.WO war durch Kopfschuß sofort tot, und unser Kommandant erhielt einen Schuß ins Gesäß und fiel über Bord. Glücklicherweise lebte er noch, als wir ihn aus dem Wasser zogen. Mit einem in der Nähe stehenden PKW wurde er sofort in das Krankenhaus gebracht und wir benachrichtigten seine in Travemünde wohnende Frau. In der Zwischenzeit haben wir unseren II.WO nach Eutin geschickt, um die Familie unseres I.WO zu benachrichtigen. Herr Schlett kam sofort mit und übernahm seinen toten Sohn. Die anschließende Überprüfung ergab, daß alle Ventile zur Druckanlage der Geschütze offen waren, ein Magazin angeschlagen war und der Auslöseknopf in der Stellung ›Feuer‹ klemmte. Dadurch kam es beim Hochfahren des Öldrucks in der Zentrale zum selbständigen Feuern der Flak. Von einem Auslaufen konnte ohne Kommandant vorläufig keine Rede sein, wobei der Auslaufbefehl aber aufrecht erhalten blieb. Ein U-Boot-Kommandant war in Travemünde leider nicht aufzutreiben. Des weiteren erhielten wir am 1. Mai von Frau Bungards die traurige Mitteilung, daß ihr Mann im Krankenhaus verstorben sei.

Der II.WO ließ uns auf der Pier antreten und hielt eine kurze Ansprache. Mit einer Minute des Gedenkens verabschiedete sich die Besatzung von ihrem Kommandanten.

Am 1. Mai wurden wir mit zur Versenkung der anderen U-Boote herangezogen. Diese hatten alle eine Wasserbombe an Bord, und die war in der Zentrale untergebracht. Um nicht mit in die Luft zu fliegen, haben wir von keiner der WaBo's die Sicherungssplinte gezogen. Die Boote sind nur durch Fluten versenkt worden.

An diesem Tag erhielten wir dann unseren neuen Kommandanten, Kaptl. Meier. Wie er uns berichtete, war er vorher auf einem Torpedoboot oder Zerstörer gefahren und hatte noch nie getaucht (Anm.: Ein Kptlt. Meier konnte bisher nicht ermittelt werden – d. Verf.).

Da wir einen gehörigen Respekt vor den britischen Jabos hatten, wollten wir erst einmal bis Kopenhagen getaucht fahren und dann durch den Sund weiter bis Horten (Norwegen). Doch darauf ließ sich unser neuer Kommandant nicht ein. Aus Sorge vor Minen akzeptierte er diesen Vorschlag nicht. Er wollte grundsätzlich in Überwasserfahrt laufen. Daraufhin schlossen wir einen Kompromiß mit der Maßgabe, daß nur noch ein Überführungskommando an Bord blelbt. Bis auf etwa 14 Mann verließen alle anderen Besatzungsangehörigen das Boot und stiegen auf der *Bolkoburg* ein.

Am 3. Mai liefen wir gegen Mittag aus Travemünde aus. Wir liefen Marschfahrt und so waren nur drei Mann in der

Kapitänleutnant Richard von Harpe, Kommandant des U-Bootes *U 3519*, gefallen am 2. März 1945 bei der Versenkung seines Bootes durch Minentreffer.

Zentrale und der Rudergänger im Boot, der Rest der Besatzung war an Oberdeck bzw. in der Brücke. Selbst stand ich zu diesem Zeitpunkt an Oberdeck, hinter dem Turm. Als wir uns etwa 6 sm südwestlich von einem Feuerschiff befanden (Anm.: *Adlergrund*), beobachtete ich den Anflug von Jabos auf andere in See befindliche Schiffe. Den Abschuß von Raketenbomben konnte ich bei dem herrlichen Wetter gut beobachten und unterhielt mich darüber mit dem auf der Brücke befindlichen II.WO, Wolfgang Kurze. Kurz darauf begab ich mich über das Kombüsenluk in die Zentrale. Kaum hatte ich diese erreicht, als vor der Zentrale ein Einschlag mit einem gewaltigen Knall erfolgte. Das Schott zwischen dem vorderen Wohnraum und der Zentrale riß auf und wir hatten oberhalb meines Kopfes einen Wassereinbruch größerer Art. Der Befehl lautete: ›Alle Mann aus dem Boot!‹

Von diesem Zeitpunkt ab fehlt mir jede weitere Erinnerung. Ich kann mich auch nicht mehr daran erinnern, wie ich aus dem Boot gekommen bin. Jedenfalls müssen uns die in der Nähe gewesenen kleinen Überwasserfahrzeuge aus der See gefischt haben. Nur so kann ich es mir erklären, wie ich an Bord der *Bolkoburg* gekommen bin. Erst als das Vorschiff der *Bolkoburg* getroffen wurde, setzte meine Erinnerungsvermögen wieder ein. Wieviele von uns gerettet wurden, kann ich heute auch nicht mehr sagen, denn dazu haben sich die Ereignisse zeitlich zu sehr überschlagen.«

Mit dieser Aussage ist die Versenkung von *U 3012* eindeutig erklärt. Nicht geklärt ist bisher, ob alle Besatzungsangehörigen des Überführungskommandos sich retten konnten.

U 3519

Am 2. März 1945 befand sich *U 3519*, am 15. Dezember 1944 in Dienst gestellt, auf Ausbildungsfahrt im Seegebiet nördlich von Warnemünde. Aus bisher unbekannten Gründen kam das Boot aus dem minenfreien Fahrwasser und wurde durch mehrere Minentreffer versenkt.

Die Tragik ist, daß bei einer Wassertiefe von nur 14 m 65 Besatzungsangehörige gefallen sind. Das Wrack wurde nicht mehr gehoben. Bisher konnte nicht ermittelt werden, ob noch während der letzten Kriegsmonate ein Bergungsversuch erfolgte.

Nach bisherigen Kenntnissen und entsprechend einem Aktenvermerk des früheren Wasserstraßenhauptamtes Rostock begann die Bergung (Sprengung mit anschließender Schrottbergung) im Sommer 1949. Eine Taucheruntersuchung am Boot fand am 4. Juli 1949 durch den Taucher Schütt für den »Wirtschaftsbetrieb Schiffsbergung und Taucherei Stralsund« statt. Seine Feststellungen am Wrack auf 14 Metern Wassertiefe lauteten:

»Kaum eingewellt, Vorschiff zerfetzt, Achterschiff 2 x gebrochen.«

Ein Schreiben der Generaldirektion (GD) Schiffahrt, Abt. VII, vom 21. Juni 1950 benennt auch dieses U-Boot-Wrack zur Schrotterfassung.

Da alle gefundenen Wracks dem sowjetischen Botschafter in der DDR gemeldet werden mußten, ist aufgrund der offiziellen Schreiben zu vermuten, daß dieses auch geschehen ist. Das Wrack ist vermutlich durch den sowjetischen Bergungsdienst untersucht und als bergungsunwürdig eingestuft worden und somit der GD Schiffahrt zur Schrottbergung überlassen worden. Es ist allgemein nicht üblich, derartige für Taucher sehr gefährliche Wracks vor der Bergung zu betauchen, um nach menschlichen Überresten zu suchen. Das Wrack wurde gesprengt.

Nach Aufzeichnungen im U-Boot-Archiv sind nachstehend aufgeführte Besatzungsmitglieder gefallen:

Lfd.Nr.	Name	Vorname	Dienstgrad
1.	Adam	Max	Masch.Mt.
2.	Arndt	Karl-Heinz	Lt.z.S.
3.	Baumann	Willi	Mtr.Ob.Gefr.
4.	Becker	Hermann	Masch.Gefr.
5.	Bollmann	Alfred	Masch.Ob.Gefr.
6.	Brendel	Walter	Btsm.Mt.
7.	Brillinger	Fritz	Mtr.Hp.Gefr.
8.	Brunner	...	Masch.Ob.Gefr.
9.	Bundschuh	Herbert	Masch.Gefr.
10.	Corcilius	Willi	Masch.Mt.
11.	Deichsel	Joachim	Oblt.(Ing.) (LI)
12.	Dörge	Heinrich	Mtr.Ob.Gefr.
13.	Dreßler	Werner	Masch.Ob.Gefr.
14.	Emmerich	Werner	Mech.Ob.Gefr.
15.	Epp	Walter	Masch.Gefr.
16.	Faßbender	Hans	Masch.Gefr.
17.	Förster	Gerhard	Ob.Mech,.Mt.
18.	Fuchs	...	Masch.Mt.
19.	Gloger	Ernst	Mtr.Gefr.
20.	Habath	Anton	Fk.Ob.Gefr.
21.	von Harpe	Richard	Kptlt. (Kmdt.)
22.	Heiduck	Werner	Mech.Gefr.
23.	Hentschker	Rudolf	Btsm.Mt.
24.	Herrmann	Otto	Masch.Mt.
25.	Hintsche	Gerhard	Mtr.Ob.Gefr.
26.	Kiehne	Helmut	Mech.Gefr.
27.	Köhler	Ernst	Masch.Mt.
28.	Kraatz	Heinz	Lt.(Ing.) (WI)
29.	Krause	Kurt	Masch.Ob.Gefr.
30.	Krautschneider	Johann	Mtr.
31.	Leonhardt	Kurt	Ob.Bts.Mt.
32.	Lobe	Wolfgang	Oblt.z.S.
33.	Mayr	Ernst	Fk.Ob.Gefr.
34.	Mente	Rolf	Masch.Ob.Gefr.
35.	Miersch	Wilhelm	Masch.Mt.
36.	Nargoni	Heinz	Fk.Ob.Gefr.
37.	Noffke	Karl	Masch.Ob.Gefr.
38.	Paul	Walter	Masch.Ob.Gefr.
39.	Pfeiffer	Alfred	Masch.Gefr.
40.	Plath	Otto	Ob.Fk.Mt.
41.	Ritsert	Franz	Kptlt. (Kmdt.-Schüler)
42.	Ritter	Adalbert	Masch.Ob.Gefr.
43.	Rudolphi	Andreas	Ob.Masch.
44.	Scheler	Franz	Mtr.Ob.Gefr.
45.	Schleer	Leo	Masch.Ob.Gefr.
46.	Schmid	...	Masch.Ob.Gefr.
47.	Schmidt	Hermann	Masch.Gefr.
48.	Schmidt	Erich	Ob.Masch.
49.	Scheier	Erich	Ob.Masch.Mt.
50.	Schöps	Willi	Ob.Strm.
51.	Schötzig	Fritz	Ob.Masch.Mt.
52.	Schuberth	Gerhard	Masch.Mt.
53.	Schuhmann	Ewald	Masch.Mt.
54.	Seidel	Kurt	Mtr.Ob.Gefr.
55.	Spachmann	Karl	Mtr.Ob.Gefr.
56.	Stangrecki	Heinrich	Fk.Ob.Gefr.
57.	Stolz	Alfred	Mech.Ob.Gefr.
58.	Walter	Paul	San.Mt.
59.	Wangerow	Günther	Masch.Gefr.
60.	Weippert	Traugott	Mtr.Ob.Gefr.
61.	Wille	Johann	Ob.Masch.Mt.
62.	Witt	Karl	Ob.Fk.Mt.
63.	Wysotzki	Kurt	Mtr.Ob.Gefr.
64.	Zepter	Karl-Heinz	Masch.Ob.Gefr.
65.	Ziller	Gerhard	Mtr.Ob.Gefr.

Der alte Friedhof von Warnemünde.
Auf diesem Kriegsgräberfeld wurden u.a. die zwei geborgenen Gefallenen von *U 3519* und die des gesunkenen Schleppers *Rixhöft* beigesetzt.

Der damalige Kptlt. Volker Simmermacher, Kommandant von *U 3013*, erlebte indirekt die Vernichtung von *U 3519* durch Minentreffer vor Warnemünde und war an der Suchaktion nach Überlebenden beteiligt. Er berichtet:
»Im Februar 1945 hatte ich mit meinem Boot einen Ausbildungstörn mit Ingenieuroffizieren im Seegebiet vor Bornholm durchzuführen. Stützpunkthafen war Rönne. Ende Februar erhielt ich Befehl, nach Westen abzulaufen.
Nach Erreichen des Zwangsweges (Weg 1) kam es auf dem Marsch nach Westen zum Zusammenschluß von vier bis sechs Frachtern und unserem Boot. Als Konvoi liefen wir nach Westen. Über Funk erhielten wir eine Minenwarnung und steuerten den vor uns liegenden Ankerplatz (Ankerplatz »R«) an. Die im Konvoi gelaufenden Frachter gingen vor uns vor Anker.
So erreichten wir am Vormittag des 1. März 1945, von Rönne kommend, den Ankerplatz. Es wehte ein starker Wind und ich schätzte die See so bei 6 bis 7. Wir gingen vor Anker. Doch es zeigte sich sehr bald, daß der kleine Anker das Boot bei diesem Seegang nicht halten konnte. Ich ging Anker auf und fuhr etwas dichter an einen der Frachter heran. Über Megaphon verständigte ich mich mit dem Kapitän des Schiffes und so brachte die Handelsschiffsbesatzung eine Festmacherleine aus, an wir unser Boot festmachen konnten.
Danach ließ ich das Boot zurücksacken und lag jetzt etwa 100 m hintor dem Frachter. Wegen der bewegten See war der Abrieb der durch die Klüse geführten Leine so groß, daß die Gefahr bestand, daß sie brach. So veranlaßte ich, daß etwa alle halbe Stunde etwas Leine, ungefähr 5–10 m, eingeholt wurde. Dieses Einholmanöver war schon einige Male ohne Zwischenfall ausgeführt worden. Als der Ob.Gefr. Josef Nellen zu dieser Arbeit befohlen wurde, kam es zu einem bedauerlichen Unfall. In einer Phase, wo Lose auf die Leine kam, muß sich ein Kinken gebildet haben, in dem sich Ob.Gefr. Nellen mit einem Bein gestellt haben mußte. Als nun wieder Zug auf die Leine kam, wurde ihm das linke Bein oberhalb des Knies zerquetscht. Die erste Versorgung erfolgte in der O-Messe durch den LI Oblt.(Ing.) Otto Wamers und den San.Ob. Maat Köpping. Da die Verletzung so schwer war und an Bord nicht ausreichend behandelt werden konnte, beabsichtigte ich, nach Warnemünde einzulaufen. Zwei offensichtlich aus Warnemünde kommende M-Boote habe ich mit Vartalampe anmorsen lassen und den Kommandanten meine Situation dargelegt und um Minenschutz nach Warnemünde gebeten. Diesem Anliegen wurde sofort nachgekommen und wir liefen Richtung Warnemünde ab. Über FT habe ich der in Warnemünde liegenden Flottille (26. U-Fl.) meine Absicht und deren Grund übermittelt und einen Sankra angefordert.
Die M-Boote geleiteten mich sicher bis zur Hafeneinfahrt. Da durch den ablandigen Wind der Wasserstand stark gesunken war, kam es unmittelbar vor und in der Einfahrt zu mehreren leichten Grundberührungen. Immerhin hatten wir achtern etwa 6,80 m Tiefgang.
Ohne weitere Schwierigkeiten konnte ich das Boot in den Hafen bringen und an der Westpier im »Alten Strom« festmachen. Den schwerverletzten Nellen konnten wir an das bereits wartende Sanitätsauto übergeben.
Am nächsten Tag, es war der 2. März, kam durch die Signalstation die Information, daß *U 3519* vor Warnemünde

auf und ab steht. Es muß vormittags gewesen sein. Warscheinlich war der Wasserstand noch weiter durch den ablandigen Wind gesunken, so daß es nicht einlaufen konnte. Doch dann passierte das Unglück. Durch Minentreffer ging das Boot verloren. Wie und wer mich informierte, kann ich heute nicht mehr sagen, aber fest steht, daß ich mich sofort an Bord eines in der Nähe liegenden Schleppers begab und wir mit zwei weiteren Schleppern zur Unglücksstelle ausliefen. Von dem Boot war nichts mehr zu sehen und Überlebende konnten wir auch nicht ausmachen.

Bei dieser Suchaktion kam es dann zu einem weiteren Unglück, indem einer unserer Schlepper durch eine Mine versenkt wurde (Anm.: Es war der Schlepper *Rixhöft* – d. Verf.). Einige überlebende, aber auch gefallene Angehörige der Schlepperbesatzung haben wir bergen können. Nachdem wir keine Hoffnung mehr hatten, noch jemanden zu finden, liefen wir am späten Nachmittag nach Warnemünde zurück.

Vermutlich war für den 3. März die Beisetzung der gefallenen Kameraden festgelegt worden. Hierzu bestellte man mich zum Zugführer des Ehrenzuges. Dieser war durch Personal von verschiedenen Einheiten zusammengestellt worden. Selbst hatte ich auch einige Besatzungsangehörige abzustellen. Die Beisetzung erfolgte auf dem alten Warnemünder Friedhof. Eine kurze Trauerrede habe ich gehalten. Aus Sicherheitsgründen, daß heißt wegen des ungenügenden Umgangs mit dem Karabiner, haben wir kein Salut geschossen.
Etwa am 15. März habe ich Warnemünde, im Ostgeleit Richtung Hela, verlassen.«
(Anm.: Nach der Liste der Kriegstoten des alten Friedhofs von Warnemünde wurde Ob.Bt.Mt. Kurt Leonhard am 3. März 45 beigesetzt, Grablage 27 K. Er gehörte zur Besatzung von *U 3519* und muß bei der Rettungsaktion am 2. März geborgen worden sein. Ein weiteres Besatzungsmitglied von *U 3519*, Masch.Mt. Ernst Köhler, wurde erst am 12. März beigesetzt, Grablage 8 K. Vermutlich am Strand angespült – d. Verf.).

Stichwort »REGENBOGEN« – Die Selbstvernichtung deutscher U-Boote im Bereich der heimatlichen Küste

Bereits mit Kriegsbeginn am 1. September 1939 trat eine ständige Dienstanweisung in Kraft, wonach jedes Kriegsschiff, das in Feindeshand zu fallen droht, zu vernichten sei. Diese Dienstanweisung wurde 1943 durch den Stichwortbefehl »REGENBOGEN« für U-Boote ergänzt. Leider konnte bis heute ein derartiges Dokument nicht ermittelt werden, so daß der Wortlaut und damit die gegebenen Anweisungen nicht bekannt sind.
Angesichts des sich abzeichnenden Kriegsendes bestätigte die Seekriegsleitung am 30. April 1945 nochmals den Selbstvernichtungsbefehl für alle U-Boote auf das Stichwort »REGENBOGEN«.
Mit dem Näherrücken der Front auf die letzten in deutscher Hand befindlichen Häfen begann trotz Ausbleiben des Stichwortbefehls ab 1. Mai 1945 auf Befehl der Kommandanten die eigenständige Selbstvernichtung der U-Boote, um sie dem drohenden Feindzugriff zu entziehen.

Zu den ersten U-Booten, die am 1. Mai vor Warnemünde versenkt wurden, gehörten *U 612, U 929* und vermutlich auch *U 1308*. Zu diesem Zeitpunkt waren die Kommandanten und ihre Besatzungen nicht mehr an Bord. Auf den Booten befand sich lediglich jeweils ein Bordkommando von drei bis fünf Mann.
Ausgehend von den Kapitulationsverhandlungen der neuen Reichsregierung unter Dönitz mit dem britischen Feldmarschall Montgomery war beabsichtigt, für die Evakuierungen aus dem Osten Zeit zu gewinnen. Aus diesem Grund erging am 3. Mai 1945 ein Funkspruch an alle in See befindlichen Einheiten.
Darin heißt es u.a.:
»... daß alle Selbstversenkungsaktionen zu unterbleiben haben, mit Rücksicht auf die Rückführung aus den deutschen Ostgebieten.«
Das U-Boot-Archiv unter Leitung von Herrn Horst Bredow untersuchte die tatsächliche Umsetzung des Befehls

8. Mai 1945 – Um sich der Vernichtung durch englische Jagdbomber zu entziehen, entschließt sich der Kommandant von *U 3503* am 7. Mai in die schwedischen Hoheitsgewässer einzulaufen. Westlich von Göteborg geht das Boot vor Anker. In Sichtweite des schwedischen Zerstörers *Norrköping wird U 3503* am 8. Mai heimlich zur Versenkung vorbereitet. Um 19.20 Uhr versinkt das Boot in den Fluten.

»REGENBOGEN«. Diese bisher nicht veröffentlichte Arbeit wird hier auszugsweise wiedergegeben:
»Allein diese Anordnung zur Unterlassung der Selbstvernichtung löste bei den U-Boot-Kommandanten größtes Erstaunen aus, da sich Dönitz ihnen gegenüber immer für eine Selbstversenkung ausgesprochen hatte. In einer geheim gehaltenen Besprechung am 4. Mai 1945 mit allen erreichbaren U-Boot-Kommandanten war man zu der Überzeugung gekommen, daß der Großadmiral in dieser Angelegenheit nicht frei von Zwang habe entscheiden können. In dieser Annahme wurden die Kommandanten auch noch durch das Verhalten des OKM bestärkt, das auf jede Anfrage ihrerseits zur Richtigkeit des Befehls immer wieder auf den FT vom 3. Mai hinwies mit dem Zusatz, daß die Rückführung von deutschen Soldaten und Flüchtlingen aus den Ostgebieten den Vorrang habe. Durch diese lapidaren Antworten unzufrieden geworden, machten sich einige Kommandanten am späten Abend des 4. Mai auf den Weg zum Großadmiral, um sich die Richtigkeit (Aufhebung des Versenkungsbefehls) persönlich bestätigen zu lassen. Sie wurden aber nicht mehr zu Dönitz vorgelassen, da dieser nach Angaben von Lüdde-Neurath schon zu Bett gegangen sei und nicht mehr gestört werden dürfe. In der weiteren Unterhaltung mit den Kommandanten sagte Lüdde-Neurath nach eigener Aussage:
›Wenn er Kommandant wäre, wüßte er, was er zu tun hätte!‹
Nach einigem Erstaunen über diese Antwort gingen die Kommandanten zurück in ihre Unterkünfte bzw. Boote. Von Bord der Boote setzten sie eigenmächtig einen Funkspruch mit dem Stichwort ›REGENBOGEN‹ an alle erreichbaren U-Boote ab.
Als der Großadmiral am nächsten Morgen über die nächtliche Aktion informiert wurde, hieß er sie nicht für gut.«
Durch diese Aktion konnten jedoch weitere 113 U-Boote dem Feindzugriff entzogen werden. Eine Nutzung nach späterer Bergung war nicht mehr gegeben, da bei vielen Booten die an Bord befindliche Munition zur Selbstversenkung mit verwendet wurde bzw. bei der Sprengung mit detonierte und damit diese U-Boote praktisch wertlos machte. In Zusammenarbeit mit Herrn Horst Bredow konnte aufgrund neuer Erkenntnisse die zeitliche und örtliche Selbstvernichtung der U-Boote detaillierter ermittelt werden.

Wrack des deutschen U-Bootes *U 979*.
Günstige See- und Windverhältnisse lassen am 31. Januar 1986 das Wrack vor der Südküste der Insel Amrum sichtbar werden
(Position: B = 54° 36,48' N; L = 8° 21,72' O).

U-Boote, die durch die Besatzungen selbst vernichtet wurden:
(Bearbeitungsstand: März 1996)

Versenkungsdatum	Seegebiet	U-Boote
01.05.45	Kiel	U 924
	Warnemünde (N-lich)	U 612, U 929, U 1308
	Wesermünde	U 3001, U 3009
	Wilhelmshaven	U 3006
02.05.45	Flensburg-Feuerschiff	U 2540
	Travemünde-Hafen/Reede	U 316, U 1170, U 2510, U 2526, U 2527, U 2528, U 2531, U 2535, U 2536, U 3002, U 3016, U 3516, U 3517, U 3521, U 3531
03.05.45	Eckernförde	U 2512
	Kiel/Förde	U 11, U 52, U 57, U 58, U 59, U 446, U 474, U 475, U 560, U 795, U 903, U 922, U 958, U 1027, U 1030, U 1192, U 1205, U 2323, U 2330, U 2331, U 2355, U 2508, U 2519, U 2520, U 2539, U 2543, U 2545, U 2546, U 2548, U 2552, U 3005, U 3010, U 3029, U 3031, U 3038, U 3039, U 3040, U 3509, U 3518, U 3525, U 3530, U 3550, U 4705, U 4709, U 4711, U 4712, U 4713, U 4714 UB, UC 2, UD 1, UD 3, UD 4 (*)
	Neustadt-Hafenbereich	U 48, U 101, U 3014, U 276
	Neustadt-Ansteuerung	U 3024
	Travemünde-Reede	U 1196, U 2533, U 3011, U 3013, U 3018, U 3019, U 3020, U 3021, U 3023, U 3025, U 3027, U 3037, U 3507, U 3511, U 3513, U 3522
	Fehmarnbelt	U 2524, U 3032
	Vegesack	U 704
	Kaiser-Wilhelm-Kanal, Rendsburg	U 793
	Nordenham	U 323
	Hamburg-Finkenwerder	U 1201, U 2327, U 2332, U 2370, U 2371, U 2501, U 2504, U 2505, U 3004, U 3502, U 3506
	Hamburg-Bunker ELBE II	U 685
04.05.45	Eckernförder Bucht	U 876
	Hörup Haff	U 2352
	Kleiner Belt	U 2503
	Geltinger Bucht	U 267
	Wasserlebender Bucht	U 3033
	Auersdorfer See	U 428
	Rendsburg	U 792
	Brunsbüttelkoog	U 3532
05.05.45	Aarhus	U 2544
	Cuxhaven	U 1406, U 1407
	Eckernförde	U 904, U 1405
	Flensburger Förde	U 30, U 717, U 733, U 750, U 827, U 999, U 1025, U 2551
	Flensburg-Hafen	U 29
	Geltinger Bucht	U 349, U 370, U 397, U 721, U 746, U 794, U 1056, U 1101, U 1162, U 1168, U 1193, U 1204, U 1207, U 1306, U 2333, U 2339, U 2343, U 2346, U 2347, U 2349, U 2357, U 2358, U 2360, U 2362, U 2364, U 2366, U 2368, U 2369, U 2507, U 2517, U 2522, U 2525, U 2541, U 3015, U 3022, U 3044, U 3510, U 3524, U 3526, U 4702, U 4703, U 4707, U 4710
	Kaiser-Wilhelm-Kanal, Ausweiche Rahde	U 748
	Hörup Haff	U 351, U 1234, U 4701, U 4704, U 2352
	Kupfermühlen Bucht	U 46, U 290, U 1026, U 1132, U 1161, U 1303, U 1304
	Lübecker Bucht	U 1016
	Schleimündung	U 236
	Wasserlebender Bucht	U 3034
	Wesermünde	U 38, U 120, U 121, U 822, U 828, U 3001, U 3009, U 3047, U 3050, U 3051, U 3501, U 3527, U 3528
	Wilhelmshaven	U 8, U 14, U 17, U 60, U 61, U 62, U 71, U 137, U 139, U 140, U 141, U 142, U 146, U 148, U 151, U 152, U 339, U 552, U 554, U 708, U 3006, U 3504
08.05.45	In. Aerö (SW-lich)	U 2538
	Geltinger Bucht	U 3529
	Göteborg (W-lich)	U 3503
	Sonderburger Bucht	U 37
	Kattegatt	U 2365
09.05.45	vor Schleimünde	U 2367
10.05.45	Eckernförder Bucht/Noer	U 3030
16.05.45	Altenbruch-Reede (Schelenkuhlen)	U 287
24.05.45	In. Amrum (W-lich)	U 979

(*) Betrifft erbeutete U-Boote.

U 3040 bei der gekenterten *New York* in der Kieler Förde versenkt.

Fernschreiben der Skl. vom 8. Mai 1945, 19.50 Uhr, über die Aufhebung eines früher gegebenen Befehls über die Versenkung und Vernichtung von Schiffen, Anlagen und Einrichtungen im Verantwortungsbereich der Kriegsmarine.

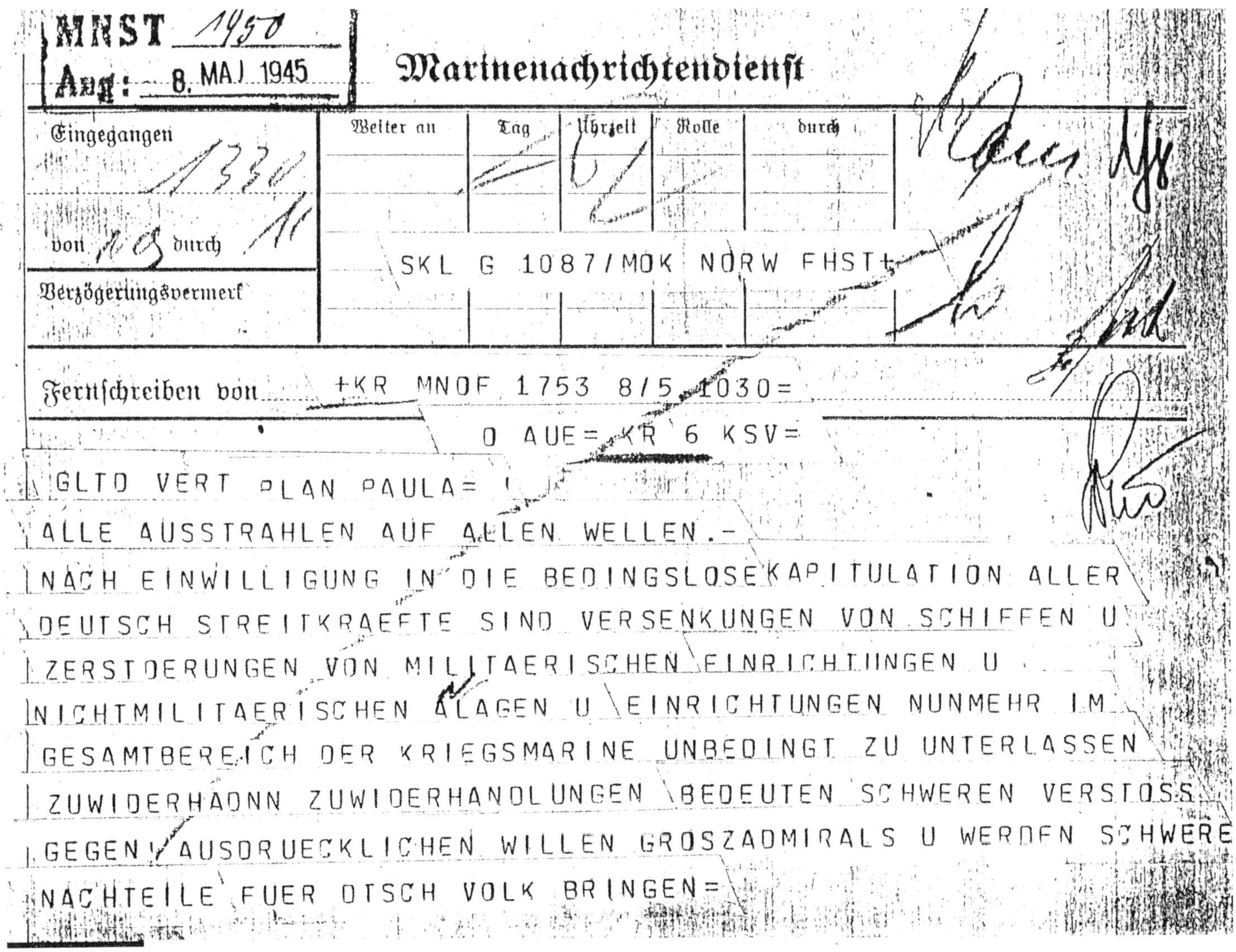

MNST 1450
Ang: 8. MAJ 1945

Marinenachrichtendienst

Eingegangen	Weiter an	Tag	Uhrzeit	Rolle	durch
1330					
von ... durch ...					
Verzögerungsvermerk	SKL G 1087/MOK NORW FHST+				

Fernschreiben von +KR MNOF 1753 8/5 1030=

0 AUE= KR 6 KSV=

GLTD VERT PLAN PAULA=

ALLE AUSSTRAHLEN AUF ALLEN WELLEN.-

NACH EINWILLIGUNG IN DIE BEDINGSLOSEKAPITULATION ALLER DEUTSCH STREITKRAEFTE SIND VERSENKUNGEN VON SCHIFFEN U ZERSTOERUNGEN VON MILITAERISCHEN EINRICHTUNGEN U NICHTMILITAERISCHEN ALAGEN U EINRICHTUNGEN NUNMEHR IM GESAMTBEREICH DER KRIEGSMARINE UNBEDINGT ZU UNTERLASSEN ZUWIDERHAONN ZUWIDERHANDLUNGEN BEDEUTEN SCHWEREN VERSTOSS GEGEN AUSDRUECKLICHEN WILLEN GROSZADMIRALS U WERDEN SCHWERE NACHTEILE FUER DTSCH VOLK BRINGEN=

UC 2 ex norw. *B 6*. Am 3. Mai 1945 in Kiel gesprengt.

Datum:	1.	2.	3.	4.	5.	8.	9.	10.	16.	24.	Mai
U-Boote:	7	16	92	8	108	5	1	1	1	1	= 244

Somit wurden 239 deutsche und 5 erbeutete U-Boote im Zeitraum vom 1. bis 24. Mai 1945 durch Selbstversenkung den Siegermächten entzogen.

Mit dem am 30. April bestätigten Selbstvernichtungsbefehl durch die Seekriegsleitung hatten alle U-Boot-Kommandanten formell eine klare Handlungsrichtlinie im Falle einer Kapitulation Deutschlands. Ausgehend von den sich überschlagenden politischen Ereignissen in Deutschland war es der Skl. nicht immer gegeben, jeden U-Boot-Kom-

Germania Werft Kiel. Vor dem Feindzugriff im Dock gesprengte U-Boote vom Typ XXIII.

U 276 als Wrack im Winter 1947 vor dem Hafen von Neustadt.

mandanten rechtzeitig über die veränderte Lage, besonders an der Westfront, zu informieren. Störungen in der funktechnischen Ausrüstung erklären die relativ späte Selbstvernichtung der letzten Boote *U 287* und *U 979*. Beide Boote befanden sich zum Zeitpunkt der Kapitulation noch auf Feindfahrt.

So stand *U 287* am 6. Mai 1945 in der Irischen See, als ein unverständlicher F.d.U.-Befehl aufgefangen wurde. Dieser veranlaßte den Kommandanten zum Auftauchen und hatte einen britischen Wasserbombenangriff zur Folge, der ohne Trefferwirkung blieb. Unbeschädigt begann der Rückmarsch nach Trondheim. Vor Trondheim erfuhr der Kommandant, Oblt.z.S. Heinrich Meyer, durch FT, daß er nach Trondheim einlaufen sollte und das Boot dort an die Engländer zu übergeben hatte. In Abstimmung mit der Besatzung traten sie den Marsch in die Heimat, nach Hamburg, an. Vor Einlaufen in die Elbemündung wurden die Torpedorohre freigeschossen. Am Abend des 16. Mai liefen sie in die Elbe ein. Der Kommandant ließ einen Funkspruch absetzen, der aussagte, daß das Boot in der Elbe durch einen Minentreffer gesunken sei. Damit wollte er kommenden Repressalien durch die Siegermächte vorbeugen. In der Schelenkuhlen Bucht, beim Leuchtfeuer Altenbruch, wurde gestoppt und das Boot durch Sprengen versenkt.

U 979 befand sich Anfang Mai 1945 unter seinem Kommandanten, Kptlt. Johannes Meermeier, noch im Operationsgebiet der Dänemarkstraße zwischen Island und Grönland.

Der ehemalige E-Obermaschinist von *U 979*, Heinrich Jansen, erlebte die letzte Fahrt und berichtet:

»Ende April fuhren wir in Sehrohrtiefe einen Angriff auf einen amerikanischen Geleitzug. Durch den Überlauf eines Zerstörers wurde die Langdrahtantenne zerrissen, so daß jeglicher Funkverkehr ausgeschlossen war. Auf uns selbst gestellt, fuhren wir weitere erfolgreiche Angriffe. Mit der Zeit kam unserem Kommandanten die Sache wohl komisch vor, denn er berichtete uns, daß die Schiffe mit Beleuchtung und die Geleitzüge ohne großes Geleit fuhren.

Wir verließen unser Operationsgebiet in der Höhe von Reykjavik und steuerten Grönland an. In einer eisfreien Bucht tauchten wir auf, reparierten die Antenne und hatten wieder Funkempfang. Zu unserem Erstaunen hörten wir, daß der Krieg schon einige Zeit vorbei war und die Kapitulation stattgefunden hatte. Weiter empfingen wir Funksprüche, die alle noch in See befindlichen U-Boote aufforderten, den nächsten alliierten Hafen anzulaufen. Damit waren auch wir gemeint.

Bis Reykjavik wäre es ja nicht weit gewesen, aber unser Kommandant sagte, wir fahren nach Hause. Über die Nordroute steuerten wir Norwegen an und legten uns vor Bergen, unseren letzten Auslaufhafen, auf Grund und beobachteten den Schiffsverkehr. Die Fahrt wurde fortgesetzt und so erreichten wir am 23. Mai die Nordfriesischen Inseln. Da unser Kommandant das Boot im Wyker-Tief, vor der Insel Föhr, versenken wollte, steuerten wir nachts um die Südspitze der Insel Amrum. Wider Erwarten bekamen wir Grundberührung und saßen fest, und alle weiteren Maschinenmanöver blieben erfolglos. (Um 01.00 Uhr nachts hatte *U 979* am 24. Mai 1945 in Überwasserfahrt südlich der Insel Amrum Grundberührung und kam fest. – d. Verf.). Also abwarten bis die Ebbe kommt und dann an Land. Als es Tag wurde, hatte man uns von der Insel aus schon gesehen, und so kamen einige Boote, um uns abzuholen. Die Insel war nur von internierten Deutschen besetzt und hatte keine englische Besatzung. Wir setzten das Boot unter Wasser, E-Anlage geflutet und die Diesel solange laufen lassen bis Sand im Getriebe knirschte. Danach verließen wir das Wrack und wurden durch den Inselkommandanten in einem Heim in Wittdün untergebracht.«

Da durch den Kommandanten von *U 979* noch nach der Kapitulation Schiffe angegriffen und versenkt worden waren, stellte man ihn, seine Offiziere und den Funkmaat vor ein alliiertes Militärgericht. Anhand der Funkkladde konnte nachgewiesen werden, daß sie aufgrund der fehlenden Funkverbindung keine Kenntnis von der Kapitulation Deutschlands hatten. Sie wurden freigesprochen.

Das Boot liegt noch heute auf der gleichen Position, wo es damals verlassen wurde. Alle bisherigen Bergungsversuche sind erfolglos abgebrochen worden.

Reede Travemünde, das U-Boot-Versenkungsgebiet in der Lübecker Bucht

Eine Konzentration von U-Booten, vorwiegend vom Typ XXI, ergab sich für Ende April 1945 auf der Reede und im Hafen von Travemünde. Dieses war der letzte Stützpunkt der 25. U-Flottille geworden, wobei auch der Hafen des Marineausrüstungs- und Reparaturbetriebes (Maureb.) auf dem Priwall mitgenutzt wurde.

Im Hafen der Maureb. lag auch das Wrack des U-Boot-Begleitschiffes *Wilhelm Bauer*, das bei einem Fliegerangriff britischer Jabos auf Travemünde am 8. April durch Bomben getroffen brennend auf den Grund gesackt war. Die *Vega*, Führerschiff des Flo. Chefs, K.Kapt. Wilhelm Schulz, lag mit den Wohnschiffen *Bolkoburg und Swakopmund* an den Landungsstegen der Stadt, und auf der Reede ankerte das U-Boot-Begleitschiff *Messina*.

In einer bisher nicht veröffentlichen Ausarbeitung von Herrn Axel Niestlé, Mitarbeiter des U-Boot-Archivs, wurde die Konzentration derart vieler U-Boote im Bereich Travemünde untersucht, er kommt dabei zu nachstehendem Ergebnis:

»Die 25. U-Fl. war am 1. Juli 1940 durch Umbenennung aus der im April 1940 für die Schießausbildung von für den Fronteinsatz vorgesehenen Ausbildungsbooten aufgestellten 2. U-Fl. hervorgegangen. Am 29. Januar 1945 verlegte die Flottille von ihrem vorherigen Standort Gotenhafen nach Travemünde. Ab Mitte Februar nahm die Flottille ihren Ausbildungsbetrieb im Seegebiet der Lübecker Bucht, mit Einschränkungen, zunächst wieder auf.

Die ursprüngliche Absicht, noch möglichst viele in der Ausbildung befindliche U-Boote der neuen Typen XXI und XXIII zum Fronteinsatz zu bringen, mußte wegen der allgemeinen Lage fallengelassen werden. Die Schwierigkeiten infolge des zusammengebrochenen Transportwesens, des zunehmenden Arbeitskräfte- und Energiemangels im Werftsektor, des Mangels an Brennstoff und die Auswirkungen alliierter Luftangriffe auf die wichtigsten Werftzentren machten bisherige Planungen hinfällig. Statt dessen sollten jetzt nur noch kurzfristig frontreif werdende Boote aller Typen für Reparaturen berücksichtigt werden, um zumindest deren Verlegung nach Norwegen sicherzustellen. Auf Veranlassung von Admiral v. Friedeburg, 'Kommandierender Admiral der U-Boote', erfolgte eine Analyse der in den Heimathäfen, -werften und in der Ostsee in Ausbildung befindlichen U-Boote, die in einer 'Volksliste' erfaßt und in Kategorien eingeteilt wurden. Diese 'Volksliste' wurde durch FT-Befehl des 'Kommandierenden Admirals der U-Boote' am 26. April 1945 an alle im Heimatbereich befindlichen Flottillen und Stützpunkte abgesetzt.

'Volksliste I:

U-Boote sind weiterhin für den Fronteinsatz vorgesehen, fehlender Brennstoff bzw. Ausrüstung sind nach Anweisung zu ergänzen.

Volksliste II:

U-Boot sind ebenfalls noch für den Fronteinsatz vorgesehen, zunächst jedoch nur als Ersatz für ausfallende Boote der Volksliste I.

Fehlender Brennstoff bzw. Ausrüstung sind nach Anweisung zu ergänzen.

Volksliste III:

U-Boote stellen nach einer von den jeweiligen Flottillen bestimmten Reihenfolge außer Dienst. Brennstoff ist restlos, Proviant und Ausrüstung nach Anweisung abzugeben. An Bord verbleibt lediglich ein fünfköpfiger Sprengtrupp, die übrige Besatzung wird mit auszubauenden Fla-Waffen, Handfeuerwaffen sowie anderen für den Erd-

Die Besatzung von *U 3013* verläßt in den Vormittagsstunden des 3. Mai 1945 ihr Boot und wird mit einem V Boot nach Travemünde gebracht. Das zweite im Päckchen liegende Boot ist derzeit unbekannt. In Travemünde kaperte die Besatzung ein kleines Fahrgastschiff und wollte nach Dänemark verschwinden, landete aber in Neustadt.

Der Kmdt. von *U 2510*, Oblt.z.S. Werner Herrmann, im Kreise seiner Unteroffiziere anläßlich der Indienststellung des Bootes am 27. September 1944 in Gotenhafen.

Befehl des Flo. Chefs der 25. U-Fl. vom 29. April 1945 zur Versenkung der U-Boote der Gruppe III.

Kommando
25. Unterseebootsflottille

An Bord, den 29. April 1945

B e f e h l
zur
Versenkung der U-Boote Gruppe III.

1.) Den Befehl für die Versenkung der U-Boote der Gruppe III gibt Kom.Adm.U-Boote durch die Flottille:

a) bei Tage durch das Flaggensignal U O T

bzw. durch Scheinwerfer oder Winkflaggen.

b) bei Nacht durch Handscheinwerfer.

Außerdem bei Tag und Nacht durch fortgesetztes feuern roter Sterne von "Vega", die von der auf Reede liegenden "Messina" wiederholt werden. Falls möglich, wird der Befehl durch Barkassen schriftlich überbracht.

2.) Die U-Boote erhalten durch den Flo.Ob.Mech. 1 bis 2 Wabos mit Sprengbüchsen, die in der Zentrale zu lagern und festzuzurren sind, damit sie bei Lastigkeit des Bootes nicht verrollen. Auf das unter 1.) gegebene Signal werden die Wabos auf 75 m Wassertiefe eingestellt, sie detonieren 33 Sekunden nachdem sie unter die Wasseroberfläche gelangen. Gleichzeitig sind sie durch Einsetzen der Sprengbüchsen scharf zu machen.

3.) Die Kegelbunker sind sofort zu entleeren, die Filtertöpfe der Lenzpumpen zu öffnen und die Entlüftungen der Tauchzellen auf "Luft" umzustellen.
Auf den Signalbefehl zum Versenken werden die Bodenventile und anschließend die Entlüftungen geöffnet. Das Sprengkommando verläßt das Boot sofort in dem bereitzuhaltenden Schlauchboot (mit Schwimmwesten). Für die in Päckchen liegenden U-Boote ist der älteste Obermaschinist dafür verantwortlich, daß das Versenken und Verlassen der U-Boote gleichzeitig geschieht.

kampf wichtigen Gegenständen zum Infanterieeinsatz abkommandiert.'
Zeitgleich mit dem Erlaß des genannten Befehls hatte die 25. U-Fl. die Betreuung aller im Raum Travemünde liegenden U-Boote übernommen und so erging folgende Einteilung:

Gruppe I : *U 370, U 903, U 1007, U 2512, U 3510;*
Gruppe II : *U 2521, U 2525, U 3515;*
Gruppe III: *U 316, U 1170, U 1196, U 2510, U 2524, U 2526, U 2528, U 2533, U 2536, U 3002, U 3010, U 3011, U 3012, U 3013, U 3018, U 3019, U 3020, U 3021, U 3025, U 3037, U 3507, U 3511, U 3513, U 3516, U 3517, U 3522.*

Die Mehrzahl der Boote befand sich zu diesem Zeitpunkt im Hafen Travemünde oder auf Reede.
Ebenfalls am 26. April erhielten die noch im Raum Swinemünde in Wartestellung liegenden Typ-XXI-Boote *U 2527, U 2531, U 2534, U 2535, U 2538, U 2540, U 3014, U 3016, U 3023, U 3024, U 3027, U 3030, U 3032* und *U 3521* vom ›Kommandierenden Admiral der U-Boote‹ mit FT-Befehl Anweisung, nach Travemünde zu verlegen. Die ursprünglich verfolgte Absicht, die in Swinemünde befindlichen U-Boote in der Prorer Wiek vor Saßnitz aufzulegen, wurde aufgegeben. Alle genannten Boote wurden der Volksliste III zugewiesen. Lediglich die Boote *U 3017* und *U 3523* ordnete man der Volksliste II zu und sie erhielten den Befehl, als Hilfstanker die noch in Swinemünde vorhandenen Dieselölvorräte nach Kiel zu bringen, um die dort liegenden Boote der Volksliste I für den Fronteinsatz zu versorgen.
Im Laufe des 28. April verließen die Boote in Gruppen Swinemünde und verlegten im Minengeleit nach Travemünde. Am 29. April erreichten *U 2527, U 2531, U 2534, U 2535, U 3016, U 3023, U 3027* und *U 3521* die Reede Travemünde. Die übrigen Boote trafen durch Verzögerung bei der Geleitsicherstellung erst am 1. Mai dort ein. Die Besatzungen wurden bis auf einen Sprengtrupp von fünf Mann von Bord genommen und zur 3. U.L.D. nach Neustadt gebracht. Die noch für den Fronteinsatz vorgesehenen Boote im Raum Travemünde wurden beschleunigt zur Überführung nach Kiel klargemacht, wo die endgültige Frontausrüstung durch die 5. U-Fl. erfolgen sollte. Die Boote verließen in folgender Reihenfolge Travemünde:

29. April 45 *U 903* und *U 370* (?)
30. April 45 *U 2512*
02. Mai 45 *U 2521, U 2525, U 3510* und *U 3515*

Auf Befehl des ›Kommandierenden Admiral der U-Boote‹ waren am 30. April *U 3017* und *U 3523* von Kiel nach Travemüde als Hilfstanker marschiert und hatten von den

Der Versenkungsvorgang spielt sich wie folgt ab:
Boot schwimmt nach dem Ziehen der Entlüftungen zunächst auf seinem Restauftrieb, der dann allmählich durch das über die Filtertöpfe eintretende Wasser vernichtet wird. Im Augenblick des Unterschneidens des Bootes wird die Zentrale vollaufen und von diesem Zeitpunkt an detoniert die Wabo in 33 Sekunden. Es bleibt vom Augenblick des Flutens bis zur Detonation der Wabo etwa 10 - 15 Minuten Zeit, in der sich das Sprengkommando mit Ruhe in Sicherheit bringen kann.

4.) Falls bei <u>unvorhergesehenem Feindzugriff</u> Befehlsgebung zum Versenken nicht mehr möglich, so ist der älteste an Bord befindliche Soldat für die Versenkung des U-Bootes verantwortlich.

5.) Die nach der Versenkung in den Schlauchbooten befindlichen Sprengkommandos werden von Barkassen aufgenommen bzw. begeben sich an Land und suchen direkt oder über die nächste militärische Dienststelle Anschluß an die Flottille oder an die 3. U.L.D. in Neustadt.

gez. S c h u l z

<u>Verteiler:</u>
~~+, L, B, S, K, Flo.Ob.Mech., Vega, Messina,~~
U 2510, 2524, 2526, 2528, 2533, 2536, 3oo2, 3o1o, 3o21, 3o12, 3o13, 3o18, 3o19, 3o2o, 3o21, 3o25, 3o37, 35o7, 3511, 3513, 3517, 3516, 3522,
U 2527, 2531, 2534, 2535, 2538, 254o, 3o14, 3o16, 3o23, 3o24, 3o26, 3o27, 3o3o, 3o32, 3521.

dort liegenden Booten 220 bis 250 t Dieselkraftstoff übernommen und zurück nach Kiel gebracht.
Als am 2. Mai um 15.15 Uhr dem Kommandeur der 25. U-Fl. gemeldet wird, daß britische Panzerspitzen das Stadtgebiet von Travemünde erreicht hätten, erging der Befehl zu Selbstversenkung an die U-Boote. Die Signalübermittlung erfolgte von Bord des Führerschiffes *Vega* und wurde von der auf Reede liegenden *Messina* wiederholt.«

Entsprechend dem sich rasch verändernden Frontverlauf scheint man sich über die weitere Verwendung der U-Bootbesatzungen nicht so richtig schlüssig gewesen zu sein. Man versuchte, zu retten was zu retten war bzw. zu verteidigen. Wertet man die Erinnerungsberichte aus, so standen folgende Aufgaben an:

a) Einsatz zur Verteidigung von Berlin.
b) Einsatz für Infanterieaufgaben entlang der aufgebauten HKL zwischen Haffkrug, Süsel und Eutin.
c) Einsatz zur Verteidigung von Kiel.
d) Überführung von frontreifen U-Booten nach Norwegen (Horten).
e) Evakuierung von Besatzungen nach Flensburg.
f) Sicherung von bäuerlichen Einzelgehöften in Ostholstein gegen plündernde ehemalige KZ-Häftlinge.

Ein im Original erhaltener Befehl des Flo. Chefs der 25. U-Fl. vom 27. April 1945 legt für die Besatzungen der Boote der Gruppe III nachstehendes fest:
»U-Boote stellen nach einer von der Flottille bestimmten Reihenfolge außer Dienst. Dazu wird befohlen:
Gesamte Besatzung mit Ausnahme:
1 Dieselobermaschinist
1 Dieselgast
1 Torpedomechanikermaat
2 Mann (darunter 1 Signalgast)
wird nach Neustadt zur 3. U.L.D. in Marsch gesetzt. Sämtliche Fla-Waffen und Handwaffen sowie die dazugehörige Munition, Doppelgläser, Signalpistolen und für den Erdkampf wichtigen Gegenstände werden nach Neustadt mitgenommen. Danach folgt die Festlegung über die Ausrüstung der nach Neustadt abkommandierten Soldaten.«
Ein Zusatz legte fest:

»1.) Auf pflegliche Behandlung der Waffen ist besonders zu achten. Sie sind heute das Wichtigste.
2.) Der an Bord befindliche Alkohol ist an die Flottille abzugeben.
Pro Besatzung ist die Mitnahme von 10 Flaschen Spirituosen erlaubt.
3.) P-Fächer sind mit ... abschluß zu versehen und an Pers. U-Boote Neustadt abzugeben.
4.) Proviant ist für das Sprengkommando für die Dauer von 3 Wochen zurückzulassen. Alles andere geht zurück an die Flottille. Hier ist ein besonders scharfer Maßstab anzulegen. Daran denken, daß die Ernährungslage sparsamste Bewirtschaftung erfordert.
gez. Schulz«

Das U-Boot-Begleitschiff *Wilhelm Bauer* (5 600 t) wurde am 30. April 1940 i.D. gestellt und unterstand der 25. U-Fl. – Kommandant Kptlt. Heinrich Kelling (12.43 – 04.45).

Das Wrack des U-Boot-Begleitschiffes *Wilhelm Bauer* im Hafenbereich von Travemünde – 1947.
Beim britischen Fliegerangriff am 8. April 1945 auf Travemünde erhielt das Schiff einen Bombentreffer, brannte aus und wurde auf Grund gesetzt.

Um die Vorgänge besser verstehen zu können, werden hier die Aussagen von Augenzeugen nachstehend wiedergegeben.

Nachdem die Besatzung von *U 3522* das Boot verlassen hatte, wurde sie zur U.L.D. nach Neustadt gebracht. Über den weiteren Einsatz berichtet der damalige Masch.Mt. Reinhold Leps:

»Es ist der 28. April, als sich unsere und weitere U-Bootbesatzungen im Hafen von Neustadt an Bord des Frachtschiffes *Wullenweber* begeben, um nach Flensburg gebracht zu werden. Unsere Route verlief durch den Fehmarnbelt, den Großen Belt nach Fredericia. Von hier aus erfolgte der Weitertransport mit einem Güterzug. In Flensburg folgte die Einquartierung auf das U-Bootbegleitschiff *Otto Wünsche*. Bereits am 8. Mai marschierten wir von Flensburg nach Husum und von hier aus mit der Bahn nach Marne. Hier bezogen wir auf einem Bauernhof Quartier.«

Der damalige Kommandant von *U 2533*, Oblt.z.S. a.D. Horst Günther, berichtet:

»Nach Abschluß der Agru-Front im Seegebiet vor Bornholm, erhielt ich den Befehl, die Reede von Travemünde anzusteuern. Zu diesem Zeitpunkt befand ich mich im Hafen von Rønne. Von dort auslaufend erreichte ich, ohne Feindberührung, Mitte April die Reede von Travemünde und ging hier laut Anweisung vor Anker. Torpedos hatte ich keine an Bord und das Boot hatte nur noch begrenzt Treibstoff. Hier in Travemünde oder in Lübeck bzw. in Kiel sollte die Versorgung und Ausrüstung erfolgen, um dann den Marsch nach Norwegen antreten zu können. Dazu kam es aber nicht mehr. Nach 5 bis 10 Tagen Ankerliegezeit mußten die Besatzungen der auf Reede liegenden Boote, bis auf 4 oder 5 Mann als Versenkungskommando, von Bord. Man brachte uns mit R-Booten und Schnellbooten nach Neustadt zur U.L.D.

Da ich mich bereits am 1. Mai in der Dienststelle in Neustadt befand, müssen wir am 30. April von Bord gegangen sein. Die Versenkung der U-Boote war durch Ziehen der Entlüftungen bei offenen Luken vorgesehen. Ich selbst erhielt von Generaladmiral Warzecha, dem Chef des Allgemeinen Marineamtes und Chef der Kriegsmarinewehr, den Marschbefehl zur Schleusenwachabteilung nach Brunsbüttel. Die Aufgabe bestand darin, die aus Berlin nach Norden zurückkommenden U-Bootmänner aufzufangen. Zu meiner Begleitung wählte ich meinen LI, Ltn.(Ing.) Wesche, aus. Beide kamen wir in Brunsbüttel in britische Kriegsgefangenschaft. Von meiner Besatzung erfuhr ich erst später, daß sie im Raum Neustadt geblieben war und dort in Gefangenschaft kam.«

Über einen vorgesehenen »Berlin-Einsatz« berichtet Oblt.z.S. a.D. Günter Drescher, ehemaliger Kommandant von *U 3026:*

»Am 29. oder 30. April erreichte ich nachmittags mit *U 3026*, von Swinemünde kommend, die Reede von Travemünde und ging neben einem vor Anker liegenden Boot längsseits. Zur Sprengung des Bootes erhielten wir am 01. Mai eine Wasserbombe an Bord, die in der Zentrale deponiert wurde. Als wir am 2. Mai das Boot zwischen 14.00 und 15.00 Uhr verlassen mußten, erging der Befehl, die WaBo nicht scharf zu machen. Bis auf das Sprengkommando, bestehend aus meinem LI, Oblt.(Ing.) Heinz Wöllert, und zwei Obermaschinisten, brachte man uns mit einem V-Boot nach Neustadt. Trotz der Anweisung, nur persönliche Sachen mitzunehmen, hatten wir uns vorsorglich mit genügend Verpflegung eingedeckt. Alle Bootsunterlagen und Geheimsachen usw. verblieben an Bord.

Um 16.00 Uhr erging für mehrere U-Bootbesatzungen der Befehl zum Einsatz nach Berlin und es wurden zwei Besatzungen für einen Sondereinsatz im Raum Ostholstein gesucht. Zu diesem Einsatz habe ich mich gemeldet und erhielt gegen 17.00 Uhr den Marschbefehl. Mit einer weiteren Besatzung erfolgte die Kommandierung zur 2. Begl.Komp. OKH Putlos, die sich auf dem Truppenübungsplatz bei dem kleinen Ort Putlos nordwestlich von Oldenburg/Holstein befand. Bei Ankunft gegen 19.30 Uhr mit LKW, ohne Gepäck und Waffen, wurde der ursprüngliche Befehl durch den Standortkommandeur in einen Einsatz gegen die heranrückenden Engländer abgeändert. Zur Ausgabe von Waffen und einer Kurzunterrichtung kam es nicht mehr. Noch gegen Mitternacht wurde die ›Marine‹ aus der Befehlsgewalt des Heeres entlassen und könnte ›nach Hause gehen‹. Kein Angehöriger des Heeres durfte dagegen den Truppenübungsplatz verlassen. Ausgegebene Anweisung für meine Besatzung war, Zuflucht auf Bauernhöfen zu suchen.«

Oblt.z.S. a.D. Ulrich Vöge, ehemaliger Kommandant von *U 2536* berichtet:

»Am 3. Mai stieg ich mit meiner Besatzung und etwa 10 weiteren U-Bootbesatzungen auf das Hilfsbeischiff *Neisse* in Neustadt ein (Anm.: Bisher konnten folgende Besatzungen ermittelt werden: *U 2536, U 3023, U 3507* – d. Verf.).

Unser Auftrag lautete, Kiel zu verteidigen. Wir befanden uns bereits im Fehmarnbelt, als uns ein Funkspruch erreichte, aus dem wir erfuhren, daß Kiel sich den britischen Truppen ergeben hat und wir nach Norwegen weiterlaufen sollten. Für diese Entfernung reichte aber unser Brennstoff nicht aus. Wir Kommandanten bildeten einen Offiziersrat und hielten es einstimmig für sinnlos, uns nach Norden abzusetzen. Für uns war der Krieg aus und so hatten wir nur noch eine Aufgabe, unsere Männer heil an Land zu bringen. Um nicht noch länger an Bord zu bleiben und uns den Jabo-Angriffen auszusetzen, beschlossen wir, in die Hohwachter Bucht einzulaufen und in der Dunkelheit an Land zu gehen. Vor dem Ausbooten bescheinigten wir unseren Männern in ihren Soldbüchern, daß sie am 3. Mai 1945 aus der Wehrmacht entlassen worden waren. Glücklicherweise hatte ich mein Dienstsiegel in der Tasche, so daß wir die Eintragung auch abstempeln konnten. Unter Verwendung der an Bord befindlichen großen Schlauchboote, sie konnten etwa 60 Mann aufnehmen, begab ich mich mit meiner Besatzung als erste an Land und wir bildeten einen Brückenkopf. Da wir keine gegnerischen Soldaten feststellen konnten, ließ ich einen Morsespruch absetzen, damit die anderen von der *Neisse* folgen konnten. In kleinen Gruppen begaben wir uns dann zu Fuß in die Heimatstädte.«

Nachdem Lübeck von britischen Truppen besetzt worden war, erging der Versenkungsbefehl an die im Befehlsbereich des Flo. Chefs der 25. U-Fl. liegenden U-Boote. Als erstes erfolgte die Versenkung der im Hafen von Travemünde liegenden U-Boote, wozu u.a. die Besatzung des auslaufbereit liegenden Bootes *U 3012* herangezogen wurde.

Nach den Aussagen von ehemaligen Angehörigen der Versenkungskommandos begannen die Versenkungen in den Nachmittagstunden des 2. Mai und müssen am Vormittag des 3. Mai fortgesetzt worden sein. Eine detaillierte Aufstellung, wann welches U-Boot und wo versenkt worden war, kann bis heute noch nicht für alle 32 in Frage kommenden Boote gemacht werden.

2. Mai 1945 SG: Hafen und Reede Travemünde					
Lfd. Nr.	Nr.	Typ	i.D.	U-Fl.	letzter Kommandant
1.	*U 316*	VII C	05.08.43	31.	Oblt.z.S. König, Gottfried
2.	*U 1196*	VII C	18.11.43	31.	Oblt.z.S. Ballert, Rene
3.	*U 2510*	XXI	27.09.44	31.	Oblt.z.S. Herrmann, Werner
4.	*U 2526*	XXI	15.12.44	31.	Oblt.z.S. Hohmann
5.	*U 2527*	XXI	23.12.44	31.	Oblt.z.S. Götze, Hans
6.	*U 2528*	XXI	09.12.44	31.	Kptlt. Curio
7.	*U 2531*	XXI	10.01.45	31.	Kptlt. Niß
8.	*U 2535*	XXI	28.01.45	31.	Kptlt. Bitter
9.	*U 2536*	XXI	06.02.45	31.	Oblt.z.S. Vöge, Ulrich
10.	*U 3002*	XXI	06.08.44	32.	F.Kapt. Kaiser, Hermann
11.	*U 3016*	XXI	05.01.45	4.	Oblt.z.S. Meentzen,
12.	*U 3516*	XXI	18.12.44	5.	Oblt.z.S. Grote, Heinrich
13.	*U 3517*	XXI	22.12.44	5.	
14.	*U 3521*	XXI	14.01.45	31.	Oblt.z.S. Keller, Günther
15.	*U 3531*	XXI	vor i.D. versenkt		

Nachdem das Führerschiff *Vega* und die anderen Wohnschiffe den Hafen Travemünde verlassen hatten, wurden in den Vormittagsstunden des 3. Mai die restlichen auf Reede liegenden U-Boote versenkt.

Alfred Philipp, ehemaliger Maschinengefreiter von *U 2533*, gehörte zum Sprengkommando des Bootes.

3. Mai 1945 SG: Reede Travemünde					
Lfd. Nr.	Nr.	Typ	i.D.	U-Fl.	letzter Kommandant
1.	*U 2533*	XXI	18.01.45	31.	Oblt.z.S. Günther, Horst
2.	*U 3011*	XXI	21.12.44	4.	Oblt.z.S. Fränzel
3.	*U 3013*	XXI	22.11.44	4.	Kptlt. Simmermacher
4.	*U 3018*	XXI	07.01.45	4.	Oblt.z.S. Breinlinger
5.	*U 3019*	XXI	23.12.44	4.	Oblt.z.S. Racky
6.	*U 3020*	XXI	23.12.44	4.	Oblt.z.S. Mäueler
7.	*U 3021*	XXI	12.01.45	4.	Oblt.z.S. van Meeteren
8.	*U 3023*	XXI	22.01.45	4.	Oblt.z.S. Harms
9.	*U 3025*	XXI	20.01.45	4.	Kptlt. Vogel, Hans
10.	*U 3026*	XXI	22.01.45	4.	Oblt.z.S. Drescher, Günther
11.	*U 3027*	XXI	25.01.45	4.	Kptlt. Mehne
12.	*U 3037*	XXI	03.03.45	4.	Kptlt. Janssen, Gustav-A.
13.	*U 3507*	XXI	19.10.44	5.	Oblt.z.S. Schley
14.	*U 3511*	XXI	18.11.44	5.	Kptlt. Schrenk
15.	*U 3513*	XXI	02.12.44	5.	Oblt.z.S. Nachtigall
16.	*U 3522*	XXI	21.01.45	31.	Oblt.z.S. Lenzmann, Dieter

U 1170 ankerte nördlich Timmendorfer Strand und wurde dort am 3. Mai versenkt.

Am 1. Mai erhielten alle auf Reede liegenden U-Boote eine Wasserbombe (WaBo) als Sprengmittel an Bord. Sie sollte nach der Versenkung der U-Boote wirksam werden und das Boot endgültig vernichten. Die Aufstellung erfolgte in der Mitte der Zentrale, der Zünder war eingesetzt und auf 10 m Wassertiefe eingestellt. Die Wassertiefe im vorgesehenen Versenkungsgebiet beträgt 12 bis 18 m. Um die Sprengung der Boote auch richtig vorzubereiten, mußten einige der für die Sprengung verantwortliche Torpedomaate vorher zur Einweisung nach Eckernförde.

Da die Kommandanten der U-Boote zum Zeitpunkt der Selbstvernichtung ihrer Boote nicht mehr an Bord waren, mußten für die Klärung der Versenkung der U-Boote die Aussagen der zum Versenkungskommando gehörenden Besatzungsangehörigen genutzt werden, um die Vorgänge auf der Reede und im Hafen von Travemünde darzustellen.

Versenkung von *U 3522* – 2. Mai 1945,
der ehemalige Torpedo-Ob.Mech.Mt. Ernst Thöing berichtet:
»Es war am Nachmittag des 2. Mai, wir lagen mit einem zweiten Boot im Päckchen, als bei uns eine Barkasse längsseits kam. Wir erhielten mündlich den Befehl zur sofortigen Sprengung des Bootes.
Zum Kommando gehörten weiterhin:
Ob.Masch.
Karl Benzinger,
Masch.Ob.Mt.
Herbert Langer,
Masch.Gefr. Hahn.
Zwei oder drei Tage vorher bekamen wir die Anweisung, die Sprengung vorzubereiten. Ich brachte im Vor- und Achterschiff einige Sprengladungen (Kilo-Ladungen) an. Von einem R-Boot übernahmen wir eine WaBo und mußten sie in der Zentrale unterbringen. Als wir den Versenkungsbefehl erhielten, zündete Ob.Masch. Benzinger die Ladung im Achterschiff und ich im Vorschiff. Wir trafen uns in der Zentrale und stiegen gemeinsam auf die längsseits liegende Barkasse über. Die Zünddauer betrug neun Minuten. Den Untergang unseres Bootes und einiger anderer Boote konnten wir noch beobachten, wobei wir feststellen konnten, daß die WaBo nicht detonierten. Die Barkasse nahm weitere Versenkungskommandos an Bord und lief danach nach Travemünde. Wir wurden an Bord der *Bolkoburg* untergebracht.«

Geheim!

Funkspruch-Ausgang

Eingang Fernschreibraum		Schaltung	Leit-Nr.	Ausgangszeit	Funkspruch Nr.
		Alle Wellen			
Ausgeschrieben	B. U. Offz.	Hubertus			Offen!
		~~Nordmeer~~			
Bem.:					

An alle Boote!
U-Bootsmänner! Nach einem heroischen Kampf ohne Gleichen habt Ihr die Waffen niedergelegt. Ihr habt Unerhörtes geleistet. Das härteste Opfer müsst Ihr für Euer Vaterlabd noch bringen, indem Ihr bedingungslos die folgenden Anweisungen ausführt. Dadurch fällt kein Makel auf Eure Ehre, jedoch werden schwerste Folgen für Eure Heimat vermieden. Der mit FT 88 q/13 F/34 L/66 D und mit Sonderschlüssel 294,314,316,319 auf Küste erteilte Befehl ~~ist~~ aufgehoben.
Euer Grossadmiral

Uhrzeitgruppe	2026/8/82	
F. T. O. d. Wache		
Lnr.	Schaltung	Ausgangszeit
		2125.
		8.5.45

Abschr. erledigt:

175 Druckerei M OKM 10000 6 43

Nr.: 52

Versenkung von *U 2533* – 3. Mai 1945, der ehemalige Masch.Gefr. Alfred Phillipp berichtet:
»Von Rönne kommend trafen wir so um den 18. April im Seegebiet vor Travemünde ein. Wie ich beobachten konnte, gingen die eintreffenden U-Boote teilweise in Zweier-

päckchen, östlich des Zwangsweges, vor Anker. Im Laufe der Zeit fanden sich so ungefähr 20 U-Boote vom Typ XXI ein. Wir selbst lagen von allen Booten am nördlichsten. Von Bord aus konnte ich im Westen ein großes Passagierschiff sehen (Anm.: Es war die *Deutschland* – d. Verf.). Bis auf eine Restbesatzung von fünf Mann, zu der ich auch gehörte, stieg die Besatzung ab. Wie ich erfuhr, sollten sie nach Neustadt um zur Verteidigung der U-Bootschule eingesetzt zu werden. Eines Tages kam ein Hilfsschiff bei uns längsseits und wir erhielten mittels eines Bordkranes eine Wasserbombe (WaBo) an Bord gehievt. Der Zünder war eingesetzt und auf eine bestimmte Wassertiefe eingestellt. Wir mußten die WaBo in der Zentrale unterbringen. Die U-Boote waren damit zur Sprengung vorbereitet.

Am 3. Mai 1945 vormittags erhielten wir den Befehl zur Selbstversenkung des Bootes durch Ziehen der Tauchzellen. Wir sahen, wie ein Boot nach dem anderen unterging und kurz darauf die Sprengung erfolgte. Wir sahen aber auch, daß die Kameraden in den Schlauchbooten bei erfolgter Detonation noch nicht weit genug weg waren und zumindest durch die Wasserfontäne in Mitleidenschaft gezogen wurden.«

Diese Beobachtung wird durch den Angehörigen des Versenkungskommandos von *U 3013*, Ob.Gefr. Hans Matthaei, bestätigt, er berichtet:

»Wir standen an Oberdeck und überlegten noch, wie wir vorgehen wollten, als das erste Boot, das dicht unter Land lag, von einer Wasserbombendetonation zerrissen wurde. Wir sahen, wie das im Schlauchboot befindliche Versenkungskommando in die Luft flog, deshalb entschlossen wir uns, *U 3013* nur durch Flutung zu versenken.«

Masch.Gefr. A. Phillipp berichtet weiter:

»Daraufhin beschlossen wir, in Abstimmung mit dem Nachbarboot, den WaBo-Zünder zu entfernen. Wir entschärften die WaBo und öffneten danach die Tauchzellen. Anschließend begaben wir uns in die Schlauchboote. Sachte sackten die Boote weg. Unerwartet für uns tauchte ein Räumboot auf und der an Bord befindliche Admiral fragte uns, wo wir hin wollen.

Worauf wir antworteten: »Nach Hause!«

Doch daraus wurde nichts. Wir mußten die Leinen unserer Schlauchboote übergeben und ab ging es auf die offene See Richtung Norden. An einem vor Anker liegenden Frachter, voll beladen mit Soldaten, ging das R-Boot längsseits und wir mußten übersteigen. Das Schiff war so voll beladen, daß nicht nur unter Deck kein Platz war, sondern auch an Oberdeck kaum ein freies Fleckchen zu finden war. An Oberdeck im Mittschiffsbereich fand ich dann selbst einen Platz. In der Zwischenzeit hatte das Schiff den Anker gelichtet und die Fahrt mit Nordkurs aufgenommen. Von meinem Platz aus konnte ich beobachten, wie der Kapitän von einigen Personen mit der Pistole bedrängt wurde. Wie ich von umstehenden Soldaten erfuhr, hatte dieser die Order, uns nach Norwegen zu schaffen, um von dort aus den Kampf fortzusetzen. Man wollte ihn zur Umkehr bewegen.

Plötzlich begann ein Angriff britischer Jabo's. Mehrere Raketen trafen das Schiff. Viele Verwundete und Tote waren zu beklagen. Diese trugen wir zusammen und legten sie auf eine ausgebreitete Plane in der Nähe eines Ladebaumes. Ein vorbeikommendes kleines Schiff stoppte auf und es erfolgten Maßnahmen, um die Toten und Verwundeten zu übergeben. Da es schnell gehen mußte, wurde die Plane mit den Darinliegenden durch das Deckspersonal an allen vier Ecken angeschlagen und mit dem Ladegeschirr angehievt. Beim Anhieven rutschte alles zusammen, so daß Tote und Verwundete übereinander oder sonstwie zum Liegen kamen. Zum Absetzen auf dem anderen Schiff kam es nicht mehr, da ein weiterer Jabo-Angriff erfolgte. Die traurige Last blieb am Ladebaum, in der Luft, hängen.

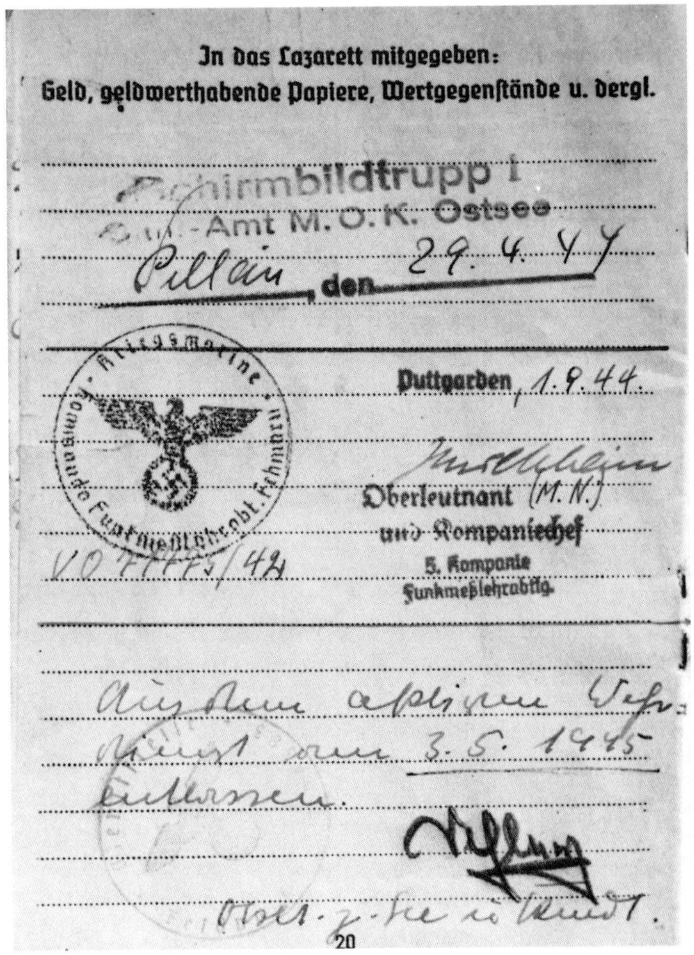
In das Lazarett mitgegeben:
Geld, geldwerthabende Papiere, Wertgegenstände u. dergl.

Schirmbildtrupp I
-Amt M.O.K. Ostsee
Pillau, den 29. 4. 44

Puttgarden, 1.9.44.
Oberleutnant (M.N.)
und Kompaniechef
5. Kompanie
Funkmeßlehrabtlg.

20

Fotokopie der Seite 20 aus dem Wehrpaß des ehemaligen Fk.Ob.Gefr. Oswald Haun vom Boot *U 3507*.
Die letzte Eintragung bestätigt die Entlassung aus dem aktiven Wehrdienst am 3. Mai 1945 durch seinen Kommandanten, Oblt.z.S. Schley, an Bord der *Neisse*.

Als ein Torpedofangboot bei uns längsseits kam und ohne festzumachen langsam mitlief, sprang ich über Bord und landete auf der Brücke des Bootes, wobei ich den Kommandanten umrempelte. Ohne eine weitere Unterbrechung liefen wir nach Glücksburg, das wir am Abend erreichten. Am nächsten Tag setzten wir die Fahrt nach Flensburg fort.«

(Anm.: Die Namen des Transportschiffes und des Torpedofangbootes konnte bisher nicht ermittelt werden – d. Verf.).

Es ist Donnerstag der 3. Mai 1945, als die *Charlotte Schröder* unter Kapitän Heinrich Niemann, mit Flüchtlingen von Swinemünde kommend und unter Verbrauch der letzten Kohlen gegen 07.30 Uhr in den Hafen von Travemünde einläuft. Kapitän Wulf-Dietrich Wentzel, damals I. WO an Bord der *Charlotte Schröder*, erlebte diese letzte Evakuierungsfahrt und berichtet darüber:

»Am 21. April 1945 waren wir von Hela Reede kommend in Swinemünde eingelaufen und erhielten einen Liegeplatz auf der Wolliner Seite, nördlich der Einfahrt zum Werftbecken der Burmesterwerft. Es war eine Trümmerwüste, die wir an Land vorfanden. Wir hatten einen Regimentsstab mit Ausrüstungen und Flüchtlinge an Bord. In Swinemünde ging der Stab von Bord und die Entladung seiner Ausrüstung erfolgte mit unserem Ladegeschirr. Hier in Swinemünde erhielt Kapitän Niemann von einem Makler den Ladungsauftrag, die Ausrüstung der Burmesterwerft an Bord zu nehmen. Eine sofortige Beladung konnte nicht erfolgen, da kein Personal für die Verladung zur Verfügung stand.

Bevor wir am 29. April abliefen, mußten wir täglich Artillerie- oder Fliegerangriffe über uns ergehen lassen. Einen besonders schweren Artillerieangriff auf die Stadt und die Hafeneinfahrt von Swinemünde erlebten wir am 29. April. Als ein Tank auf der Stadtseite getroffen war und anfing zu qualmen, konzentrierte sich das gegnerische Feuer auf die Rauchsäule. Ohne weitere Befehle abzuwarten, nutzten wir diese Gelegenheit aus und verließen Swinemünde. An Bord befanden sich noch etwa 50 Flüchtlinge.

Um den Fliegerangriffen und der Minengefahr auf dem westwärts verlaufenden Zwangsweg (Weg: Swinemünde-Arkona) auszuweichen liefen wir nach Passieren der Ansteuerungstonne erst nach Nordosten bis in Höhe von Rügenwalde, drehten nach Norden, umrundeten die Insel Bornholm und fuhren innerhalb der schwedischen Hoheitsgewässer nach Westen. In Höhe von Trelleborg steuerten wir die im Südwesten befindliche Kadettrinne an und erreichten am 2. Mai die Reede von Warnemünde. Noch am Nachmittag des gleichen Tages beabsichtigten wir, in unseren Heimathafen Rostock einzulaufen. Doch daraus sollte nichts werden. Als wir die Hafeneinfahrt von Warnemünde ansteuerten, konnten wir bei der Westmole einen russischen Panzer ausmachen. Wir liefen trotzdem weiter, setzten aber vorsichtshalber eine weiße Flagge im Topp. Wider Erwarten erhielten wir Panzerbeschuß und drehten nun doch ab. Daraufhin entschloß sich Kapitän Niemann, Travemünde anzusteuern.

Mit der sprichwörtlich letzten Kohle im Bunker liefen wir in den frühen Morgenstunden des 3. Mai 1945 gegen 07.00 Uhr unbehelligt in Travemünde ein und machten auf der Stadtseite, südlich der Fähre fest. Während die Flüchtlinge von Bord gingen, erhielten wir Besuch von einem Stabsoffizier, der von einem längsseits gekommenen Schnellboot an Bord kam. Er informierte uns über die Frontlage und wies an, mit nach Dänemark auszulaufen. Da dieses aufgrund der fehlenden Kohlen unmöglich war, brachte ein Sprengkommando im Maschinenraum zwei Sprengladungen an und Kapitän Niemann erhielt den Befehl, nach dem Ablaufen des Schnellbootes das Schiff in die Mitte der Trave zu bugsieren und als Blockschiff zu versenken. So wie es uns mitgeteilt wurde, war das Schnellboot das letzte Schiff der Marine. Als es außer Sicht war haben wir die Sprengsätze und die Waffen demontiert und diese gemeinsam mit der Munition über Bord geworfen. Anschließend setzten wir die weiße Flagge im Topp und warteten darauf, was weiter passiert.

Ab den Mittagsstunden beobachteten wir Jabo-Überflüge, ohne daß sie Travemünde oder uns angriffen. Gegen 14.00 Uhr besetzten britische Panzer und Infanterie Travemünde.

Erst am 4. Mai kam ein britisches Durchsuchungskommando an Bord und requirierte als erstes unsere Ferngläser und andere Gegenstände. Leider fanden sie in den Räumen wo die Flüchtlinge untergebracht gewesen waren unter dem Stroh fünf Munitionsgurte. Zum Glück konnte ich mich mit dem verantwortlichen Offizier in Englisch unterhalten und so den sich anbahnenden Ärger abwenden.

Danach ließ man uns bis zum 22. Mai in Ruhe. An diesem Tag traf ein Schlepper ein und verholte uns traveaufwärts nach Lübeck.«

Die britischen Fliegerangriffe auf die im Seegebiet der westlichen Ostsee befindlichen Schiffe und Boote am 3. Mai 1945

In den frühen Morgenstunden des 3. Mai 1945 gab das Hauptquartier der 2. Taktischen Luftflotte der RAF in Süchteln den Einsatzbefehl für die Gruppe 83 mit 14 Staffeln, 6 Staffeln der Gruppe 84 sowie Einheiten des Küstenkommandos und der 9. Luftflotte, für insgesamt 200 Flugzeuge.

Um 12.00 Uhr begannen diese Kräfte der britischen Luftwaffe mit ihrer Offensive gegen die auf See befindlichen Schiffe und Boote in der westlichen Ostsee. Die Gesamtbilanz dieses Tages verzeichnet 23 versenkte und 115 beschädigte Schiffe. Bis heute ist nicht bekannt, wieviele Menschen noch in den letzten Stunden des Krieges an diesem Abschnitt der Front sterben mußten. Es waren nicht nur die zahlreichen Opfer von KZ-Häftlingen aus 24 Nationen, die sich an Bord auf den in der Neustädter Bucht liegenden Schiffen befanden, zu beklagen, sondern auch viele Flüchtlinge und deutsche Soldaten.

Der Jagdbomber »Typhoon« I B waren mit vier 20-mm-Kanonen und acht 76-mm-Raketen bewaffnet.

Britischer Jagdbomber Hawker »Typhoon« der Baureihe I B, von der rund 3.330 gebaut wurden.

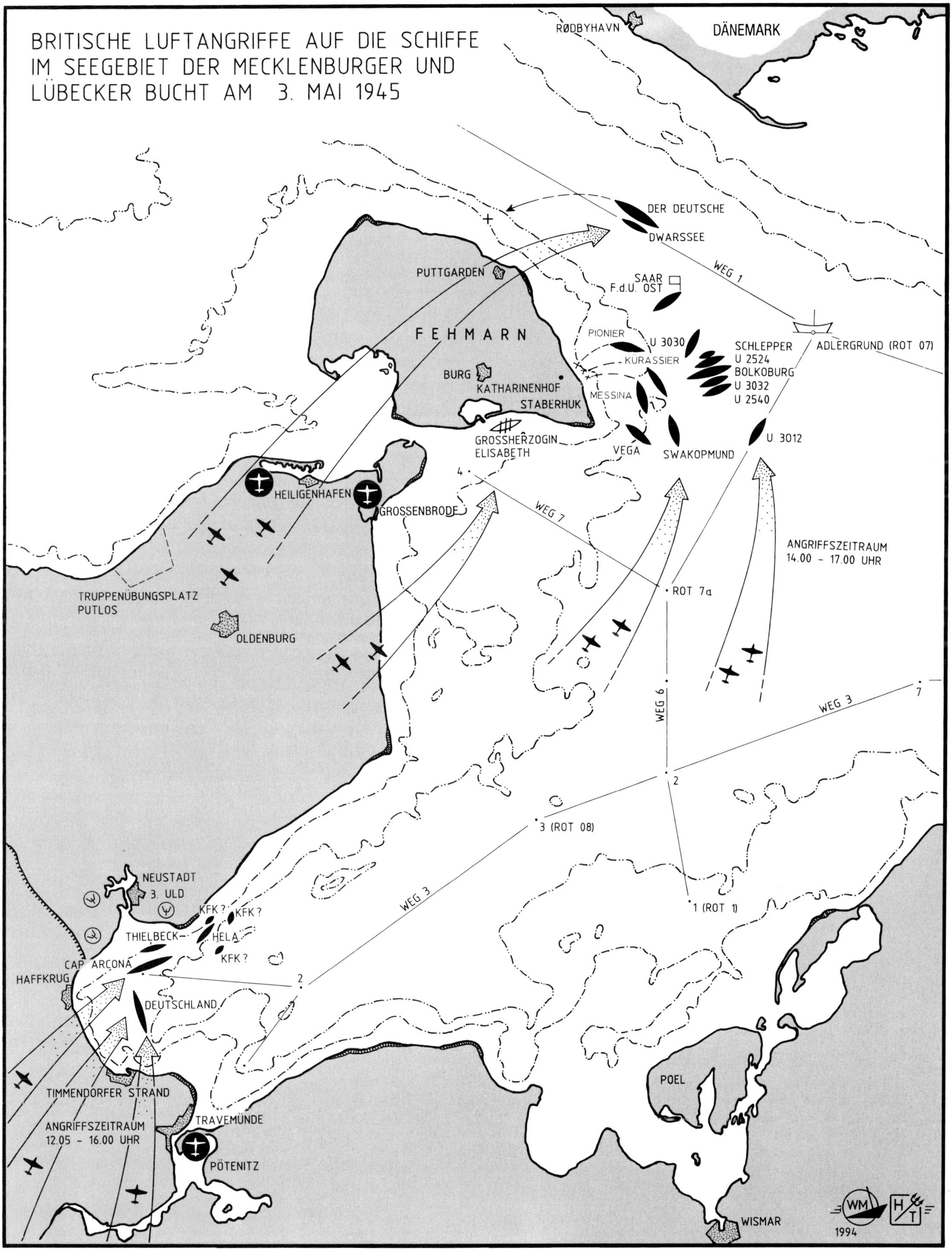
BRITISCHE LUFTANGRIFFE AUF DIE SCHIFFE IM SEEGEBIET DER MECKLENBURGER UND LÜBECKER BUCHT AM 3. MAI 1945
RØDBYHAVN
DÄNEMARK
DER DEUTSCHE
DWARSSEE
WEG 1
PUTTGARDEN
SAAR
F.d.U. OST
FEHMARN
PIONIER
U 3030
KÜRASSIER
SCHLEPPER
U 2524
BOLKOBURG
U 3032
U 2540
ADLERGRUND (ROT 07)
BURG
KATHARINENHOF
STABERHUK
MESSINA
GROSSHERZOGIN ELISABETH
VEGA
SWAKOPMUND
U 3012
HEILIGENHAFEN
GROSSENBRODE
WEG 7
ANGRIFFSZEITRAUM 14.00 - 17.00 UHR
TRUPPENÜBUNGSPLATZ PUTLOS
ROT 7a
OLDENBURG
WEG 6
WEG 3
2
3 (ROT 08)
1 (ROT 1)
NEUSTADT
3. ULD
KFK ?
KFK ?
THIELBECK
HELA
KFK ?
CAP ARCONA
HAFFKRUG
DEUTSCHLAND
TIMMENDORFER STRAND
ANGRIFFSZEITRAUM 12.05 - 16.00 UHR
TRAVEMÜNDE
PÖTENITZ
POEL
WISMAR
1994

Das Inferno in der Neustädter Bucht

Es ist der 3. Mai 1945. 44 Stunden bevor die deutschen Truppen im Nordraum gegenüber den britischen Einheiten kapitulierten, ereignete sich eine der erschütterndsten Katastrophen in der Geschichte der Schiffahrt.

Geschunden, gequält, oftmals gemeuchelt – das war der jahrelange Leidensweg von ungezählten Menschen aus vielen Ländern Europas in den von den Nationalsozialisten errichteten KZ-Lagern. Tausende Häftlinge fanden noch in den letzten Wochen des Krieges, als die Freiheit schon greifbar nahe war, in diesen Lagern den Tod oder kamen auf den Evakuierungstransporten oder -märschen ums Leben. Doch von unvergeßlicher Grausamkeit und Ironie des Schicksals war für ca. 10000 Häftlinge der 3. Mai 1945.

Eine als schwimmendes Konzentrationslager eingerichtete Flotte, beladen mit ca. 10000 Häftlingen des KZ Neuengamme, lag in der Neustädter Bucht vor Anker. Weitere Überwasserschiffe und U-Boote der Kriegsmarine vervollständigten die Konzentration von Schiffen in diesem Seegebiet. Für alle völlig unerwartet flogen am 3. Mai, mittags um 12.05 Uhr, britische Jagdbomber vom Typ »Typhoon« an. In vier zeitlich versetzten Angriffen werden mit Bomben und Raketen die auf Reede vor Anker liegenden Schiffe, darunter die *Cap Arcona, Deutschland* und *Thielbek* sowie die im Hafen von Neustadt liegende *Athen* angegriffen. Anschließend werden im Tiefflug unter Einsatz der Bordwaffen die auf den brennenden Schiffen und im Wasser um ihr Leben kämpfenden Menschen beschossen. Nicht verschont bleiben jene Menschen, die sich am Strand, im Hafen und auf den Straßen von Neustadt befinden.

So finden in dieser letzten Phase des Krieges etwa 7250 Häftlinge unterschiedlicher Nationalität, auf ihre Befreiung hoffend, und etwa 750 Angehörige der Schiffsbesatzungen und Wachmannschaften einen sinnlosen Tod. Es ist noch keine Stunde nach dem letzten Fliegerangriff vergangen, als eine britische Panzereinheit unter Captain Pratt (zwischen 16.30 bis 17.00 Uhr) kampflos in Neustadt einrückt.

Wertet man das bisher veröffentlichte Schriftgut zum Untergang der drei genannten Schiffe aus und reiht Fakten an Fakten, so kann davon ausgegangen werden, daß die Entscheidung vom 19. April 1945 über die Nutzung von Schiffen zur vorübergehenden Aufnahme von KZ-Häftlingen einerseits, und formales Entscheiden seitens des britischen Generalstabes auf der anderen Seite, die Ursache für die Tragödie sind.

Die militärische Lage an der Westfront zum Zeitpunkt des 19. April war besonders dadurch gekennzeichnet, daß die

Das Flaggschiff der Hamburg-Süd, die *Cap Arcona*, als Wohnschiff im Einsatz bei der Kriegsmarine.

Bericht des II. Offz. vom Dampfer *Thielbek* zum Fliegerangriff am 3. Mai 1945.

B e r i c h t .

D. " Thielbek " verließ am 2.5.1945 auf Anordnung der K.M.D. den Hafen von Lübeck und ankerte in der Neustädter Bucht, ca. 1,5 sml von der nächsten Landspitze (Pelzerhaken Leuchtfeuer) auf 18 mtr. Wassertiefe. Am 3.5. um 14.30 Uhr wurde das Schiff von etwa 9 Jagdbombern mit Bomben und Bordwaffen angegriffen. D. " Thielbek " erhielt mehrere Treffer, zum Teil unterhalb der Wasserlinie, wodurch das Schiff sofort Bb. Schlagseite einnahm. Die Mittschiffsaufbauten der Bb.-Seite waren besonders stark von Geschossen beschädigt, beide Rettungsboote sowie der größte Teil der Flöße unbrauchbar geworden. Es ist anzunehmen, daß ein großer Teil der Besatzung, welcher sich im Bb.-Betriebsgang befand, getötet, bezw. verletzt wurde. 15 Minuten nach Beginn des Angriffs kenterte das Schiff und sank.

Meine persönlichen Warnehmungen über den Verbleib der Besatzungsmitglieder:

Auf dem Bootsdeck befanden sich nach dem Angriff Kapt. Jacobsen, I. Ing. Lau, III.Offz. Schotmann, Stew. Noack, Jungmann Röder und Junge Hofer. Außer Herrn Lau hatten sämtliche Besatzungsmitglieder Schwimmwesten angelegt. Bootsmann Kluger wurde von mir im Wasser gesehen, ebenfalls mit angelegter Schwimmweste. I. Offz. Andresen wurde von Matrose Harms gesehen wie er vom Schiff wegschwamm. Als ich zusammen mit III.Offz. Schotmann kurz vor Kentern des Schiffes von Bord ging, befanden sich nur noch Kapt. Jacobsen und I. Ing. Lau auf dem Bootsdeck. III.Offz. Schotmann und ich wurden nach etwa 45 Minuten von einem Kutter der Kriegsmarine aufgenommen und in Pelzerhaken an Land gebracht. Dort trafen wir die Besatzungsmitglieder, Matr. Harms, Barsuhn und Mey. Da sich noch andere Fahrzeuge an der Rettungsaktion beteiligten, besteht die Möglichkeit, daß von ihnen noch weitere Besatzungsmitglieder aufgenommen wurden.

Kesselwärter De Bot befand sich zur Zeit des Angriffs in Neustadt.

Hamburg, den 12. Mai 1945

W. Fetzner
....
II. Offz. D."Thielbek"

Einnahme der Stadt Hamburg durch britische Truppen unmittelbar bevorstand.

Gauleiter Karl Kaufmann, er war gleichzeitig Reichsstatthalter von Hamburg sowie Reichsverteidigungskommissar und Reichskommissar für die Seeschiffahrt »Reikosee«, wollte Hamburg kampflos übergeben. Aus diesem Grunde war vorgesehen, das südöstlich von Hamburg gelegene KZ Neuengamme zu evakuieren. In dieser letzten Phase des Krieges unterstellte der Chef des Reichssicherheitshauptamts, Kaltenbrunner, im Einverständnis mit

Himmler, den örtlichen Höheren SS- und Polizeiführern die KZ-Lager direkt. Damit übertrug er gleichzeitig die Verantwortung der Evakuierung bzw. Liquidierung der im lokalen Verantwortungsbereich befindlichen Lager (siehe Nürnberger Prozeß).
Den für das KZ Neuengamme zutreffenden Befehl nahm der Höhere SS- und Polizeiführer von Hamburg, Graf Bassewitz-Behr, entgegen.
Anfang April befanden sich nachweislich 12.536 männliche Häftlinge im KZ Neuengamme .
Auf einer Arbeitsberatung am 19. April in der Dienststelle des »Reikosee« über die notwendige Evakuierung des KZ Neuengamme, wurde, da man nicht wußte, wo man mit den Häftlingen hin konnte, der Vorschlag unterbreitet, diese auf Schiffen unterzubringen. Hierzu bot sich die Gelegenheit an, die in der Neustädter Bucht vor Anker liegenden großen Passagierschiffe *Cap Arcona* und *Deutschland* sowie die im Lübecker Industriehafen liegenden Frachtschiffe *Thielbek, Athen, Elmenhorst* und *Ottersberg* zu nutzen.
Mit diesem Vorschlag war das Problem betreffs der Unterbringung der Häftlinge vorerst gelöst und so ging noch am 19. April der Evakuierungsbefehl an den Lagerkommandanten Max Pauly. Mittels Bahntransporten wurden die Häftlinge zum Lübecker Industriehafen transportiert, so daß die ersten Häftlinge bereits am 19. April dort eintrafen. Diese Transporte dauerten dann bis zum 26. April 1945.

Ohne Abstimmung mit der Seekriegsleitung werden am 20. April durch die SS die Häftlinge an Bord der in Reparatur liegenden Schiffe *Thielbek* und *Athen* getrieben. Hierbei war die *Athen* als Zubringerschiff für die auf der Neustädter Reede liegenden Schiffe vorgesehen. Bereits bei der ersten Übergabe von Häftlingen an die *Cap Arcona* verweigerte ihr Kapitän Heinrich Bertram die Übernahme. Es kam zur Verzögerung bei der Einschiffung der laufend in Lübeck eintreffenden Häftlingstransporte. Erst mit dem Eingreifen des »Reikosee« am 23. April erfolgte die offizielle Übernahme der Schiffe *Cap Arcona, Deutschland, Thielbek* und *Athen* von der Schiffahrtsabteilung der Seekriegsleitung (Skl.) durch die Dienststelle des »Reikosee« zum Zwecke der Häftlingsunterbringung. Seitens der Schiffahrtsabteilung gab es keinen triftigen Grund für die Ablehnung, da der technische Zustand sowie das Fehlen von Brennstoffen einen weiteren Einsatz als Flüchtlingstransportschiffe ausschloß.
Der Schiffsbestand der sogenannten Häftlingsflottille war damit festgelegt. Das Kommando wurde dem SS-Obersturmbannführer Hoppe übertragen. Hoppe war der ehemalige Kommandant des KZ Stutthof.

Dampffrachtschiff *Thielbek* der Reederei Knöhr & Buchard Nachf., Hamburg im Kriegseinsatz.

Schiffsname	Kapitän	Größe (BRT)	L(m)	B(m)	T(m)
Cap Arcona	Heinrich Bertram	27 561	205,90	25,78	8,67
Deutschland	Carl Steinke	21 046	206,30	24,00	12,80
Thielbek	John Jacobsen	2 815	98,00	14,60	5,70
Athen	Nobmann	4 450	122,50	17,00	7,00

Technischer Zustand der Schiffe:

Cap Arcona: – Maschinenanlage bedingt klar.
– Brennstoffmenge gering.

Deutschland: – Maschinenanlage defekt.

Brandentwicklung auf der *Cap Arcona* und der *Thielbek* (im Vordergrund) nach dem ersten Angriff.

– Umbau zu einem stationären Lazarettschiff vorgesehen.

Thielbek: – Fahruntüchtig.
– Zur Behebung von Bombenschäden in der Werft.

Athen: – Werftaufenthalt.
– Reparaturabbruch am 20. April.

In Anbetracht des unaufhaltsamen Vormarsches der Armeen der 1. und 2. Belorussischen Front gab es weitere Evakuierungen von Häftlingen aus im Osten liegenden KZ-Lagern in Richtung Lübeck:

24.04. An diesem Tag vereinigen sich die Häftlingskolonnen aus dem KZ Sachsenhausen mit denen aus dem KZ Ravensbrück in den Wäldern von Below, nördlich von Wittstock. Der Marsch wird am 29. April fortgesetzt. Kurz vor den Toren Schwerins, in der Ortschaft Raben-Steinfeld, werden sie am 2. Mai von sowjetischen Vorauseinheiten befreit.

25.04. Die letzten Häftlinge des weit im Osten liegenden KZ Stutthof werden evakuiert. Vom Hinterland abgeschnitten, läßt die militärische Lage nur noch einen Seetransport zu.
Am 29. April werden ca. 4 500 Häftlinge eingeschifft und vorerst nach Hela gebracht. Von hier aus geht der Transport mit drei offenen Lastkähnen und einer Schute im Schlepp über die Ostsee nach Westen.
Schlepper: *Bussard* und *Adler*
Lastkähne: *Vaterland, Wolfgang* und *Annemarie*
Schute: unbekannt
Der Lastkahn *Annemarie* und die Schute gehen vor der Küste Rügens verloren. Der Schleppverband erreicht am 2. Mai die Neustädter Bucht mit nur noch gut 1 000 Häftlingen.

27.04. Evakuierung der Frauen aus dem Außenlager Neubrandenburg und des KZ Ravensbrück. Die vorderste Häftlingskolonne wird am 3. Mai in der Ortschaft Siggelkow von Sowjetruppen befreit.

29.04. 18.25 Uhr. Gespräch zwischen General Dethleffsen und General von Trotha im Generalstab des Heeres. Auszug aus einer Aktennotitz:
»3. Ostarbeiter sind in ihren Lagern zurückzulassen. Gefangene Engländer, Amerikaner und Franzosen sind unter allen Umständen mitzunehmen und nach Möglichkeit auf der Insel Bornholm zusammenzufassen. Über den Verbleib der Insassen

Das schwedische Frachtschiff *Lillie Mathiesen*, 1945 eingesetzt als Lazarettschiff des schwedischen Roten Kreuzes.

der KZ wird noch entschieden. Die leichten Fälle wurden bereits entlassen.«

30.04. Das KZ Barth, ein Außenlager des KZ Ravensbrück, wird evakuiert und nach Westen in Marsch gesetzt. An diesem Tag hält sich Himmler in Barth auf. Das sich ebenfalls nahe der Stadt befindliche Kriegsgefangenenlager »Stalag Luft I«, in dem sich 7500 amerikanische und 1500 britische Soldaten und Offiziere befanden, wird nicht evakuiert.

01.05. Die 11. britische Panzerdivision dringt bis an die Stadtgrenze von Lübeck vor.

01.05. Der fahruntüchtige Frachter *Thielbek* wird entgegen dem Einwand des Kapitäns auf Anweisung des Lübecker Polizeipräsidenten mit etwa 3000 Häftlingen an Bord in die Neustädter Bucht geschleppt.

01.05. Die schwedischen Lazarettschiffe *Magdalene* und *Lilli Matthissen* übernehmen 800 Häftlinge, vorwiegend Franzosen, und laufen nach Malmö ab.

02.05. Großadmiral Dönitz, als neuer Reichspräsident, verlegt sein Hauptquartier von Plön nach Flensburg/Mürwik.

Die Gedenkstätte mit dem *Cap Arcona*-Stein auf dem Tannenberg in Grevesmühlen.
Hier ruhen 400 angeschwemmte Opfer des Bombardements vom 3. Mai 1945 in der Lübecker Bucht.

02.05. Britische und sowjetische Einheiten treffen sich östlich von Wismar. Der Nordraum ist somit abgeschnitten.
02.05. Die Stadt Lübeck wird kampflos übergeben.
03.05. Am Morgen erteilt Dönitz den Befehl, den Kaiser-Wilhelm-Kanal zur letzten Widerstandslinie gegen die von Süden heranrückenden britischen Verbände zu halten.
03.05. Britische Einheiten stehen vor Neustadt.
Die RAF fliegt verstärkt Aufklärung in Vorbereitung ihrer letzten geplanten Offensive.
Die zu einem »schwimmenden KZ« verurteilten Schiffe liegen gut sichtbar in der Neustädter Bucht vor Anker.

Trotz der in den bisherigen Veröffentlichungen unterschiedlich angegebenen Belegungsstärken der Schiffe muß davon ausgegangen werden, daß zum Zeitpunkt des britischen Fliegerangriffs ca. 11 000 Menschen an Bord waren.
Gegen 12.00 Uhr erhält der Kapitän des Frachters *Athen* über Funk vom Wehrmachtskommandanten von Neustadt den Befehl, in den Hafen einzulaufen und weitere Häftlinge zu übernehmen.
Die Operation der RAF gegen das der deutschen Kriegsmarine noch verbliebene Schiffspotential lief unter der Bezeichnung »Operations Record Books«.

Den Einsatzbefehl für das Seegebiet der Lübecker Bucht erhielt die 84. Gruppe der RAF.

Flugplatz	Entf. z. Ziel (km)	Staffel	Staffelkapitän	Angriffszeit	Ziel
Hastede	200	184.	D.L. Stevenson	12.05	*Deutschland*
Ahlborn	210	263.	M.T.S. Rumbold	12.12	ohne Erfolg
Plattlüne	300	198.	I. Baldwin	14.30	*Cap Arcona, Thielbek, Athen*
Ahlborn	210	263.	M.T.S. Rumbold	15.55	*Deutschland*
Celle	170	197.	K.J. Harding	16.00	*Deutschland*

Frau Charlotte Zippel, als Flüchtling an Bord des Flottentenders *Hela*, berichtet: »Am 3. Mai 1945 trafen wir gegen Mittag, von Swinemünde kommend, vor Neustadt ein und gingen vor Anker. Ein Motorboot wurde zu Wasser gelassen und lief mit Besatzungsangehörigen der *Hela* nach Neustadt ab. Das Motorboot ist nicht wiedergekommen. Ich befand mich an Oberdeck, als plötzlich Alarm gegeben wurde und die Flak das Feuer eröffnete. Flugzeuge griffen uns an. Wir sahen, wie eines der südlich von uns liegenden Schiffe anfing zu brennen. Alles schimpfte, wir kamen nicht zur Ruhe, da weitere Angriffe folgten. Die anderen Schiffe brannten jetzt auch und ein Schiff kenterte. Nach dem Angriff sahen wir unzählige Leichen im Wasser treiben. Wir lagen noch zwei Tage vor Anker, bevor wir dann nach Korsör abliefen (Anm.: Die *Hela* traf am 8. Mai 1945 dort ein – d. Verf.). Hier internierte man die Zivilisten. Für mich dauerte die Internierung im Auffanglager Oxbüll auf der Insel Alsen zwei Jahre.
An Bord der *Hela* waren auch:
Otto Litskowy, Neuhof
Hans Schnatendorf, Osternothafen
Edith Klug, Ahlbeck
Franz von Schmude, Swinemünde.
Selbst stamme ich aus der Ortschaft Pudagla von der Insel Usedom.«
Nachdem der letzte Angriff vorüber war, drangen britische Panzer um 16.30 Uhr aus ihren Ausgangsstellungen südlich der Stadtgrenze vor und trafen um 17.00 Uhr auf dem Marktplatz von Neustadt ein. Die Stadt wurde kampflos übergeben. Den britischen Truppen, den befreiten Häftlingen und der Bevölkerung von Neustadt wurde erst jetzt das Ausmaß der Tragödie offenbar. Das, was die NS-Führung vielleicht vorgehabt hatte, wozu ihr im Chaos der letzten Kriegsstunden nicht mehr die nötige Zeit blieb, hatte die britische Luftwaffe ungewollt vollzogen. Das Ergebnis war erschütternd:

Schiffsname	Schaden	Belegung	gerettete Häftlinge
Cap Arcona	– ausgebrannt, gekentert	4 717	350
Deutschland	– ausgebrannt, gekentert	0	–
Thielbek	– brennend gekentert	<2 800	50

Von den in Neustadt gelandeten Stutthof-Häftlingen überlebten 700. Von den Schiffsbesatzungen und Wachmannschaften konnten sich ca. 200 retten bzw. wurden gerettet. Ausgehend von den ca. 11 000 an Bord der vier Schiffe befindlichen Menschen fanden ca. 8 000 den Tod. Das ist das grausige Ergebnis des Angriffes der 84. Gruppe der 2. Taktischen Luftflotte der RAF auf die in der Neustädter Bucht und im Hafen liegenden Schiffe.
In den nachfolgenden Tagen schwemmte die See die in der Lübecker Bucht treibenden Leichen an den Strand von Bliesendorf über Pelzerhaken, Timmendorfer Strand, Barendorf bis hin zu der im Osten liegenden Insel Poel an. Bis Anfang 1950 waren 3 484 Opfer beigesetzt worden, doch bis in die siebziger Jahre kam es immer wieder an der Küste zu Funden von menschlichen Überresten.

Das Passagierschiff *Deutschland* der Hamburger Reederei Hapag war bis Ende 1944 als Wohnschiff bei der 23. U-Fl. im Einsatz.

Besonders bei der Bergung der *Thielbek* konnten im Februar 1951 weiter 13, in Fettwachs übergegangene, Leichen und 175 Schädel geborgen werden. Aus der nicht mehr bergungswürdigen *Cap Arcona* wurde vor der Sprengung ein Teil der Leichen geborgen, d.h. ausgetaucht.

Karl Witt, ehemaliger Bergungstaucher, berichtet über seinen Einsatz am Wrack der *Cap Arcona*:

»Als ehemaliger Unteroffizier der Luftwaffe erhielt ich noch Anfang 1945 meine Tauchergrundausbildung bei Nikolei Freyenhagen in Travemünde und anschließend in Plön die Ausbildung als Bergungstaucher. Als ich im Mai 1946 aus amerikanischer Gefangenschaft entlassen wurde, ging ich nach Travemünde und fing bei Freyenhagen auf dem provisorischen Taucherschiff *LU 38* als Taucher an. Unsere Aufgabe bestand in der Bergung von Leichen und Ausrüstungsgegenständen, wie Silberbestecke und Porzellan, vom Wrack der *Cap Arcona*.

Acht Tage habe ich das Leichenaustauchen durchgehalten. Die sterblichen Überreste, die wir geborgen haben, wurden an Land gebracht und in Neustadt beigesetzt. Es war die unangenehmste Arbeit, die ich je als Taucher, auch in meiner späteren Tätigkeit als Bergungstaucher, durchführen mußte. Diese Einsätze werde ich nie in meinem Leben vergessen.«

EPILOG

Zur Mahnung und in Erinnerung an diese Tragödie wurden in den Ortschaften Pelzerhaken, Haffkrug, Timmendorfer Strand, Grevesmühlen und auf der Insel Poel bei Kirchdorf (Schwarzer Busch) Ehrenfriedhöfe eingerichtet. Im ehemaligen KZ Neuengamme sowie in anderen Staaten Europas errichtete man Ehrenmale im Gedenken an die Opfer aus 24 Nationen.

Die Hölle vor Staberhuk

Es ist Sonnabend der 1. Dezember 1990, als man in der Lübecker Tageszeitung die »Lübecker Nachrichten« lesen kann: »Grausiger Fund am Strand – Rentner fand bei Meeschendorf Überreste von vier Menschen.«
Der Rentner W. Benno, aus Burg auf der Insel Fehmarn, fand auf seinem Spaziergang am Strand der Ostsee, in Höhe des Sahrendorfer Binnensees, die sterblichen Überreste von Soldaten. Neben den Skeletteilen fand er Uniformbekleidung, einen Stahlhelm und Munition. Nach der Bergung aller Fundgegenstände und der gerichtsmedizinischen Untersuchung ergab das Gutachten, daß es sich um die sterblichen Überreste von insgesamt sechs Personen handelt, von denen aber nur zwei Personen über die bei den Toten aufgefundenen Erkennungsmarken identifiziert werden konnten. Im einzelnen sind das:

a) Obermaschinist
Gerhard Hetzer – Erkennungsmarke: UN 1229/35T
– geb. am 22. November 1914 in Großdalzig
– letztes Kmdo.: ab 22. November 1944 4. U-Fl., U 3013

b) Mtr.Ob.Gefr.
Werner Twistel – Erkennungsmarke: NO 52961/42
– geb. am 30. Juli 1924 in Schildesche
– letztes Kmdo.: 25. U-Fl.

Nachdem die sterblichen Überreste von der Staatsanwaltschaft freigegeben worden waren, erfolgte am 03. September 1991 die feierliche Beisetzung auf dem Soldatenfriedhof in Burg auf Fehmarn.
Was war hier in den letzten Tagen des Krieges geschehen?
Nach Mitteilung des damaligen Marinepfarrers Hans Martin Schlemm vom Januar 1946, wurden die Leichen der Marineangehörigen Hetzer und Twistel und weiterer drei Soldaten am 29. Juni 1945 am Südstrand der Insel Fehmarn bei Burgtief am Strand aufgefunden und unverzüglich an Ort und Stelle beigesetzt. Sie sollen an Bord des Dampfers *Bolkoburg* gewesen sein, der als Zielschiff der 26. U-Fl. am 5. Mai 1945 durch Fliegerbomben zum Sinken gebracht worden ist (Anm.: Es war der 3. Mai 1945 – d. Verf.).
Heute, nach fast 50 Jahren, versuchen wir, auf der Grundlage von Augenzeugenaussagen die damaligen dramatischen Ereignisse zu rekonstruieren.

Es war der 3. Mai 1945, als die britische Luftwaffe zum letzten großen Angriff gegen die in See befindlichen deutschen Schiffe und Boote startete.
An diesem Tag kam es östlich der Insel Fehmarn zu einer Ansammlung von etwa 25 Schiffen, vorwiegend zur U-Bootwaffe gehörend, die teilweise vor Anker lagen oder aber auf und ab standen.
Diese Ansammlung läßt sich mit der Anwesenheit des F.d.U. Ost auf *Saar*, des Flo.Chefs der 24. U-Fl. an Bord der *Vega* und des Flo.Chefs der 25. U-Fl. an Bord der *Messina* erklären.
Nach Aussage von K.Kapt. Schulz wurden ihm kurz nach dem 30. April (vermutlich am 1. Mai) sämtliche U-Bootausbildungsflottillen in der östlichen Ostsee durch Kapt.z.S. Schütze, F.d.U. Ausbildung, unterstellt. Kapt.z.S. Schütze mußte ein neues Kommando übernehmen.
Es war beabsichtigt, die letzten U-Boote im Verantwortungsbereich der 25. U-Fl. noch zu versenken und die *Bol-*

MS Bolkoburg, Hilfszielschiff der 26. U-Fl.

MS *Vega*, Zielschiff der 25. U-Fl. (Aufnahme von 1938).

12. Februar 1945, Indienststellung von *U 3032* in Bremen bei der Werft Deschimag A.G. Weser. Erinnerungsfoto von einem Teil der Besatzung mit ihrem Kommandanten Oblt.z.S. Horst Slevogt (in der Mitte der Schärpenträger).

Segelschulschiff *Großherzogin Elisabeth* der Deutschen Seemannsschule Hamburg.

koburg, die nordöstlich vor Staberhuk vor Anker gegangen war, sollte die Besatzungen der noch eingetroffenen U-Boote *U 2524, U 2540, U 3030* und *U 3032* aufnehmen. Nach bisherigen Ermittlungen standen im Seegebiet:

U-Boot-Begleitschiff	*Saar*
U-Boot-Begleitschiff	*Messina*
U-Boot-Begleitschiff	*Otto Wünsche*
U-Boot-Tender	*Weichsel*
Zielschiff	*Vega* (*)
Zielschiff	*Kürassier*
Zielschiff	*Pionier*
Hilfszielschiff	*Swakopmund*
Hilfszielschiff	*Bolkoburg*
Torpedoboot	*Löwe*
Torpedoboot	...
Torpedofangboot	...
Torpedofangboot	...
Schlepper	*Stör*
Kriegsfischkutter	...
U-Boot	*U 2524*
U-Boot	*U 2540*
U-Boot	*U 2538*
U-Boot	*U 3012*
U-Boot	*U 3030*
U-Boot	*U 3032*

(*) Hinweis zum Zielschiff *Vega*:
Das M/S *Vega* wurde nach der Besetzung Norwegens durch die deutsche Kriegsmarine beschlagnahmt. In vielen Veröffentlichungen wird von einer Namensänderung in *Wega* ausgegangen. Entsprechend einer geheimen Kommandosache zur Gliederung der Unterseebootwaffe, mit Stand 1. August 1944, wird das Zielschiff aber immer noch als *Vega* geführt.

In seinem Buch »Über dem nassen Abgrund« geht Ritterkreuzträger K.Kapt.a.D. Wilhelm Schulz auf S. 202 bis 219 auf sein letztes Kommando als Chef der 25. U-Fl. ein. Er berichtet:
Mitte April 1945 »... erfolgte dann meine Kommandierung zum Chef der 25. U-Flottille, die aus Libau kommend, nach Travemünde verlegt worden war. Als Wohnschiff und zur Unterbringung des Flottillenstabs diente mir *Wega* ...«
Aufgrund der besseren Manövrierfähigkeit machte er dann die *Messina* zu seinem Führerschiff, wo auch alle Geheimdokumente von den U-Booten und den Überwasserschiffen deponiert wurden. Für die Zeit unmittelbar nach Hitlers Tod am 30. April schreibt Schulz:
»Mir selbst wurden sämtliche U-Boot-Ausbildungsflottillen, die in der östlichen Ostsee lagen, unterstellt, so daß ich praktisch den gesamten Verband des Führers der Unterseeboote Ausbildung zu betreuen hatte.«
Er fährt dann fort:
»Am 2. Mai erhielt ich die Meldung, daß die englischen Panzer acht Kilometer vor Lübeck ständen. Daraufhin gab ich das verabredete Signal, sämtliche nicht fahrbereiten Unterseeboote auf den befohlenen Plätzen zu versenken. Am 3. Mai um 05.00 Uhr morgens verließ unser gesamter Verband Travemünde mit Kurs Nord.«
Die *Messina, Vega, Kürassier, Pionier* und *Swakopmund* hatten den Hafen von Travemünde verlassen und nur noch die *Bolkoburg* lag auslaufklar im Hafen, um die letzten Nachzügler aufzunehmen. Wenig später verläßt auch sie den schützenden Hafen. Auf der Reede Travemünde wird kurz aufgestoppt, um weitere Versenkungskomman-

dos an Bord zu nehmen. Somit befinden sich an Bord etliche dieser Kommandos, die ihre U-Boote befehlsgemäß auf der Travemünder Reede versenkt hatten.
Gegen 14.00 Uhr begannen die konzentrierten britischen Fliegerangriffe auf die in der westlichen Ostsee und auch auf die bei der Insel Fehmarn liegenden Schiffe. Trotz Abwehr einzelner Schiffe wird das in Fahrt befindliche U-Boot *U 3012* getroffen und vernichtet. Die Besatzung wird gerettet und an Bord der *Bolkoburg* gebracht. Bei einem weiteren Angriff wird die *Bolkoburg* getroffen und schwer beschädigt. In dieser Situation und in Erwartung weiterer Fliegerangriffe befiehlt K.Kapt. Schulz die Dislozierung der Schiffe. *Vega, Swakopmund* und *Bolkoburg* werden zur Südostküste von Fehmarn beordert, während er *Messina, Kürassier* und *Pionier* mit geringster Fahrt an der Nordostküste von Fehmarn auf den Strand setzen läßt (Anm.: Die Schiffe *Messina, Kürassier* und *Pionier* wurden bereits in der Zeit vom 19. bis 21. Mai wieder abgeborgen und nach Kiel geschleppt. Sie waren nicht in Wracklage gekommen – d. Verf.). Danach erteilte er den Befehl, die Schiffe außer Dienst zu stellen und die Besatzungen an Land in Sicherheit zu bringen.

Über das Geschehen im Seegebiet vor dem Leuchtfeuer Staberhuk am 3. Mai 1945 berichten ehemalige Besatzungsmitglieder der dort befindlichen Schiffe:
Ernst Thöing, ehemaliger Torpedo-Ob.Mech.Mt. und Angehöriger des Versenkungskommandos von *U 3522*, erläutert:
»Nachdem wir unser Boot am 2. Mai versenkt hatten, wurden wir mit einer Barkasse zur *Bolkoburg* gebracht und dort einquartiert. Als ich am anderen Morgen das Oberdeck betrat, stellte ich fest, daß die *Vega* und *Swakopmund* Travemünde verlassen hatten. Kurz darauf verließ auch die *Bolkoburg* Travemünde. Als wir gegen Mittag die Insel Fehmarn erreichten, beobachteten wir laufende Jaboangriffe. Vor uns eine große Ansammlung von Schiffen, bei denen sich auch die *Swakopmund* und die *Vega* befanden. Wir sahen, wie beide Schiffe von Bomben getroffen wurden und brannten. Als wir das beobachteten, sagten wir: ›Jetzt wäre der Restbestand an Schnaps und Kaffee, wenn wir den abgegeben hätten, verbrannt.‹ In Travemünde wollten Leute der *Vega*, vielleicht auch andere, diesen kleinen Bestand von den Booten holen. Wir haben dann einige Zeit beobachtet, wie die Jabos Handels-

Die Wracks der *Vega* (oben li.) und der *Bolkoburg* (unten r.) vor der Südküste der Insel Fehmarn liegend.

schiffe angriffen, von denen geschossen wurde. Die Jabos kamen auch in unseren Bereich, doch es blieb ruhig. Wir sahen keine Gefahr und begaben uns in unsere Kabine, um etwas zu essen. Das war womöglich unser Glück. Aus dem Bulleye schauend sahen wir einige Wasserfontänen hochgehen, und dann wurde das Schiff von drei Bomben getroffen. Böses ahnend rannten wir nach oben. Auf dem Oberdeck angekommen, sahen wir viele Verwundete und Tote. Etwa 20 Verwundete konnten wir an ein längsseits gekommenes Schiff übergeben. In dieser Zeit legte auf der anderen Seite ein Torpedoboot an und die meisten von uns stiegen über. Als wir zur Besinnung kamen, gehörten wir zu den letzten an Bord, etwa 25 Mann. Der Maschinist der *Bolkoburg* teilte uns mit, daß es im Vorschiff brennt und daß dort Munition lagert. Er bediente die Pumpen, während wir versuchten, den Brand unter Kontrolle zu bekommen.«

Als die *Bolkoburg* Travemünde verlassen hatte, wurden auf der Reede vor Travemünde die letzten U-Boote zur Versenkung vorbereitet, und so auch das Boot *U 3013*. Der zum Versenkungskommando gehörende Ob.Gefr. Hans Matthaei berichtet:
»Zum Versenkungskommando von *U 3013* gehörten der Ob.Masch. Gerhard Hetzer, Ob.Mt. Theo Gläsel, Ob.Gefr. Hintzen, Ob.Mt. Kraus und ich. Wir hatten *U 3013* versenkt, trieben in einem Schlauchboot und wurden vom Schlepper *Stör* übernommen. Dieser brachte uns zur *Bolkoburg*. An Bord dieses Schiffes erlebten wir dann die Fliegerangriffe auf die anderen Schiffe, bis das Schiff selbst durch Bomben getroffen wurde. Eine Schute (?)

Kptlt. Ernst von Witzendorff, Kommandant von *U 2524*

Das Feuerschiff *Adlergrund* befand sich 1945 als »Wachschiff 5« auf der Position »rot 07«, im Zwangsweg 1, im Einsatz und wurde am 3. Mai durch Bombentreffer versenkt.

Der II. WO, Ltn.z.S. Stümges (rechts), und Ob.Masch. Gerhard Hetzer, der am 3. Mai 1945 an Bord des Hilfszielschiffes *Bolkoburg* fiel.

war längsseits gekommen und unter Mitnahme der Leicht- und Schwerverwundeten gingen wir von Bord der brennenden *Bolkoburg*. Alle anderen Soldaten wurden vom Torpedoboot *Löwe* übernommen. Nach dem Angriff und bevor ich von Bord mußte, fand ich Kameraden Hetzer von einer MG-Garbe tödlich getroffen auf der Back an Steuerbord sitzend. Er ist auf der *Bolkoburg* geblieben. Vor dem Angriff hatte er noch einen Brief an seine Frau in Sachsen geschrieben und diesen dem jüngeren Kameraden Hinzen anvertraut.«

Zum Zeitpunkt des Angriffs lag an der Backbordseite der *Bolkoburg U 2524* und auf deren Backbordseite ein Schlepper (*Stör* ?). An der Steuerbordseite der *Bolkoburg* hatten *U 3032* und *U 2540* im Päckchen längsseits festgemacht. Die Besatzungen aller drei U-Boote bereiteten diese zur Versenkung vor. *U 3030* blieb abwartend in geringer Entfernung nördlich zur *Bolkoburg*. *U 2538* unter Kommandant Oblt.z.S. Kalppdor befand sich auf dem Anmarsch zur *Bolkoburg* und konnte sich durch ein sofortiges Tauchen den Angreifern entziehen.

Bereits beim ersten Angriff auf die *Bolkoburg* wurde diese u.a. von einer Raketenbombe, einem Blindgänger getroffen, der die Aufbauten durchschlug und das Vorschiff von *U 2524* traf. Der Druckkörper erhielt im Bereich des Steuerbordbugraumes leichte Beschädigungen. Die Besatzung wurde an Bord befohlen, und wegen der erneut anfliegenden Maschinen ließ der Kommandant ablegen und in der Nähe der *Bolkoburg* tauchen. Durch einen kleinen Riß im Druckkörper drang Wasser ins Boot. Bei der geringen Wassertiefe von etwa 24 m stellte dieses aber keine besondere Gefahr dar.

Britischer Jabo-Angriff auf *U 2524* am 3. Mai 1945.
Das Foto wurde der Bordkameradschaft *U 2524* von englischen U-Boot-Kameraden übergeben.
Nach Recherchen von Herrn L. Lindberg (Schweden) handelt es sich um *U 2502*. Das Foto stammt aus dem Imperial War Museum London.
Aufnahme: 19. April 1945.

Kptlt. a.D. Ernst von Witzendorff, ehemaliger Kommandant von *U 2524* und sein damaliger I. WO, Oblt.z.S. a.D. Günther Wiegmann, berichten über die letzten Stunden des Bootes:

»In der Abenddämmerung tauchte ich auf und ging bei dem Torpedoboot *Löwe*, Kmdt. Oblt.z.S. Paul Prüfe, längsseits. Während das Boot beschleunigt zur Versenkung vorbereitet wird, steigt die Besatzung auf das Torpedoboot über. Unser LI, Oblt.(Ing.) Werner Braun, und der Zentralemaat Josef Ritter hatten als Letzte befehlsgemäß die Versenkung einzuleiten. Während der Maat auf der Brücke stand, befand sich der LI in der Zentrale. Von Bord der *Löwe* aus beobachteten wir die Versenkung und sahen, wie das Boot langsam und gleichmäßig wegsackte. Der Bootskörper war schon unter Wasser, als wir Ritter rufen hörten: › Sie müssen jetzt hochkommen, der Turm ist schon umflutet! ‹

Doch wie uns Ritter später mitteilte, erhielt er nur die Antwort: › Ich bleibe unten! ‹

Dann versank *U 2524* sehr rasch in den Fluten. Ritter wurde von dem bereitgehaltenen Boot aufgenommen. Wir konnten das Unfaßbare noch nicht begreifen und hofften, daß Werner Braun mit einem Tauchretter noch auftauchen würde. Eine halbe Stunde haben wir vergeblich gewartet und sind dann Richtung Flensburg abgelaufen. Für uns alle unbegreiflich, hatte unser LI den Freitod gewählt.

Wie wir Offiziere wußten, wollte er auf keinem Fall in Gefangenschaft kommen. Nachdem wir am 27. April in Travemünde den Befehl zum Auslaufen nach Norwegen erhal-

Mtr.Ob.Gefr. Werner Twistel, gefallen am 3. Mai 1945 an Bord des Hilfszielschiffes *Bolkoburg*.

April 1945, *U 2524* in der Schlichting-Werft Travemünde. Der LI des Bootes, Oblt.(Ing.) Werner Braun, rechts vor dem Turm stehend. Bei der Versenkung des beschädigten Bootes wählte er den Freitod, indem er an Bord des untergehenden Bootes zurückblieb.

Oblt.z.S. Günther Wiegmann, I. WO auf *U 2524*

ten hatten, hatte unser LI beiläufig vorgeschlagen, nach Südamerika zu fliehen.

Torpedoboot *Löwe* brachte uns nach Flensburg-Mürwik, wo man uns in Baracken unterbrachte. Mitte Mai wurde ich durch eine deutsche Dienststelle entlassen und habe den Angehörigen die Nachricht vom Tode ihres Sohnes überbracht.«

1953 wird das Wrack von *U 2524* durch die Bergungsfirma Harmsdorf gehoben und zum Schrottanlandeplatz nach Travemünde gebracht. Bei Brennarbeiten werden die sterblichen Überreste des ehemals 28jährigen Werner Braun gefunden und in Lübeck beigesetzt.

Unbeschädigt konnten *U 3032* und *U 2540* von der *Bolkoburg* ablegen. Während *U 2540* wegtauchte und durch einen Bombennahtreffer am Heck Öl verlor, erwehrten sich *U 3030* und *U 3032* mit ihren Fla-Waffen der Angreifer. Abschüsse konnten nicht erreicht werden.

Oblt.z.S. a.D. Horst Slevogt, ehemaliger Kommandant von *U 3032*, erinnert sich:

»Vergeblich wartete ich über der vermeintlichen Untergangsposition von *U 2540*, um noch Überlebende zu bergen. Wie ich später erfuhr, war *U 2540* nicht ernstlich beschädigt. Auf dem Grund liegend warteten wir das Ende der Kampfhandlungen ab. Nach dem Angriff erhielt ich den endgültigen Befehl zur Versenkung meines Bootes. Ein Offizier vom Stab des F.d.U. Ausb. kam auf einem Schlepper längsseits und wiederholte den Versenkungsbefehl. Die Besatzung stieg bis auf mich und den LI, Oblt.(Ing.) Josef Schmitz, auf den Schlepper über. Kurz nach dem Ablegen des Schleppers erfolgte ein Jaboan-

Flottillenchef der 25. U-Fl., K.Kapt. Schulz (Mitte), im Kreise seiner Offiziere im Mai 1945. Die Aufnahme wurde von Frau Eleonore Schulz (geb. Loesener) vor dem Elternhaus in Katharinenhof auf Fehmarn, in dem W. Schulz sein Arbeitszimmer eingerichtet hatte, aufgenommen.

Die *Messina* am 3. Mai 1945 vor der Nordküste der Insel Fehmarn in Höhe Katharinenhof auf Grund sitzend.

griff auf das U-Boot. Um dem Schlepper Zeit zu geben, sich abzusetzen, ließ ich zwei Angriffe über uns ergehen. Während der dann eingeleiteten Versenkung werden wir dann wieder angegriffen. Diesmal trafen die Bordwaffen die Brücke und ich wurde durch Splitter leicht verletzt. Auch scheint das Boot durch eine Raketenbombe getroffen worden zu sein, denn es sank achterlastig sehr schnell weg. Wir stiegen in ein bereitliegendes Schlauchboot, während sich das Vorschiff noch einmal hoch aufrichtete, ehe das Boot ganz im Wasser verschwand. Die Jabos hatten sich danach den Schlepper vorgenommen und griffen ihn mit ihren Bordkanonen von zwei Seiten an. Er wurde schwer getroffen, so daß er zu sinken begann. Zwei in der Nähe befindliche Torpedoboote nehmen sofort Kurs auf uns. Das eine Torpedoboot nahm zunächst meinen LI und mich an Bord, ehe es beim sinkenden Schlepper längsseits ging, um Tote und Überlebende zu bergen. Das andere Torpedoboot fischte die über Bord gesprungenen Angehörigen meiner Besatzung auf. Um den Verwundeten schnellstens Hilfe leisten zu können, liefen wir nach Kopenhagen. Ich wußte, daß sich dort Lazarettschiffe befanden und unseren verwundeten Kameraden dort am besten geholfen werden konnte. Die an Bord des T-Bootes verstorbenen Kameraden haben wir im Sund vor Kopenhagen der See übergeben.«

Es ist bis heute nicht genau bekannt, wieviel Mann der beiden Besatzungen bei diesem letzten Angriff ums Leben gekommen sind. Nach den Unterlagen im U-Boot-Archiv starben von den 60 Besatzungsangehörigen von *U 3032* 28 Mann, 17 wurden verletzt und nur 15 waren unverletzt davongekommen.

Gefallene Besatzungsangehörige von *U 3032:*

Am 04. Mai 1945 im Sund vor Kopenhagen der See übergeben:

1. Masch.Gefr.	Aden
2. Btsm.	Beyer
3. Masch.Gefr.	Deike
4. Fk.Mt.	Erl
5. San.Ob.Mt.	Flügel
6. Masch.Gefr.	Fritsch
7. Masch.Gefr.	Fricker
8. Masch.Gefr.	Feniger
9. Masch.Gefr.	Fuhrmann
10. Ob.Masch.Mt.	Hampl
11. Masch.Mt.	Menzel
12. Masch.Mt.	Piepenbrock
13. Mtr.Gefr.	Stöckel
14. Btsm.Mt.	Thomsen

Gefallen auf *Bolkoburg*:

1. Mech.Mt.	Kilz	
Ihren Verwundungen erlagen:		Beigesetzt in:
1. Mtr.Gefr.	Birchler	Kopenhagen
2. Ob.Masch.	Schäfer	–
3. Masch.Gefr.	Faulenbach	–
4. Masch.Gefr.	Hirsch	Flensburg
5. Masch.Gefr.	Freiburg	–

Ertrunken oder im Wasser durch Bordwaffenbeschuß getötet:

1. Ob.Masch.	Biedermann
2. Oblt.z.S.	Deubert
3. Ob.Gefr.	Gornik
4. Masch.Gefr.	Krüger
5. Fk.Gefr.	Lindner
6. Mech.Gefr.	Schäfer
7. Mtr.Ob.Gefr.	Schrickel
8. Ob.Strm.	Wolf

Biedermann, Wolf und Schrickel sind an der dänischen Küste von Lolland angetrieben und auf dem Friedhof von Rødby beigesetzt worden.

Neben der Ansammlung der genannten Kriegsschiffe wurden aber auch alle anderen im Seegebiet des Fehmarnbeltes/Mecklenburger Bucht befindlichen Fahrzeuge angegriffen.

Östlich der Einfahrt nach Burgstaaken hatte Kapitän Wagner das Segelschulschiff *Großherzogin Elisabeth* vor Anker gehen lassen. Auch das Segelschiff wird von Jabos angegriffen und mit Bomben und Bordwaffenbeschuß eingedeckt. Glücklicherweise kommt es zu keinem Bombentreffer. Im Zwischendeck hatte man einen kugelsicheren Zufluchtsraum geschaffen, so daß sich die Besatzung und die Schüler in Deckung bringen konnten. Leider wurde Frau Wagner, die Frau des Kapitäns, die für Büroarbeiten im Dienst der Seemannsschule stand, so schwer verwundet, daß ihr ein Bein und ein Arm amputiert werden mußten. Mehrere Schüler erhielten leichte Verletzungen. Die Verwundeten mußten versorgt werden. Unmittelbar nach dem Ende der Fliegerangriffe ging die gesamte Besatzung an Land. Die Unterbringung erfolgte auf den umliegenden Bauerngehöften der Insel.

Nordöstlich von Puttgarden lag nördlich des Zwangsweges 1 der Verwundetentransporter *Der Deutsche* wegen Kohlenmangel vor Anker. Er war am 2. Mai aus Wismar mit Verwundeten und Flüchtlingen ausgelaufen, in der Hoffnung, Kiel zu erreichen. Das am 3. Mai vorbeikommende Frachtschiff *Dwarssee* hatte noch genügend Kohlen an Bord und ging zur Kohlenübergabe längsseits. In dieser Phase begann der Angriff. Die *Dwarssee* erhielt einen Bombenvolltreffer und sank, Menschenverluste waren aber nicht zu beklagen. Auch *Der Deutsche* erhält einen Bombentreffer, der zwar ein großes Leck verursacht, doch die Schwimmfähigkeit des Schiffes vorerst nicht herabsetzte. Um aber der Gefahr des Sinkens vorzubeugen, wird das Schiff in Richtung Puttgardenriff ins flache Wasser gesteuert. Mit langsamster Fahrt kommt das Schiff bei 9 m Wassertiefe auf Grund fest. Nach eindeutiger Schadensanalyse und provisorischer Leckabdichtung zog sich das Schiff mit eigener Kraft wieder vom Grund los und setzte die Fahrt nach Kiel fort.

Auch das im Zwangsweg 1 auf der Position »rot 07« vor Anker liegende Feuerschiff *Adlergrund* wird getroffen und sinkt.

Nachdem die Dunkelheit eingetreten war und keine Gefahr weiterer Fliegerangriffe bestand, verständigten sich die U-Boot-Kommandanten der auf Grund liegenden Boote *U 2540, U 2538* und *U 3030* über Unterwassertelefon. Gemeinsam tauchten sie um 22.00 Uhr auf. Unter Führung von *U 2538*, das sich in frontklarem Zustand befand, liefen die Boote durch den Fehmarnbelt nach Westen ab. Nachdem die Besatzung der *Bolkoburg* den Brand im Vorschiff gelöscht hatte, wurde der Anker geslipt, weil die Winsch durch den Bombentreffer verklemmt war. Während der Löscharbeiten wurde ein Morsespruch vom Tender *Saar* abgesetzt: »Bei Ihnen scheint die Feuerlöschrolle nicht zu funktionieren, kommen Sie in meinen Flakschutz!«

Unmittelbar darauf wurde die *Saar* erfolglos angegriffen. Danach Morsespruch: »Auf nach Norwegen!« Die *Saar* ging Anker auf und lief nach Norden ab. Nachdem der größte Teil der an Bord der *Bolkoburg* befindlichen Soldaten übernommen worden waren, verblieben noch etwa 25 Mann zurück. Mit unklarer Steuerbordmaschine verläßt die *Bolkoburg* ihre Ankerposition Richtung Fehmarn. Auf der Fahrt werden die Toten in Segeltuch eingenäht und der See übergeben. Am 4. Mai, morgens gegen 05.00 Uhr, läßt der Kapitän das Schiff östlich Burgstaaken vor Anker gehen. Die restliche Besatzung verläßt das Schiff, geht in die Boote und fährt an Land.

In den Vormittagsstunden beendete ein erneuter Fliegerangriff auf die *Bolkoburg* ihr Schicksal. Das Schiff wurde in Brand geschossen und brannte in den nächsten Tagen völlig aus.

Mit diesen Angriffen fanden am 4. Mai 1945 die britischen Fliegerangriffe auf die Schiffe im Seegebiet der südwestlichen Ostsee ihren Abschluß.

K.Kapt. Wilhelm Schulz richtete am 5. Mai sein Dienstzimmer auf dem Katharinenhof, in der Nähe des Leuchtfeuers Staberhuk, ein und löste am 13. Mai 1945 die 25. U-Fl. offiziell auf.

Letzte Kampfhandlungen am ersten Tag des Friedens – 9. Mai 1945

Auf der Grundlage der unterzeichneten »Militärischen Kapitulationsurkunde« ergeht am 7. Mai 1945 vom OKW der Befehl »OKW/WFSt Nr.89003/45 g.K.Chefs« an alle deutschen Streitkräfte, wonach ab dem 9. Mai 1945, 01.00 Uhr, allen erlassenen Befehlen der Alliierten Expeditionsstreitkräfte und des sowjetischen Oberkommandos Folge zu leisten war.

Um aber die Rückführung und damit die Rettung deutscher Soldaten und Flüchtlinge aus dem sowjetischen Einzugsbereich bis zur letzten Minute zu gewährleisten, ergänzt ihn ein Zusatzbefehl für die HGr. Kurland und das AOK Ostpreußen:

»Alle bis zum 9. Mai 1945, 01.00 Uhr gegebenen Möglichkeiten zum Abtransport über See sind unter äußerster Anspannung aller Kräfte auszunutzen. Alle Schiffe müssen bis zu diesem Zeitpunkt ausgelaufen sein.« Somit befanden sich am 9. Mai sechs Evakuierungsgeleite aus den Häfen Windau und Libau, mehrere kleinere Geleite der 9. Sich.Div. von Hela sowie diverse Einzelfahrer im Seegebiet östlich und westlich der Insel Bornholm.

Am 8. Mai, um 23.00 Uhr, sendet der Stab der sowjetischen Baltischen Rotbannerflotte (BRF) einen offenen Funkspruch an alle deutschen Kampf-, Handels- und Hilfsschiffe in See, in dem es heißt:

»In Übereinstimmung mit den Bedingungen der Kapitulation und den Befehlen der deutschen Führung haben sie die Häfen Memel und Kolberg zur Übergabe anzulaufen. Allen sich freiwillig Ergebenden wird das Leben, den Offizieren das Behalten der Uniform, Rangabzeichen und Orden garantiert.«

Kein Kommandeur bzw. Kommandant der in See befindlichen Schiffe kam dieser Aufforderung nach. Jeder versuchte so schnell wie möglich die sowjetische Operationszone zu verlassen. Keiner wollte das Risiko eingehen, in sowjetische Kriegsgefangenschaft zu geraten. Der Stab der BRF setzte alles daran, diese Abtransporte zu verhindern. So führten am 9. Mai sowjetische Fliegerkräfte eine intensive Aufklärung im Seegebiet um die Insel Bornholm durch und sichteten die in See befindlichen Geleite.

In Erwartung, daß die Kapitulationsbedingungen eingehalten werden, stellte die BRF die Kampfhandlungen vorerst ein. Da aber die Schiffe ihren Marsch nach Westen nicht unterbrachen und die Kommandanten und Kapitäne dem Einlaufbefehl nicht nachkamen, erging der Befehl, sie mit Waffengewalt zum Einlaufen in die durch sowjetische Truppen besetzten Häfen zu zwingen.

Aufgrund dieses Befehls war es vorauszusehen, daß es zu Kampfhandlungen am ersten Tag des Friedens kommen würde.

Russischer Schnellbootsangriff auf das Führerschiff *Rugard* der 9. Sich.-Division:

Die vor Rönne operierenden sowjetischen TS-Boote sichteten gegen 17.00 Uhr nordwestlich des Hafens den Rauch von Schiffen. Nach der Meldung an den Abt. Chef, der sich zwecks der Kapitulationsverhandlungen mit Kapt. z.S. von Kamptz im Hafen Rönne befand, erhielt der Gr. Chef, Lt. Woskressenski, den Befehl, mit drei TS-Booten die Schiffe einzuholen, sie zu zwingen, in Rönne einzulaufen oder bei Nichtbefolgung durch Torpedos zu versenken.

Bei den gesichteten deutschen Schiffen handelte es sich um das Westgeleit der 9. Sich.Div. mit dem Führerschiff *Rugard* an der Spitze und zwei R-Booten im Kielwasser. Gegen 16.30 Uhr, 13 sm westlich der Insel Bornholm, erhielt die *Rugard* von einem der sowjetischen TS-Boote mehrere MG-Garben vor den Bug und die Aufforderung, in den Hafen Rönne einzulaufen. Dieser Aufforderung wurde nicht nachgekommen, und so kam es zum beidseitigen Waffeneinsatz.

Aus sowjetischer Sicht beschreibt Kapitän 1. Ranges (Kapt.z.S.) A.W. Basow den Gefechtsablauf wie folgt:

»Gegen 17.00 Uhr (18.00 Uhr Moskauer Zeit) holten die TS-Boote den gegnerischen Konvoi im Bestand eines Transporters (*Rugard*) und vier Wachbooten sowie eines Schlepper und sieben Wachbooten, die sich seitlich in einem Abstand von 30 Kabellängen (3 sm) befanden, ein (Anm.: Andere sowjetische Veröffentlichungen erwähnen auch noch im Konvoi fahrende U-Boote, die aber wegtauchen konnten. Es muß aber klar gesagt werden, daß sich zu diesem Zeitpunkt kein deutsches U-Boot mehr in diesem Seegebiet befand – d. Verf.).

Den Angriff führte das TS-Boot *139* unter Kommandant und Gr. Chef Lt. Woskressenski (Kapitän Basow muß in der Angabe der Boots-Nr. ein Fehler unterlaufen sein. Nach sowjetischen Angaben befand sich das TS-Boot *139* im Küstenbereich des Pazifiks, während *TK-193* in der Ostsee eingesetzt war – d. Verf.).

Nach einem Warnschuß befahl der Gr. Chef dem Transporter, daß er in den Hafen Rönne zurückzukehren sollte.

Sign.Ob.Gefr. Emil Ulle. Er befand sich am 9. Mai 1945 an Bord der *Rugard* und erlebte den Torpedoangriff sowjetischer Schnellboote auf das Schiff.

Der Gegner fuhr aber weiter nach Westen. Der Gr. Chef wiederholte seinen Befehl und fragte beim Abt. Chef an, was er tun soll, wenn der Gegner weiter nach Westen läuft. Um 17.23 Uhr übermittelte dieser eine völlig unklare Weisung: › Nach Möglichkeit in den Hafen Rönne zurückführen, andernfalls angreifen! ‹ Um 17.41 Uhr griff das TS-Boot *193* an, wurde aber von den gegnerischen Wachbooten mit starkem Artilleriefeuer beschossen, der gegen den Transporter abgeschossene Torpedo lief vorbei. Um 17.45 Uhr begannen die gegnerischen Wachboote unter starker Feuerführung unsere TS-Boote zu verfolgen. Unter Deckung einer Nebelwand liefen die TS-Boote Rönne ab.
Im Ergebnis des Feuergefechts wurden auf dem TS-Boot *193* zwei Soldaten verletzt, wobei einer von ihnen, der Bootsmann Prichodko, später verstarb. In der Auswertung dieses Seegefechtes kritisierte der Brigadechef Kapitän 1. Ranges, (Kapt.z.S.) Kusmin, die Unentschlossenheit des Gr. Chef, da er sich nicht rechtzeitig entschloß, den weiterkämpfenden Transporter zu versenken. Damit hat er die Gruppe nicht geführt und sie unter dem Feuer des Gegners gehalten.«
Emil Ulle, ehemaliger Sign.Ob.Gefr. auf dem Führerschiff *Rugard*, erlebte von der Brücke des Schiffes aus die letzte Kampfhandlung. Sein nachfolgender Bericht wird durch den damaligen Fk.Ob.Gefr. Heinz Horn bestätigt.
»Hafen Hela: Es ist der 8. Mai 1945, als gegen 18.00 Uhr der Befehl zur Übernahme von etwa 1 000 Soldaten mit dem Div. Stab erteilt wurde. Die *Rugard* war seeklar und wir wollten noch vor Mitternacht auslaufen. Wie ich vom Fk.Ob.Gefr. Heinz Horn wußte, trat um 24.00 Uhr die bedingungslose Kapitulation in Kraft. Gegen 23.00 Uhr legten wir ab, passierten um 24.00 Uhr die Südspitze der Halbinsel Hela und steuerten danach in die offene See. Zu dieser Zeit hatte ich Brückendienst und stand an der Steuerbordseite der Brücke, als unserem Chef, F.Kapt. von Blanc, vom Funker ein Funkspruch vorgelegt wurde. Danach sollten alle in See befindlichen deutschen Schiffe den nächsten Hafen anlaufen, und das wäre für uns Hela gewesen, wo wir ja gerade herkamen.
Nachdem er den FT gelesen hatte, fragte er den Funker: › Haben Sie den Funkspruch aufgenommen? ‹ Darauf antwortete dieser: › Nein Herr Kapitän! ‹. › Dann habe ich auch keinen gelesen ‹, war die Antwort, und er befahl verstärkte Kriegswache.

Fk.Ob.Gefr. Heinz Horn war am 9. Mai 1945 ebenfalls an Bord der *Rugard*.

Der 9. Mai war ein herrlicher Frühlingstag. Der Krieg war aus, und es war eine Lust zur See zu fahren. Wir liefen mit unserer Höchstgeschwindigkeit von 13 sm/h, mehr machte der alte Schlitten nicht. An unserer Backbordseite achteraus befand sich unser Geleitschutz von drei R-Booten. Im Verlauf des Vormittags stieg F.Kapt. von Blanc auf eines der R-Boote über, um die in See befindlichen Geleite aufzusuchen.
Von 12.00 bis 16.00 Uhr hatte ich Brückenwache, als uns zwischen 14.00 und 15.00 Uhr eine Pe-2 in etwa 3 000 m Höhe überflog (Anm.: Vermutlich die Aufklärerversion Pe-3 R, die aus dem Front- und Sturzkampfbomber Pe-2 entwickelt worden war – d. Verf.). Voraus sahen wir schon die Südküste von Bornholm. Es dauerte nicht allzu lange, als uns kurz vor 16.00 Uhr zwei russische Jäger in großer Höhe anflogen, zum Sturzflug übergingen und uns so zweimal an- und umflogen, danach verschwanden sie Richtung Bornholm.
Die Geschützbedienungen versuchten fieberhaft, die unklaren Geschütze wieder gefechtsklar zu machen. Laut Befehl mußten ja ab 9. Mai 01.00 Uhr die Geschütze auf Null gedreht und die Verschlüsse ausgebaut sein.
Um 16.00 Uhr war Wachwechsel. Da es bis zum Abendessen nur noch zwei Stunden waren und außerdem ein so schönes Wetter war, blieb ich weiter auf der Brücke. Für kurze Zeit löste ich den Gefechtsposten Maschinentelegraf ab, er mußte auf's WC. Als er zurück kam, sagte er mir: › Zieh die Schwimmweste wieder an, denn gleich geht's los! ‹

Ich nahm mein Fernglas und sah von achteraus drei russische S-Boote heranlaufen, wobei ich auch die Flagge erkennen konnte. Nach meiner Meldung verfolgte die gesamte Brücke das weitere Geschehen. Die Russen scherten nach Steuerbord aus und holten auf. Als sie sich Steuerbord querab befanden, schossen sie uns eine MG-Garbe vor den Bug. Unser Kommandant, Oblt.z.S.d.R. (Kapitän auf Große Fahrt) Müller, ließ das Schiff stoppen. Entsprechend seinem weiteren Auftreten konnte man vermuten, daß er nicht mehr Herr der Lage war und nicht wußte, was er machen sollte.

Konrad Copray, Fk.Ob.Gefr. auf dem MFP *F 207*.

Der 2. Admiralstabsoffizier (2. Asto.), K.Kapt. Unger, setzte einen FT an den Chef ab, in dem er die Situation schilderte und um Feuererlaubnis bat. Die Rückantwort lautete aber: › Marsch nach Westen fortsetzen, nicht schießen! ‹
Der 2. Asto., er war auch gleichzeitig I.WO., übernahm in dieser Situation das Kommando und teilte über Schiffslautsprecher mit, daß er das Schiff und die Besatzung unter seinen Befehl gestellt hat. An die Geschützbedienung gab er den Befehl:
› Schutzschilde nach den S-Booten drehen, Verschlüsse einbauen, Magazine anschlagen und bei Torpedoschuß Feuer frei ! ‹
Ein FT an das Alliierte Oberkommando blieb ohne Antwort. Ich mußte einen Winkspruch an die uns begleitenden R-Boote absetzen: › Waffen gefechtsklar machen und bei Torpedoschuß Feuer frei! ‹
Rückantwort: › Geschütze sind unklar, Verschlüsse wurden ins Wasser geworfen! ‹
Kurz darauf nahmen die R-Boote Fahrt auf und liefen mit hoher Geschwindigkeit, uns allein lassend, nach Westen ab.
Ein Schnellboot war mittlerweile so dicht herangekommen, daß wir glaubten, die Russen wollten festmachen. Ein weiteres Boot war ebenfalls nur wenige Meter von der Bordwand entfernt. An Oberdeck ging der Befehl: › Wenn Leinen geworfen werden, zurück werfen! ‹ Der Führer der Russen rief mit einer Flüstertüte: › Zurück nach Brtolm! ‹ Womit er Bornholm meinte. Der I.WO ließ wieder Fahrt aufnehmen und drehte befehlsgemäß Richtung Bornholm ein. In der Ferne konnten wir Rönne sehen. Unter den an Bord befindlichen Truppen entstand wegen dieser Kurs-

Hubert Heinen, Oblt.(Ing.) Flo.Ing. der 3. A-Fl.

änderung eine große Unruhe. Die S-Boote liefen ab und sammelten sich ein paar hundert Meter vor uns. Sie waren wahrscheinlich im Glauben, wir würden in Rönne einlaufen. Nachdem die *Rugard* ihre volle Geschwindigkeit wieder erreicht hatte, ließ der I.WO den Kurs nach Westen ändern. Als die Russen diese Kursänderung mitbekamen, preschten sie in voller Fahrt auf uns zu. Das erste Boot lief an uns vorbei und legt in 200 bis 300 m Entfernung eine Nebelwand. Das zweite Boot scherte nach Norden aus, dreht über Backbord auf uns zu und macht auf kurze Entfernung seine zwei Torpedos los. Nach dem Fallen der Torpedos setzt sofort unser Abwehrfeuer, deckend, ein (Anm.: Bei den Schnellbooten handelt es sich um den Typ D-3, bei denen der Torpedoschuß durch seitliches Abwerfen der an Oberdeck gelagerten Torpedos erfolgte – d. Verf.).
Das dritte S-Boot wollte wahrscheinlich einen Angriff aus der Nebelwand fahren, doch durch das deckend liegende Abwehrfeuer kam es nicht mehr dazu. Der eine Torpedo war ein Tiefläufer und hätte uns mittschiffs getroffen (Tiefgang: 3,70 m), während der zweite Torpedo dicht an unserem Heck vorbeilief. Landser, die auf dem Achterdeck standen, sprachen von nur zwei Metern Abstand.
Die Russen liefen mit Höchstfahrt (Anm.: v(max.) = 32 sm/h = 59,3 km/h – d. Verf.) in Richtung Rönne ab und kamen so in den Feuerbereich unseres auf dem Achterdeck befindlichen 8,8 cm Geschützes. Schon der dritte Schuß saß voll im letzten Boot, welches gleich wegsackte. Nach weiteren Schüssen, vielleicht sechs Schuß, wurde

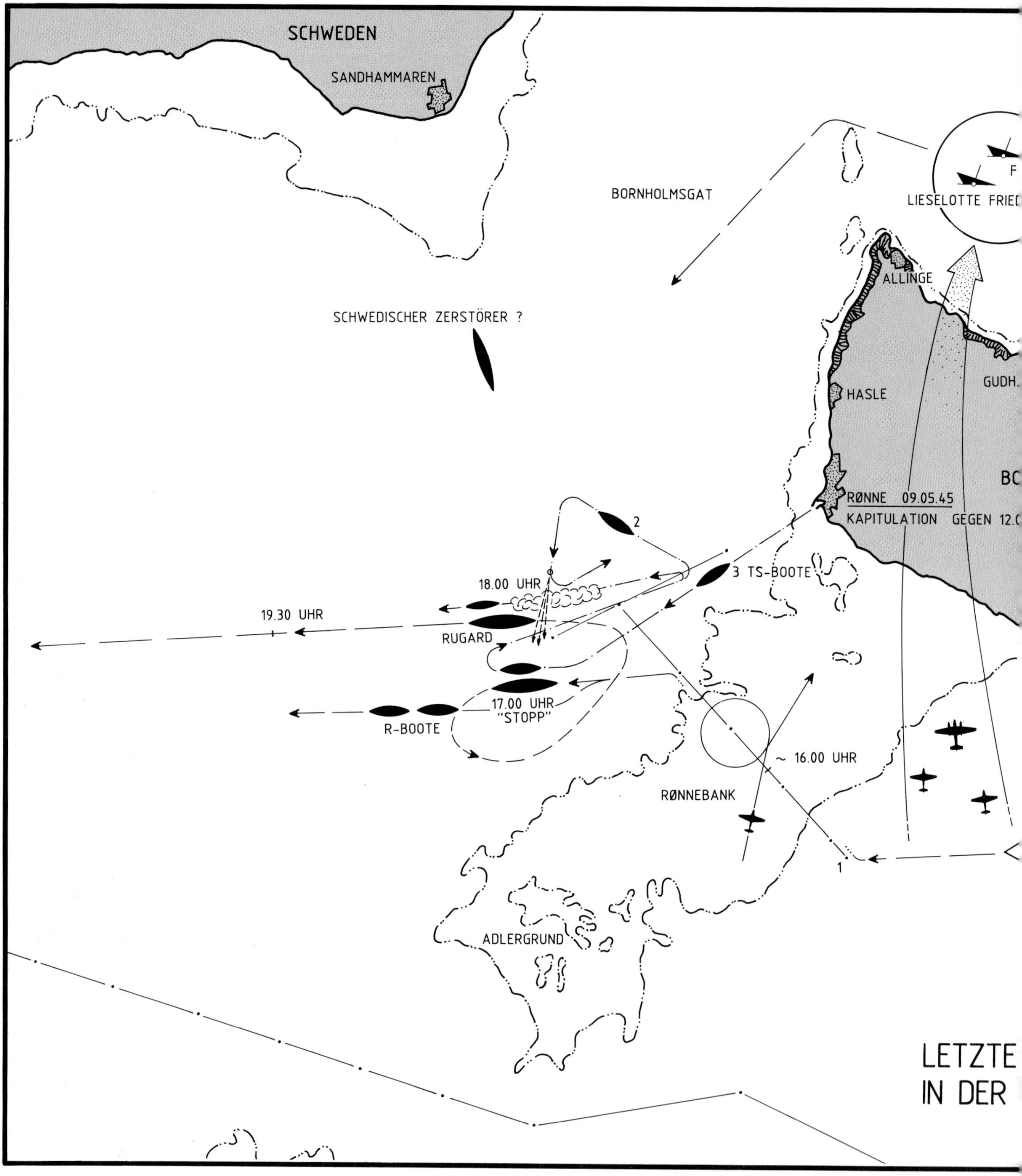
SCHWEDEN
SANDHAMMAREN
BORNHOLMSGAT
LIESELOTTE FRIED
F
ALLINGE
SCHWEDISCHER ZERSTÖRER ?
HASLE
GUDH.
BO
RØNNE 09.05.45
KAPITULATION GEGEN 12.0
2
18.00 UHR
3 TS-BOOTE
19.30 UHR
RUGARD
17.00 UHR
"STOPP"
R-BOOTE
~ 16.00 UHR
RØNNEBANK
1
ADLERGRUND
LETZTE
IN DER

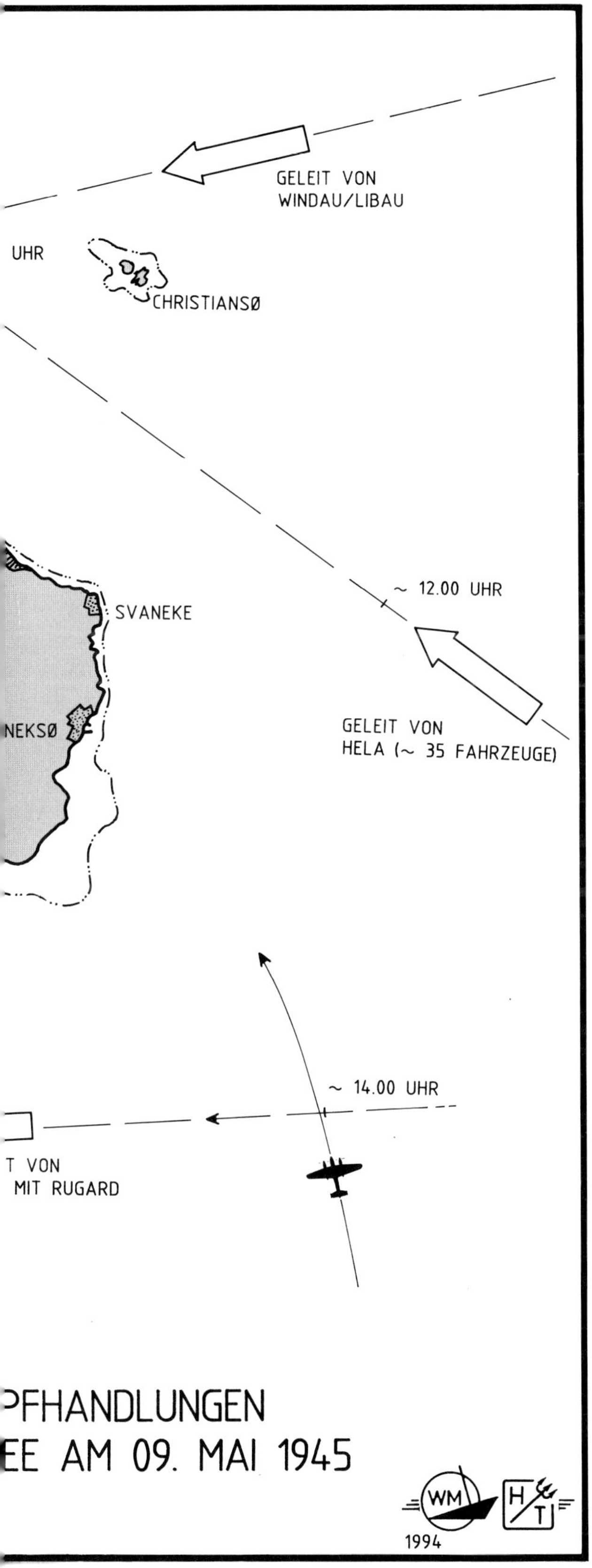

auch das zweite Boot getroffen, es qualmte stark und ist vermutlich auch gesunken. Das dritte Boot war schon zu weit weg und wir stellten das Feuer ein.
Jetzt, nachdem alles vorüber war, ließ der I.WO einen Funkspruch absetzen: ›Nach Torpedoschuß Feuer eröffnet!‹
Das Gefecht wurde ungefähr um 17.30 Uhr eröffnet und dauerte bis 18.00 Uhr. Verluste hatten wir keine, nur einen Verwundeten, ein Hauptfeldwebel von der M.A.A. erhielt einen glatten Schulterdurchschuß.
Die ganze Zeit über beobachteten wir einen schwedischen Zerstörer, der in etwa 10 sm Entfernung nördlich von uns auf Stopp lag und das Gefecht verfolgte.
Wir rechneten jetzt mit Fliegerangriffen, aber der Wettergott war uns wohl gesonnen, denn gegen 19.30 Uhr verfinsterte sich der Himmel und es kam ein Sturm auf. In kürzester Zeit bescherte uns dieser einen schweren Seegang.
Unsere Fahrt verlief ohne weitere Feindberührung, so daß wir in den frühen Morgenstunden des 10. Mai die Kieler Förde erreichten. Eine Einlaufgenehmigung nach Kiel erhielten wir nicht und mußten weiter nach Eckernförde. Um 12.56 Uhr gingen wir dort auf der Reede vor Anker und die Kriegsflagge wurde niedergeholt. Kurz darauf kam ein R-Boot, auf dem unser Divisionschef war, längsseits und er stieg auf sein Führerschiff über.«
Fast zur gleichen Zeit, als das Geleit der *Rugard* durch sowjetische Schnellboote angegriffen wurde, wird das östlich der Insel Bornholm fahrende Geleit von sowjetischen Torpedoflugzeugen und Jagdbombern angegriffen. Dieses Geleit lief am 8. Mai, kurz nach 19.30 Uhr, von der Reede Hela ab. Im Verband befanden sich ungefähr 35 Fahrzeuge aller Art. Dieser Zusammenstellung Rechnung tragend, wird davon ausgegangen, daß die voraussichtliche Marschgeschwindigkeit 7,0 sm/h betragen hat. Zu diesem Verband gehörten u. a. Boote und Schiffe der 3. A-Fl., der 8., 13. und 24. L-Fl. sowie die beiden Tanker *Lieselotte Friedrich, Julius Rütgers* und viele bisher unbekannte Fahrzeuge. Sehr weit auseinandergezogen erreicht das Geleit gegen Mittag des 9. Mai die Insel Bornholm und läuft an ihrer Ostseite nach NW, um durch das Bornholmsgat, entlang der schwedischen Hoheitsgewässer, nach Westen zu gelangen. Es trifft mit dem aus Windau kommenden Geleit gegen 17.00 Uhr zusammen. Kurz darauf erfolgt von der Backbordseite des Geleits der Angriff sowjetischer Jagdbomber (Schlachtflugzeuge) und Torpedoflugzeuge (Typ Boston).
Da man gegen einen bestehenden Befehl aus Sicherheitsgründen verstoßen hatte, waren die Geschützverschlüsse nicht ausgebaut worden. So konnten durch sofortiges Abwehrfeuer größere Verluste vermieden werden. Der Angriff endete jedoch mit dem Untergang des Tankers *Lieselotte Friedrich* und des MFP *F 517*. Die Besat-

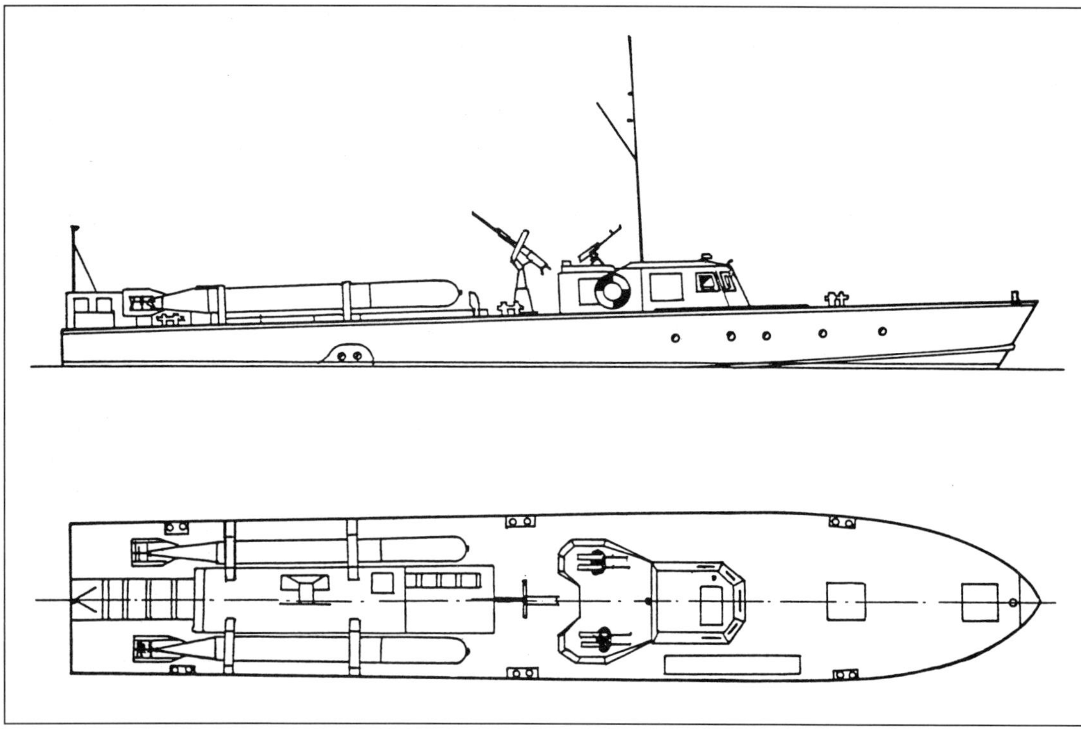

Sowjetisches Torpedoschnellboot vom Typ D-3

Vermessung: 31,1 t;
L/B/T: 21,63 m / 3,96 m / 0,97 m;
Geschw.: 32 sm/h;
Bew.: 2 Torpedos in Seiten-Abwurfvorrichtungen,
1 x 20 mm MK Oerlikon.
2 x 12,7 mm MG

zungen und die an Bord befindlichen Soldaten konnten durch herbeieilende Boote gerettet werden.

Konrad Copray, ehemaliger Funker auf dem MFP *F 207*, erlebte den Fliegerangriff und berichtet darüber:
»Die 8. L-Fl. traf am 4. April 1945 von Norwegen kommend in Swinemünde ein und verlegte am 12. April nach Hela. Hier waren wir ständig im Einsatz, um Soldaten und Flüchtlinge aus den Brückenköpfen Pillau und der Weichselniederung bei Schiewenhorst zu holen. Ein Ausruhen gab es nicht. Dann kam der 8. Mai und damit der Befehl zur Evakuierung nach Westen. Vollbeladen mit Flüchtlingen und Soldaten an Bord verließen wir den Hafen Hela. An das vor dem Hafen kreuzende Torpedoboot *T 28* (Anm.: *T 28* und *T 23* trafen um 18.40 Uhr, von Drogden Reede kommend, bei Hela ein – d. Verf.) übergaben wir alle Flüchtlinge und liefen daraufhin nochmals in den Hafen zurück. Um 22.30 Uhr verließen wir dann endgültig Hela mit 400 Landsern an Bord. Mit hoher Fahrt holten wir das vor uns abgelaufene Geleit ein und schlossen uns diesem an. Bei Sonnenaufgang konnten wir allmählich die Größe des sehr weit auseinandergezogenen Verbandes erkennen. Wir liefen fast am Schluß. Zeitweilig hatten wir einen Schlepper an Steuerbordseite, am Schluß machten wir einen Radschlepper aus.
Es wurde ein herrlicher Sonnentag und die meisten Landser hielten sich an Oberdeck auf. Im Verlauf des Tages befahl unser Kommandant, Ob.Btsm. Poschmann, die Vernichtung der geheimen Schlüsselmittel für den Funkverkehr und den Ausbau der Geschützverschlüsse. Die Geheimmittel habe ich versenkt. Dem Befehl zum Ausbau der Geschützverschlüsse hat sich die gesamte Mannschaft widersetzt, wir trauten dem Frieden und vor allem den Russen nicht. Diese Entscheidung hat uns vermutlich allen das Leben gerettet. Unerwartet für uns erfolgte aus Richtung Bornholm ein russischer Fliegerangriff von Torpedo- und Bombenflugzeugen. Der Angriff auf unser Boot erfolgte gegen 18.30 Uhr. Immer wenn ich die Funkstation nicht besetzen mußte, war ich für die Zuführung der Magazine der 2 cm Doppellafette verantwortlich.
So auch an diesem Tag. Einige Landser waren auch sofort mit dabei, wollte sich doch jeder in die Freiheit retten. So waren wir auf die Abwehr der Angreifer alle ganz heiß. Wir waren durch die Angriffe auf die vor uns fahrenden Boote vorbereitet und konnten so rechtzeitig das Abwehrfeuer eröffnen. Den ersten von vier Angriffen auf unser Boot führte ein Torpedoflugzeug. Der gelbgrüne Torpedo, ich sehe ihn noch heute aufs Wasser klatschen, zog vor unserem Bug vorbei. Die drei Angriffe von Bombenflugzeugen waren zum Glück auch ohne Treffer, alle Bomben gingen vor uns ins Wasser.
Nach den Angriffen erfuhren wir, daß eins unserer Boote einen Treffer bekommen hatte, genaues konnten wir aber nicht erfahren. Noch gut kann ich mich daran erinnern, daß es die Russen besonders auf den am Schluß fahrenden Raddampfer abgesehen hatten. Er war etwa 1 sm hinter uns und völlig wehrlos. Nach unseren Beobachtungen waren alle auf seine Steuerbordseite kommenden Angriffe erfolglos. Die Bomben schlugen an Steuerbord und Backbord ins Wasser, trafen ihn aber nicht. Wir um-

rundeten das Nordkap von Bornholm und steuerten Kopenhagen an. Hier gaben wir die Flüchtlinge von Bord, während wir mit den Landsern nach Heiligenhafen weiterlaufen mußten.«
Während Kapitän Grewe vom Tanker *Julius Rütgers* den auf ihn zulaufenden Torpedo ausmanövrieren kann, wird *Lieselotte Friedrich* getroffen und sinkt mit über 300 Mann an Bord. Tote und Verwundete sind zu beklagen.

Hubert Heinen, ehemaliger Oblt.(Ing.) und Flo.Ing. der 3. A-Fl., erlebte an Bord seines Werkstattschiffes *D 154 P mot.* die Versenkung des Tankers *Lieselotte Friedrich* und berichtet darüber:
»Ausgehend von der Frontlage mußten wir am 23. März 1945 Gotenhafen verlassen und verlegten zum Hafen Hela, unserem neuen Stützpunkt.
Am 8. Mai hatten alle Fahrzeuge, auch die noch einigermaßen intakten, noch so viele Soldaten und Flüchtlinge zu übernehmen, wie nur eben möglich war. Nach beendeter Einschiffung lag auch unser Werkstattschiff *D 154 P mot.* mit etwa 300 Landsern an Bord auf Reede in Erwartung des Abmarschbefehls.
Wenn meine knappen Aufzeichnungen stimmen, hieß es dann endlich um 19.50 Uhr ›Anker auf!‹ Ein abenteuerliches Geleit, sowohl in der Zusammensetzung als auch in der Marschordnung, setzte sich nach Westen in Bewegung. Selbst befand ich mich an Bord meines Werkstattschiffes, bei meinen Männern. Bei dem Werkstattschiff handelte es sich um einen selbstfahrenden Rhein-Frachtkahn. Der Boden war zur Stabilisierung mit Beton ausgegossen und ansonsten eine fast ›leere Wanne‹, als wir ihn 1944 in Stralsund übernommen haben. In Reval konnten wir den Kahn dann im September 1944 als Werkstattschiff ausrüsten und auf dem Dach des hinteren Deckshauses haben wir eine 2 cm Einzellafette aufgebaut. Kommandant war Steuermannsmaat Bloek. Wie ich wußte, war er im Zivilberuf Führer eines Zollkreuzers gewesen. Mein Werkstattleiter, auf den ich mich ebenfalls bis zum bitteren Ende fest verlassen konnte, war Masch.Mt. Otto Lehmann, ehemals ›Technische Nr. 1‹ auf einem MFP.

Führerschiff *Rugard* des Chefs der 9. Sich.Div., F.Kapt. Adalbert von Blanc. 1927 für die Stettiner Dampfschiffahrts-Gesellschaft J.F. Braeunlich GmbH als Salon-Dampfer gebaut, mit Kriegsausbruch 1939 von der Kriegsmarine übernommen. Bewaffnung mit Stand 1945.

Vermessung: 1358 BRT;	Geschw.: 15 sm/h;	Bew.: 1 x 8,8 cm
L/B/T: 76,80 m / 10,90 m / 3,70 m;	Bew.: 1 x 3,7 cm Einzellafette	3 x 2 cm Doppellafetten

Damit hatte die *Rugard* eine gute Fla-Bewaffnung.

Laut den Kapitulationsbedingungen sollten wir nachts Lichter und senkrecht aufgerichtete Scheinwerfer zeigen (Skl. 1102/45). Kein Schiffsführer dachte daran, Lichter zu zeigen, geschweige denn Scheinwerfer. Wir trauten dem Frieden nicht und hatten für alle Fälle auch noch alle Waffen feuerbereit. Wie recht wir damit hatten, zeigte sich am anderen Tag, am 9. Mai, also nach der Kapitulation. Nachmittags kam Backbord-voraus die Insel Bornholm in Sicht. Bis zum späten Nachmittag des 9. Mai verlief die Fahrt, aus meiner Sicht, ohne besondere Vorkommnisse. Ich saß mit einigen unserer Unteroffiziere und Offizieren der Landser im achteren Wohnraum, als draußen plötzlich eine wilde Schießerei begann, begleitet von Bombendetonationen. Unser Schiff erhielt zwei Bordwaffeneinschüsse und Bombennahtreffer, die glücklicherweise keinen Schaden anrichteten. Der ›Spuk‹ war bald vorbei. Leider waren bei dem sowjetischen Fliegerangriff zwei Fahrzeuge des Geleits zum Sinken gebracht worden. Sowohl wir als auch andere in der Nähe befindliche Fahrzeuge haben die ›Schiffbrüchigen‹ an Bord genommen. Es sanken der kleine Tanker *Lieselotte Friedrich* und der MFP *F 517*. Nach diesem Fliegerangriff war das Geleit so ziemlich durch- und auseinandergebracht, so daß jedes Fahrzeug bestrebt war, so gut es ging und so schnell wie möglich nach Westen zu gelangen. Gegen Abend wurde die See immer rauher, es kam Schlechtwetter auf, und so fuhren wir unbehelligt nach Westen. Auf sich selbst gestellt brachte uns unser Strm.Mt. wohlbehalten nach Westen, wo wir am 11. Mai mit den Resten unserer Flottille in der Strander Bucht wieder zusammentrafen. Unter dem Kommando unseres Flo.Chefs, K.Kapt. Dr. Eckart Schröder, traten wir hier zur letzten Flaggenparade an und die Kriegsflagge wurde niedergeholt. Am 12. Mai verlegten wir nach Neustadt i. Holstein und gaben die Landser am 14. Mai von Bord.«

Diese Gefechte waren die letzten Kampfhandlungen zwischen Einheiten der deutschen Kriegsmarine und der Baltischen Rotbannerflotte am Tage nach der Kapitulation. Die Kampfhandlungen des Zweiten Weltkrieges in der Ostsee waren damit beendet.

Anhang

Wracklisten

Die Erarbeitung der Wracklisten fand im Januar 1994 ihren vorläufigen Abschluß. Um alle Schiffe und Boote, die zwischen dem 1. September 1939 und dem 9. Mai 1945 im betrachteten Seegebiet in Wracklage gekommen waren, erfassen zu können, mußten zwei Wracklisten erstellt werden. Die neu hinzugekommenen Wracks können derzeit keine Berücksichtigung finden, werden aber für eine Neuauflage aufgearbeitet.

Wrackliste 1 (WL-1):

Diese erste Wrackliste ist die Hauptliste. Sie enthält 795 Datensätze, die gleichzeitig als laufende Nr. genutzt werden. Sie sind die Grundlage für die Positionseintragung in den Übersichtskarten zur Wracklage. Da wir nicht für jedes gesunkene Schiff oder Boot den Namen ermitteln konnten, erhielten die namenlosen Wracks einen Interimsnamen mit der Bezeichnung »Y ...« und eine fortlaufende Nummer. Im Verlauf der weiteren Bearbeitung war es dann aber erforderlich, 11 Datensätze wegen unklarer bzw. zweifelhafter Informationen zu löschen. Dadurch entstanden Leerfelder und die Anzahl reduzierte sich vorerst auf 792 Wracks. Nach dem Erscheinen des Buches konnten weitere 20 Wracks durch Leserinformationen gelöscht werden. Die Anzahl der Wracks reduziert sich damit weiter auf 764.

Um eine annähernde Aussage über den Verlust an Wasserfahrzeugen der verschiedensten Art im betrachteten Seegebiet (SG) vornehmen zu können, haben wir versucht, jedes Wrack in eine von uns festgelegte Gruppe einzuordnen.

Durch das Mobilmachungsgesetz wurde bei Kriegsbeginn ein Großteil der deutschen Handelsschiffe, Fischereifahrzeuge, technischen Fahrzeuge sowie Schulschiffe und Sportboote als Hilfsschiffe gechartert oder beschlagnahmt. Mit der Okkupation der Nachbarstaaten wurden durch die deutsche Wehrmacht auch deren Wasserfahrzeuge für Kriegsaufgaben herangezogen und kamen so zum Teil in der Ostsee zum Einsatz.

Kriegsschiffe (K):

Schiffe und Boote, die zum Bestand der deutschen Kriegsmarine bzw. der Luftwaffe (See) gehörten und für Gefechts- oder sicherstellende Aufgaben vorgesehen waren.

Feuerschiff *Fehmarnbelt*, S-Wachschiff auf Position »rot 06« im Weg 1.

Handelsschiffe (H):
Gesamtheit aller Wasserfahrzeuge, die für den Transport von Gütern und Personen vorgesehen waren.

Fischereifahrzeuge (F):
Wasserfahrzeuge, die von ihrer Konstruktion bzw. Verwendung her für den Fischfang in der See- und Küstenfischerei vorgesehen waren.

Technische Fahrzeuge (T):
Die Gesamtheit aller Wasserfahrzeuge, einschließlich schwimmender Mittel ohne Eigenantrieb, die für den Werft-, Hafen-, Reede-, Fluß- und Bergungsbetrieb genutzt wurden.

bzw. der letzten Kampfhandlung. Somit waren die Listen von Bergungsfirmen und Wracksuchern die ergiebigsten Quellen.
Vorrangig wurden nachstehende Quellen genutzt:
1. Wrackliste/Bereich »Britisch besetzte Ostsee« (Stand: 1945)
2. Wrackliste des ehemaligen SHD der DDR (1950 – laufend)
3. Wrackliste des ehemaligen DHI – Hamburg (1946 – laufend)
4. Wracklisten, die im Auftrag der SMAD durch verschiedene deutsche Dienststellen bzw. Firmen angefertigt wurden (1945 – 1949)
5. Taucheruntersuchungsberichte

Feuerschiff *Bremen II*, KS-Wachschiff auf der Position »grün 03« im Weg 1, n-lich Kap Arkona.

Schulschiffe und Sportboote (S):
Alle Fahrzeuge, die der seemännischen Ausbildung, dem Sport und der Erholung dienten und nicht unter der Reichskriegsflagge liefen.

Unbekannt (U):
Fahrzeuge, deren Zuordnung zu einer der gewählten Gruppen derzeit nicht möglich ist.

Es muß darauf verwiesen werden, daß die genannten Koordinaten der Wrackpositionen nur Richtwerte sein können. Sie wurden unter den verschiendensten Umständen und mit den unterschiedlichsten Mitteln bestimmt. Ausgehend von der Quellenlage mußte die zu einem Wrack wahrscheinlichste Position aus einer Vielzahl voneinander abweichenden Positionsangaben ausgewählt werden. Positionseintragungen in KTB, Logbüchern usw. berücksichtigen keine Drift des Wracks nach dem Untergang

6. Persönliche Aufzeichnungen der Bergungstaucher
7. Aufzeichnungen und Berichte von Zeitzeugen

Zu den Taucheruntersuchungsberichten muß gesagt werden, daß die Taucher erst nach der Rückkehr vom Tauchgang, aus der Erinnerung, ihre Beobachtungen schriftlich niederlegten. Leider ist dabei nicht immer eine Wrackskizze angefertigt worden. Bei den benötigten Angaben interessierte die Bergungskommandos besonders der Schiffsname, doch gerade hieraus resultiert eine gewisse Unsicherheit in der eindeutigen Wrackzuordnung. Feststellbar waren zumeist die aufgeschweißten Buchstaben am Bug oder Heck der Wracks. Nach Jahren auf dem Meeresgrund braucht dies aber nicht mehr der zuletzt gültige Name gewesen zu sein. Mehrfache namentliche Umbenennungen hatten zur Folge, daß der Schriftzug lediglich mit Farbe aufgetragen wurde und dann durch Bewuchs und Korrosion verschwand. Übrig blieb dann der ursprüngliche Name.

Wrackliste 2 (WL-2)

Eine zweite Wrackliste mußte für 50 namentlich bekannte Wracks angelegt werden, für die eine Zuordnung zu einer der in der WL-1 enthaltenen Wrackpositionen nicht belegt werden konnte! Wie in der WL-1 konnten auch hier durch Leserinformationen 11 Wracks gestrichen werden.
Im weiteren sind hier Wracks aufgenommen, die zwar bekannt sind, aber mangels konkreter Positionen in die WL-1 nicht aufgenommen werden konnten. Dies trifft für die Lfd. Nr.: 24, 25, 39 – 41, 48 – 50 zu.
Für das betrachtete Seegebiet ergeben sich somit insgesamt 772 Wracks. Da viele Detailangaben zu den Wracks fehlen, enthalten die Listen Lücken. Sie sind für Nachträge gedacht und können durch den Leser selbst ergänzt werden.
Für neue Informationen sind die Autoren stets dankbar.

Signalgast Bruno Bethke auf der Marinesignalstelle Arkona nimmt Signalverbindung mit dem KS-Wachschiff *Bremen II* auf.

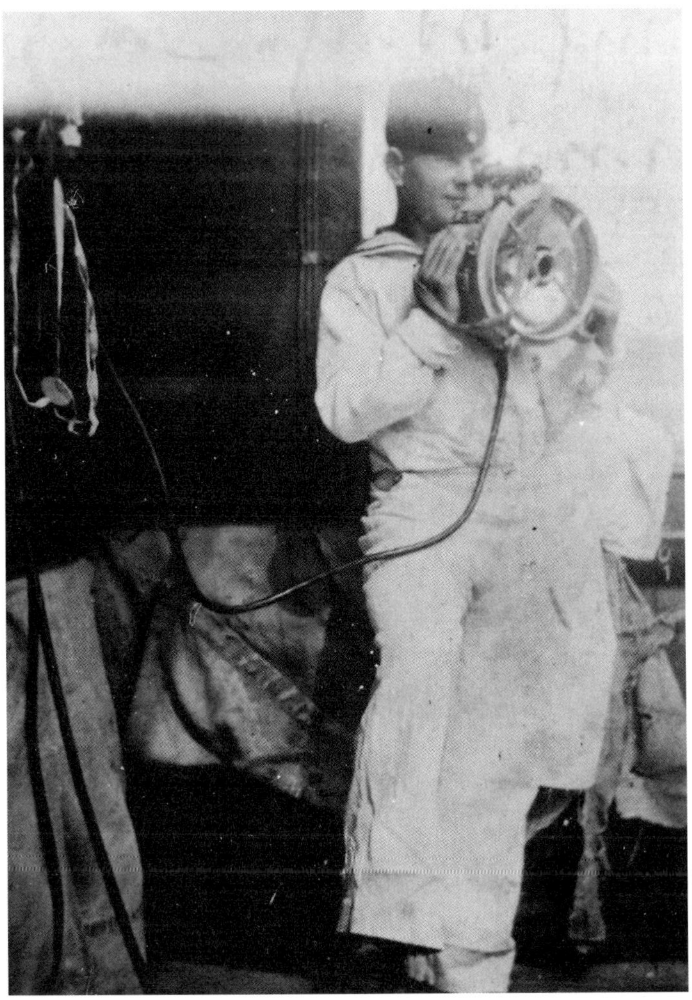

An Bord des KS-Wachschiffes *Bremen II*. Signalaustausch mit der Signalstelle auf Kap Arkona (QAK).

Übersichtskarten zur Wracklage:

Um dem Leser einen Überblick über die Lage der 775 Wracks im betrachteten SG zu ermöglichen, wurden diese auf sechs sich teils überlappende Karten eingetragen. Die Positionen sind mit der jeweiligen Lfd.Nr. des Wracks aus der WL-1 eingetragen. Wegen der Begrenzung des Kartenausschnittes können die Positionen 15, 91, 122, 189, 210, 268, 357, 613, 616, 619 und 714 nicht dargestellt werden. In der Ansteuerung von Swinemünde mußte die Position 649 wegen der Wrackhäufung im Bereich der Ansteuerungstonne 1 (Weg 51/53) weggelassen werden.
Auch die oben erwähnten zusätzlichen acht Wracks aus der WL-2 konnten nicht eingetragen werden, da deren Positionen gegenwärtig unbekannt sind. Eine Löschung der Wrack-Nr. in den Übersichtskarten wird erst in einer Neuauflage des Buches vorgenommen.

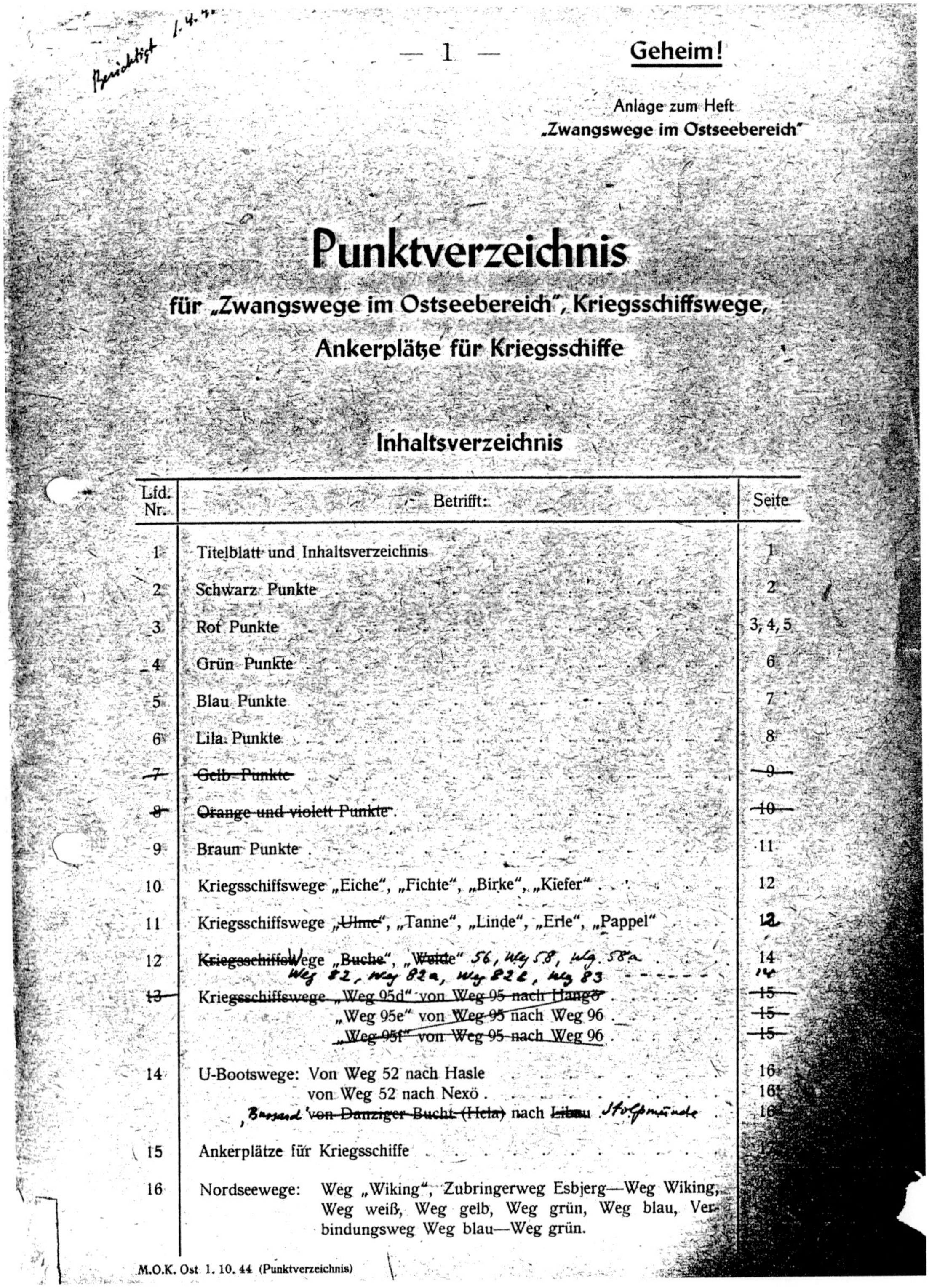
Berichtigt 1.4.

— 1 —

Geheim!

Anlage zum Heft
„Zwangswege im Ostseebereich"

Punktverzeichnis

für „Zwangswege im Ostseebereich", Kriegsschiffswege, Ankerplätze für Kriegsschiffe

Inhaltsverzeichnis

M.O.K. Ost 1. 10. 44 (Punktverzeichnis)

Titelblatt und Inhaltsverzeichnis des Punktverzeichnisses für »Zwangswege im Ostseebereich«

Für die im Hafen-, Werft- und Flußbereich in Wracklage gekommenen Wasserfahrzeuge wurde die Darstellung als Anzahl im Block gewählt.

Auf der Grundlage einer Wrackliste über die »Britisch besetzte Ostsee« sind zehn gesprengte KFK-Neubauten am Westufer der Trave zwischen den Koordinaten 53°55.00 ′ N und 10°52.00 ′ O sowie 53°54,50 ′ N und 10°50.70 ′ O (KFK Versenkungsgebiet) aufgenommen worden. Es betrifft die Lfd.Nr.: 136, 137, 139, 141, 143, 144 und 146 – 149 in der WL-1.

Um ein leichteres Auffinden in den Karten zu ermöglichen, wird in der Wrackliste eine Ortsbeschreibung vorgenommen. Diese orientiert sich vorwiegend an den Zwangswegen der deutschen Kriegsmarine, die in den

Kartenzeichen

Leuchtturm,
Hauptfeuer mit 15 sm und mehr Trag- bzw. Sichtweite

WEG 1
Zwangsweg der deutschen Kriegsmarine

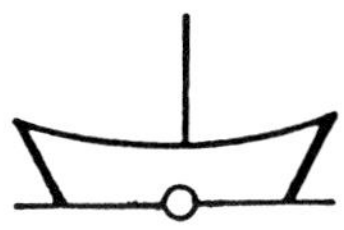
Wachschiff

12_5
Wassertiefe in m unter Kartennull

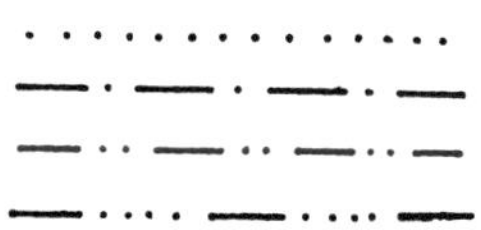
Tiefenlinien:
5 m
10 m
20 m
40 m

553
Wrackposition mit Lfd. Nr. lt. Wrackliste 1 (WL 1)

Wrack (Allgemein)

Städte/Ortschaften

Flächen, in denen Wohnhäuser, Industriebauten und militärische Anlagen besonders schwer zerstört wurden

Funktechnische Station

Entfernungsmeßgerät

Funkmeßgerät

Einzelne Geschützstellung

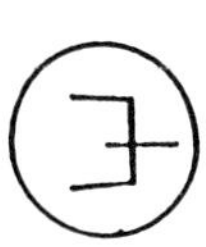
Batterie

Flugplatz

Feldflugplatz

Deutsches Schiff oder Boot (Allgemein für ein in Überwasserlage befindliches Schiff oder Boot)

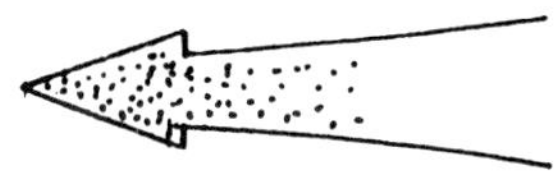
Angriffsrichtung

Frontlinie eines Verteidigungsbereiches

Frontlinie eines Verteidigungsbereiches, der bis zum 9. Mai 1945 gehalten werden konnte.

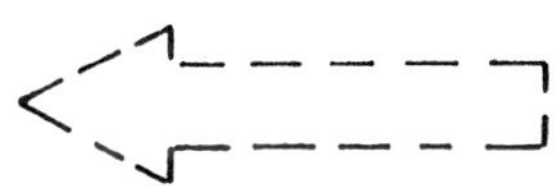
Letztes deutsches Geleit

Führer eines Verbandes

Fliegerführer

Flottillenchef

Kommandierender Admiral

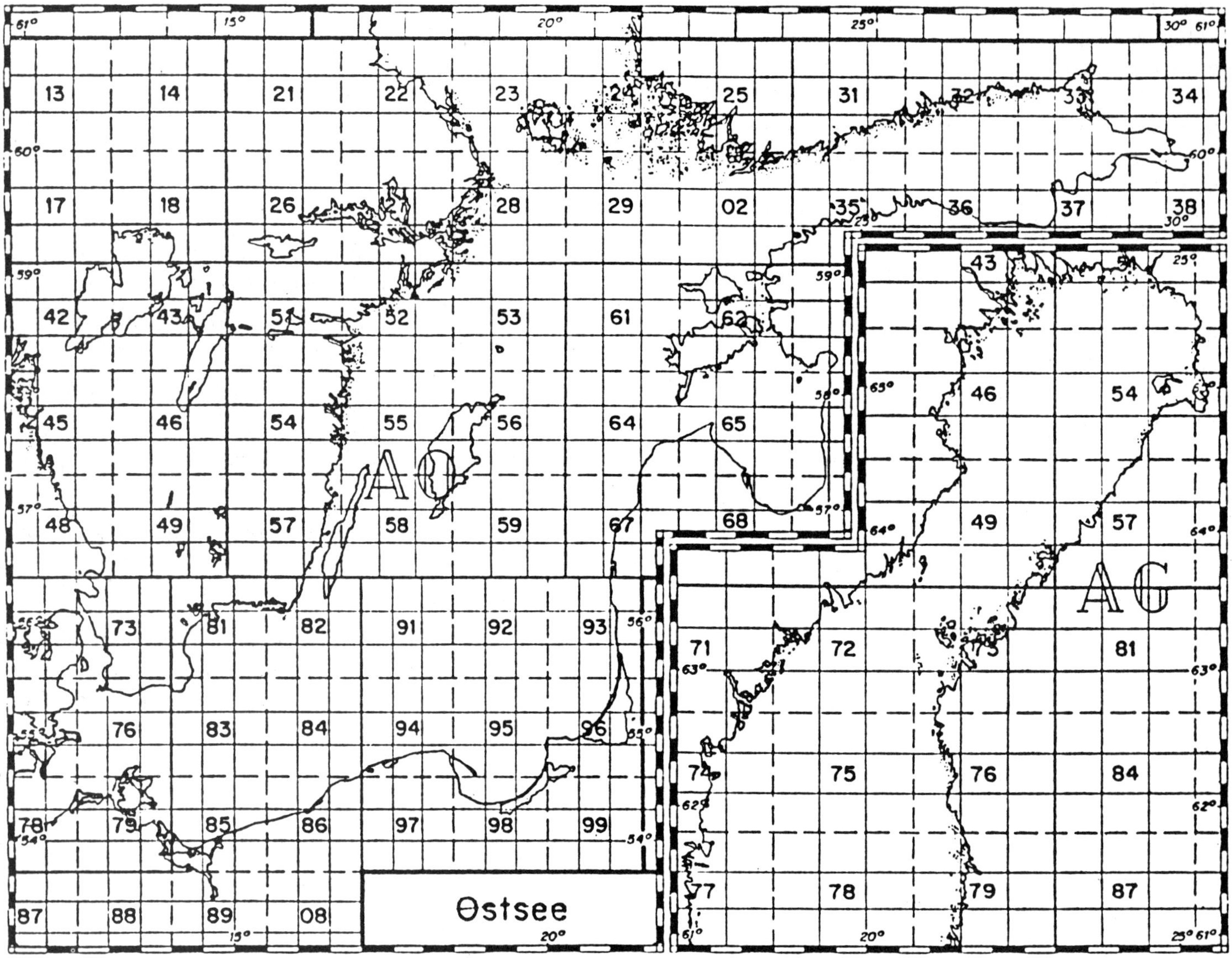

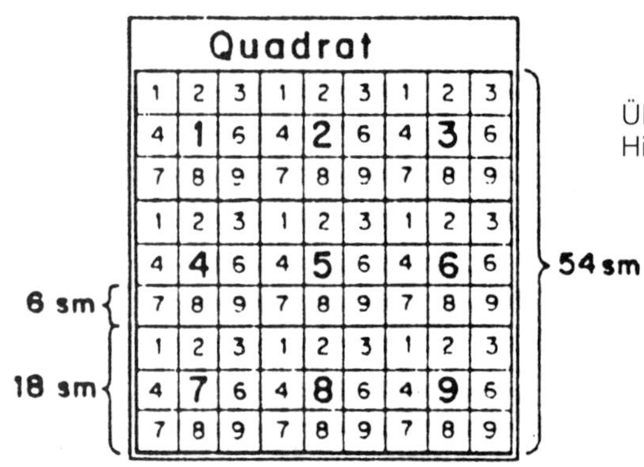

Übersichtskarte der Marinequadratkarte für die Ostsee.
Hinweis: Die Insel Bornholm ist in der Karte nicht enthalten.

Karten eingezeichnet sind. Grundlage bildeten die »Richtlinien für die Bezeichnung der Zwangswege im Ostseebereich außerhalb der normalen Fahrwasserbetonnung« und das »Punktverzeichnis für Zwangswege im Ostseebereich, Kriegsschiffswege, Ankerplätze für Kriegsschiffe« – mit der letzten Berichtigung vom 1. April 45. Das Netz der Marinequadratkarte für die Ostsee wurde wegen der Übersichtlichkeit nicht eingetragen.

Aus der Vielzahl der noch ungeklärten Wracklagen soll ein Problem dem Leser zur Diskussion angeboten werden. Jeder Hinweis zur Klärung des Sachverhalts ist willkommen.

Wracklage von U-Booten beim Feuerschiff *Adlergrund* – »Wachschiff 5«, Weg 1:
In ihrem Buch »Schiffe in Not« haben W. Bölk und E. Landschof auf S. 144 bis 147 eine bis 1957 laufend ergänzte Wrackkarte der Wasserschutzpolizeibehörde in Heiligenhafen ausgewertet. In dieser werden dort unter den Lfd. Nrn.: 35, 36, 39 und 40 vier versenkte U-Boote verzeichnet. Auf S. 152 erfolgt dann die Beschreibung der Bergung. Nach Rücksprache mit W. Bölk (1/94) bestätigt er noch einmal die Aussage deutscher Fischer von der Insel Fehmarn, die mit ihren Netzen an den relativ dicht beieinander liegenden U-Booten hängen geblieben waren. Die Besatzungen sollen mit Schlauchbooten bei Katharinenhof an Land gegangen sein. Gleichzeitig wurde dabei noch ein Motorschlepper gefunden.
Der Schlepper ist unter der Lfd. Nr. 755 in die WL-1 aufgenommen worden. Ihn hat man gehoben und repariert. Er kam wieder in Fahrt. Ausgehend von den Kampfhandlungen, die am 3. Mai 1945 in diesem Seegebiet erfolgten, könnte es sich um *U 2524, U 3012, U 3032* und den Schlepper *Stör* (?) handeln. Für das vierte U-Boot haben wir derzeit keine Erklärung.

Positionsangaben:
1. U-Boot B = 54°26.32′ N L = 11°33.90′ O
2. U-Boot B = 54°26.85′ N L = 11°34.00′ O
3. U-Boot B = 54°27.00′ N L = 11°32.55′ O
4. U-Boot B = 54°26.50′ N L = 11°32.20′ O

Für die Geleitsicherung waren entlang der Küste, auf besonders geeigneten Standorten, Funkmeßgeräte stationiert. Im Bereich der südwestlichen Ostsee war das: Fehmarn, Darßer Ort, Kap Arkona, Göhren, Greifswalder Oie, Dievenow, Rewahl, Dueodde, Hammer Odde, Mönsklint und Storehedinge. Bei Kap Arkona war eines der größten Funkmeßgeräte (FuMG 65) »WÜRZBURG–RIESE«, mit Decknamen »Adler«, stationiert. Es hatte eine Reichweite von 70 km.

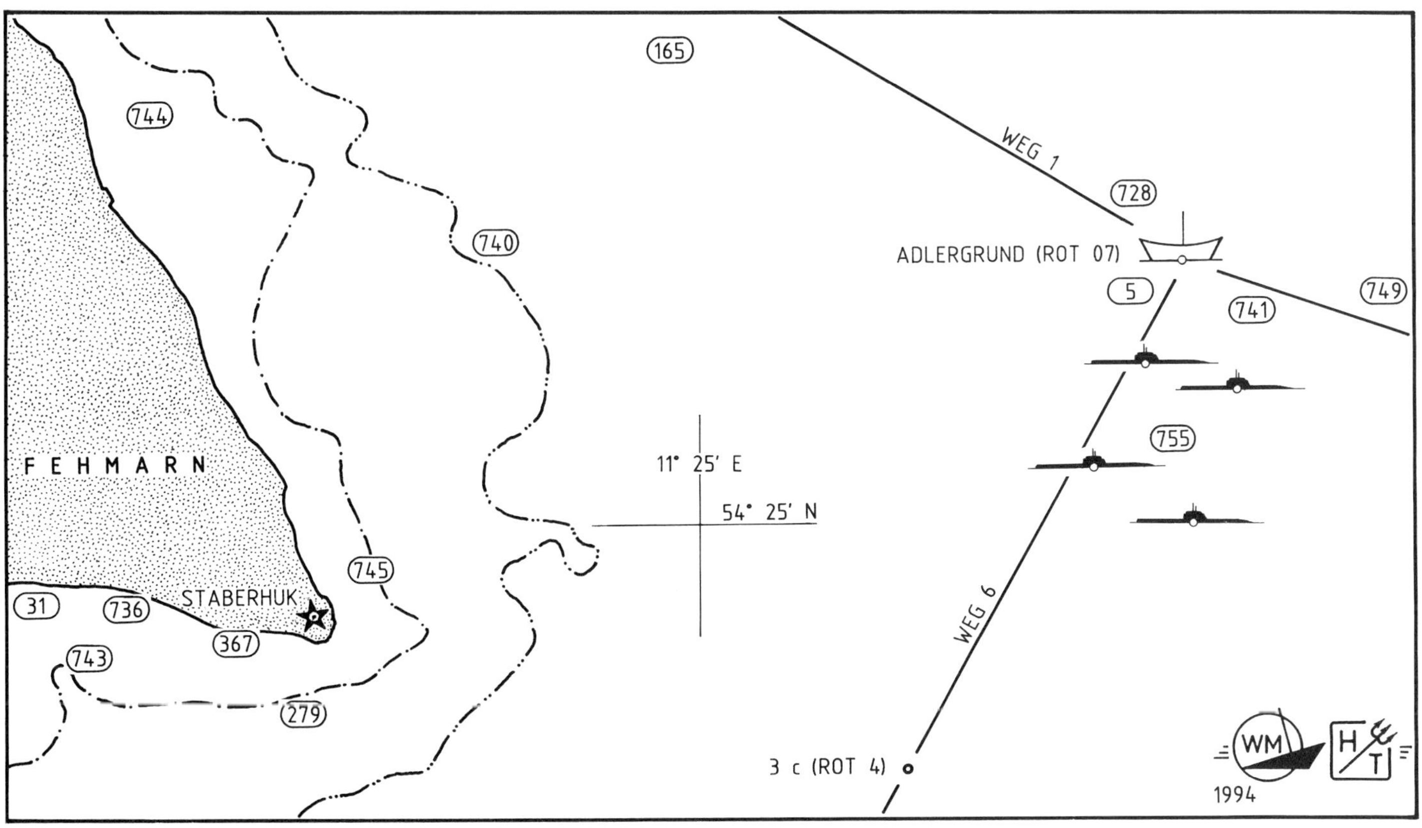

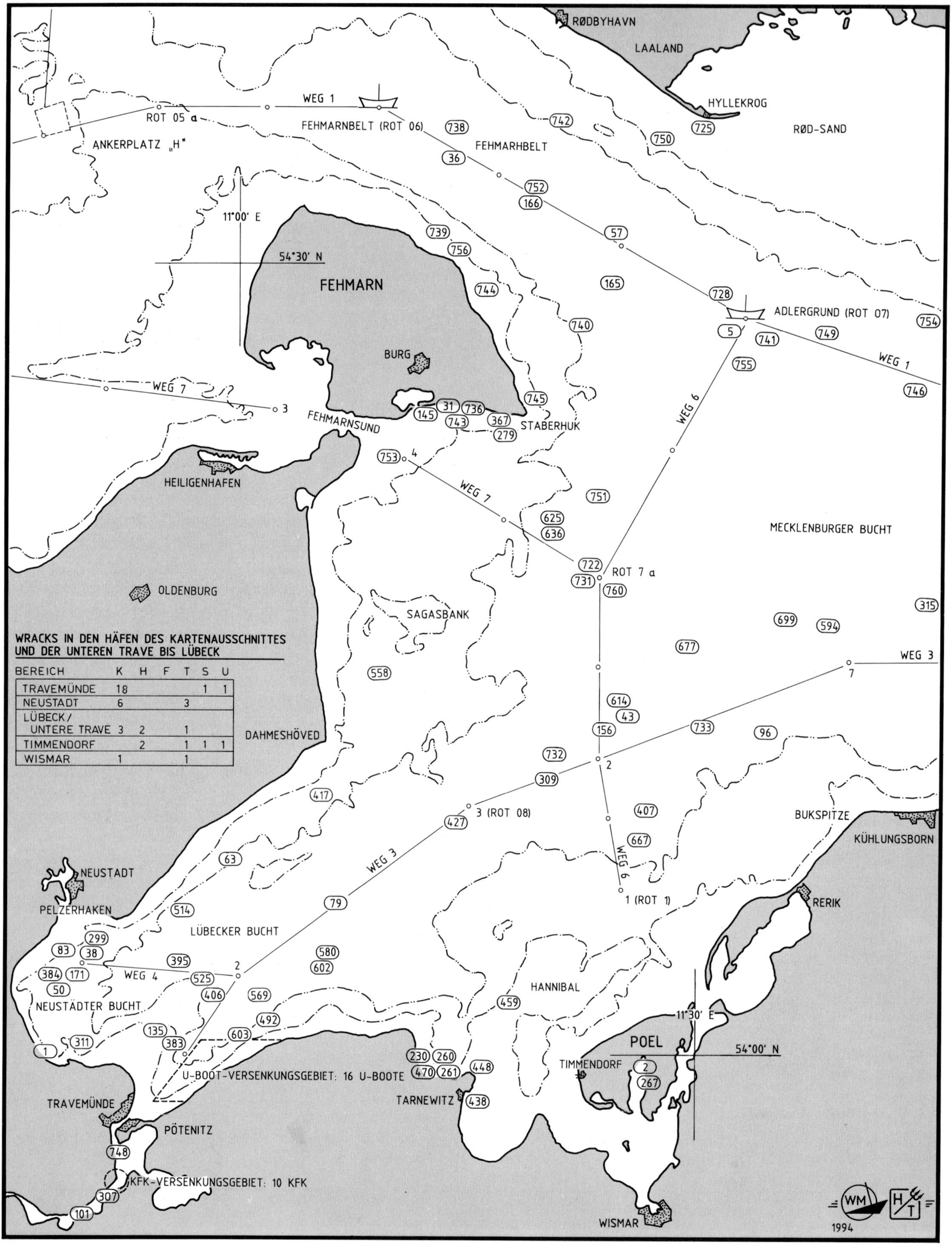

WRACKS IN DEN HÄFEN DES KARTENAUSSCHNITTES UND DER UNTEREN TRAVE BIS LÜBECK

BEREICH	K	H	F	T	S	U
TRAVEMÜNDE	18				1	1
NEUSTADT	6			3		
LÜBECK / UNTERE TRAVE	3	2		1		
TIMMENDORF		2		1	1	1
WISMAR	1			1		

Wrackliste 1 (WL-1)

Lfd. Nr.	Wrack: Name Exname	Typ	Gr.	Kriegs-verwendung	Techn. Angaben: D (t) BRT	L (m) B (m) T (m)	Untergang: Datum Ursache	B (Nord) L (Ost)	Ort Verbleib
1	*Aalma*		T	Taucherfahrzeug LW				54°00.20′ 10°47.20′	Timmendorfer Strand -geb.
2	*Achilles*	Eimerketten- bagger	T				45 gestr.		Kirchdorf -12.07.47 abgeborgen -rep.; -i.D. (SBZ), später *Wismar*
3	*Adele*	Frachter	H					54°17.40′ 13°11.30′	Gustower Wiek -geh.
4	*Adler* *ON 99*		F	D 08 SW	—— 12	12.10 4,20	07.05.45		Swinemünde-Hafen -geh.
5	*Adlergrund* *Almirante* *Abreu*	Feuerschiff	T	Wachschiff 5	150 500	47.50 8.02 2.50	02.05.45 FliBo	54°27.83′ 11°32.53′	Mecklenburger Bucht -gespr.; verschr. -Reste vorh.
6	*Adolf*	Tanker	K	Luftwaffentanker	1000 ——	58.20 8.00 2.75	45 gestr.	54°21.25′ 13°07.50′	Strelas., N-lich Altef. -14.07.47 gehoben,rep. *Lenkoran* (SU)
7									Wrackinformationen gelöscht!
8	*AF 106* *F 838 D*	Typ D1 (Mi)	K	Artilleriefährprahm	440 ——	49.84 6.61 1.70	02.05.45 gespr.	54°01.00′ 13°46,40′	Peene/Negenmarkrinne -31.02.49 gesprengt -Schrott
9	*Alexandra*		H		—— 592	53.92 8.55 3.43	.04.45 geflu.		Stettin Hafen -1979 gehoben,rep. geplant
10	*Alfred*	Fahrgast- schiff	H			32.00 5.50 2.50			Stralsund-Hafen -20.09.46 gehoben -rep. i.D. (SBZ)
11	*Altefähr*	Fährschiff	H		—— 80	19.00 5.50 1.10			Stralsund-Hafen -28.11.47 gehoben -rep. i.D. (SBZ)
12	*Altenburg* *PG 528*	Fischdampfer	F	Vs 53	—— 344	44.25 7.70 3.03	20.04.45 Mine	54°29.30′ 12°16.30′	Gedser-Rev, Weg 1,O-lich
13	*Alten-* *gamme*	Tanker	H	Stützpunkttanker	—— 8866	124.05 16.56 8.820	4.05.45 FliBo	54°26.00′ 13°37.00′	Prorer Wiek -gespr. verschr.
14	*Andros*	Frachter	H	Transporter	—— 2995	102.52 14.08 6.40	12.03.45 FliBo	53°54.50′ 14°15.70′	Swinemünde-Hafen, -1949 geh. -verschr.
15	*Annemarie*	Frachtsegler	H		—— 95				Ueckermünde-Hafen
16	*Anne-Marie* *T 527*	Schute	T				29.04.45 Strdg.	54°13.30′ 13°50.60′	In.Greifsw.Oie, W-lich -geh.
17	*Arkona*	Motorboot	T					54°16.50′ 13°09.50′	Strelasund, bei Devin -1947 geh. -rep., i.D. (SBZ)
18	*Artilla*	Frachter	H			33.00 8.00		54°35.40′ 13°39.70′	Stubbenkammer, N-lich -1955 gespr.; verschr.
19	*Artushof*	Frachter	H		—— 1478	70.30 11.10 4.60	17.08.44 FliBo		Stettin-Hafen -1949 geh.; verschr.

Lfd. Nr.	Wrack: Name Exname	Typ	Gr.	Kriegsverwendung	Techn. Angaben: D (t) BRT	L (m) B (m) T (m)	Untergang: Datum Ursache	B (Nord) L (Ost)	Ort Verbleib
20									Wrackinformationen gelöscht!
21	*B.& G. 38*	Baggerschute	T					54°26.60 ′ 13°35.50 ′	Prorer Wiek -geh. -rep.,i.D. (SBZ)
22	*B.T.V.*	Tanker	H	Tanker	 275		13.05.44 FliBo		Stettin-Hafen
23	*Bad Jungfernberg III*	Fahrgastschiff	H		 20	18.00 3.40	.04.45 gestr.		Gustower Wiek -geh.
24	*Baku*	Schlepper	K		883	48.90 9.58 3.60	20.11.44 Mine	54°45.00 ′ 12°42.00 ′	Weg 32, O-lich -verschr.
25	*Bansin*	Schmieröltanker	K	Tanker	1430	59.60 9.01 3.96	30.04.45 geflu.	54°18.96 ′ 13°06.85 ′	Stralsund-Dornquast-W. -23.03.47 geh.; -Fertigbau MTW; -i.D. *Derbent* (SU)
26									Wrackinformationen gelöscht!
27	*Berglase*	Getreideleichter	H		 650	65.00 8.00	.04.45	54°17.13 ′ 13°10.54 ′	Gustower Wiek -15.02.47 geh.; rep. -08.07.49 i.D. Bergungsleichter (SBZ)
28	*Berlin*	Passagierschiff	H	Lazarettschiff *A*	 15286	174.30 20.98 9.04	01.02.45 Mine	54°00.90 ′ 14°17.00 ′	Weg 51, Tn.1 -geh. 1947; rep. -02.05.57 i.D. *Admiral Nachimow* (SU)
29	*Blitz*	Barkasse	T						Wismar-Dornierwerk -geh.
30									Wrackinformationen gelöscht!
31	*Bolkoburg*	Frachter	H	U-Bootzielschiff	 3437	94.50 13.55 4.95	04.05.45 FliBo	54°24.60 ′ 11°14.20 ′	In.Fehmarn, SO-lich -11.06.46 geh.; -ausgeschl. für poln. Neubau *Monte Cassino*
32	*Borussia* *U-B-837*	Bagger	T			46.00 7.60 2.20	06.03.45		Saßnitz-Hafen -04.08.47 geh.; -rep. 1949/51 Neptunwerft i.D. (SU)
33	*BP 12* *VJ 12*		K	Flugzeugbergeprahm	100	26.50 9.00 0.60	45 geflu.	54°16.30 ′ 12°24.70 ′	Pütnitz-Hafen -15.04.47 geh.; rep.; -i.D. SU-Beute
34	*Brummer*	Zollkreuzer	T	Wachboot	50	29.00 4.40 1.50	01.05.45 gespr.	54°05.73 ′ 12°06.74 ′	Rostock-Neptunwerft -10.45 geh.; -rep. Neptunwerft -i.D. 1945 (SU)
35	*Bummler*	Motorjacht	S						Stralsund-Hafen -26.07.46 geh.; rep.
36	*Burg* *PG 527*	Fischdampfer	F	Vs 54	 344	44.25 7.70 3.03	15.03.44 Mine	54°34.53 ′ 11°13.82 ′	Fehmarnbelt, Weg 1 -geh.
37	*Bln. 642*	Lastkahn	H						Lauterbach-Hafen -geh.
38	*Cap Arcona*	Passagierschiff	H	Wohnschiff	 27561	205.90 25.78 8.67	03.05.45 FliBo	54°03.90 ′ 10°50.45 ′	Neustädter Bucht -gespr.; verschr. -Reste vorhanden
39	*Capella* (Kapella)	Schlepper	K	Scheibenschlepper	 530	48.90 9.52 3.60	07.12.43 Mine	54°24.08 ′ 12°22.06 ′	Wustrow, N-lich -geh.

Lfd. Nr.	Wrack: Name Exname	Wrack: Typ	Wrack: Gr.	Wrack: Kriegs-verwendung	Techn. Angaben: D (t)	Techn. Angaben: BRT	Techn. Angaben: L (m) B (m) T (m)	Untergang: Datum Ursache	Untergang: B (Nord) L (Ost)	Ort Verbleib
40	*Caprivi*	Fahrgast- schiff	H			54	18.00 4.00			Stralsund-Hafen -09.10.48 geh.;verschr.
41	*Casper Ohm*	Strom- meisterboot	T				10.00 2.70 0.70	01.05.45 gespr.		Rostock-Werft Wussow -geh.; rep.; i.D. (SBZ)
42	*Castor*	Eisbrecher	K		6271		90.00 21.00 6.80	15.03.45 Mine	54°23.70′ 12°05.20′	Ankerplatz *R*, N-lich -.52 geh.; rep. 1953/56 -Neptunwerft; -i.D. *Peresvet* (SU)
43	*Charlies*	Schlepper	K	Netztender					54°12.90′ 11°25.00′	Weg 6, Mecklenb. Bucht
44										Wrackinformationen gelöscht!
45	*Consul Cords*	Frachter	H	Transporter		951	68.30 10.00 4.30	19.02.45 Mine	54°22.80′ 12°05.40′	Ankerplatz *R*, N-lich -gespr.; verschr.
46	*Cordillera*	Passagier- schiff	H	Wohnschiff		12055	151.70 20.10 8.50	12.03.45 FliBo	53°54.40′ 14°15.50′	Swinemünde-Hafen -.49 geh.; rep. WW -28.03.55 i.D. -*Russ* (SU)
47	*Cornwall*		H			217		30.04.44 Mine	54°15.50′ 14°03.10′	In.Greifsw.Oie, O-lich. -gespr.; verschr.
48	*Danmark*	Eisenbahn- fährschiff	H	Fährschiff		2915	102.00 15.70 6.50	15.03.45 gespr.		Gedser-Hafen -10.05.47 geh.; rep. -i.D. Dänische Staatsbahn
49	*Delphin*		T	Taucherfahrzeug				06.03.45 FliBo		Saßnitz-Hafen -geh.
50	*Deutsch- land*	Passagier- schiff	H	Hilfsbeischiff		21046	206.30 24.00 12.80	03.05.45 FliBo	54°03.45′ 10°48.25′	Neustädter Bucht -1948 gespr., -verschr.
51	*Dieter Hugo Stinnes 12*	Frachter	H	Transporter		2545	84.70 13.50 6.30	16.02.45 Mine	54°07.50′ 14°37.00′	Weg 53, Tn.5,SW-lich. -1955 gespr.; verschr.
52	*Dietrich Oldendorff*	Frachter	H	Transporter		1876	81.00 13.00 5.50	17.08.44 FliBo		Stettin-Hafen -23.12.44 geh.; rep. -i.D. (SU)
53	*Ditmar Koel*	Lotsen- dampfer	T			670	52.06 9.42 4.28	14.02.45 Mine	54°09.50′ 14°08.50′	Weg 51, Tn.3, NW-lich.
54	*Dogger- bank*	Seeleichter	H			700	52.30 8.00	.04.45		Stralsund-Hafen 07.05.47 geh.; rep.
55	*Dornbusch*	Motorboot	T		33		15.00 3.40 1.25	06.10.44 FliBo		Stralsund-Staatswerft 05.07.46 geh.; rep.
56	*Dwarsdorf*	Schute	T			100		06.03.45 FliBo		Saßnitz-Hafen -25.10.47 geh.
57	*Dwarssee*	Frachter	H			553	48.10 8.30 3.50	03.05.45 FliBo	54°31.40′ 11°24.60′	Fehmarnbelt, Weg 1 -geh.; verschr.
58	*Dock H*	Schwimm- dock	T					25.04.45 gespr.		Stettin-Hafen -geh.
59	*Edit Anneliese*	Hochsee- jacht	S	Schulsegler		150	25.20 5.75 3.05	30.04.45 geflu	54°16.30′ 13°08.40′	Strelasund, Devin -05.12.47 geh.; Einsatz als Ansteuerungstonne Swinemünde, verschr.
60	*Elisabeth*	Schlepper	T			38		.03.45 geken.		Stettin-Hafen -geh.

Lfd. Nr.	Wrack: Name Exname	Typ	Gr.	Kriegs-verwendung	Techn. Angaben: D (t) BRT	L (m) B (m) T (m)	Untergang: Datum Ursache	B (Nord) L (Ost)	Ort Verbleib
61	*Ellen Larsen* *Erik*	Frachter	H		____ 1938	85.11 12.20 5.50	24.02.45 Mine	54°12.00′ 12°05.90′	Anst.Warnemünde, O-lch. -gespr.; verschr. ab 19.02.1951
62	*Emily*	Frachter	H		____ 1567	75.00 11.00	11.04.44 FliBo		Stettin-Reiherwerder-hafen -1948 geh.
63	*Emma* *Oltmann*	Frachter	H		____ 140		03.05.45	54°07.60′ 10°59.50′	Lübecker Bucht -01.06.48 geh.
64	*Emmy* *Friederich II*	Frachter	H		____ 5061	133.70 17.40 7.70	30.08.44 FliBo		Stettin-Hafen -geh. -17.10. 45 mit Gasmun. Skagerrak versenkt
65	*Erika*	Motorboot	T				.04.45 geflu.		Stralsund-Hafen -16.03.46 geh.
66	*Erika Fritzen*	Frachter	H		____ 4169	106.40 15.50 8.10	25.02.45 Mine	54°22.90′ 11°58.60′	Weg 1, Tn.7, SO-lich -gespr.; verschr.
67	*F ...*		K	Fährprahm	239	49.80 6.50 1.20	.05.45 gestr.	54°23.10′ 12°25.50′	Warnow, Groß Klein -19.02.51 verschr.
68									Wrackinformationen gelöscht!
69									Wrackinformationen gelöscht!
70									Wrackinformationen gelöscht!
71									Wrackinformationen gelöscht!
72	*F 37*		K				17.08.44 FliBo		Stettin-Hafen -geh.; verschr.
73									Wrackinformationen gelöscht!
74	*Falke*	Schlepper	T				.05.45 geflu.		Wismar-Hafen -geh., i.D. (SBZ)
75	*FL.B ...*	Fl.B	K	Flugbetriebsboot	80	27.50 5.14 1.40	04.05.45 geflu.		Saßnitz-Hafen -25.11.46 geh.; rep. -i.D. VP-See (DDR) 841
76	*FL.C 311*	Fl.C	K	Flugbetriebsboot			02.05.45 geken.	54°05.40′ 13°56.20′	vor Zinnowitz
77	*FL.T ...* genannt *Parow*	Torpedofang-boot LW FL.T III	K	Torpedofang-boot	30	16.70 2.80 1.00			Parow-Hafen -21.06.47 geh.; rep.
78	*Flora*		H		____ 866			54°10.25′ 14°07.45′	Weg 51, Tn.4, SW-lich -gespr.; verschr.
79	*Florida*	Frachter	H		____ 5542	136.60 17.40 8.00	02.05.45 FliBo (+)	54°05.80′ 11°06.30′	Weg 3, Lübecker Bucht -09.53 geh.; rep.
80	*Fortuna* *AE 7*	Logger	F	Vs 156	____ 164	30.27 7.03 3.20	13.03.44 Kolli.	54°28.12′ 12°12.24′	Darßer Ort, W-lich
81	*Fram* *Russ*		H		____ 2491	96.00 13.01	1939/42	54°54.58′ 14°38.00′	Weg 52, Tn.4, SO-lich
82	*Freest*	Schute	T		____ 500	46.00 8.50			Stralsund-Hafen -17.11.47 geh.; rep.
83	*Frieda*	Fischkutter	F					54°03.40′ 10°50.37′	Anst. Neustadt -geh.

Lfd. Nr.	Wrack: Name Exname	Typ	Gr.	Kriegs-verwendung	Techn. Angaben: D (t) BRT	L (m) B (m) T (m)	Untergang: Datum Ursache	B (Nord) L (Ost)	Ort Verbleib
84	*Friedrich*	Schlepper	T		68 	15.29 4.02 1.84			Warnemünde-Hafen -geh., rep.
85	*Friedrich der Große*		H						Stettin-Hafen -geh.
86	*Garm*	Schlepper	T		 64	21.11 5.47 2.31	22.02.45 Kolli.		Stettin-Hafen
87	*Gazelle*	Schlepper	T				.03.45 geflu.		Stettin-Hafen
88	*Gebweiler* *Balmung*	Frachter	H	Sperrbrecher SP 165	 1481	77.00 11.50 5.30	08.07.43 Mine	54°37.00′ 12°27.00′	Weg 1, Tn.10, SW-lich -gespr.; verschr.
89	*Gellen*		T						Stralsund Schwedenschanze -geh. 17.08.46
90	*General Müller*	Motorboot	T			10.00 2.00 0.80			Stralsund-Hafen
91	*Gerhard*	Frachter	H					53°46.95′ 14°04.45′	Kleines Haff
92	*Geroels* (Name verstümmelt)	Frachter	H				03.06.43 Mine	54°40.00′ 13°39.00′	Weg 51,Tn.13, NW-lich -gespr.; verschr.
93	*Gertrud Fritzen*	Frachter	H		 2999	98.76 14.22 6.36	02.05.45 FliBo		Trave -geh. -13.07.46 mit Gasmun. im Skagerrak versenkt
94	*Gneisenau*	Passagier-schiff	H	Wohnschiff	 18160	190.70 22.60 12.50	02.05.43 Mine	54°38.40′ 12°26.00′	Weg 1,zw.Tn.9 u. 10 -gespr.; verschr. durch dän. Berger um 1951 unrein
95	*Gneisenau*	Fahrgast-schiff	H		 122	30.90 4.85 1.58	11.03.45 FliBo		Stettin/Bhf. Brücke -geh.; verschr.
96	*Gondul*	Frachter	H		 1259	80.00 11.40	29.05.43 Mine	54°12.00′ 11°34,20′	Mecklenburger Bucht -gespr., verschr. -Bodenschale vorhanden
97	*Gorch Fock*	Bark	K	Segelschulschiff	1545 	73.75 12.00 4.80	30.04.45 (+)	54°17.28′ 13°08.22′	Stralsund-Drigge -16.09.47 geh., rep. -Stralsund/NW/MTW -15.6.1950 *Towarischtsch*
98	*Graf Zeppellin*	Flugzeug-träger	K		33550 	262.50 36.20 8.50	25.04.45 (+)	53°26.00′ 14°34.00′	Stettin -03.46 geh., -14.08.47 überführt SU
99	*Greif*		H						Stralsund-Hafen
100	*Gretel*		U						Stralsund-Hafen
101	*H.C.Horn*	Frachter	H	Spbr. 27	 7900	104.70 15.16 7.47	02.05.45 FliBo		Trave -26.02.46 geh.; -28.04.46 mit Gasmun. im Skagerrak versenkt
102	*Hamburg*	Passagier-schiff	H	Wohnschiff	 22117	206.50 24.10 12.83	07.03.45 Mine	54°430.00′ 13°42.20′	Saßnitz-Reede, O-lich -07.11.50 geh., rep. -12.07.60 i.D. *Yuri Dolgoruki* (SU)
103	*Hanna Cords*	Frachter	H	Transporter	 1891	81.10 12.90 5.20	25.04.45 geflu.		Stettin-Hafen -geh.

Lfd. Nr.	Wrack Name Exname	Typ	Gr.	Kriegs-verwendung	Techn. Angaben D (t) BRT	L (m) B (m) T (m)	Untergang Datum Ursache	B (Nord) L (Ost)	Ort Verbleib
104	*Hans*		U				.05.45		Timmendorf-Hafen -geh.
105	*Hans* *Rolshoven*		K	Flugsiche- rungsschiff	1169 	76.20 10.64 3.77	06.03.45 FliBo	54°30.70′ 13°38.50′	Saßnitz-Hafen -22.05.50 gespr. -verschr.
106	*Hansa* *Albert Ballin*	Passagier- schiff	H	Wohnschiff	 21131	206.30 24.00 12.81	06.03.45 Mine	54°19.20′ 12°04.46′	Ankerplatz R, S-lich -12.49 geh., rep. 55 i.D. -*Sovetskiy Soyuz* (SU)
107	*Hanseat*	Gaffel- schoner	S	Segelschulschiff LW	 224	36.60 8.66 2.90	15.09.41 Strdg.	54°24.30′ 13°37.50′	Binz-Silvitzer Ort -abgebr. -unrein
108	*Heidebrink* *Dievenow*	Fahrgast- schiff	H		 44	23.23 4.28 1.73	06.03.45		Cammin-Hafen -geh.; rep.; -47 i.D. *Jolanta* (PL)
109									Wrackinformationen gelöscht!
110	*Heiligen-* *hafen*	Frachter	H	Transporter	 1923	91.95 13.50 5.77	12.03.45 FliBo		Swinemünde-Hafen -geh.; rep. -i.D. *Kholmsk* (SU)
111	*Heimat*	Fahrgast- schiff	H	Verkehrsfahrzeug LW	 84	29.30 5.80 2.30	06.10.44 FliBo	54°19.10′ 13°05.83′	Stralsund-Hafen -10.44 geh. -zur Krögerwerft, verschrot- tet nach 1945
112	*Heinrich* *Vollmers*	Frachter	H		 193		30.08.44 FliBo		Stettin-Hafen
113	*Helgoland* *PG 202*	Fisch- dampfer	F		 241	38.79 7.12 3.15	27.04.44 Mine	54°42.50′ 12°39.00′	Weg 1,Tn.11, SO-lich -1944 geh., rep.
114	*Helios*	Frachter	H	Artillerie- schulschiff	 2883	90.50 14.02 6.49	06.01.44 FliBo		Stettin-Hafen -22.02.44 geh. -02.05.45 brit. Beute -verschr.
115	*Henrik* *Gerner*	U-Boot- begleitschiff	K	Werkstattschiff		49.00 8.20 2.80	30.03.45 geflu.		Pölitzer Bucht
116	*Hermine*		F		 60		19.07.44 Mine		Swinemünde-Mole -1944 geh., rep.
117	*Hindenburg*	Zollkreuzer	T	Wachboot		31.00 4.40 1.60	 Strdg.	54°11.20′ 13°45.10′	Greifswalder Bodden SW-lich In. Ruden -geh.
118	*Horrido*	Quatze	F						Stralsund Dornquast Werft -geh.
119	*Hummel* *Kadli*		K	Flakschiff	 1818	81.99 11.32 5.11	04.05.45 FliBo		Swinemünde-Hafen
120									Wrackinformationen gelöscht!
121	*Ida* (= *Aalen*)	Frachter	H	Transporter	 6131	127.30 16.50 7.70	23.10.44 Kolli.	54°37.60′ 12°25.40′	Weg 1,Tn.10, SW-lich -gespr.; verschr.
122	*Iduna*	Frachtsegler	H			20.04 4.96 0.69			Ueckermünde-Hafen -geh., rep. -i.D. (SBZ)
123	*Inger Becker*		H					54°34.80′ 12°21.10′	Ankerplatz Q, S-lich -geh.

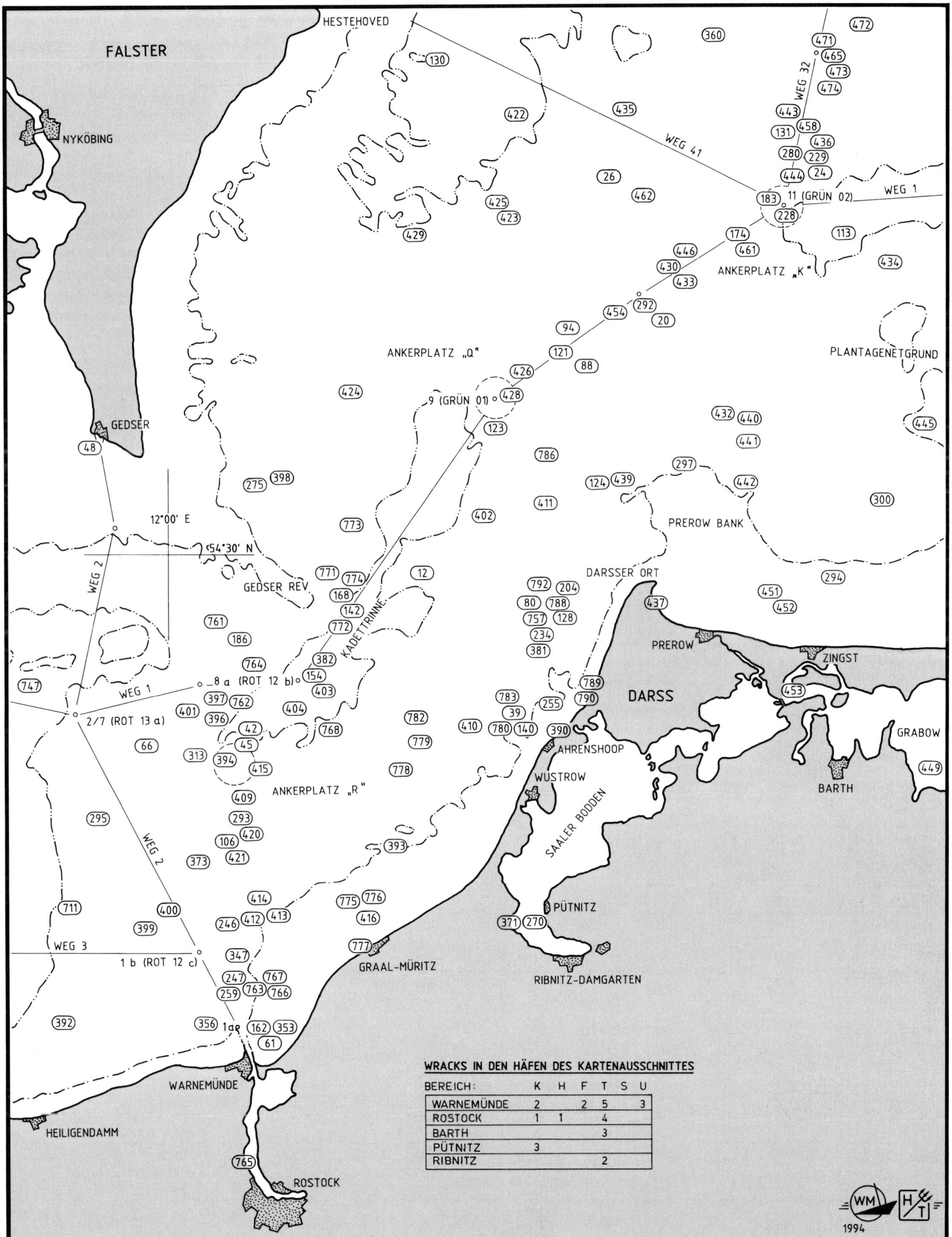

WRACKS IN DEN HÄFEN DES KARTENAUSSCHNITTES

BEREICH:	K	H	F	T	S	U
WARNEMÜNDE	2		2	5		3
ROSTOCK	1	1		4		
BARTH				3		
PÜTNITZ	3					
RIBNITZ				2		

Lfd. Nr.	Wrack: Name Exname	Typ	Gr.	Kriegs-verwendung	Techn. Angaben: D (t) BRT	L (m) B (m) T (m)	Untergang: Datum Ursache	B (Nord) L (Ost)	Ort Verbleib
124	*Ingrid*	Tonnen-leger	K				12.06.42 Mine	54°32.65′ 12°29.30′	Darßer Ort, NNW-lich -verschr.
125	*Ingrid* *Wa 37*	Fischkutter	F		 5		.05.45 FliBo		Warnemünde-Hafen -geh.
126	*Jägersberg*		T	Hebeschiff			06.03.45 FliBo		Saßnitz-Hafen -geh.
127	*Jasmund*	See-schlepper	K	Arsenal-schlepper	437 	38.70 8.00 3.75	12.03.45 FliBo		Swinemünde-Hafen -geh.; rep. Neptunwerft -24.04.46 -i.D. *A 108* (SU)
128	*Jaunjelgava*	Frachter	H		 1290	74.00 10.80	19.04.40 Kolli.	54°28.00′ 12°25.30′	Darßer Ort, W-lich
129	*Johanna*	Fischkutter	F	Wachboot (D 11 Sw)	 7	9.80 3.00	07.05.45	53°56.60′ 14°16.40′	Swinemünde-Hafen
130	*Jonny*	Frachtsegler	H					54°48.55′ 12°17.45′	Weg 41, S-lich
131	*Julius* *Madsen*	Frachter	H		 2490	100.00 15.00	05.06.44	54°46.20′ 12°40.50′	Weg 32, W-lich -Ladung: Erz (geborgen) -gespr.; verschr.
132	*Karl*	Torpedo-fangboot	K		27 	21.40 3.70 1.33	06.03.45 FliBo		Saßnitz-Hafen -geh.; verschr.
133	*Karl Fried-rich Geiss*	Frachter	H		 283	38.94 6.28 3.48	25.04.45 (+)		Stettin-Hafen -geh.;
134	*Karlsburg*		F	V 2003	 493	54.95 8.26 4.19	12.03.45 FliBo	53°56.00′ 14°17.00′	-11.03.45 Achterschiff nach Munitionsexplosion schwer beschädigt -12.03.45 gesunken
135	*Käthe Jür-gensen*		H		 346		12.05.40	54°00.80′ 10°54.90′	Anst. Travemünde
136	*KFK ...*	KFK	K		110 	24.00 6.40 2.70	.05.45 (+)		Trave KFK Versenkungsgebiet -geh.
137	*KFK ...*	KFK	K		110 	24.0 6.40 2.70	.05.45 (+)		Trave KFK Versenkungsgebiet -geh.
138	*KFK ...*	KFK	K		110 	24.00 6.40 2.70			Saßnitz Fischereihafen -geh.; abgebr.
139	*KFK ...*	KFK	K		110 	24.0 6.40 2.70	.05.45 (+)		Trave KFK Versenkungsgebiet -geh.
140	KFK ...	KFK	K		110 	24.00 6.40 2.70		54°24.60′ 12°22.05′	Ahrenshoop, NW-lich -geh.
141	*KFK ...*	KFK	K		110 	24.00 6.40 2.70	.05.45 (+)		Trave KFK Versenkungsgebiet -geh.
142	*KFK ...*	KFK	K	Vs ...	110 	24.00 6.40 2.70	45 FliBo	54°27.61′ 12°11.88′	Weg 1, Kadettrinne
143	*KFK ...*	KFK	K		110 	24.00 6.40 2.70	05.45 (+)		Trave KFK Versenkungsgebiet -geh.
144	*KFK ...*	KFK	K		110 	24.00 6.40 2.70	.05.45 (+)		Trave KFK Versenkungsgebiet -geh.

Lfd. Nr.	Wrack: Name Exname	Typ	Gr.	Kriegs-verwendung	Techn. Angaben: D (t) BRT	L (m) B (m) T (m)	Untergang: Datum Ursache	B (Nord) L (Ost)	Ort Verbleib
145	*KFK ...*	KFK	K		110 	24.00 6.40 2.70	03.05.45 FliRa	54°24.60′ 11°12.60′	In. Fehmarn, Einfahrt Burgstaaken -geh.
146	*KFK ...*	KFK	K		110 	24.00 6.40 2.70	.05.45 (+)		Trave KFK Versenkungsgebiet -geh.
147	*KFK ...*	KFK	K		110 	24.00 6.40 2.70	.05.45 (+)		Trave KFK Versenkungsgebiet -geh.
148	*KFK ...*	KFK	K		110 	24.00 6.40 2.70	.05.45 (+)		Trave KFK Versenkungsgebiet
149	*KFK ...*	KFK	K		110 	24.00 6.40 2.70	.05.45 (+)		Trave KFK Versenkungsgebiet -geh.
150	*KFK 330*	KFK	K	UJ 316	110 	24.00 6.40 2.70	13.09.44 Mine	54°03.50′ 14°41.40′	Dievenow, NW-lich
151	*KFK 506*	KFK	K	V 6719	110 	24.00 6.40 2.70	25.08.44 Mine		Stettiner Haff Tn.4
152	*KFK 512*	KFK	K	Vs 615	110 	24.00 6.40 2.70	30.08.44 Mine		Stettiner Haff, Tn.6
153	*KFK 553*	KFK	K	M 3252	110 	24.00 6.40 2.70	09.12.44 Kolli		Stettiner Haff
154	*KFK 99*	KFK	K	Schulboot	110 	24.00 6.25 2.85	02.11.44 Kolli	54°25.55′ 12°08.90′	Weg1, Tn.8a, O-lich -21.08.55 geh.; rep. -i.D. 1959 *Pluto* (DDR)
155	*Kiel 22*	Logger	F	Tauchlogger	 142		09.04.45 FliBo		Warnemünde-Hafen -geh.; verschr.
156	*Klaus Groth*	Fahrgast- schiff	H	Erprobungsschiff	 150	26.02 6.43	28.02.44 Seeschl.	54°12.30′ 11°22.90′	Weg 6, Mecklenb. Bucht -.09.52 geh.; verschrottet, HM in Schlepper *Holtenau*
157	*Krebs*	Greifbagger	T		 57	20.10 8.00 0.90	.04.45 gestr.	54°25.50′ 12°58.90′	Zarrenzin-Strand -04.06.47 geh.
158	*Kriemhild*	Logger	F	Vs 245	 118	25.10 6.54 3.12	04.05.45 geflu.	54°30.64′ 13°38.80′	Saßnitz-Ostmole -.12.46 geh.; rep. -1949 i.D. SDG (SBZ)
159	*Kronprinz* *Kronprinz* *Wilhelm*	Fahrgast- schiff	H	Minensucher (DWo 152)	 151	34.50 6.70 2.80	29.07.43 FliBo		Rostock-Gehlsdorf -geh.; rep. -i.D. *Undine* (DDR)
160	*Krüger* (Name verstümmelt)		H					54°11.33′ 13°43.57′	Greifswalder Bodden
161	*Kuno*	Barkasse	T				06.03.45 FliBo		Saßnitz-Hafen -geh.
162	*LBL 1*	Seeleichter	H	Transporter	 2121	92.10 13.40 4.60	01.05.45 Panzer	54°12.00′ 12°05.70′	Anst. Warnemünde -19.02.51 geh. -verschr.
163	*Lebbin*	Spüler	T		 115	33.75 8.75 1.46	30.4.1945 gespr.	54°18.70′ 13°06.05′	Stralsund-Hafen -18.01.49 geh.; rep. -i.D. *Lebbin* (DDR)

Lfd. Nr.	Wrack: Name / Exname	Typ	Gr.	Kriegsverwendung	Techn. Angaben: D (t)	BRT	L (m)	B (m)	T (m)	Untergang: Datum	Ursache	B (Nord)	L (Ost)	Ort / Verbleib
164	*Leda*	Passagierschiff	H	Transporter		2412	93.11	12.68	5.59	25.03.45	Ari			Stettiner Haff -1948 geh., verschr.
165	*Lehnskov*	Dreimastschoner	H			99				22.02.44		54°29.50′	11°24.20′	Weg 1, Fehmarnbelt
166	*Lidingoe* *Skagern*	Frachter	H			5842	124.00	16.30	7.60	06.11.42	Mine	54°32.88′	11°19.84	Weg 1, Fehmarnbelt -verschr.
167														Wrackinformationen gelöscht!
168														Wrackinformationen gelöscht!
169	*Loreley*	Dreimastschoner	H			83				29.11.42	gestr.	54°40.40′	13°17.00′	In.Rügen, Mövenort
170	*Lossen*	Minenleger	K			640	45.00	8.50	3.00	30.04.45	geflu.	54°10.20′	12°05.50′	Warnemünde-Hafen geh.; rep. -i.D. Seeschlepper *Wismar* (VP-See)
171	*Lotsenkommandeur Krause*		T			294	38.90	7.10	3.55			54°03.40′	10°48.27′	Neustädter Bucht -geh., rep.
172	*LS 1*		U											Stralsund-Hafen -geb.
173	*Luise*	Segler	H			43	12.70	3.00	1.20					Stralsund-Hafen -24.11.47 geh.
174	*Lütjehörn*	Frachter	H	Transporter		1939	84.12	11.15	5.87	04.01.45	Mine	54°42.26′	12°37.05′	Weg1, Tn.11, SW-lich Ladung: Munition -gespr.; verschr.
175	*Lützow* *Deutschland*	Panzerschiff	K	Schwerer Kreuzer	14290		187.90	20.69	7.25	16.04.45	FliBo	53°51.60′	14°17.00′	Swine-Kaseburg -47 geh.; überführt SU, gesunken
176	*M 14*	Typ 35	K	Minensuchboot	874		68.10	8.70	2.65	03.05.45	Mine	54°10.00′	13°59.30′	Karlshagen, NO-lich -1982 erst gefunden -Wrack noch vorhanden
177	*M 372* *(TS 3)*	Typ 40	K	Torpedoschießboot	775		62.30	8.90	2.80	12.05.44	FliBo	54°41.30′	12°33.20′	Swinemünde-Hafen -geh.
178	*M 387* *TS 2*	Typ 40	K	Minensuchboot	775		62.30	8.90	2.80	02.05.45	geflu.			Lübeck-Hafen -geh.
179														Wrackinformationen gelöscht!
180	*M 553* *Abraham van der Hulst*	M-Boot	K	Minensuchboot	620		55.82	8.11	2.68	30.08.44	FliBo			Stettin Gollnow-Werft -geh.; verschr.;
181	*M 557*	Typ 16	K	Minensuchboot	550		59.63	7.30	2.15	27.12.41	Mine	54°29.40′	13°36.80′	Saßnitz, SW-lich -gespr.; verschr.
182	*M.& B. 4*	Spüler	T		370		38.00	6.00		30.04.45	Ari	54°16.10′	13°12.10′	Strelasund, Neuhof -geh.; verschr.
183	*Margareta*	Frachter	H			1826				26.03.44	Kolli	54°43.20′	12°39.50′	Weg1, Tn.11, Ankerplatz *K* -gespr.; verschr.
184	*Magarete*	Frachter	H									54°15.30′	13°59.10′	In. Greifswalder Oie O-lich

Lfd. Nr.	Wrack: Name Exname	Typ	Gr.	Kriegs-verwendung	Techn. Angaben: D (t)	BRT	L (m) B (m) T (m)	Untergang: Datum Ursache	B (Nord) L (Ost)	Ort Verbleib
185	*Margarethe Cords*	Frachter	H			1912	81.40 12.90 5.10	17.03.45 Torp.	54°48.00' 15°00.00'	In. Bornholm, S-lich
186										Wrackinformationen gelöscht
187	*MAL 37*	MAL Typ II	K	Marine-artillerie-leichter	277		35.50 8.60 1.19	06.03.45 FliBo	54°30.00' 13°37.20'	Saßnitz, SW-lich
188	*Malangen*	Fisch-dampfer	F	U-Jäger (UJ 1119)		476	56.47 9.16 4.19	06.03.45 FliBo		Saßnitz-Hafen -geh.
189	*Margarethe*	Fracht-segler	H							Stettiner Haff, Bellin-Hafen -geh.
190										Wrackinformationen gelöscht!
191	*Mars* *Samoa*	Frachter	H	Artillerie-schulschiff		2414	105.12 14.80 5.00	11.04.44 FliBo		Stettin-Dock -geh.; verschr.
192										Wrackinformationen gelöscht!
193	*Max*	Tank-leichter	H	Tank-leichter LW	292		67.10 8.30 1.90	26.10.42 Mine	54°12.70' 13°38.50'	Greifswalder Bodden -1950 gespr.; verschr.
194	*Memel*	Torpedo-klarmach-fahrzeug	K	U-Boottender	998		63.00 10.65 2.67	30.01.45 Mine	54°08.00' 14°19.70'	Weg51, Tn.3, O-lich -gespr.; verschr.
195	*Minsener Sand*	Feuerschiff	T	Wachschiff 22		252	35.50 6.90 3.00	45 FliBo	54°00.92' 14°17.85'	Swinemünde-Ost-ansteuer. -31.01.55 beseitigt -gespr.; verschr.
196	*Mitwill*	Fährboot	H	Fähre			7.50 3.50 0.90	01.05.45 geflu.	54°18.78' 13°06.75'	Stralsund-Hafen -geh.; verschr.
197	*Monbaldo*	Frachter	H	Transporter		6214	119.00 15.70 7.90	24.03.45 FliBo		Stettin-Hafen -1950 geh.; rep. -i.D. *Kaliningrad* (SU)
198	*Mönchgut*	Schlepper	T			68	19.28 3.97 1.25	06.10.44 FliBo		Stralsund-Staatswerft -rep.; i.D. (SBZ)
199	*Möwe*	Schlepper	T							Barth-Zuckerfabrik
200	*N 2*		H						54°00.70' 14°04.90'	Ückeritz-Strand -geh. 15.01.51
201	*N-MB 52*	Lastkahn	H							Strelasund, Devin -geh.
202	*Nachtigall* *BV 54*	Logger	F	Versuchsschiff		142	28.58 6.53 3.00	02.11.42 Mine	54°05.80' 14°44.10'	Dievenow, N-lich
203	*NDL 120*	Seeleichter	H	Lagerschiff		394	49.20 8.02 2.80			Stralsund-Hafen -geh.; Umbau -i.D. *Polar* (DDR)
204	*Neptun*	Motorschiff	T			211	20.00 5.50	12.12.42 Kolli.	54°29.10' 12°24.50'	Darßer Ort, W-lich -gespr.; verschr.
205	*Nimmersatt*	Spüler	T		166		40.70 10.40 2.10	29.04.45 gespr.	54°03.39' 13°47.27'	Wolgast-Straßenbrücke -geh.; rep. Staatswerft Stralsund -i.D. 30.04.50 (DDR)

Lfd. Nr.	Wrack: Name / Exname	Typ	Gr.	Kriegs-verwendung	Techn. Angaben: D (t) / BRT	L (m) / B (m) / T (m)	Untergang: Datum / Ursache	B (Nord) / L (Ost)	Ort / Verbleib
206	*Nixe*	Fahrgast- schiff	H		— 63	27.42 4.48 2.17	17.08.44 FliBo		Stettin-Oderwerke -geh.; verschr.
207	*Njord*	Berei- sungsboot	T			16.50 3.40 1.25	01.05.45 gespr.		Rostock-Schleuse -26.03.48 geh. -bei Überführung vor Graal-Müritz gesunken
208	*NKU 27*	Fischkutter	F	Vs 230	— 10		06.01.45 Mine	54°02.00' 14°12.00'	Weg51, Tn.1, NW-lich
209	*Nordsee*	Fischkutter	F	Vs 217	— 36	17.80 5.10 1.90	12.06.44 Mine	54°59.66' 14°13.85'	Anst.Swinemünde, W-lich
210	*Nordstern*	Frachtsegler	H		— 202		25.04.45		Stettiner Haff Bellin-Hafen -16.10.46 geh.; rep.
211	*NP 13*		F	Nebelboot					Freest-Hafen -geh.
212	*Nymphe*	Fahrgast- schiff	H		— 144	33.78 6.08 2.72	24.04.45 geflu.		Stettin-Hafen -geh.
213	*Nr. 5*	Schute	H					54°17.50' 13°11.40'	Gustower Wiek -geh.
214	*Obra* *Jylland*	Passagier- schiff	H	Ausbildungs- schiff LW	— 551	50.61 7.24 5.40	22.04.44 Mine	54°12.25' 14°05.90'	Weg51, Tn.5, -gespr.; verschr.
215									Wrackinformationen gelöscht!
216	*Oie*	Motorboot	T						Freest-Hafen -geh.; rep.; i.D. (SBZ)
217	*Orion* *Hektor*	Frachter	H	Kadetten- schulschiff	— 7021	148.00 18.63 8.07	04.05.45 FliBo	54°00.20' 14°16.80'	Anst. Swinemünde -gespr.; verschr.
218	*Orkan*	Frachter	H	Zielschiff	— 1364	73.00 10.40	30.05.42 Mine	54°11.00' 14°07.00'	Weg51, Tn.5, S-lich
219	*Oslo* *Hekla*	Frachter	H		— 1412	71.00 11.30 5.20	28.10.44 Mine	54°06.80' 14°11.10'	Weg51, Tn.3, S-lich -gespr.; verschr.;
220	*Osnabrück*	Frachter	H	Minenräum- schiff/MRS11	— 5094	133.30 16.64 7.33	12.02.45 Mine	53°57.45' 14°17.37'	Anst. Swinemünde -gespr.; verschr.
221	*Ost 5*	Fischkutter	F				13.12.44 Mine		Swinemünde-Hafen -geh.
222	*Ostborn-* *holm*	Fähre	H				08.05.45 FliBo		Neksö-Hafen -geh.; rep.
223	*ON 99* *Adler*	Fischkutter	F	D 08 Sw	— 12	12.10 4.20	04.05.45		Swinemünde-Hafen
224									Wrackinformationen gelöscht!
225	*Otto*	Schoner	H				geflu.	54°14.86' 12°25.90'	Ribnitz-Hafeneinfahrt -geh.
226	*Otto Alfred* *Müller*	Frachter	H		— 1589	79.20 12.60 4.90	17.08.44 FliBo		Stettin-Hafen -1947 geh.; rep. -i.D. *Wroclaw* (PL)
227	*P 96*		H						Stralsund-Hafen -geh.
228	*Patria*	Galeass	H		— 154		10.05.44 Mine	54°43.20' 12°40.00'	Weg1, Tn.11, -gespr.

Lfd. Nr.	Wrack: Name / Exname	Typ	Gr.	Kriegsverwendung	Techn. Angaben: D (t) / BRT	L (m) / B (m) / T (m)	Untergang: Datum / Ursache	B (Nord) / L (Ost)	Ort / Verbleib
229	*Poul Carl*		H		 1489		09.01.42 Kolli.	54°45.10′ 12°41.90′	Weg32, O-lich
230	*PH 45*	Spül- schute	T				 gestr.	53°59.40′ 11°12.45′	Boltenhagen-Strand -geh.
231	*Piefke*	Schlepper	T		116	21.80 6.16 2.50	.04.45 geflu.		Stettin-Hafen -geh.; rep. -i.D. *Piefke* (DDR)
232	*Planet*	Frachter	H	Erprobungs- schiff	 5821	137.40 17.40 8.20	02.02.45 Mine	54°08.10′ 14°30.90′	Weg52, Tn.4, N-lich -1955 gespr.; verschr.
233	*Pollux*	Tanker	H		 3000		14.08.43	53°59.50′ 14°16.20′	Anst. Swinemünde -gespr.; verschr.
234	*Prerow*	Frachter	H					54°27.60′ 12°24.20′	Wustrow, N-lich -gespr.; verschr.
235	*Prinses Beatrix*	Frachter	H	Leichter Artillerieträger	 360	43.20 7.10 2.13	01.05.45 FliBo		In. Bornholm Neksö-Hafeneinfahrt -geh.
236	*PS 75*	Schute	T						Stralsund-Hafen -geh.
237	*Quistorp IV*	See- leichter	H			52.30 8.00			Greifswald-Wieck -geh.; rep. -i.D. *Quistorp IV* (SBZ)
238	*R 193*		K	R-Boot	126	35.40 5.55 1.50	30.08.44 FliBo		Stettin-Hafen -geh.; verschr.
239	*R 272*		K	R-Boot	148	39.35 5.72 1.61	12.03.45 FliBo		Swinemünde- Burmester Werft -abgebrochen
240	*R 273*		K	R-Boot	148	39.35 5.72 1.61	12.03.45 FliBo		Swinemünde- Burmester Werft -abgebrochen
241	*R 274*		K	R-Boot	148	39.35 5.72 1.61	12.03.45 FliBo		Swinemünde- Burmester Werft -abgebrochen
242	*R 275*		K	R-Boot	148	39.35 5.72 1.61	12.03.45 FliBo		Swinemünde- Burmester Werft -abgebrochen
243	*R 276*		K	R-Boot	148	39.35 5.72 1.61	12.03.45 FliBo		Swinemünde- Burmester Werft
244	*Ravensberg*		K	Transporter	470	40.81 8.32 2.30	12.03.45 FliBo		Swinemünde-Hafen
245	*Renate*	Frachter	H		 218	38.20 7.00 2.00	21.03.45 Ari.		Stettiner Haff -geh.; rep. -i.D. *Narew* (PL)
246	*Rixhöft* *Smok*	Schlepper	K	Schlepper	855	40.30 9.10 3.45	02.03.45 Mine	54°16.10′ 12°07.00′	Weg2,Tn.rot 02c, NO-lich -gepr.; verschr.
247	*RO 29*	Fischkutter	F	Vs 243	 42		20.03.45 Mine	54°13.90′ 12°04.60′	Anst.Warnemünde, O-lich -geh.
248	*Robert Möhring* *Orotava*	Frachtschiff	H	Verwundeten- transportschiff	 3377	97.39 14.25 5.80	06.03.45 FliBo	54°12.60′ 13°16.10′	Saßnitz-Hafen -1947 geh.; verschr.
249									Wrackinformationen gelöscht!

Lfd. Nr.	Wrack: Name Exname	Wrack: Typ	Wrack: Gr.	Wrack: Kriegsverwendung	Techn. Angaben: D (t) BRT	Techn. Angaben: L (m) B (m) T (m)	Untergang: Datum Ursache	Untergang: B (Nord) L (Ost)	Ort Verbleib
250	*Rose*	Frachter	H		 1530	79.00 11.60 4.90	25.04.45 (+)		Stettin-Hafen -1947 geh.; Reparatur geplant als *Kapitän Kosko* (PL), verschr.
251	*Röwergrube*	Schute	T						Ribnitz-Hafen -geh.
252	*Ruhr*	Frachter	H		 1029	63.80 9.90 4.62	25.04.45 (+)		Stettin-Hafen -1951 geh.; rep. -i.D. 1957 *Ustka* (PL)
253	*Rüsselsheim*	Frachter	H	Transporter	 9338	148.00 19.00 9.00	12.03.45 FliBo	53°56.00' 14°17.00'	Swinemünde-Hafen -geh. 04.05.45 nach Kiel -verschrottet in Gent
254	*Ruth Geiss*	Frachter	H		 257		16.03.44	54°02.20' 14°22.20'	Weg53, Tn.2, S-lich
255	*Sandtrans*		U					54°24.49' 12°24.50'	Ahrenshoop, N-lich -gespr.; verschr.
256									Wrackinformationen gelöscht!
257	*SAS 60*	Fischkutter	F				06.03.45 FliBo		Saßnitz-Hafen -geh.; verschr.
258	*Schlesien*	Linienschiff	K	Kadettenschulschiff	13200 	127.60 22.20 8.25	04.05.45 gespr.	54°00.50' 14°17.50'	Anst.Swinemünde -gespr. -1949 bis 1958 verschr.
259	*Schlu 99*	Fischkutter	F					54°13.60' 12°04.90'	Anst.Warnemünde, O-lich -geh.; verschr.
260	*Schute I*	Schute	T						Boltenhagener Bucht -geh.
261	*Schute II*	Schute	T						Boltenhagener Bucht -geh.
262	*Schwerin*	Eisenbahnfährschiff	H	Fährschiff	 3133	107.20 18.00 4.20	20.02.44 FliBo		Rostock-Neptun Werft -gehob. nach Warnemünde verlegt; -1948 verschr.
263	*Seeadler I*	Fahrgastschiff	H		 140	30.48 6.24 3.55	03.05.45 Flibo	53°59.54' 11°22.20'	Anst.Timmendorf -1951 verschr.
264	*Seehund*		H						Timmendorf-Hafen -1946 geh.
265	*Selma II*	Lastkahn	H				30.04.45	54°14.60' 13°16.20'	Strelasund, N-lich Stahlbrode -10.06.49 geb.
266	*Senator Predöhl*	Fischdampfer	F	Vs 215	 243	43.75 7.29 2.83	20.04.45 FliBo	53°56.00' 14°17.00'	Swinemünde-Hafen -geh.; abgebr.
267	*Settchen*	Schlepper	T		 25		45 gestr.		Kirchdorf-Hafen -14.06.46 geh.; rep. -sowjet. Beute *Baltijez*
268	*Silvester*		U					54°58.50' 13°40.00'	Wachschiff *grün 03*, N-lich
269	*SK-139*	Lastkahn	H				05.45 geflu.		Lauterbach-Hafen -geh.;
270	*Skagerrak*	Seeleichter	H	Wohnhulk				54°16.15' 12°23.80'	Ribnitzer Bodden -geh.; -i.D. Firma Wentzel, Wismar
271	*SM 417*	Frachtsegler	H						Ueckermünde-Hafen -geh.

Lfd. Nr.	Wrack: Name Exname	Typ	Gr.	Kriegs- verwendung	Techn. Angaben: D (t) BRT	L (m) B (m) T (m)	Untergang: Datum Ursache	B (Nord) L (Ost)	Ort Verbleib
272	*Sofia*	Frachter	H	Wohnschiff	 4446	122.50 16.92 6.50	07.03.45 FliBo		Swinemünde-Hafen -1945 geh.; rep. -i.D. *Nadir* (SU)
273									Wrackinformationen gelöscht!
274	*Stettin*	Eimerketten-bagger	T		 350	30.65 8.45 1.91			Wolgast-Zementfabrik -geh.; rep. -i.D. 06.09.51 *Stralsund* (DDR)
275	*Stockholm*	Frachter	H		 1596	77.00 11.90 5.00	10.11.44 Kolli.	54°32.62′ 12°5.65′	Gedser Rev, N-lich
276	*Stralsund*	Eimerketten-bagger	T				06.10.44 FliBo		Stralsund-Staatswerft -1948 geh.; verschr.
277	*Stralsund 5*		U					54°14.70′ 13°18.60′	Strelasund, N-lich Glewitz -geh.
278	*Sturm*		T	Schlepper	 243	34.45 6.97 3.65	17.08.44 FliBo		Stettin-Hafen -geh.
279	*Swakopmund*	Passagier-schiff	H		 6133	124.96 16.00 6.63	03.05.45 FliBo	54°23.83 11°17.63′	In. Fehmarn, Staberhuk S-lich. -1950 verschr.
280	*Swinemünde* *Ruegen*	Eisen-bahnfähr-schiff	H	Fährschiff		36.20 9.40 1.60	23.08.40 Seesch	54°45.00′ 12°41.40′	Weg1, Tn.11, N-lich -gespr.; verschr.
281	*Swinemünde*	Fahrgast-schiff	H		 243	46.35 6.42 3.37	17.08.44 FliBo		Anst. Stettin -geh.;
282	*Swinemünde* *Stettin*	Eisbrecher	T	Schlepper	 177	29.40 8.53 3.75	20.04.45 Ari		Stettin-Dammscher Strom -geh., verschr.
283	*Swine-münde II* *Tyras*	Eisen-bahnfähr-schiff	H	Fährschiff	 132	39.50 6.80	12.03.45		Stettin-Hafen -1947 geh.; rep. -i.D. *Prom Kolejowy 2* (PL)
284	*Sn 619*	Schlepp-kahn	H						Anklam-Hafen -geh.
285	*Str. VI*	Schute	T					54°14.50′ 13°20.00′	Strelasund, O-lich Stahlbrode -geh.
286	*SWI 32* *Margarete*	Fischkutter	F		 10	12.50	04.07.42 Mine	54°01.00′ 14°13.00′	Weg51, Tn.1, W-lich
287	*SWI 5*	Fischkutter	F				16.07.42 Mine	54°00.00′ 14°18.00′	Weg51, Tn.2, SO-lich
288	*T 110*	Torpedo-boot	K	Schulboot	775 	71.50 7.56 3.21	05.05.45 geflu.		Lübeck, Flender Werke -verschr.
289	*T 155*	Torpedo-boot	K	Tender, Torpedofang-boot	796 	73.80 7.80 3.22	22.04.45 (+)	53°56.80′ 14°17.90′	Anst.Swinemünde, O-lich
290									Wrackinformationen gelöscht!
291	*T 36*	Typ 39	K	Flotten-torpedoboot	1754 	102.50 10.00 3.22	04.05.45 FliBo	54°12.40′ 14°12.60′	Pommersche Bucht -1955/56 gespr. -verschr. -unrein

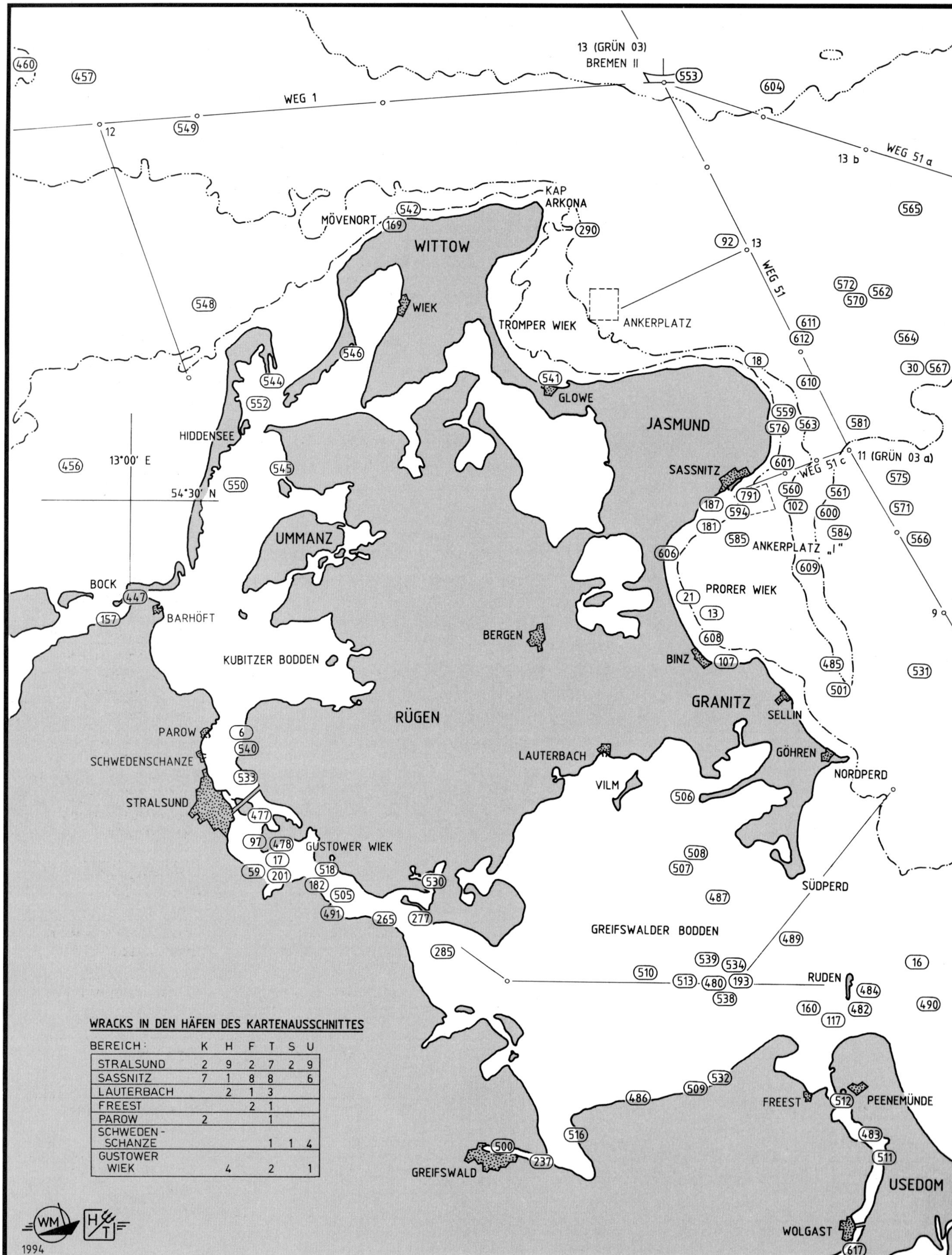

WRACKS IN DEN HÄFEN DES KARTENAUSSCHNITTES

BEREICH:	K	H	F	T	S	U
STRALSUND	2	9	2	7	2	9
SASSNITZ	7	1	8	8		6
LAUTERBACH		2	1	3		
FREEST			2	1		
PAROW	2			1		
SCHWEDEN-SCHANZE				1	1	4
GUSTOWER WIEK		4		2		1

Lfd. Nr.	Wrack: Name Exname	Typ	Gr.	Kriegs-verwendung	Techn. Angaben: D (t)	BRT	L (m) B (m) T (m)	Untergang: Datum	Ursache	B (Nord) L (Ost)	Ort Verbleib
292	*Täarmari* *Jäämeri*	Frachter	H			2522				54°39.40′ 12°30.85′	Weg1, Tn.10, S-lich -gespr.; verschr.
293	*Tärnan*	Frachter	H			512		19.04.44	Mine	54°19.90′ 12°04.90′	Ankerplatz R, S-lich -gespr.; verschr.
294	*Taucher* *Ottar* *Harmsdorf*		T	Bergungs-schiff		230		01.04.43	Mine	54°29.14′ 12°33.42′	Zingst, N-lich
295	*Tellus*		H							54°20.00′ 11°55.50′	Weg2, W-lich -gespr.; verschr.
296	*TF ...*		K	Torpedofangboot				06.03.45	FliBo		Saßnitz-Hafen -geh.
297	*Thann* *Phoebus*	Tanker	H	Stützpunkt-tanker		7412	139.20 18.08 9.98	29.12.44	Mine	54°33.30′ 12°33.20′	Prerow Bank -gespr.; verschr. -Reste vorhanden
298	*Theodor* *Körner*	Fahrgast-schiff	H				31.75 5.05 0.98	44	FliBo		Stettin-Oderwerke -geh.
299	*Thielbek* *Goldbek*	Frachter	H	Transporter		2815	98.00 14.60 5.70	03.05.45	FliBo	54°04.30′ 10°50.40′	Neustädter Bucht -1950 geh.; rep. -i.D. *Reinbek* (D)
300	*Thor*	Schlepper	K	Bergungs-schlepper	1300		57.50 9.25 4.32	23.11.43	Mine	54°32.20′ 12°46.50′	Zingst, NO-lich
301	*Tinda*	Frachter	H							54°56.10′ 13°12.20′	Weg51, W-lich -gespr.; verschr.
302	*Tolima*	Frachter	H			1284	83.70 12.30 4.50	12.03.45	FliBo		Swinemünde-Hafen -1945 geh.; rep. -i.D. *Monte Cassino* (PL)
303	*Tourcoing*	Frachter	H			5798	133.00 17.10 8.10	24.08.42	Mine	54°01.80′ 14°20.20′	Weg53, Tn.1, O-lich -Ladung: Kohle -gespr.; verschr.
304	*TRA 65*	Fischkutter	F								Saßnitz-Hafen -geh.
305	*Triton*	Frachter	K	Vermessungs-schiff	1600		66.10 10.02 3.99	06.10.44	FliBo	54°18.70′ 13°06.30′	Stralsund-Hafen 1947/48 -gespr.; verschr.
306	*TS 13* *M 378*	Typ 40	K	Torpedo-schießboot	775		62.30 8.90 2.22	01.05.45	(+)	54°06.00′ 12°06.30′	Rostock-Neptunwerft -geh.; verschr.
307	*U 1007*	Typ VIIC	K	U-Boot	769		67.10 6.20 4.74	02.05.45	FliRa	53°54.42′ 10°50.90′	Trave-Dalben 11 -geh. 05.1946 -verschr.
308	*U 101*	Typ VII B	K	U-Boot	769		66.50 6.20 4.74	03.05.45	(+)		Neustadt-Hafeneinfahrt -geb.; verschr.
309	*U 1016*	Typ VIIC	K	U-Boot	769		66.50 6.20 4.74	05.05.45	(+)	54°11.50′ 11°20.50′	Weg3, Lübecker Bucht
310	*U 108*	Typ IXB	K	U-Boot	1051		76.50 6.76 4.70	25.04.45	gespr.	53°50.50′ 14°17.60′	Kaiserfahrt -geh.; verschr.
311	*U 1170*	Typ VIIC	K	U-Boot	769		67.10 6.20 4.74	03.05.45	(+)	54°00.50′ 10°49.50′	Timmendorfer Strand, N-lich -geh.; verschr.
312	*U 1196*	Typ VIIC	K	U-Boot	769		67.10 6.20 4.47	02.05.45	(+)		Travemünde-Hafen/ Reede? -geh.; verschr.

Lfd. Nr.	Wrack: Name / Exname	Typ	Gr.	Kriegs-verwendung	Techn. Angaben: D (t) / BRT	L (m) / B (m) / T (m)	Untergang: Datum / Ursache	B (Nord) / L (Ost)	Ort / Verbleib
313	*U 1308*	Typ VIIC	K	U-Boot	769	67.10 6.20 4.74	01.05.45 (+)	54°22.48′ 12°04.24′	Ankerplatz R, W-lich 04.53 geh.; verholt zur Volkswerft Stralsund, aufgeslipt, verschr.
314	*U 2342*	Typ XXIII	K	U-Boot	234	34.68 3.02 4.20	26.12.44 Mine	54°01.80′ 14°15.20′	Weg51, Tn.1, NW-lich -gespr.; verschr.
315	*U 2344*	Typ XXIII	K	U-Boot	234	34.68 3.02 4.20	18.02.45 Kolli	54°17.35′ 11°46.30′	Heiligendamm, N-lich -22.01.55 geh.; rep. -verschr.
316	*U 2510*	Typ XXI	K	U-Boot	1621	76.70 8.00 6.32	02.05.45 (+)		Travemünde-Hafen/ Reede? -geh.; verschr.
317									Wrackinformationen gelöscht!
318	*U 2526*	Typ XXI	K	U-Boot	1621	76.70 8.00 6.32	02.05.45 (+)		Travemünde-Hafen/ Reede? -geh.; verschr.
319	*U 2527*	Typ XXI	K	U-Boot	1621	76.70 8.00 6.32	02.05.45 (+)		Travemünde-Hafen/ Reede? -geh.; verschr.
320	*U 2528*	Typ XXI	K	U-Boot	1621	76.70 8.00 6.32	02.05.45 (+)		Travemünde-Hafen/ Reede? -geh.; verschr.
321	*U 2531*	Typ XXI	K	U-Boot	1621	76.70 8.00 6.32	02.05.45 (+)		Travemünde-Hafen/ Reede? -geh.; verschr.
322	*U 2533*	Typ XXI	K	U-Boot	1621	76.70 8.00 6.32	02.05.45 (+)		Travemünde-Hafen/ Reede? -geh.; verschr.
323	*U 2535*	Typ XXI	K	U-Boot	1621	76.70 8.00 6.32	02.05.45 (+)		Travemünde-Hafen/ Reede? -geh.; verschr.
324	*U 2536*	Typ XXI	K	U-Boot	1621	76.70 8.00 6.32	02.05.45 (+)		Travemünde-Hafen/ Reede? -geh.; verschr.
325	*U 276*	Typ VIIC	K	U-Boot	769	67.10 6.20 4.74	05.45 geflu.	54°23.50′ 11°16.60′	Mecklenburger Bucht
326	*U 3002*	Typ XXI	K	U-Boot	1621	76.70 8.00 6.32	02.05.45 (+)		Travemünde-Hafen -geh.; verschr.
327	*U 3011*	Typ XXI	K	U-Boot	1621	76.70 8.00 6.32	03.05.45 (+)		Travemünde-Reede -geh.; verschr.
328	*U 3026*	Typ XXI	K	U-Boot	1621	76.70 8.00 6.32	03.05.45 (+)		Travemünde-Reede -geh.; verschr.
329	*U 3013*	Typ XXI	K	U-Boot	1621	76.70 8.00 6.32	03.05.45 (+)		Travemünde-Reede -geh.; verschr.
330	*U 3014*	Typ XXI	K	U-Boot	1621	76.70 8.00 6.22	03.05.45 (+)		Neustadt-Hafeneinfahrt -abgeb.; verschr.
331	*U 3016*	Typ XXI	K	U-Boot	1621	76.70 8.00 6.32	02.05.45 (+)		Travemünde-Hafen/ Reede? -geh.; verschr.

Lfd. Nr.	Wrack: Name / Exname	Typ	Gr.	Kriegs-verwendung	Techn. Angaben: D (t) / BRT	L (m) / B (m) / T (m)	Untergang: Datum / Ursache	B (Nord) / L (Ost)	Ort / Verbleib
332	*U 3018*	Typ XXI	K	U-Boot	1621	76.70 8.00 6.32	03.05.45 (+)		Travemünde-Reede -geh.; verschr.
333	*U 3019*	Typ XXI	K	U-Boot	1621	76.70 8.00 6.32	03.05.45 (+)		Travemünde-Reede -geh.; verschr.
334	*U 3020*	Typ XXI	K	U-Boot	1621	76.70 8.00 6.32	03.05.45 (+)		Travemünde-Reede -geh.; verschr.
335	*U 3021*	Typ XXI	K	U-Boot	1621	76.70 8.00 6.32	03.05.45 (+)		Travemünde-Reede -geh.; verschr.
336	*U 3023*	Typ XXI	K	U-Boot	1621	76.70 8.00 6.32	03.05.45 (+)		Travemünde-Reede -geh.; verschr.
337	*U 3024*	Typ XXI	K	U-Boot	1621	76.70 8.00 6.32	03.05.45 (+)	54°05.20′ 10°48.80′	Anst. Neustadt -geh.; verschr.
338	*U 3025*	Typ XXI	K	U-Boot	1621	76.70 8.00 6.32	03.05.45 (+)		Travemünde-Reede -geh.; verschr.
339	*U 3027*	Typ XXI	K	U-Boot	1621	76.70 8.00 6.32	03.05.45 (+)		Travemünde-Reede -geh.; verschr.
340	*U 3037*	Typ XXI	K	U-Boot	1621	76.70 8.00 6.32	03.05.45 (+)		Travemünde-Reede -geh.; verschr.
341	*U 316*	Typ VIIC	K	U-Boot	769	67.10 6.20 4.74	02.05.45 (+)		Travemünde-Hafen/ Reede? -geh.; verschr.
342	*U 3507*	Typ XXI	K	U-Boot	1621	76.70 8.00 6.32	03.05.45 (+)		Travemünde-Reede -geh.; verschr.
343	*U 3511*	Typ XXI	K	U-Boot	1621	76.70 8.00 6.32	03.05.45 (+)		Travemünde-Reede -geh.; verschr.
344	*U 3513*	Typ XXI	K	U-Boot	1621	76.70 8.00 6.32	03.05.45 geflu.		Travemünde-Reede -geh.; verschr.
345	*U 3516*	Typ XXI	K	U-Boot	1621	76.70 8.00 6.32	02.05.45 (+)		Travemünde-Hafen/ Reede? -geh.; verschr.
346	*U 3517*	Typ XXI	K	U-Boot	1621	76.70 8.00 6.32	02.05.45 (+)		Travemünde-Hafen/ Reede? -geh.; verschr.
347	*U 3519*	Typ XXI	K	U-Boot	1621	76.70 8.00 6.32	02.03.45 Mine	54°15.35′ 12°04.50′	Anst. Warnemünde Tn. rot 02c querab -gespr.; verschr.
348	*U 3521*	Typ XXI	K	U-Boot	1621	76.70 8.00 6.32	02.05.45 (+)		Travemünde-Hafen/ Reede? -geh.; verschr.
349	*U 3522*	Typ XXI	K	U-Boot	1621	76.70 8.00 6.32	03.05.45 (+)		Travemünde-Reede -geh.; verschr.
350	*U 3531*	Typ XXI	K	U-Boot	1621	76.70 8.00 6.32	02.05.45 (+)		Travemünde-Hafen -geh.; verschr.

Lfd. Nr.	Wrack: Name Exname	Typ	Gr.	Kriegs-verwendung	Techn. Angaben: D (t)	BRT	L (m) B (m) T (m)	Untergang: Datum Ursache	B (Nord) L (Ost)	Ort Verbleib
351	*U 446*	Typ VII C	K	U-Boot	769		67.10 6.20 4.74	02.05.45 (+)	53°54.20' 10°42.10'	Lübeck-Petroleumhafen -geh.; verschr.
352	*U 48*	Typ VIIB	K	U-Boot	753		66.50 6.20 4.74	03.05.45 (+)		Neustadt-Hafeneinfahrt -1946 verschr.
353	*U 612*	Typ VIIC	K	U-Boot	769		67.10 6.20 4.74	01.05.45 (+)	54°12.35' 12°06.20'	Anst.Warnemünde, O-lich -gespr.; verschr.
354	*U 854*	Typ IXC	K	U-Boot	1144		76.76 6.26 4.70	04.02.44 Mine	54°44.00' 14°16.00'	Pommersche Bucht, SW-lich Adlergrund, vermutlich 1944 gehoben Verbleib Stettin OW?
355	*U 902*	Typ VIIC	K	U-Boot	769		67.10 6.20 4.74	25.04.45 gespr.	53°50.50' 14°17.60	Kaiserfahrt -gespr.; verschr.
356	*U 929*	Typ VIIC	K	U-Boot	769		67.10 6.20 4.74	01.05.45 (+)	54°13.00' 12°03.00'	Anst. Warnemünde Tn. rot 02c, S-lich -gespr.; verschr.
357	*Ueckermünde*	Bagger	T							Ueckermünde-Hafen -geh.
358	*UJ 1118*	FD-Neubau 240	F	U-Jäger		600	61.00 9.00 4.17	06.03.45 FliBo		Saßnitz-Hafen -geh.
359	*UK 244*	Logger	F					23.05.42	54°10.00' 14°15.00'	Weg51, Tn.3, NO-lich
360	*Ulla*	Fracht-segler	H			199		27.04.44 Mine	54°49.50' 12°40.30'	Weg32, Tn. grün 02a, W-lich
361	*Ulrich Finsterwalde*	Tanker (Betonschiff)	H			2947	90.00 15.00 6.50	20.03.45 FliBo		Stettin-Hafen -demontiert; abgebr.
362	*Urundi*		K					17.08.44 FliBo		Stettin-Hafen -beschädigt, rep.
363	*Usambara*	Passagier-schiff	H	Bei- und Wohnschiff		8690	132.12 17.75 7.77	31.03.45 geflu.		Stettin-Kranichwerder -geh.
364	*V 002*		U						53°56.56' 14°17.30'	Anst.Swinemünde, O-lich
365	*Vaterland*		H						54°02.38' 14°02.20'	Kölpinsee, Strand -geh.
366	*Vaterland*	Schute	T					02.05.45 Strg.		Neustadt Strand, SO-lich -geh.
367	*Vega* *Wega*	Passagier-schiff	H	U-Boot Zielschiff		7287	135.63 17.68 6.10	04.05.45 FliBo	54°23.93' 11°16.80'	Insel Fehmarn-Staberhuk -1949 verschr. -Maschinenanlage geborgen
368	*Viadra*	Frachter	H			947	62.88 9.76 4.29	24.04.45 (+)		Stettin-Hafen -1951 geh.; verschr.
369	*Von Schill*	Fahrgast-schiff	H				18.18 3.20 0.60	45		Stettin-Hafen -geh.
370										Wrackinformationen gelöscht!
371	*Walküre*	See-leichter	H	Wohnhulk					54°16.10' 12°23.50'	Ribnitzer Bodden -geh.; rep. -i.D. Firma Wentzel, Wismar

Lfd. Nr.	Wrack: Name Exname	Typ	Gr.	Kriegs-verwendung	Techn. Angaben: D (t) BRT	L (m) B (m) T (m)	Untergang: Datum Ursache	B (Nord) L (Ost)	Ort Verbleib
372	*Walter Körte*	Tonnen-leger	T		368	50.25 9.00 3.20	29.12.44 Mine	53°58.50′ 14°15.70′	Anst. Swinemünde
373	*Warne-münde*		T	Wachschiff (DWo 126)	430			54°18.50′ 12°02.00′	Weg2, O-lich -geh.
374	*Welle* *FRI 131*	Fisch-kutter	F	D 02 Sw	6	9.30 3.10	08.05.45 Mine	54°11.00′ 14°17.00′	Pommersche Bucht
375	*Werner*	Schlepper	T				04.45 (+)		Untere Oder -geh.
376	*Westerley*	Motorboot	T			14.00 4.00 1.22			Timmendorf-Hafen -08.47 geh.; rep. -i.D. Schlepper *Roland* (SBZ)
377	*Westflandern*	Frachter	H	Schwerer Artillerieträger	345	45.18 7.62 2.56	08.05.45 FliBo		In. Bornholm, Neksö-Hafeneinfahrt -1946 geh.
378	*Wiking*	Segeljacht	S	Schulschiff	20	12.50 3.60 1.80	45 (+)		Stralsund-Hafen -02.07.47 geh.; rep. -i.D. *Wiking* (DDR)
379	*Wilhelm Bauer*		K	U-Begleitschiff	5600	132.70 16.00 4.97	08.04.45 FliBo	53°57.47′ 10°52.80′	Travemünde-Hafen -1950/1 geh.; verschr.
380	*Wolfgang*	Schute	T				02.05.45 Strg.		Neustadt Strand, SO-lich -geh.
381	*Wustrow*	Frachter	H					54°27.30′ 12°24.00′	Darßer Ort, W-lich -gespr.; verschr.
382	*WA 1* *Emmi*	Fischkutter	F		6	12.00	11.44 Kolli.	54°26.10′ 12°13.00′	Weg1, Tn.8a, NO-lich -1947 geh.; rep. -i.D. *WA 1*
383	*Y-1*		U					54°00.78′ 10°55.16′	Anst. Travemünde, -geh.
384	*Y-10*		U					54°03.43′ 10°48.26′	Neustädter Bucht
385	*Y-100*		U					54°14.80′ 13°56.60′	Anst. Neustadt, N-lich
386	*Y-101*		F						Warnemünde-Strand -geh.
387	*Y-102*		U						Warnemünde-Hafen -geh.
388	*Y-103*		U						Warnemünde-Hafen -geh.
389	*Y-104*		U						Warnemünde-Mittelmole -geh.
390	*Y-105*	Landungs-schiff	K	MFP				54°23.10′ 12°25.50′	Ahrenshoop, Strand -gespr.; verschr.
391	*Y-106*	Feuer-löschboot	T		20				Rostock, Heinkel-Flugplatz -geh.; verschr.
392	*Y-107*		U					54°12.30′ 11°53.30′	Heiligendamm, NO-lich -gespr.; verschr.
393	*Y-108*		U					54°19.14′ 12°04.55′	Graal-Müritz, N-lich
394	*Y-109*		U					54°22.41′ 12°04.20′	Ankerplatz *R*
395	*Y-11*		U					54°03.75′ 10°54.00′	Lübecker Bucht Anst. Neustadt

Lfd. Nr.	Wrack: Name / Exname	Typ	Gr.	Kriegs-verwendung	Techn. Angaben: D (t) / BRT	L (m) / B (m) / T (m)	Untergang: Datum / Ursache	B (Nord) / L (Ost)	Ort / Verbleib
396	*Y-110*	Bagger	T					54°24.00′ 12°03.00′	Weg1, Tn.8, SO-lich -gespr.; verschr.
397	*Y-111*	Fisch- dampfer	F					54°24.50′ 12°03.40′	Weg1, Tn.8, SO-lich
398	*Y-112*		U					54°32.85′ 12°07.20′	Gedser Rev, N-lich
399	*Y-113*		U					54°16.00′ 11°58.70′	Weg2, W-lich
400	*Y-114*		U					54°16.50′ 12°00.00′	Weg2, W-lich
401	*Y-115*		U					54°25.20′ 12°01.20′	Weg1, Tn.8, SW-lich
402	*Y-116*		U					54°31.50′ 12°20.50′	Weg1, Tn.9, S-lich
403	*Y-117*		U					54°25.40′ 12°09.34′	Weg1, Tn.8a, O-lich
404	*Y-118*		U					54°24.30′ 12°08.00′	Weg1, Tn.8a, S-lich
405	*Y-119*		U					54°16.30′ 12°24.70′	Pütnitz-Hafen
406	*Y-12*		U					54°02.49′ 10°58.37′	Anst.Travemünde, W-lich
407	*Y-120* *T 34*		U	Flotten- Torpedoboot	1754	102.50 10.00 3.22	20.11.44 Mine	54°09.30′ 11°27.20′	Weg6, Tn. NO-lich
408									Wrackinformationen gelöscht!
409	*Y-122*		U					54°21.00′ 12°05.00′	Ankerplatz *R*, S-lich
410	*Y-123*	Frachter	H					54°23.37′ 12°19.50′	Wustrow, NW-lich -gespr.; verschr. Ladung: Erz
411	*Y-124*		U					54°32.00′ 12°24.40′	Darßer Ort
412	*Y-125*		U					54°16.30′ 12°05.45′	Weg2,Tn.rot 02c, O-lich
413	*Y-126*		U					54°16.33′ 12°06.60′	Weg2,Tn.rot02c, NO-lich
414	*Y-127*		U					54°17.00′ 12°06.00′	Weg2,Tn.rot02c, NO-lich
415	*Y-128*		U					54°12.05′ 12°06.53′	Ankerplatz R, O-lich
416	*Y-129*	Motorboot	S					54°16.50′ 12°13.30′	Graal-Müritz, N-lich
417	*Y-13*	Fisch- dampfer	F					54°10.00′ 11°05.54′	Lübecker Bucht, vor Dahmeshöved
418	*Y-130*	Schlepper	T		85	19.21 4.98 2.20		01.05.45 Panzer- beschuß	Warnemünde-Strand -geh.; rep. -i.D. *Nuding* (SBZ)
419	*Y-132* *KFK 164*	KFK	K	U-Jäger			12.03.45 FliBo		Swinemünde-Hafen -geh.
420	*Y-133*		U					54°19.58′ 12°05.52′	Weg2, O-lich
421	*Y-134*		U					54°18.90′ 12°04.30′	Weg2, O-lich

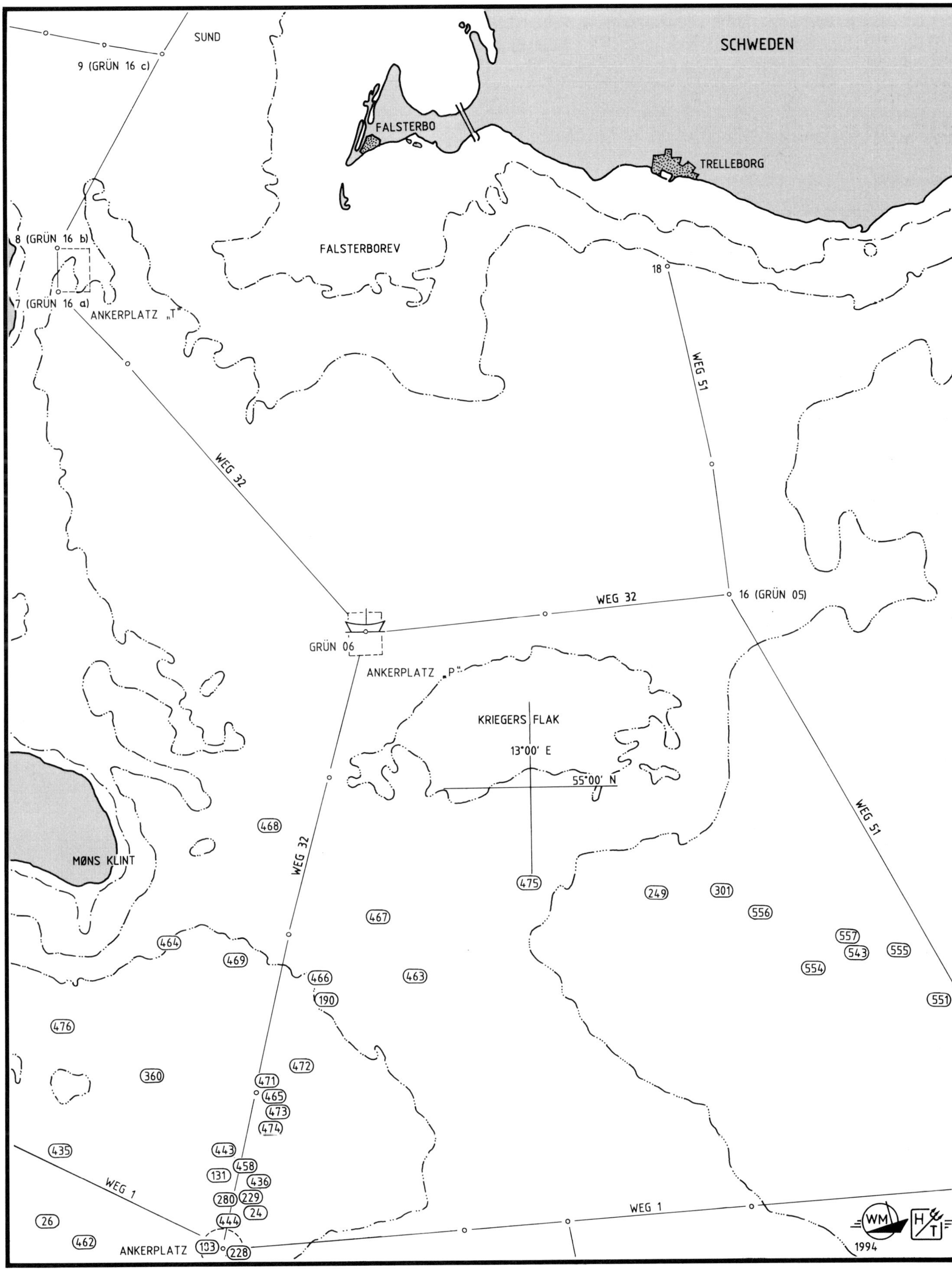

SUND
9 (GRÜN 16 c)
SCHWEDEN
FALSTERBO
TRELLEBORG
FALSTERBOREV
8 (GRÜN 16 b)
7 (GRÜN 16 a)
ANKERPLATZ „T"
18
WEG 51
WEG 32
WEG 32
16 (GRÜN 05)
GRÜN 06
ANKERPLATZ „P"
KRIEGERS FLAK
13°00' E
55°00' N
WEG 51
468
MØNS KLINT
WEG 32
475
249
301
556
467
557
543
555
464
469
554
466
463
190
551
476
472
360
471
465
473
474
435
443
458
131
436
WEG 1
280
229
24
WEG 1
26
444
462
ANKERPLATZ
193
228
1994

Lfd. Nr.	Wrack: Name Exname	Wrack: Typ	Wrack: Gr.	Wrack: Kriegs-verwendung	Techn. Angaben: D (t) BRT	Techn. Angaben: L (m) B (m) T (m)	Untergang: Datum Ursache	Untergang: B (Nord) L (Ost)	Ort Verbleib
422	*Y-135*		U					54°46.60′ 12°22.70′	Weg 41, SW-lich
423	*Y-136*		U					54°42.70′ 12°21.90′	Weg1, Tn.10, NW-lich
424	*Y-137*		U					54°36.00′ 12°11.90′	Ankerplatz Q, W-lich
425	*Y-138*		U					54°43.20′ 12°21.50′	Weg1, Tn.10, NW-lich
426	*Y-139*		U					54°36.75′ 12°22.90′	Weg1, Tn.9, NO-lich
427	*Y-14*		U					54°08.95′ 11°14.35′	Lübecker Bucht -geh.;
428	*Y-140*		U					54°36.10′ 12°22.00′	Ankerplatz Q
429	*Y-141*		U					54°41.80′ 12°16.00′	Ankerplatz Q, N-lich
430	*Y-142*	M-Boot	K		775	62.30 8.90 2.80		54°41.10′ 12°32.90′	Weg1, Tn.10, NO-lich -gespr.; verschr.
431	*Y-143*	Spüler	T						Barth-Hafen -geh.;
432	*Y-144*		U					54°35.20′ 12°36.60′	Darßer Ort, N-lich
433	*Y-145*		U					54°40.60′ 12°33.10′	Weg1, Tn.10, NO-lich
434	*Y-146*		U					54°41.00′ 12°47.00′	Weg1, Tn.11, SO-lich
435	*Y-147*		U					54°46.80′ 12°29.50′	Weg41, N-lich
436	*Y-148*	Frachter	H			65.00 10.00		54°45.20′ 12°42.50′	Weg32, O-lich -gespr.; verschr.
437	*Y-149*		K	Torpedofang-boot	60	22.30 3.80 1.10		54°28.50′ 12°31.60′	Darßer Ort, O-lich -geh.
438	*Y-15*		U					53°58.40′ 11°15.30′	Tarnewitz-Hafen -geh.; verschr.
439	*Y-150*		U					54°32.65′ 12°29.30′	Darßer Ort, N-lich
440	*Y-151*	Fischkutter (Holz)	F					54°35.00′ 12°37.60′	Darßer Ort, N-lich
441	*Y-152*	Schoner (Holz)	H					54°34.30′ 12°37.60′	Darßer Ort, NO-lich -Ladung: Koks
442	*Y-153*	Schoner	H					54°33.00′ 12°37.30′	Prerow, N-lich
443	*Y-154*		U					54°46.60′ 12°40.80′	Weg32, W-lich
444	*Y-155*		U					54°44.65′ 12°41.00′	Weg32, O-lich
445	*Y-156*		U					54°35.00′ 12°49.00′	Zingst, NO-lich
446	*Y-157*	Frachter	H					54°41.30′ 12°33.20′	Weg1, Tn.10, NO-lich -gespr.; verschr.
447	*Y-159*		U					54°26.50′ 13°00.50′	In. Bock, S-lich

Lfd. Nr.	Wrack: Name Exname	Wrack: Typ	Wrack: Gr.	Wrack: Kriegs-verwendung	Techn. Angaben: D (t) BRT	Techn. Angaben: L (m) B (m) T (m)	Untergang: Datum Ursache	Untergang: B (Nord) L (Ost)	Ort Verbleib
448	*Y-16*		H					53°59.53' 11°15.65'	Tarnewitz
449	*Y-160*		U					54°22.38' 12°50.30'	Grabow
450	*Y-161*	Schute	T						Barth-Hafen -geh.; rep.
451	*Y-162*	Fischkutter	F				.44 Mine	54°28.40' 12°39.50'	Prerow, NO-lich
452	*Y-163*	Fischkutter	F				.44 Mine	54°28.40' 12°39.50'	Prerow, NO-lich
453	*Y-164*		U					54°24.80' 12°40.30'	Zingster Strom -geh.
454	*Y-165* *Berta*	Frachter	H		____ 200		30.04.43 Mine	54°39.20' 12°28.90'	Weg1, Tn.10, SW-lich -gespr.; verschr.
455									Wrackinformationen gelöscht!
456	*Y-167*		U					54°31.30' 12°56.40'	In. Hiddensee, W-lich
457	*Y-168*		U					54°45.90' 12°56.90'	Weg1, Tn.12°, N-lich
458	*Y-169*		U					54°46.40' 12°41.20'	Weg32
459	*Y-17*	Ramme	T					54°01.90' 11°17.75'	Wismarer Bucht Untiefe Hannibal
460	*Y-170*		U					54°45.70' 12°51.55'	Weg1,Tn.grün03d, N-lich
461	*Y-171*		U					54°41.60' 12°37.35'	Weg1,Tn.11, SW-lich
462	*Y-172*		U					54°43.50' 12°30.60'	Weg41, S-lich
463	*Y-173*		U					54°53.00' 12°52.40'	Weg32, O-lich
464	*Y-174*		U					54°54.20' 12°36.80'	Weg32, W-lich
465	*Y-175*		U					54°48.90' 12°42.80'	Weg32, Tn.grün02a
466	*Y-176*		U					54°53.00' 12°46.40'	Weg32, O-lich
467	*Y-177*		U					54°55.20' 12°50.00'	Weg32, O-lich
468	*Y-178*		U					54°58.80' 12°43.00'	Weg32, W-lich
469	*Y-179*		U					54°54.00' 12°42.00'	Weg32, W-lich
470	*Y-18*		U						Boltenhagen
471	*Y-180*		U					54°49.20' 12°42.50'	Weg32, Tn.grün02a
472	*Y-181*		U					54°50.00' 12°45.00'	Weg32, O-lich
473	*Y-182*		U					54°48.60' 12°43.00'	Weg32, Tn.grün02a, SO-lich
474	*Y-183*		U					54°47.60' 12°43.00'	Weg32, O-lich

Lfd. Nr.	Wrack				Techn. Angaben		Untergang		Ort
	Name Exname	Typ	Gr.	Kriegs- verwendung	D (t) BRT	L (m) B (m) T (m)	Datum Ursache	B (Nord) L (Ost)	Ort Verbleib
475	*Y-184*		U					54°56.60′ 13°13.00′	Kriegers Flak, S-lich
476	*Y-185*		U					54°50.70′ 12°29.70′	Mönsklint, S-lich
477	*Y-186*	Lastkahn	H				30.04.45 Panzer- beschuß	54°18.30′ 13°08.00′	Stralsund-In. Dänholm -geh.;
478	*Y-187*		K	Magnetboot				54°16.90′ 13°09.10′	Strelasund, Drigge -geh. 20.05.50
479	*Y-188*	Kiesschute	T					54°17.50′ 13°11.40′	Gustower Wiek -geh.
480	*Y-189*		U					54°12.48′ 13°38.24′	Greifswalder Bodden -geh.
481	*Y-19*	M-Boot	K					54°08.40′ 14°11.30′	Weg51, Tn.3,O-lich -gespr.; verschr.
482	*Y-190*		U					54°11.50′ 13°46.30′	In.Ruden, S-lich -geh.
483	*Y-191*	Schute	T					54°06.90′ 13°47.30′	Peene, Karlshagen-Hafen, N-lich -geh.
484	*Y-192*		U					54°12.00′ 13°47.40′	In.Ruden, O-lich -geh.
485	*Y-193*		U					54°24.30′ 13°45.10′	Prorer Wiek -geh.
486	*Y-194*		U					54°12.70′ 13°32.90′	Greifswalder Bodden, S-lich -geh.
487	*Y-195*		U					54°15.50′ 13°37.70′	Greifswalder Bodden, O-lich
488	*Y-196*	Bagger- schute	T						Parow-Hafen -geh.
489	*Y-197*	Schute	T					54°14.08′ 13°42.32′	Greifswalder Bodden Landtief -geh.
490	*Y-198*	Minen- sucher	K	Zielschiff				54°11.50′ 13°51.30′	Peenemünder Haken NO-lich -gespr.; verschr. -unrein
491	*Y-199*	Kahn	H				04.45 geflu.	54°14.80′ 13°12.70′	Strelasund -geh.
492	*Y-2*		U					54°01.50′ 11°01.80′	Lübecker Bucht, NO-lich
493									Wrackinformationen gelöscht!
494	*Y-200*	Kahn	H						Gustow-Hafen -geh.; rep.
495	*Y-201*	Kahn	H				geflu.		Lauterbach-Hafen -geh.; rep.
496	*Y-202*	Bagger- schute	T				geflu.		Lauterbach-Hafen -geh.; rep.
497	*Y-203*	Quatze	F						Lauterbach-Hafen -geh.
498	*Y-204*	Dock	T				geflu.		Lauterbach-Hafen -geh.

Lfd. Nr.	Wrack: Name / Exname	Typ	Gr.	Kriegs-verwendung	Techn. Angaben: D (t) / BRT	L (m) / B (m) / T (m)	Untergang: Datum / Ursache	B (Nord) / L (Ost)	Ort / Verbleib
499	*Y-205*	Quatze	F						Freest-Hafen -geh.; rep.
500	*Y-206*		K	S-Boot			29.04.45 geflu.		Greifswald-Hafen -geh.
501	*Y-207*	Frachter	H					54°24.30′ 13°45.10′	In.Rügen, Sellin,O-lich
502	*Y-208*	Schute	T				06.10.44 FliBo		Stralsund-Staatswerft -geh.; verschr.
503	*Y-209*		U					54°20.90′ 13°04.76′	Strelasund, Schweden- schanze, N-lich -geh.; verschr.
504	*Y-210*	Hydra	K	S-Boot	7	13.17 3.10 1.05	04.45 (+)	54°18.30′ 13°07.00′	Strelasund, Ziegel- graben -geh., kein Motor -verschr.
505	*Y-211*	Schute	T					54°15.50′ 13°13.10′	Strelasund, Niederhof -geh.
506	*Y-212*		U					54°19.33′ 13°35.13′	Greifswalder Bodden N-lich -geh.
507	*Y-213*		U					54°16.80′ 13°35.20′	Greifswalder Bodden, N-lich -geh.
508	*Y-214*		U					54°17.00′ 13°36.00′	Greifswalder Bodden, N-lich -geh.
509	*Y-215*	Klapp- schute	T					54°08.90′ 13°36.90′	Lubmin-Strand -geh.; rep.
510	*Y-216*		U					54°12.70′ 13°32.90′	Greifswalder Bodden, -geh.
511	*Y-217*		U					54°05.94′ 13°48.80′	Peene, Karls- hagen-Hafen, S-lich -geh.
512	*Y-218*	Schute	T						Peenemünde-Hafen -geh.; rep.
513	*Y-219*		U					54°12.50′ 13°36.90′	Greifswalder Bodden
514	*Y-22*		K					54°05.27′ 10°56.33′	Neustadt, Pelzerhaken, O-lich
515	*Y-220*		U						Schwedenschanze-Hafen -geh.
516	*Y-221*		K	Torpedofang- boot				54°06.75′ 13°28.90′	Ludwigsburg-Anleger -geh.
517	*Y-222*		U						Stralsund-Hafen -geh.
518	*Y-223*	Motorboot	K	Sprengboot			30.04.45 Strdg.		Strelasund, Proßnitzer Schanze -geb.
519	*Y-224*		U						Schwedenschanze-Hafen -geh.
520	*Y-225*		U						Stralsund-Hafen -geh.
521	*Y-226*		U						Gustow-Hafen -geh.
522	*Y-227*		U						Stralsund-Hafen -geh.

Lfd. Nr.	Wrack: Name Exname	Typ	Gr.	Kriegs-verwendung	Techn. Angaben: D (t) BRT	L (m) B (m) T (m)	Untergang: Datum Ursache	B (Nord) L (Ost)	Ort Verbleib
523	*Y-228*		U						Stralsund-Hafen -geh.
524	*Y-229*		U						Stralsund-Hafen -geh.
525	*Y-23*	Segeljacht	S				.45	54°02.49′ 10°58.37′	Weg4, S-lich
526	*Y-230*		U						Schwedenschanze-Hafen -geh.
527	*Y-231*		U						Stralsund-Hafen -geh.
528	*Y-232*		U						Stralsund-Hafen -geh.
529	*Y-233*		U						Stralsund-Hafen -geh.
530	*Y-234*		U						Puddeminer Wiek -geh.
531	*Y-235*		U					54°23.80′ 13°50.40′	Weg51, Tn.9, SW-lich
532	*Y-236*	Frachter	H					54°08.40′ 13°37.30′	Lubmin-Strand -geb.; verschr.
533	*Y-237*		U					54°19.60′ 13°07.60′	Strelasund, Altefähr -geb.
534	*Y-238*		K	Minensucher			.42 Mine	54°12.90′ 13°38.10′	Greifswalder Bodden -gespr.; verschr.
535	*Y-239* genannt *Aviso*		K	Torpedofang-boot der LW	27	21.40 3.70 1.29			Parow-Hafen -25.01.47 geh.; rep.
536	*Y-24*	Rettungs-boot	T				.45	54°03.85′ 10°50.30′	Anst. Neustadt
537	*Y-240*	Fischkutter	F				.45	54°18.30′ 13°06.85′	Stralsund, Ziegelgraben -geh.
538	*Y-241*		U					54°12.10′ 13°37.80′	Greifswalder Bodden -geh.
539	*Y-242*		U					54°13.20′ 13°37.10′	Greifswalder Bodden -31.01.55 bereinigt
540	*Y-243*	Feuerschiff	T				.45 Strdg.	54°21.30′ 13°07.50′	Strelasund, Barnkewitz -geh.
541	*Y-244*		K	Torpedofang-boot	30	21.40 3.70 1.30	Strdg.	54°36.20′ 13°23.50′	Tromper Wiek, Glowe -geh.; rep. -i.D. VP-See (DDR)
542	*Y-245*		K	Torpedofang-boot	30	22.30 3.80 1.10			In.Rügen, Mövenort -geh.
543	*Y-246*		U					54°54.00′ 13°20.15′	Weg51, W-lich
544	*Y-247*		U			8.50 3.50			In. Hiddensee, Bessin -geh.
545	*Y-248*		U					54°31.40′ 13°09.60′	Schaproder Bodden -geh.
546	*Y-249*	Typ 44	K	S-Boot	110	35.40 5.10 1.83	05.45 gefl.	54°35.80′ 13°14.25′	In.Rügen, Bug-Hafen -geh.; verschr.
547	*Y-25*	Fisch-dampfer	F				.45	54°10.00′ 11°05.93′	Lübecker Bucht Dahmeshöved, S-lich

Lfd. Nr.	Wrack: Name / Exname	Wrack: Typ	Wrack: Gr.	Wrack: Kriegsverwendung	Techn. Angaben: D (t) / BRT	Techn. Angaben: L (m) / B (m) / T (m)	Untergang: Datum / Ursache	Untergang: B (Nord) / L (Ost)	Ort / Verbleib
548	*Y-250*	Schoner (Eisen)	H			27.00 5.70		54°37.45′ 13°04.10′	In. Hiddensee, NW-lich
549	*Y-251*		U					54°44.00′ 13°03.00′	Weg1, Tn.grün03c, SW-lich
550	*Y-252*	Schute	T					54°30.50′ 13°06.50′	Schaproder Bodden -geh.
551	*Y-253*	Frachter	H			80.00 12.00	 FliBo	54°52.10′ 13°26.30′	Weg51, W-lich
552	*Y-254*		U					54°33.60′ 13°07.80′	In.Hiddensee, Vitter Bodden -geh.
553	*Y-255*		U					54°46.00′ 13°34.10′	Weg51, Posi.grün03
554	*Y-256*		U					54°53.20′ 13°17.85′	Weg51, W-lich
555	*Y-257*		U					54°53.96′ 13°23.31′	Weg51, W-lich
556	*Y-258*		U					54°56.36′ 13°14.45′	Weg51, W-lich
557	*Y-259*		U					54°54.20′ 13°20.00′	Weg51, W-lich
558	*Y-26*	Schwimm-kran	T					54°14.50′ 11°08.97′	Sagasbank, S-lich
559	*Y-260*	Frachter	H				 Mine	54°33.41′ 13°41.65′	In.Rügen, Kollicker Ort -gespr.; verschr. -Ladung: Erz -unrein
560	*Y-261*	Frachter	H				 Mine	54°30.55′ 13°42.40′	Anst.Saßnitz, S-lich -gespr.; verschr. -Ladung: Erz -unrein
561	*Y-262*		K	Fährprahm				54°30.40′ 13°41.00′	Weg51, Tn.11, S-lich
562	*Y-263*		U					54°38.00′ 13°46.40′	Weg51, Tn.12, NO-lich
563	*Y-264*	Schute	T					54°33.10′ 13°46.60′	Weg51, Tn.11, NW-lich
564	*Y-265*		U					54°36.18′ 13°49.35′	Weg51, Tn.12, O-lich
565	*Y-266*		U					54°41.20′ 13°49.50′	Weg51d, Tn.13b, SO-lich
566	*Y-267*		U					54°28.80′ 13°50.10′	Weg51, Tn.10, SO-lich
567	*Y-268*	Bagger	T					54°35.00′ 13°51.20′	Weg51, Tn.11, NO-lich
568	*Y-269* *Käthe O.*	Frachter	H		___ 1905	85.00 12.50 5.70	13.07.42 Mine	54°31.25′ 13°54.15′	Weg51, Tn.10, NO-lich -gespr.; verschr. -Ladung: Erz
569	*Y-27*		U					54°02.40′ 11°01.30′	Lübecker Bucht
570	*Y-270*		U					54°38.00′ 13°46.00′	Weg51, Tn.12, NO-lich
571	*Y-271*		U					54°30.00′ 13°49.00′	Weg51, Tn.10, N-lich

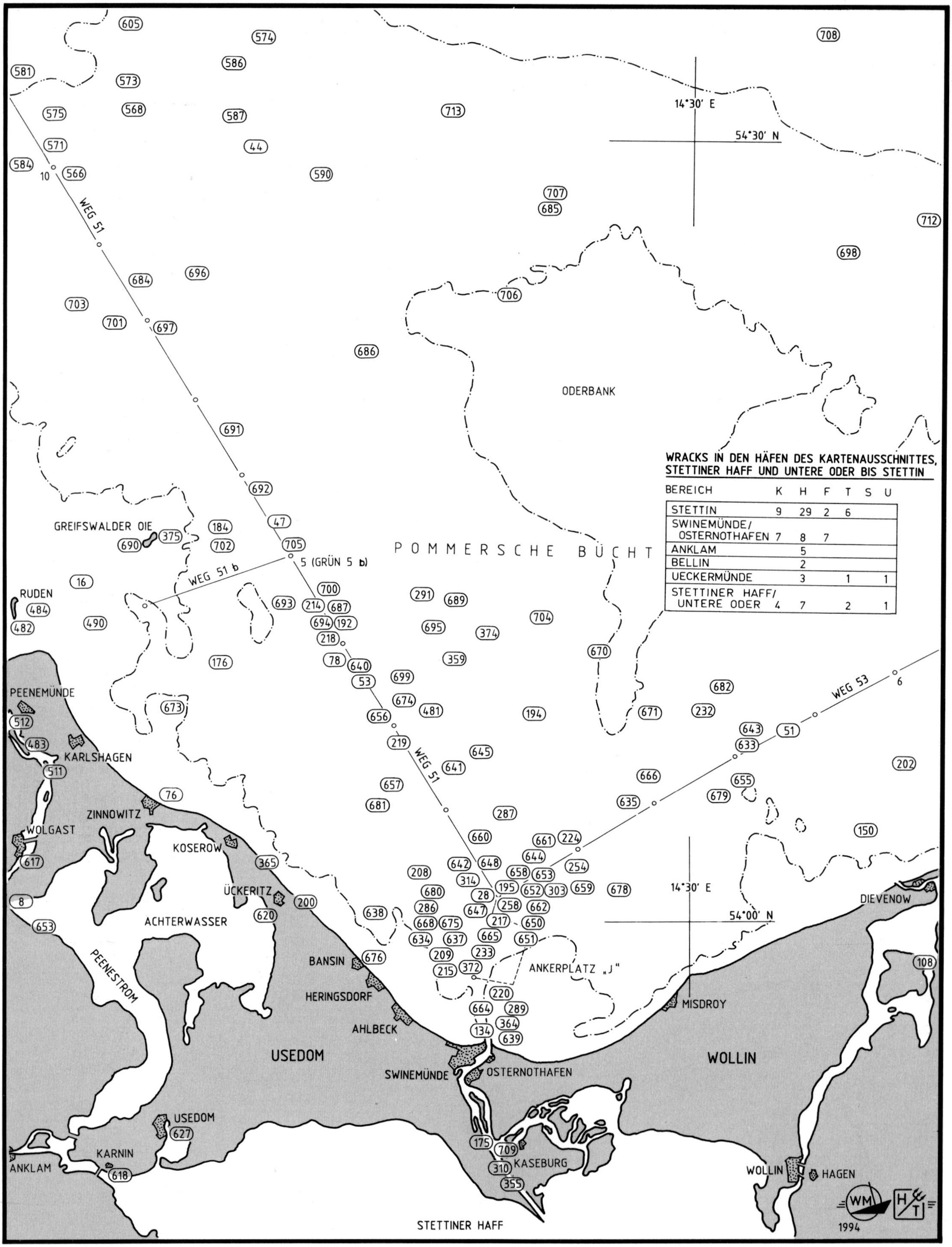

WRACKS IN DEN HÄFEN DES KARTENAUSSCHNITTES, STETTINER HAFF UND UNTERE ODER BIS STETTIN

BEREICH	K	H	F	T	S	U
STETTIN	9	29	2	6		
SWINEMÜNDE/ OSTERNOTHAFEN	7	8	7			
ANKLAM		5				
BELLIN		2				
UECKERMÜNDE		3		1		1
STETTINER HAFF/ UNTERE ODER	4	7		2		1

Lfd. Nr.	Name Exname	Typ	Gr.	Kriegs-verwendung	D (t) BRT	L (m) B (m) T (m)	Datum Ursache	B (Nord) L (Ost)	Ort Verbleib
572	*Y-272*	Frachter	H				 Mine	54°38.30′ 13°45.70′	Weg51, Tn.12, NO-lich -gespr.; verschr. -Ladung: Erz -unrein
573	*Y-273*	Frachter	H				 Mine	54°32.20′ 13°54.00′	Weg51, Tn.10, NO-lich -gespr.; verschr. -Ladung: Erz -unrein
574	*Y-274*	Frachter	H			60.00 8.00	 Mine	54°33.80′ 14°02.40′	Weg51, Tn.10, NO-lich -gespr.; verschr. -Ladung: Zement -unrein
575	*Y-275*		U					54°31.00′ 13°49.00′	Weg51, Tn.10, NNO-lich -gespr.; verschr.
576	*Y-276*	Schute	T					54°33.40′ 13°41.40′	In.Rügen, Kolliker Ort
577	*Y-277*	Fischkutter	F				06.03.45 FliBo		Saßnitz-Hafen -geh.
578	*Y-278*	Fischkutter	F				06.03.45 FliBo		Saßnitz-Hafen -geh.
579	*Y-279*	Prahm	T	Taucherprahm			06.03.45 FliBo		Saßnitz-Hafen -geh.
580	*Y-28*		U					54°03.90′ 11°05.90′	Lübecker Bucht, NO-lich
581	*Y-280*		U					54°33.10′ 13°46.60′	Weg51, Tn.10, NO-lich
582	*Y-281*		K	R-Boot			 geflu.		Saßnitz-Hafen -geh. 06.1947 -verschr.
583	*Y-282*		F	Nebelboot					Saßnitz-Hafen -geh. 1951
584	*Y-283*		U					54°29.17′ 13°45.53′	Weg51, Tn.10, NW-lich
585	*Y-284*		U					54°28.77′ 13°38.72′	Saßnitz-Hafen, S-lich
586	*Y-285*		U					54°33.00′ 14°00.60′	Weg51, Tn.10, NO-lich
587	*Y-286*	Frachter	H			70.00		54°30.90′ 14°14.10′	Weg51, Tn.10, NO-lich -gespr.; verschr.
588	*Y-287*	Saug- bagger	T						Saßnitz-Hafen -geh.
589	*Y-288*	Eimerketten- bagger	T						Saßnitz-Hafen -geh.
590	*Y-289*	Schoner	H					54°28.70′ 14°06.18′	Weg51, Tn.10, O-lich
591	*Y-29*		U					53°57.50′ 10°52.86′	Travemünde-Hafen -geh.
592	*Y-290*		K	R-Boot					Saßnitz-Hafen -geh. 06.1947 -verschr.
593	*Y-291*		U						Saßnitz-Hafen -geh.
594	*Y-292*		U					54°29.50′ 13°38.50′	Saßnitz-Hafen, S-lich
595	*Y-293*		U						Saßnitz-Hafen -geh.

Lfd. Nr.	Wrack Name Exname	Typ	Gr.	Kriegs-verwendung	Techn. Angaben D (t) BRT	L (m) B (m) T (m)	Untergang Datum Ursache	B (Nord) L (Ost)	Ort Verbleib
596	*Y-294*		U						Saßnitz-Hafen -geh.
597	*Y-295*		U						Saßnitz-Hafen -geh.
598	*Y-296*		U						Saßnitz-Hafen -geh.
599	*Y-297*		U			8.00 1.10			Saßnitz-Hafen -geh.
600	*Y-298*		U					54°29.70′ 13°44.60′	Weg51, Tn.10, NW-lich
601	*Y-299*		U					54°31.23′ 13°42.01′	Anst. Saßnitz -geh.
602	*Y-3*		U					54°03.50′ 11°05.90′	Lübecker Bucht, NO-lich
603	*Y-30*		U					54°01.00′ 11°00.00′	Lübecker Bucht, NO-lich
604	*Y-300*		U			80.00		54°45.40′ 13°40.70′	Wachschiff grün03 O-lich
605	*Y-301*	Fisch- dampfer	F	Vs 8			08.03.45 Mine	54°34.33′ 13°54.00′	Weg51, Tn.11, NO-lich
606	*Y-302*		K	Landungs- prahm			45 Strdg.	54°28.00′ 13°04.20′	Prorer Wiek, vor Mukran -abgebr.
607	*Y-303*		U					54°53.20′ 13°40.00′	Wachschiff grün03, N-lich
608	*Y-304* genannt *Binz*	Schlepper	T		150	29.60 6.60 1.10		54°24.60′ 13°37.10′	Prorer Wiek, vor Binz -23.06.47 geh,; rep.
609	*Y-305*		U					54°27.70′ 13°43.20′	Prorer Wiek -gespr.; verschr. -31.01.55 beräumt
610	*Y-306*		U					54°34.70′ 13°43.60′	Weg51, Tn.12, S-lich
611	*Y-307*		U					54°36.80′ 13°43.00′	Weg51, Tn.12, N-lich
612	*Y-308*		U					54°36.40′ 13°42.70′	Weg51, Tn.12, N-lich
613	*Y-309*	Frachter (Beton)?	H					54°59.80′ 13°48.10′	Weg51, O-lich
614	*Y-31*		U					54°13.20′ 11°24.70′	Weg6, Mecklenburger Bucht
615	*Y-310*		U					54°59.40′ 13°38.80′	Weg51, O-lich
616	*Y-311*		U					54°55.95′ 13°08.00′	Weg51, O-lich
617	*Y-312*		K	Kampffähre			.04.45 Strdg.	54°02.40′ 13°47.00′	Peene, Wolgast-Hafen, S-lich -abgebr.
618	*Y-313*		U					53°50.52′ 13°52.33′	Kleines Haff, Karniner Brücke, O-lich -geh.
619	*Y-314*		U			40.00			Ueckermünde-Hafen -geh.
620	*Y-315*		F	Trägerschiff für Fesselballons			.05.45 (+)		Ückeritz-Hafen -geh.; rep. -i.D. *Blei* (DDR)

Lfd. Nr.	Wrack: Name / Exname	Typ	Gr.	Kriegs-verwendung	Techn. Angaben: D (t) / BRT	L (m) / B (m) / T (m)	Untergang: Datum / Ursache	B (Nord) / L (Ost)	Ort / Verbleib
621	*Y-316*	Schleppkahn	H						Anklam-Hafen -geh.
622	*Y-317*	Schleppkahn	H						Anklam-Hafen -geh.
623	*Y-318*	Schleppkahn	H						Anklam-Hafen -geh.
624	*Y-319*	Schleppkahn	H						Anklam-Hafen -geh.
625	*Y-32*	Fischkutter	F					54°20.13′ 11°20.18′	Weg7 Mecklenburger Bucht -geh.
626	*Y-320*	Tanker	H						Mönkebude, N-lich -geh.; abgebr.
627	*Y-321*		U					53°52.16′ 13°55.51′	Usedom-Hafen -geh.
628	*Y-322*	Schute	T				29.04.45 geflu.		Wolgast-Straßenbrücke -geh.
629	*Y-323*		K	Fährprahm			29.04.45 geflu.		Wolgast-Straßenbrücke -geh.; verschr.
630	*Y-324*	Kohlen- prahm	H					53°45.90′ 14°23.90′	Stettiner Haff, Anst.Stettin -geh.
631	*Y-325*	Kohlen- prahm	H					53°45.70′ 14°24.10′	Stettiner Haff, Anst.Stettin -geh.
632	*Y-326*		U					53°44.13′ 14°26.37′	Stettiner Haff, Anst.Stettin -geh.
633	*Y-327*		U					54°07.00′ 14°34.00′	Weg53, Tn.4, NO-lich
634	*Y-328*		U					53°59.60′ 14°13.00′	In.Usedom, Ahlbeck, NO-lich
635	*Y-329*		K	Minenschiff	600	55.00 9.00	04.05.45 FliBo	54°04.45′ 14°26.10′	Weg53, Tn.3, W-lich
636	*Y-33*		U					54°20.10′ 11°20.00′	Weg7, Mecklenburger Bucht -geh.
637	*Y-330*		U		 3000			53°59.50′ 14°14.00′	In.Usedom, Ahlbeck, NO-lich
638	*Y-332*		U					54°00.42′ 14°09.42′	In.Usedom, Bansin, N-lich -geh.
639	*Y-333*		U					53°55.80′ 14°17.70′	Osternothafen, N-lich -geh.
640	*Y-334*		K	R-Boot			04.05.45 FliBo	54°09.90′ 14°08.10′	Weg51, Tn.4, S-lich -gespr.; verschr.
641	*Y-335*		K	Flakschiff?			04.05.45 FliBo	54°06.00′ 14°14.00′	Weg51, Tn.2, N-lich -gespr.; verschr.
642	*Y-336*		U					54°02.20′ 14°14.80′	Weg51, Tn.1, NW-lich -gespr.; verschr.
643	*Y-337*	Schlepper	T			70.00 12.00		54°07.20′ 14°34.00′	Weg53, Tn.4, NO-lich -geh.
644	*Y-338*		U					54°02.30′ 14°19.50′	Weg53, Tn.1, NO-lich
645	*Y-339*		U					54°06.50′ 14°16.00′	Weg51, Tn.2, NO-lich

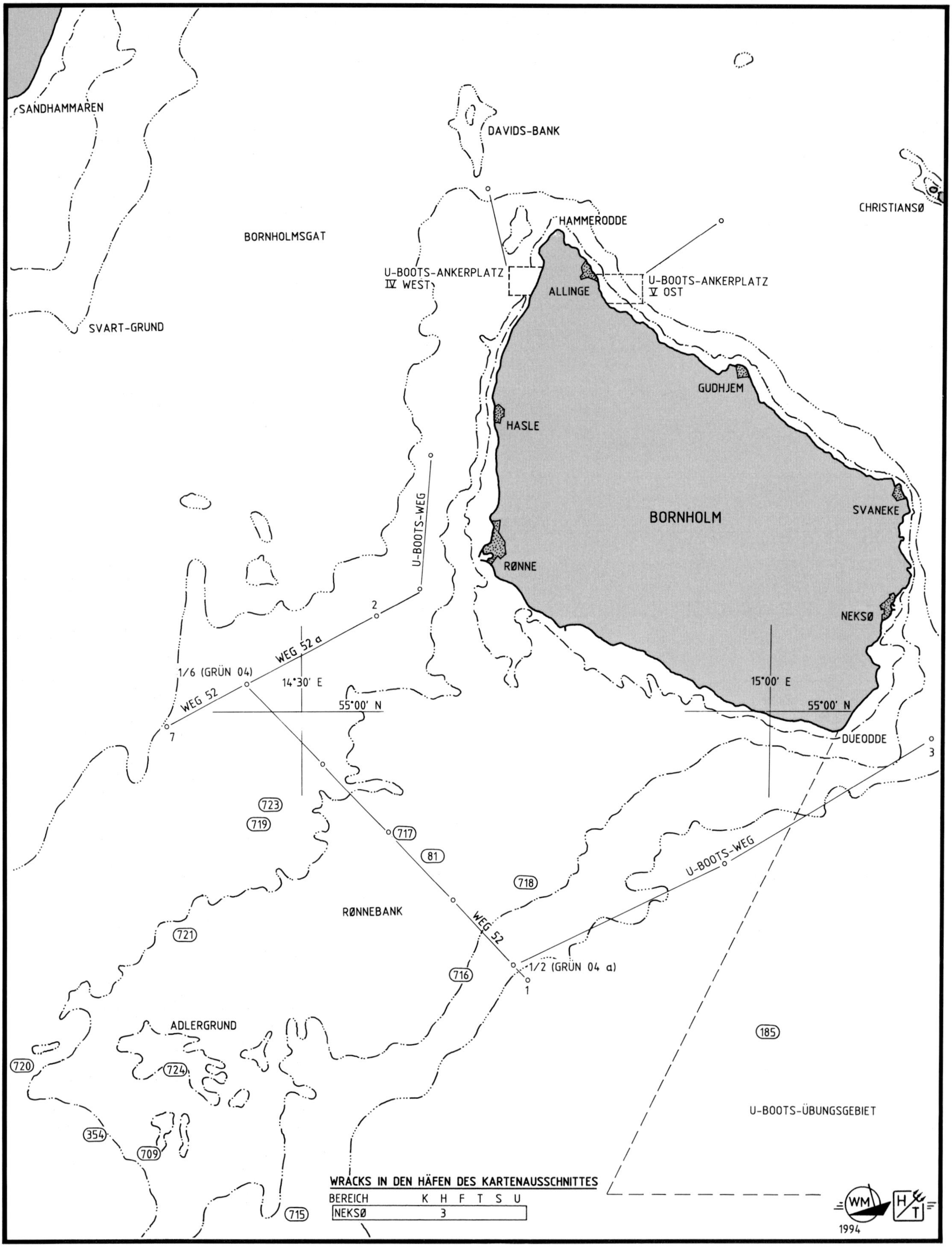

WRACKS IN DEN HÄFEN DES KARTENAUSSCHNITTES

BEREICH	K	H	F	T	S	U
NEKSØ		3				

Lfd. Nr.	Wrack: Name / Exname	Typ	Gr.	Kriegsverwendung	Techn. Angaben: D (t) / BRT	L (m) / B (m) / T (m)	Untergang: Datum / Ursache	B (Nord) / L (Ost)	Ort / Verbleib
646	*Y-34*	Schute	T						Lauterbach-Hafen -geh.
647	*Y-340*		U					54°00.65' 14°16.30'	Anst.Swinemünde
648	*Y-341*	Frachter	H					54°02.30' 14°16.20'	Weg51, Tn.1, NW-lich -gespr.; verschr. -Ladung: Erz
649	*Y-342*	Frachter	H					54°01.00' 14°17.95'	Anst.Swinemünde -gespr.; verschr.
650	*Y-343*		U					54°00.70' 14°19.70'	Weg53, Tn.1, O-lich
651	*Y-344*		U					54°00.30' 14°19.70'	Weg53, Tn.1, O-lich
652	*Y-345*		U					54°01.00' 14°19.90'	Weg53, Tn.1, O-lich
653	*Y-346*	Tanker	H					54°00.00' 13°47.80'	Peenestrom -geh.
654	*Y-347*		U					54°01.37' 14°20.55'	Weg53, Tn.1, O-lich
655	*Y-348*	Frachter	H		 7000	140.00 15.00	 Mine	54°05.40' 14°33.50'	Weg53, Tn.4, S-lich -gespr.; verschr. -Ladung: Erz
656	*Y-349*		K	M-Boot			 Mine	54°07.80' 14°10.50'	Weg51, Tn.3 -gespr.; verschr.
657	*Y-350*	Dreimast- schoner	H			45.00 8.00		54°05.20' 14°10.50'	Weg51, Tn.2, NW-lich -gespr.; -Ladung: Grubenholz
658	*Y-351*		U					54°02.03' 14°19.05'	Weg53, Tn.1, NO-lich
659	*Y-352*		U					54°01.37' 14°22.55'	Weg53, Tn.2, S-lich
660	*Y-353*		U					54°03.30' 14°16.02'	Weg51, Tn.1, NW-lich
661	*Y-354*	Frachter	H					54°03.20' 14°20.50'	Weg53, Tn.1, NO-lich -gespr.; verschr. -Ladung: Erz
662	*Y-355*		U					54°01.00' 14°20.50'	Weg53, Tn.1, O-lich
663	*Y-356* *NOR 203* *Helene*	Fischkutter	F	D ... Sw	 11	11.40 3.80	30.08.44 FliBo		Stettin-Hafen -geh.
664	*Y-357*		U					53°56.50' 14°16.50'	Anst.Swinemünde
665	*Y-358*		U					53°59.75' 14°16.78'	Anst. Swinemünde -geh.
666	*Y-359*		K	Minensucher			 Mine	54°05.00' 14°27.40'	Weg53, Tn.3, N-lich -gespr.; verschr.
667	*Y-36*	Schute	T					54°18.00' 11°24.00'	Weg6, Mecklenburger Bucht -geh.
668	*Y-360*		U					53°59.94' 14°13.40'	In. Usedom, Ahlbeck, N-lich
669	*Y-361*		U					54°09.30' 14°11.15'	Weg51, Tn.3, N-lich

Lfd. Nr.	Name Exname	Typ	Gr.	Kriegs-verwendung	D (t) BRT	L (m) B (m) T (m)	Datum Ursache	B (Nord) L (Ost)	Ort Verbleib
	Wrack				**Techn. Angaben**		**Untergang**		
670	*Y-362*		U					54°10.50′ 14°24.50′	Oderbank, S-lich
671	*Y-363*		K	R-Boot				54°08.10′ 14°27.50′	Oderbank, SO-lich
672	*Y-364*	Frachter (Beton)	H					53°51.63′ 14°17.10′	Kaiserfahrt, Kaseburg
673	*Y-365*	Schute	T					54°08.40′ 13°56.50′	In.Usedom, Zinnowitz, N-lich
674	*Y-366*		U					54°08.40′ 14°11.30′	Weg51, Tn.3, N-lich -gespr.; verschr.
675	*Y-367*		U					53°59.94′ 14°13.95′	In.Usedom, Ahlbeck, N-lich
676	*Y-368*	Lastschiff	H					53°08.75′ 14°08.90′	In.Usedom, Bansin, N-lich -geh.
677	*Y-37*	Schute	T					54°15.54′ 11°29.15′	Weg6, Tn.rot3, O-lich -geh.
678	*Y-370*		U					54°01.30′ 14°24.90′	Weg53, Tn.3, SW-lich
679	*Y-371*		U					54°05.00′ 14°32.05′	Weg53, Tn.4, SW-lich
680									Wrackinformationen gelöscht!
681	*Y-373*	Frachter	H		——— 400			54°04.50′ 14°09.00′	Weg51, Tn.2, W-lich -gespr.; verschr. -Ladung: Erz
682	*Y-374*		U					54°08.00′ 14°32.00′	Weg53, Tn.4, W-lich
683	*Y-375*	Fischkutter	F				.05.45 FliBo	54°14.80′ 13°56.60′	In.Greifswalder Oie, O-lich
684	*Y-376*	Schute	T					54°24.60′ 13°54.20′	Weg51, Tn.8, N-lich
685	*Y-377*	Frachter	H					54°27.50′ 14°20.80′	Oderbank, N-lich
686	*Y-378*		U					54°22.00′ 14°09.00′	Oderbank, W-lich
687	*Y-379*	Tanker	H	Tanker	——— 350	50.00 7.00	 Mine	54°12.20′ 14°06.40′	Weg51, Tn.4, N-lich -gespr.; verschr.
688	*Y-38*		U					54°16.50′ 11°35.50′	Mecklenburger Bucht -verschr.
689	*Y-380*		U					54°12.20′ 14°14.50′	Pommersche Bucht
690	*Y-381*	Rammen-prahm	T				04.05.45 geflu.	54°14.70′ 13°54.55′	In.Geifswalder Oie, Hafeneinfahrt -geh.; rep.
691	*Y-382*		U					54°18.85′ 14°59.85′	Weg51, Tn.6, N-lich
692	*Y-383*		U					54°16.70′ 14°01.90′	Weg51, Tn.5, N-lich
693	*Y-384*		U					54°12.30′ 14°03.20′	Weg51, Tn.5, S-lich
694	*Y-385*	Frachter	H					54°11.60′ 14°06.60′	Weg51, Tn.4, N-lich -gespr.; verschr. -Ladung: Kohle
695	*Y-386*		U					54°11.20′ 14°13.20′	Pommersche Bucht

Lfd. Nr.	Wrack: Name / Exname	Typ	Gr.	Kriegs-verwendung	Techn. Angaben: D (t) / BRT	L (m) / B (m) / T (m)	Untergang: Datum / Ursache	B (Nord) / L (Ost)	Ort / Verbleib
696	*Y-387*		U					54°25.00′ 13°58.00′	Weg51, Tn.8, NO-lich -gespr.; verschr. -25.10.56 beräumt
697	*Y-388*		U					54°23.80′ 13°55.40′	Weg51, Tn.8, S-lich
698	*Y-389*		U					54°25.50′ 14°40.50′	Oderbank, N-lich
699	*Y-39*		K	R-Boot				54°16.50′ 11°35.50′	Mecklenburger Bucht
700	*Y-390*		U					54°12.60′ 14°06.00′	Weg51, Tn.5, SO-lich
701	*Y-391*		U					54°23.10′ 13°54.50′	Weg51, Tn.8, NW-lich -gespr.; verschr.
702	*Y-392*		U					54°14.76′ 13°59.11′	In.Greifswalder Oie, O-lich
703	*Y-393*	Frachter	H					54°23.00′ 13°52.80′	Weg51, Tn.8, NW-lich
704	*Y-394*		U					54°11.50′ 14°20.50′	Pommersche Bucht
705	*Y-395*	Frachter	H					54°14.50′ 14°04.00′	Weg51, Tn.5, -gespr.; verschr.
706	*Y-396*		U					54°24.20′ 14°18.30′	Oderbank
707	*Y-397*		K	Minensucher	800	60.00 6.00	 FliBo	54°27.80′ 14°20.80′	Oderbank, N-lich
708	*Y-398*		U					54°34.00′ 14°38.90′	Oderbank, NO-lich
709	*Y-399*		U					54°43.45′ 14°19.50′	Adlergrund, S-lich
710	*Y-4*	Schlepper	T				02.05.45 (+)	53°54.20′ 10°42.10′	Lübeck – Petroleumhafen -geh.
711									Wrackinformationen gelöscht!
712	*Y-400*		U					54°26.90′ 14°48.00′	Oderbank, NO-lich
713	*Y-401*	Frachter	H					54°30.90′ 14°14.10′	Oderbank, N-lich
714	*Y-402*		U					54°26.80′ 14°53.00′	Oderbank, NO-lich -gespr.; verschr.
715	*Y-403*		U					54°41.20′ 14°29.00′	Adlergrund, SO-lich
716	*Y-404*		U					54°50.00′ 14°39.50′	Weg52, Tn. grün04a, W-lich
717	*Y-405*		U				39	54°55.45′ 14°40.60′	Weg52, Tn.4
718	*Y-406*	Fischkutter	F					54°53.70′ 14°44.10′	Weg52, Tn.3, O-lich
719	*Y-407*		U					54°55.90′ 14°27.00′	Weg52, W-lich
720	*Y-408*		U					54°46.90′ 14°10.20′	Adlergrund, W-lich
721	*Y-409*		U					54°51.80′ 14°21.50′	Rönnebank

Lfd. Nr.	Wrack: Name / Exname	Wrack: Typ	Wrack: Gr.	Wrack: Kriegsverwendung	Techn. Angaben: D (t) / BRT	Techn. Angaben: L (m) / B (m) / T (m)	Untergang: Datum / Ursache	Untergang: B (Nord) / L (Ost)	Ort / Verbleib
722	*Y-41* *Frigga*	Schlepper	T	Vs 75	 97	30.93 5.67 2.18	45	54°18.50' 11°23.00'	Weg7, Tn. rot07a Mecklenburger Bucht -geh.
723	*Y-410*		U					54°56.40' 14°27.40'	Weg52, W-lich
724	*Y-411*		U					54°46.70' 14°21.40'	Adlergrund
725	*Y-412*		U					54°35.20' 11°30.80'	In.Laaland, Lf.Hyllekrog, SO-lich
726	*Y-413*		K	MFP ...				30.08.44'	FliBo Stettin-Hafen -geh.
727	*Y-414*		K	MFP ...			30.08.44 FliBo		Stettin-Hafen -geh.
728	*Y-415*	Fisch- dampfer	F					54°29.00' 11°31.00'	Weg1, Fehmarnbelt -geh.
729	*Y-416*		K	MFP ...			30.08.44 FliBo		Stettin-Hafen -geh.
730	*Y-417*		K	MFP ...			30.08.44 FliBo		Stettin-Hafen -geh.
731	*Y-42*		U					54°18.30' 11°22.90'	Weg6, Tn. rot07a, Mecklenburger Bucht -geh.
732	*Y-43*		U					54°12.60' 11°22.70'	Weg3, Mecklenburger Bucht
733	*Y-45*		U					54°12.40' 11°30.50'	Weg6, Mecklenburger Bucht
734	*Y-46*	Motorjacht	S	Ausbildungs- fahrzeug für Taucher					Timmendorf-Hafen -geh.
735	*Y-48*	Siebelfähre	K						Wismar-Hafen -geh.; verschr.
736	*Y-49*		U					54°24.60' 11°15.30'	In.Fehmarn, Südküste
737	*Y-5*	Typ 127	K	Zweimann- U-Boot	15	11.90 1.84 1.74	03.05.45 (+)		Neustadt-Hafeneinfahrt -geh.; verschr.
738	*Y-50*	Fisch- dampfer	F					54°34.60' 11°13.80'	Weg1, Tn. rot06a, NW-lich
739	*Y-51*		U					54°31.40' 11°12.90'	In.Fehmarn, Puttgarden, N-lich
740	*Y-52*	Frachter	H					54°27.95' 11°22.30'	In.Fehmarn, O-lich -gespr.; verschr.
741	*Y-53*		U					54°27.30' 11°35.20'	Weg1, Wachschiff rot 07S-lich
742	*Y-54*		U					54°35.70' 11°21.00'	Weg1, Fehmarnbelt
743	*Y-55*		U					54°24.32' 11°14.07'	In.Fehmarn, Südküste -geh.
744	*Y-56*	Schute	T					54°29.20' 11°16.50'	In.Fehmarn, O-lich -geh.
745	*Y-57*	Torpedo- boot	K					54°25.00' 11°19.20'	In.Fehmarn, O-lich -geh.; verschr.
746	*Y-58*		U					54°25.50' 11°44.35'	Weg1, Wachschiff rot07 SO-lich

Lfd. Nr.	Wrack: Name Exname	Typ	Gr.	Kriegs-verwendung	Techn. Angaben: D (t) BRT	L (m) B (m) T (m)	Untergang: Datum Ursache	B (Nord) L (Ost)	Ort Verbleib
747	*Y-59*		U					54°25.14′ 11°51.26′	Weg1, Tn.7, NO-lich
748	*Y-6*		K	R-Boot			45	53°56.48′ 10°51.77′	Trave -geh.
749	*Y-60*	Frachter	H					54°27.49′ 11°38.50′	Weg1, Wachschiff rot07,O-lich
750	*Y-61*		U					54°35.70′ 11°27.70′	In.Laaland, Lf.Hyllekrog, SW-lich
751	*Y-62*		U					54°21.40′ 11°23.60′	Weg6, Mecklenburger Bucht
752	*Y-63*		U					54°33.00′ 11°19.50′	Weg1, Fehmarnbelt
753	*Y-64*		U					54°22.90′ 11°10.40′	Anst.Fehmarnsund -geh.
754	*Y-65*	Schlepper	T	Bergungs- schlepper				54°27.90′ 11°44.40′	Weg1, Mecklenburger Bucht
755	*Y-66*	Schlepper	T				.05.45 geflu.	54°26.68′ 11°33.35′	Weg6, Mecklenburger Bucht -geh.
756	*Y-67*		K	S-Boot				54°30.40′ 11°13.20′	Weg1, Fehmarnbelt
757	*Y-68*	Eimerketten- bagger	T					54°27.60′ 12°23.80′	Darßer Ort, W-lich -gespr.; verschr.
758	*Y-69*		U					54°11.60′ 12°02.80′	Warnemünde, N-lich
759	*Y-7*		K	Torpedofang- boot			 (+)		Travemünde-Hafen -geh.
760	*Y-70* *Frigg*	Frachter	H		___ 1495		28.04.44 Kolli.	54°18.00′ 11°24.00′	Weg6, Tn. rot 07a -gespr.; verschr.
761	*Y-71*		U					54°27.60′ 12°03.10′	Gedser Rev, S-lich
762	*Y-72*		U					54°24.50′ 12°04.24′	Weg1, Tn.8, SO-lich
763	*Y-73*		U					54°13.75′ 12°05.35′	Anst.Warnemünde, O-lich
764	*Y-74*		U					54°26.20′ 12°05.50′	Weg1, Tn.8a, NW-lich
765	*Y-75*		U					54°06.87′ 12°05.87′	Warnow
766	*Y-76*		U					54°13.76′ 12°06.25′	Anst.Warnemünde, O-lich
767	*Y-77*		U					54°14.00′ 12°07.00′	Anst.Warnemünde, O-lich
768	*Y-78*		K	Panzerfähre				54°23.50′ 12°10.00′	Weg1, Tn.8a, SO-lich -gespr.; verschr.
769	*Y-79* *F.Reyer I*	Jacht	S				02.05.45 FliBo		Travemünde-Hafen -geh.
770	*Y-8*		K	Torpedofang- boot				53°57.50′ 10°52.90′	Travemünde-Hafen -geh.
771	*Y-80*	Fisch- dampfer	F			35.00 5.00		54°29.30′ 12°10.30′	Gedser Rev, NO-lich
772	*Y-81*		U					54°27.20′ 12°11.70′	Weg1, Tn.8a, NO-lich -geh.
773	*Y-82*		U					54°31.18′ 12°11.70′	Gedser Rev, NO-lich

Lfd. Nr.	Wrack Name Exname	Typ	Gr.	Kriegs-verwendung	Techn. Angaben D (t) BRT	L (m) B (m) T (m)	Untergang Datum Ursache	B (Nord) L (Ost)	Ort Verbleib
774	*Y-83*		U					54°29.12′ 12°11.80′	Gedser Rev, NO-lich
775	*Y-84*		U					54°17.00′ 12°12.00′	Graal-Müritz, N-lich
776	*Y-85*	Schute	T					54°17.00′ 12°13.00′	Graal-Müritz, N-lich -gespr.; verschr. -Ladung: Kies
777	*Y-86*	Klapp- schute	T					54°15.20′ 12°13.40′	Graal-Müritz, Strand -gespr.; verschr.
778	*Y-87*		H					54°21.90′ 12°14.90′	Wustrow, NW-lich
779	*Y-88*		U					54°23.00′ 12°16.30′	Wustrow, NW-lich
780	*Y-89*		U					54°23.60′ 12°21.40′	Wustrow, NNO-lich
781	*Y-9* *Anna Luisa*		H						Stettin-Hafen -geh.
782	*Y-90*		K	Landungsfahrzeug		50.00 6.30		54°23.50′ 12°16.00′	Wustrow, NW-lich -gespr.; verschr.
783	*Y-92*		U					54°23.78′ 12°22.20′	Wustrow, NNW-lich
784	*Y-93*	Motorboot	S						Warnemünde-Alter Strom -geh.
785	*Y-94*	Schwimm- dock	T				20.02.44 FliBo		Rostock-Neptunwerft -geh.; rep. -i.D. Neptunwerft
786	*Y-95*		U					54°33.70′ 12°24.40′	Weg1, Tn.9, SO-lich
787	*Y-96*	FL. ?	K	Flug- betriebsboot					Pütnitz-Hafen -geh.
788	*Y-97*		U					54°27.90′ 12°24.30′	Darßer Ort, W-lich -gespr.; verschr.
789	*Y-98*		K	Landungsfahrzeug				54°25.00′ 12°27.50′	Ahrenshoop, N-lich -gespr.; verschr.
790	*Y-99*		K	Landungsfahrzeug				54°25.00′ 12°27.50′	Ahrenshoop, N-lich -gespr.; verschr.
791	*Z 28*	Typ 36 A	K	Zerstörer	3575	127.00 12.00 4.38	06.03.45 FliBo	54°30.33′ 13°39.22′	Saßnitz-Reede -gespr. -bis 1951 verschr. -unrein
792	*Zeearend*	Logger	F	DPk 11	 141	30.61 6.18	42	54°29.80′ 12°24.30′	Darßer Ort, W-lich -geh.; verschr.
793	*Zeeland*	Logger	F	Vs 268	 102	25.31 6.70 2.50	30.08.44 FliBo		Stettin-Hafen -geh., rep.
794	*Zehdenick 503*	Schlepp- kahn	H				04.45 Strdg.		Wolgast-Hafen -1949 geh.
795	*Züll- chow 16*	See- leichter	H				27.03.45	53°38.63′ 14°35.10′	Pölitz, N-lich -geh.

Wrackliste 2 (WL-2)

Lfd. Nr.	Wrack: Name / Exname	Typ	Gr.	Kriegsverwendung	Techn. Angaben: D (t)	BRT	L (m) / B (m) / T (m)	Untergang: Datum / Ursache	B (Nord) / L (Ost)	Ort / Verbleib
1	*Adana*		U					12.03.45 FliBo		vor Swinemünde
2	*Ariadne*	Marine- barkasse	K	Verkehrsboot	18		15.00 3.00 1.30	30.04.45		bei Swinemünde
3										Wrackinformationen gelöscht!
4	*Daisy*		H			84				Südwestliche Ostsee
5	*Dora 71*	Motorschoner	S					11.07.42 Mine		Gedser, S-lich
6	*Duoro*	Frachter	H			840		11.04.43 Kolli.		Warnemünde, N-lich -geh., rep.
7	*Edith Faulbaum*	Frachter	H			1338	78.03 10.79 4.63	04.12.41 Mine		vor Warnemünde
8										Wrackinformationen gelöscht!
9	*Erna*	Frachter	H					02.05.43 Mine		bei In. Moen
10	*Erna Gaulke* *Hartmut*		H			403	44.24 8.12 3.73	03.05.45 Ari		bei In. Fehmarn
11	*F 5*	Geleitboot	K	Torpedofang- boot	1065		80.20 8.20 3.24	29.01.45 Mine	54°19.00′ 13°59.00′	vor Swinemünde
12	*F 517*		K	Marinefähr- prahm	220		47.04 6.53 1.45	09.05.45 FliBo		In. Bornholm, O-lich
13	*Fridericus Rex*		F	Vs 60		247	40.31 7.29 2.89	22.12.44 Mine	53°56.60′ 14°16.50′	Swinemünde, N-lich
14	*Friedrich Loeffler*	Frachter	H			100	30.26 5.71 2.25			In. Rügen, O-lich -geh.; rep.
15										Wrackinformationen gelöscht!
16										Wrackinformationen gelöscht!
17	*Hane-ström V*	Frachter	H			534		25.05.43 Mine		Mecklenburger Bucht
18	*Heidi*	Fahrgast- schiff	H				12.00 3.00	05.45 (+)		Darßer Ort, N-lich
19	*Hilde* *Rudolf Otto* *Ippen 16*		H			384	40.18 8.04 2.57	12.03.45 FliBo		vor Swinemünde
20	*Jade*		H			536	50.50 8.70 3.60	03.05.45 FliBo	54°25.00′ 10°25.00′	bei In. Fehmarn
21										Wrackinformationen gelöscht!

Tanker *III* ex *Turicum* auf dem Marsch in der Ostsee. Ladekapazität: etwa 28.000 t Benzin.

U-Tender *Memel* auf der Evakuierungsfahrt nach Westen am 30. Januar 1945 durch Minentreffer im Seegebiet der Pommerschen Bucht versenkt.

Sperrbrecher 165 ex *Gebweiler*, ex *Balmung*. In der Nacht vom 06. zum 07. Juli 1943 gegen 01.15 Uhr, befand sich der Sperrbrecher auf dem Geleitmarsch von Kiel nach Finnland.
Im Geleit befand sich der Begleittanker *III JU* ex *Tunicum* (7.603 BRT), voll beladen mit Flugzeugbenzin. Nach dem Passieren der Netzsperre bei Gedser wird der vorausfahrende Sperrbrecher durch einen Minentreffer in zwei Teile gerissen und sinkt.
Bis auf wenige Mann ist die Besatzung gefallen. Die Überlebenden werden von der Besatzung des Tankers gerettet.

Lfd. Nr.	Wrack: Name Exname	Wrack: Typ	Wrack: Gr.	Wrack: Kriegsverwendung	Techn. Angaben: D (t) BRT	Techn. Angaben: L (m) B (m) T (m)	Untergang: Datum Ursache	Untergang: B (Nord) L (Ost)	Ort Verbleib
22	*Jürgensby* *Hubbastone*		H	Versorger	____ 799	60.73 9.17 3.81	24.06.43		Kap Arkona, N-lich
23	*KFK 97*		K	Vs 221	110	24.00 6.40 2.75	08.03.45 Kolli.		Swinemünde, N-lich
24	*KFK 178*	Kutter	F	M 3134					Swinemünde, N-lich Pommersche Bucht, Bente
25	*KFK 327*	KFK	K	Vs 250	110	24.00 6.40 2.75	08.03.45 Mine		vor Saßnitz
26	*Liselotte* *Friedrich* *Sund*	Tanker	H	Heizöl- tanker	____ 517	49.10 8.40 3.01	09.05.45 FliTo		In. Bornholm, O-lich
27	*Maj*	Segler	H				27.11.42 Mine		Swinemünde, WNW-lich Pommersche Bucht
28	*Möwe*	Fahrgast- schiff	H		____ 127	31.16 6.01 2.56	03.05.45 FliBo		Lübecker Bucht Timmendorfer Strand
29									Wrackinformationen gelöscht!
30									Wrackinformationen gelöscht!
31	*R 243*	R-Boot	K		148	39.35 5.72 1.61	02.04.45 FliBo		vor Bornholm
32	*R 256*		K	R-Boot	148	39.35 5.72 1.61	02.04.45 FliBo		vor Bornholm
33	*Reiher* *BV 43*	Fischkutter	F		____ 12		.45		In. Rügen
34	*Schlu 19*	Fischkutter	F						Warnemünde, N-lich
35	*Sleipner*	Frachter	H				24.03.43 Kolli.		Kap Arkona, W-lich
36	*TF ...*		K				11.05.44 Mine		Darßer Ort, N-lich
37									Wrackinformationen gelöscht!
38	Troja	Frachter	H				Mine		vor Swinemünde
39	*U 2524*	Typ XXI	K	U-Boot	1621	76.70 8.00 6.32	03.05.45 FliBo		Fehmarnbelt
40	*U 3012*	Typ XXI	K	U-Boot	1621	76.70 8.00 6.32	03.05.45 FliRa		Mecklenburger Bucht
41	*U 3032*	Typ XXI	K	U-Boot	1621	76.70 8.00 6.32	03.05.45 (+)		Fehmarnbelt
42									Wrackinformationen gelöscht!
43									Wrackinformationen gelöscht!

Lfd. Nr.	Wrack				Techn. Angaben		Untergang		Ort
	Name Exname	Typ	Gr.	Kriegs- verwendung	D (t) BRT	L (m) B (m) T (m)	Datum Ursache	B (Nord) L (Ost)	Ort Verbleib
44	*X-1*		K	Flug- betriebsboot			10.10.42 Mine		Heringsdorf, N-lich
45	*X-2*		U				31.12.42 Mine		vor Warnemünde
46	*X-3*	Kutter	F				07.03.43 Mine		Kap Arkona, NO-lich
47	*X-4*	Kutter	F				07.03.43 Mine		Kap Arkona, NO-lich
48	*X-5*	Linse	K	Sprengboot	1.85	5.75 1.75	.45 geken.		Lübecker Bucht
49	*X-6*	Typ D-3	K	Torpedo- schnellboot	31.1	21.63 3.96 0.97	09.05.45 Ari.		In. Bornholm, SW-lich
50	*X-7*	Typ D-3	K	Torpedo- schnellboot	31.1	21.63 3.96 0.97	09.05.45 Ari.		In. Bornholm, SW-lich

Abkürzungsverzeichnis

A-Fl.	Artillerieträgerflottille
a.D.	außer Dienst
abgebo.	abgeborgen
abgebr.	abgebrochen
Abt.	Abteilung
Adm.	Admiral
AF	Artilleriefährprahm
Agru-Front	Technische Ausbildungsgruppe für Front U-Boote
AK	äußerste Kraft
ÄK	Ältester Kommandant
Anm.	Anmerkung
AO	Artillerieoffizier
AOK	Armeeoberkommando
Ar	Arado
Art.	Artillerie
Asto.	Admiralstabsoffizier
AT	Artillerieträger
aufg.	aufgelöst
Ausb.	Ausbildung(s)
ausge.	ausgeschlachtet (Schiffskörper schwimmfähig)
B	Breite (geographische)
b	Breite
BA	Bundesarchiv
Batr.	Batterie
Bb.	Backbord
Bd.	Band
ber.	beräumt
Bes.	Besatzung
Bew.	Bewaffnung
Bez.	Bezeichnung
Bf.	Bahnhof
BrBo	Brandbombe(n)
BRD	Bundesrepublik Deutschland
BRT	Bruttoregistertonne
Btsm.	Bootsmann
BT	Bombentreffer
cm	Zentimeter
D	Deutschland
d.R.	der Reserve
DDR	Deutsche Demokratische Republik
DGzRS	Deutsche Gesellschaft zur Rettung Schiffbrüchiger
Div.	Division
Do	Dornier
dt.	deutsch(er)
E-Meß	Entfernungsmeßgerät
E-Meß-L.	Entfernungsmeß-Leitstand
ehem.	ehemals (-malig)
Eispr.	Eispressung
Erpr.	Erprobung(s)
F-Torp.	Flugzeugtorpedo
F.d.U.	Führer der U-Boote
F.d.Z.	Führer der Zerstörer
F.Kapt.	Fregattenkapitän
Fhr.z.S.	Fähnrich zur See
Fk.Mt.	Funkmaat
Fk.Ob.Gefr.	Funkobergefreiter
Fk.Ob.Mt.	Funkobermaat
Fl.	Flottille
Fl.B	Flugbetriebsboot
Flak	Flugabwehrkanone
FliBo	Fliegerbombe(n)
Flo.Chef	Flottillenchef
FluKo	Flakgruppenkommando
Frhr.	Freiherr
FS	Fährschiff
FT	Funktelegramm(e)
Fw.	Feldwebel
g.Kdos.	geheime Kommandosache
Gasm.	Gasmunition
geborg.	geborgen
gef.	gefallen
geflu.	geflutet
Gefr.	Gefreiter
geh.	gehoben
geken.	gekentert
Gen.Adm.	Generaladmiral
Gen.Kdo.	Generalkommando
gespr.	gesprengt
gez.	gezeichnet
Gr.	Gruppe
Gr.Adm.	Großadmiral
h	Stunde
HM	Hauptmaschine
H.K.S.	Höheres Kommando der Schiffsartillerieschulen
H.K.T.	Höheres Kommando der Torpedoschulen
H.K.U.	Höheres Kommando der Unterseebootsausbildung
He	Heinkel
HGr.	Heeresgruppe
HKL	Hauptkampflinie
hm	Hektometer (1hm = 100 m)
Hpt.Gefr.	Hauptgefreiter
Hptm.	Hauptmann
i.D.	in Dienst
IL	Iljuschin
In.	Insel
Ing.	Ingenieur
Jak	Jakowlew
Ju	Junkers
K.Adm.	Konteradmiral
K.Kapt.	Korvettenkapitän
K.Kapt.(M.A.)	Korvettenkapitän der Marineartillerie
K.L.A.	Kriegsschiffbaulehrabteilung
Kapt.	Kapitän

Kapt.(Ing.)	Kapitän (Ingenieur)
Kapt.z.S.	Kapitän zur See
kbl.	Kabellänge (185,2 m)
KdF	Kraft durch Freude (NS Freizeitorganisation)
Kdo.	Kommando
Kdr.	Kommandeur
KFK	Kriegsfischkutter
kg	Kilogramm
KGr.	Kampfgruppe
KLV	Kinderlandverschickung
KM	Kriegsmarine
km	Kilometer
Kmdt.	Kommandant
Kolli.	Kollision
Kom.Adm.	Kommandierender Admiral
Kptlt.	Kapitänleutnant
Kptlt.(Ing.)	Kapitänleutnant (Ingenieur)
KrP	Kreiselpeilung
KTB	Kriegstagebuch
KV	Kriegsverwendungsfähig
KWL	Konstruktionswasserlinie
KZ	Konzentrationslager
L	Länge (geographische)
l	Länge
L.M.A.A.	Leichte Marineartillerieabteilung
lb	Libs (435,59 g)
Ldgs.Pi.Br.Kp.	Landungspionierbrückenkompanie
LI	Leitender Ingenieur
LKW	Lastkraftwagen
Lt.	Leutnant
Lt.(Ing.)	Leutnant Ing.
Ltr.	Leiter
LW	Luftwaffe
LWA	Luftwaffenarchiv
M	Minenräumboot
m	Meter
M.A.	Mittlere Artillerie
M.Fla.A.	Marineflakabteilung
M.Ob.St.Arzt	Marineoberstabsarzt
M.V.O.	Marineverbindungsoffizier
MAL	Marineartillerieleichter
MAP	Militärarchiv (Potsdam)
Masch.Gefr.	Maschinengefreiter
Maureb.	Marineausrüstungs- und Reparaturbetrieb
mbar	Millibar
Me	Messerschmitt
Mech.Mt.	Mechanikermaat
MEZ	Mitteleuropäische Zeit
MFP	Marinefährprahm (e)
Min.	Minuten
MOK	Marineoberkommando
M/S	Motorschiff
Mstr.	Meister
Mt.	Maat
Mtr.	Matrose
Mtr.Ob.Gefr.	Matrosenobergefreiter
N	Nord(en)
n-lich	nördlich
n.d.	nach dem
NO	Nordost(en)
Nr.	Nummer
NS	Nationalsozialismus
NW	Nordwest(en)
O	Ost(en)
ö-lich	östlich
O.T.	Organisation Todt
Ob.Fhr.z.S.	Oberfähnrich zur See
Ob.Gefr.	Obergefreiter
Ob.Masch.	Obermaschinist
Ob.Masch.Mt.	Obermaschinenmaat
Ob.Mt.	Obermaat
Ob.Strm.Mt.	Obersteuermannsmaat
Oblt.(Ing.)	Oberleutnant (Ingenieur)
Oblt.z.S.	Oberleutnant zur See
Offz.	Offizier
OKH	Oberkommando des Heeres
OKM	Oberkommando der Kriegsmarine
OKW	Oberkommando der Wehrmacht
PQ	Planquadrat
PS	Pferdestärke (Leistung/1 PS = 735,5 W)
Pz.Fst.	Panzerfaust
qm	Quadratmeter
Qu.	Quartier
R	Reichsstraße
R-Boot	Räumboot
RAF	Royal Air Force (britische Luftwaffe)
Rak.	Raketen
Reiko See	Reichskommissar für die Seeschiffahrt
rep.	repariert
Rep.	Reparatur
S	Süd(en)
S-Boot	Schnellboot
S-Fl.	Schnellbootflottille
S-Flak	schwere Flak
s-lich	südlich
S.A.	Schwere Artillerie
S.schlg.	Seeschlag
S.St.A.	Schiffstammabteilung
SAGr.	Seeaufklärungsgruppe
San.Mt.	Sanitätsmaat
SAS	Saßnitz (Fischereikennung)
SAT	Schwerer Artillerieträger
SBK	Seenotbereichskommando
Seeko	Seekommandant
Seetra	Seetransport, Kurzbez. für Schiffahrtsabteilung
SG	Seegebiet
SHAEF	Alliiertes Oberkommando
Sich.Div.	Sicherungsdivision
Skl.	Seekriegsleitung
sm	Seemeile (1 sm = 1852 m)
sm/h	Seemeilen pro Stunde
SNGr.	Seenotgruppe
SO	Südost(en)
sowj.	sowjetische(n)
SprBo	Sprengbomben
St.Ob.Masch.	Stabsobermaschinist
St.Ob.Strm.	Stabsobersteuermann

Stalag	Stammlager
Stb.	Steuerbord
Stellv.	Stellvertreter
Strdg.	Strandung
SU	Sowjetunion
SW	Südwest(en)
sw-lich	südwestlich
SZ	Sommerzeit
T	Torpedoboot
T	Tiefgang
t	Zeit
t	Tonne (Gewichtsmaß)
T-Fl.	Torpedobootsflottille
Tn.	Tonne (Fahrwasserboje)
Torp.	Torpedo
U-Fl.	U-Bootflottille
U.A.A.	Unterseebootsausbildungsabteilung
U.L.D.	Unterseebootlehrdivision
UBA	U-Boot-Archiv
überf.	überführt
Uffz.	Unteroffizier
UJ	U-Bootjäger
UK	Ultrakurzwelle
unbek.	unbekannt
USAAF	US-Air Force (amerikanische Luftwaffe)
V.Adm.	Vizeadmiral
VEB	Volkseigener Betrieb
verschr.	verschrottet
Verw.	Verwundeter
Verw.Mt.	Verwaltungsmaat
Vp	Vorpostenboot
VP	Volkspolizei
Vs	Vorpostensicherungsboot
VTS	Verwundetentransporter
W	West(en)
w-lich	westlich
W.B.	Wehrmachtsbefehlshaber
WaBo	Wasserbombe(n)
WFSt	Wehrmachtsführungsstab
WL	Wrackliste(n)
WO	Wachoffizier
Wr.	Wrack(s)
Z	Zerstörer
Z-Fl.	Zerstörerflottille
Z.b.V.	Zur besonderen Verfügung
z.S.	zur See
zahlr.	zahlreiche

Literaturverzeichnis

Autorenkollektiv: Östre Landsdelskommando, Bornholms Militäre Domiciler, Ringsted 1985

Autorenkollektiv: Segelschiff *Gorch Fock* 1933–1945, Frankfurt a.M. 1987

Autorenkollektiv: Der Kampfweg der sowjetischen Seekriegsflotte, Berlin (Ost) 1976

Autorenkollektiv: Deutschland im zweiten Weltkrieg, Bd.6, Berlin (Ost) 1987

Autorenkollektiv: E-Stellen Travemünde und Tarnevitz, Bd.1 u. Bd.2, Steinbach-Wörthsee

Autorenkollektiv: Deutsche Pioniere 1939–1945, Neckargemünd 1970

Autorenkollektiv: Z Dziejow ziemi Wolinskiej, Szczecin 1973

Autorenkollektiv: Technikmuseum U-Boot *Wilhelm Bauer*, Bremerhaven 1990

Autorenkollektiv: Deutsches Schriftstellerlexikon, Weimar 1963

Basow, A.W.: Die Seelandung auf der Insel Bornholm, In: Die Havarie- Rettungssicherstellung der Kampfhandlungen der BRF im großen Vaterländischen Krieg 1941–1945, Moskau 1975

Bekker, Cajus: Augen durch Nacht und Nebel, Herford 1980

Bekker, Cajus: Ostsee – deutsches Schicksal 1944/45, Oldenburg 1959

Bidlingmaier, Ingrid: Entstehung und Räumung der Ostseebrückenköpfe 1945, Neckargemünd 1962

Bock, Bruno: Die KdF-Schiffe einer Flotte, die mit dem Dritten Reich versank, In: Schifffahrt International 5/1983, S.195–199

Bölk, Walter/ Landschof, Erich: Schiffe in Not, Strandungen und Seeunfälle um Fehmarn 1857–1987, Rendsburg 1988

Brennecke, Jochen: Jäger – Gejagte Deutsche U-Boote 1939–1945, 7., überarb. u. erw. Aufl., Herford 1989

Brustat-Naval, Fritz: Unternehmen Rettung, 4. Aufl., Herford 1985

Caspar, Gustav-Adolf: Die Endkämpfe zwischen Oder und Elbe im April 1945, In: Militärgeschichtliches Beiheft zur Europäischen Wehrkunde 2/1990

Constabel, Hans: Hol nieder Flagge. Ereignisse um ein Standgericht – Ein authentischer Bericht, Bremerhaven 1989

Detlefsen, Gert Uwe/ Lipsky Stefan: Veteranen- und Museumsschiffe, Bad Segeberg 1991

Fock, Harald: Artilleriefährprahm AF 106, In: Marineforum 7 u. 8/1987, S.276f.

Fock, Harald: Die deutschen Zerstörer 1939, In: Marineforum 9/1985, S.322f.

Förster, Gerhard/ Lakowski, Richard: 1945 – Das Jahr der endgültigen Niederlage der faschistischen Wehrmacht – Dokumente, Berlin (Ost) 1975

Fredmann, Ernst: Sie kamen übers Meer. Die größte Rettungsaktion der Geschichte, Köln 1971

Freyer, Paul Herbert: Der Tod auf allen Meeren. Ein Tatsachenbericht zur Geschichte des faschistischen U-Boot-Krieges, Berlin (Ost) 1970

Gehrke, W.-D./ Gerd, Peters: Kapitän Volkmer, In: Marinekalender der DDR 1979, S.160–164

Gerdau, Kurt: *Ubena* – Rettung über See. Im Kielwasser des Krieges, Herford 1985

Gerdau, Kurt: *Goya* – Rettung über See. Die größte Schiffskatastrophe der Welt, Herford 1985

Groehler, Olaf: Kampf um die Luftherrschaft, Berlin (Ost) 1988

Groehler, Olaf: Geschichte des Luftkrieges, Berlin (Ost) 1981

Gröner, Erich/ Jung, Dieter/ Maass, Martin: Die deutschen Kriegsschiffe. 8 Bde., München/Koblenz/Bonn 1982–1993

Grützmacher, Wilhelm: Die Krögerwerft, In: Stralsunder Heimatheft Nr.21/1989, S.70–73

Goguel, Rudi: *Cap Arcona*. Report über den Untergang der Häftlingsflotte in der Lübecker Bucht am 3. Mai 1945, Frankfurt/Main 1972

Goguel, Rudi: Viele Hunnen fanden die Ostsee sehr kalt... In: Zeitschrift »horizont« Nr.19/1974, S.28

Güth, Rolf: Zerstörer *Z 34*. Ein Kriegstagebuch vom Alltag des Seekrieges 1943 bis 1945, Herford 1980

Hallerbach, Rolf: Statt der Engländer landeten die Russen, In: Marineforum 5/1986, S.152f.

Harnack, Wolfgang: Zerstörer unter deutscher Flagge 1934 bis 1945, Herford 1978

Hartmann, Alfred: Von Kap Horn zum Silberband, Herford 1981

Haupt, Werner: Das war Kurland. Die sechs Kurlandschlachten aus der Sicht der Division, Friedberg/H. 1987

Herzog, Bodo: Deutsche U-Boote 1906–1966, Herrsching 1990

Hildebrand, Hans H./ Röhr, Albert/ Steinmetz, Hans Otto: Die deutschen Kriegsschiffe. Biographien – ein Spiegel der Marinegeschichte von 1815 bis zur Gegenwart, 7 Bde., Herford 1979–1993

Hückstädt, Harald: Reise nach dem Norden. Zur Geschichte der Fährverbindung Warnemünde – Gedser, In: Zeitschrift des Deutschen Schiffahrtsmuseums Bremerhaven Nr. 14/1991 S. 99–132

Iwanow, P.N.: Die Geschichte der Entstehung, Entwicklung und des Gefechtseinsatzes der Fliegerkräfte der sowjetischen Seekriegsflotte, Moskau 1974

Jarsen, Karl-Heinz: Lazarettschiff *Stuttgart* sinkt, In: Köhlers Flottenkalender 1961, S.137 ff., Herford 1960

Jung, Dieter/ Wenzel, Berndt/ Abendroth, Arno: Die Schiffe und Boote der deutschen Seeflieger 1912–1976 Stuttgart 1977

Käning, Günter: Wiek/Rügen. Chronik eines Inseldorfes, Lauterbach 1992

Kerber, L.: Geleitboot – Vorläufer der sowjetischen Torpedo- und Raketenschnellboote, In: Militärtechnik 5/1977, S.231 f.

Klätte, Axel: Die Kampfhandlungen in Vorpommern und Mecklenburg im April/Mai 1945 – unter besonderer Berücksichtigung der Kämpfe um Anklam, Anklam 1991

Kneter, Günter: Zerstörer *Z 34*. Erlebnisbericht aus dem Leben an Bord von *Z 34*, Bremen 1990

Knütter, H.H.: Das Kriegsende in Stralsund und Rügen, Recklinghausen 1986

Korthals, Werner: ... ihre Hilferufe erstickten im Meer. Vorpostenboote, die unentbehrlichen Einheiten der Kriegsmarine im 2. Weltkrieg, Ötigheim 1990

Kosiarz, Edmund: Die letzte Landung in der Ostsee, In: Baltyk w Ogniu, S. 238-243, Gdansk 1975

Koos, Volker: Luftfahrt zwischen Ostsee und Breitling, Der See- und Landflugplatz Warnemünde 1914–1945, Berlin 1990

Köhl, Fritz: Vom Original zum Modell: Uboottyp XXI, Koblenz 1989

Köhl, Fritz: Vom Original zum Modell: Uboottyp VII C, Koblenz 1989

Kraminow, D.: Am Rande des großen Krieges, Berlin 1948

Kugler, Randolf: Das Landungswesen in Deutschland seit 1900, Berlin 1989

Kurowski, Franz: Seekrieg aus der Luft – die deutsche Seeluftwaffe im Zweiten Weltkrieg, Herford 1979

Kusnezow, N.G.: Auf Siegeskurs, Berlin (Ost) 1979

Kührich, Heinz: Der KZ-Staat, Rolle und Entwicklung der faschistischen Konzentrationslager 1933–1945, Berlin (Ost) 1960

Kühn, Volkmar: Schnellboote im Einsatz 1939–1945, Stuttgart 1986

Lange, Wilhelm: *Cap Arcona* – Dokumentation, Eutin 1988

Lakowski, Richard: Deutsche U-Boote geheim 1935–1945, Berlin 1991

Lakowski, Richard: Die Ostseebrückenköpfe in den politischen und strategischen Plänen des faschistischen deutschen Imperialismus, In: Militärgeschichte 1/1985

Lindenblatt, Helmut: Pommern 1945, Leer 1984

Ljastschenko, H.G.: Jahre in Uniform, Taschkent 1982

Lohmann, Walter/ Hildebrand, Hans-H.: Die deutsche Kriegsmarine 1939–1945, Bad Nauheim 1956

Lusar, Rudolf: Riesengeschütze und schwere Brummer einst und jetzt, München 1972

Lüdde-Neurath, Walter: Regierung Dönitz – Die letzten Tage des Dritten Reiches, Göttingen 1950

Mallmann-Showell, I.P.: Das Buch der deutschen Kriegsmarine 1935–1945, Stuttgart 1989

Mai, Joachim: Dokumente über den Einsatz der 2. Belorussischen Front in der Berliner Operation 1945, In: Militärgeschichte 3/1980, S. 344-358

Meyer, Hans-Jürgen: Blinkzeichen am Rügendamm, Berlin (Ost) 1975

Mehner, Kurt: Die geheimen Tagesberichte der deutschen Wehrmachtführung im Zweiten Weltkrieg 1939–1945, Band 12: 1. Januar 1945 – 9. Mai 1945, Osnabrück 1984

Mehl, Hans: Torpedoboote und Zerstörer, Berlin (Ost) 1983

Mielke, Otto: Linienschiff *Schlesien*. Einer von der alten Garde, SOS – Heft 131, München 1957

Murawski, Erich: Die Eroberung Pommerns durch die Rote Armee, 1969

Munson, Kenneth: Die Weltkrieg II – Flugzeuge, Stuttgart 1990

Müller, Wolfgang: Die Stunde Null – Kriegsende und Neubeginn im Küstenabschnitt der heutigen DDR, In: Jahrbuch der Schiffahrt 1985, S. 6–15, Berlin (Ost) 1984

Oesterle, Bernd: Eisbrecher aus aller Welt, Berlin (Ost) 1988

Oesterle, Bernd: Die Marine- und Artilleriefährprähme der faschistischen deutschen Kriegsmarine, In: Marinekalender der DDR 1985, S.106–112, Berlin (Ost) 1984

Paul, Wolfgang: Der Endkampf um Deutschland 1945, Esslingen – München 1976

Piekalkiewicz, Janusz: Der Zweite Weltkrieg, Augsburg 1992

Piotrowski, Heinz: Die größte Schiffskatastrophe aller Zeiten, In: Schiffahrt International 5/1983, S.193 f.

Prager, Hans Georg: Panzerschiff *Deutschland*, Schwerer Kreuzer *Lützow*, Herford 1981

Prager, Hans Georg/ Ostersehlte, Christian: Dampfeisbrecher *Stettin*, Lübeck 1986

Preston, Antony: Kreuzer. Ihre historische Entwicklung von 1880–1990, Stuttgart 1991

Price, Alfred: Luftschlacht über Deutschland, 7. Aufl., Stuttgart 1991

Püschel, Erich: Die Seenotverbände der deutschen Luftwaffe und ihr Sanitätsdienst 1939–1945, Düsseldorf 1978

Rothe, Claus: Deutsche Ozean-Passagierschiffe 1919 bis 1985, Berlin 1987

Rohwer, Jürgen: Der Krieg zur See 1939-1945, Gräfelfing 1992

Sandmann, Helmut: Sprengung und Versenkung, In: Segelschulschiff *Gorch Fock* 1933–1945 (S. 40), Dreieich 1987

Schawzow, D.: Die letzte Seelandung, In: Morskoi Sbornik 5/1985, S. 63–66

Schmalenbach, Paul: Die Geschichte der deutschen Schiffsartillerie, 3. Aufl., Herford 1993

Schmidt, R. / Kludas, A.: Die deutschen Lazarettschiffe im Zweiten Weltkrieg, Stuttgart 1978

Schmidt, Ingrid: Maritime Oldtimer – Musumsschiffe aus 4 Jahrhunderten, Leipzig 1986

Schön, Heinz: Die *Cap Arcona*-Katastrophe, Stuttgart 1989

Schön, Heinz: Der Untergang der *Goya*, In: Marine 5/1985, Ausgabe A, S.38 f.

Schön, Heinz: Flucht über die Ostsee 1944/45 im Bild, Stuttgart 1990

Schulz, Wilhelm: Über dem nassen Abgrund. Als Kommandant und Flottillenchef im U-Boot-Krieg, Herford 1994

Schulz, Willi: *Schleswig-Holstein* und die Bewaffnung der Hilfskreuzer, In: Hamburger Rundbriefe, Ausgabe 132/1992–93, S. 55–59

Schultz-Naumann, Joachim: Mecklenburg 1945, München 1989

Schwadtke, K.-H.: Deutschlands Handelsschiffe 1939–1945, Oldenburg 1974

Senger-Etterlin F.M.: Die deutschen Geschütze 1939–1945, München 1960

Sorokin, A.I. / Krasnow, W.N.: Kriegsschiffe in der Erprobung, Berlin 1987

Strobel, Dietrich / Dame, Günter: Schiffbau zwischen Elbe und Oder 1945–1992, Herford 1993

Trenkle, Fritz: Die deutschen Funk-Navigations- und Funk-Führungsverfahren bis 1945, Stuttgart o.J.

von der Lippe, Helmut: So haben wir es erlebt, Lübeck 1989

von Gartzen, Wirich: Flottentorpedoboote T 22 bis T 36, Herford 1992

Weidauer, Walter: Inferno Dresden. Über Lügen und Legenden um die Aktion »Donnerschlag«, Berlin (Ost) 1989

Wetzel, Eckard: *U 995*. Das U-Boot vor dem Marine-Ehrenmal Laboe, Kiel 1985

Wetzel, Eckard: *U 2540*. Das U-Boot beim Deutschen Schiffahrtsmuseum in Bremerhaven, Kiel-Altenholz 1989

Zentner, Christian: Lexikon des Zweiten Weltkrieges, Hamburg 1977

Zilm, Franz-Rudolf: Die Festung und Garnison Stettin, Osnabrück 1988

Dank der Verfasser

Die Darlegungen im Buch stützen sich neben Archivunterlagen und bisherigen Veröffentlichungen vorwiegend auf die Aussagen und sachdienliche Hinweise von Augenzeugen. Sie, die diesen Abschnitt deutscher Geschichte miterlebt haben, machten es uns erst möglich, ein Buch diesen Inhalts zu schreiben. Es ist uns leider nicht möglich, allen Menschen, die uns in der einen oder anderen Art geholfen haben und somit zum Gelingen dieses Buches beigetragen haben, zu danken. Wer ungenannt blieb, dem danken wir und bitten herzlichst um Verständnis.

Für die besondere Unterstützung und freundliche Hilfe möchten wir uns bei nachstehend genannten Zeitzeugen besonders bedanken.

Bauch, Horst	Bremervörde;
Beck, Wilhelm	Rostock;
Beeck, Wolfgang	Frankfurt a.M.;
Behrens, Werner	Demmin;
Bessel, Joachim	Travemünde;
Bethke, Bruno	Stralsund;
Bielitz, Hans-Joachim	Friedeburg;
Born, Karl	Oldenburg;
Born, Hannelore	Bonn;
Bölk, Walter	Duisburg;
Böttcher, August	Ratzeburg;
Brandenburger, Kurt	Altenkirchen/WW.;
Brunne, Gerhard	Berlin;
Busch, Walter	Stralsund;
Caspar, Adolf	Pörtschach/Österreich;
Copray, Konrad	Hildesheim;
Daberkow, Egon	Zingst;
Dick, Hans-Peter	Nahrendorf;
Dommasch, Joachim	Chemnitz;
Domke, Helmut	Rheda-Wieden;
Drescher, Günther	Bremen;
Drewelow, Karl Heinz	Elmshorn;
Dröse, Anneliese	Heringsdorf;
Eberl, Gerda	Heringsdorf;
Eckardt, Wolfgang	Rostock;
Eknigk, Werner	Althagen;
Friedrich, Kurt	Klein Lengden;
Flügge, Friedrich Wilhelm	Warnemünde;
Gentz, Gerhard, Dr.	Saßnitz;
Geier, Johannes	Goslar;
Geue, Karl	Bielefeld;
Gilardoni, Günter	Magdeburg;
Glatzer, Friedjung, Dr.	Stralsund;
Glatzer, Käthe	Stralsund;
Grafenstein, Rolf	Magdeburg;
Günther, Horst	Rencken;
Güth, Rolf	Bad Wörishofen;
Haß, Hertha	Saßnitz;
Hansen Nootbaar, Jan H.	Bad Honnef;
Hartmann, Gerhard	Rostock;
Haun, Oswald	Bingen,
Heinen, Hubert	Essen;
Hering, Robert	Gärtringen;
Herrmann, Werner	Völklingen;
Heinen, Hubert	Essen;
Horn, Heinz	Strasburg;
Hoth, Wolfgang	Schwedeneck;
Hübner, Heinz	Hamburg;
Johann, Karl	Traben;
John, Alfred, Dr.	Altenkirchen/WW;
John, Ursula	Altenkirchen/WW;
Kautz, Günter	Murnau;
Kahlert, Reinhard	Althagen;
Kolbe, Herbert	Warnemünde;
Kneter, Günter	Bremen;
Kolling, Peter	Neuhütten;
Koch, Carla	Saßnitz;
Kosziessa, Dietrich, Dr.	Göttingen;
Köhnke, Karl	Soltau;
Köbbert, Horst	Warnemünde;
Krause, Erwin	Gettorf;
Kruse, Bruno	Karnin;
Krogmann, Erwin	Hamburg;
Kusnezow, B.A.	St. Petersburg/Rußland;
Kühn, Walter	Hamburg;
Lafrenz, Erich	Kiel;
Larsen, Erik, Dr.	Bremen;
Lange, Hans	Radeberg;
Lange, Ewald	Stahlbrode;
Lange, Rudi	Bremerhaven;
Lemke, Erich	Neustadt;
Leitner, Irmgard	Saßnitz;
Leßhafft, Max	Saßnitz;
Leps, Reinhold	Zerbst;
Leue, Theo	Braunschweig;
Leven, Maria	Saßnitz;
Loeck, Hans	Osnabrück;
Marten, Karl-Heinz, Dr.	Wolfsburg;
Misch, Joachim	Travemünde;
Müller, Peter	Saßnitz;
Müller, Wilhelm	Bergen;
Müther, Ulrich	Binz;
Möller, Heinrich	Bansin;
Möller, Ulrich	Kirchdorf/Insel Poel;
Möller, Gert, Dr.	Saarijärvi/Finnland;
Nehls, Herta	Brandshagen;
Ulle, Emil	Ostheim/Rhön;
Olm, Martin	Stralsund;
Peters, Joachim	Warnemünde;
Peters, Elisabeth	Stralsund;
Petershen, Karl	Stralsund;
Pfannenstiel, Philipp-K.	Goslar;
Phillipp, Alfred	Karlshagen;
Piontkowski, Erhard	Saßnitz;
Pilz, Herbert	Parchim;
Plath, Karl	Mönkeberg;
Reißig, Hermann	Postbauer;
Richter, Jürgen	Schwerin;
Rieschke, Hans-Georg	Rostock;
Rohwer, Jürgen, Prof. Dr.	Weinstadt;
Rüchel, Erich	Stralsund;
Sandmann, Helmut	Berlin;
Schatz, Erwin, Dr.	Klagenfurt/Österreich;

Schacht, Hildegard	Greifswald;
Scharschuh, Renate	Altefähr;
Schmager, Willi	Stralsund;
Schneider, Karl	Stralsund;
Schneider, Gerd-Dietrich	Bremerhaven;
Schlanert, Oskar	Saßnitz;
Schönberg, Herbert	Zinnowitz;
Schubert, Gerhard	Greifswald;
Schulz, Hannelore	Usedom;
Schulze, Horst	Stralsund;
Schütt, Gustav	Norderney;
Schweltzer, Heinz	Berlin;
Simmermacher, Volker, Dr.	Bad Kreuznach;
Seifert, Gerhard	Schwerin;
Selinger, Franz	Ulm;
Skaarup	Rönne/Dänemark;
Slevogt, Horst, Prof. Dr.	Eckernförde;
Standfuß, Carsten	Lemwerder;
Tamke, Hans-Detlev, Dr.	Bremen;
Thöing, Ernst	Essen;
Telligmann, Magdalena	Hess. Oldendorf;
Thomsen, Helmut	Raisdorf;
Trost, Johannes	Stralsund;
Voigt, Gustav	Stralsund;
von Witzendorff, Ernst	Klein Barkau;
Vöge, Ulrich	Reinbek;
Wamers, Otto	Bochum;
Weiss, Hans	Halle;
Wentzel, W.D.	Berlin;
Wentzel, H.G.	Brinkum;
Werth, Erwin	Neustrelitz;
Weström, Hella	Putbus;
Wessel, Lieselott	Mukran;
Wiegmann, Günther, Dr.	Hamburg;
Witt, Karl	Kamminke;
Wolters, O.F.	Bonn;
Wrobel, Walter	Stralsund;
Zippel, Charlotte	Heringsdorf;

Wir bedanken uns für die Unterstützung bei:
Archiv Volkswerft GmbH, Stralsund;
Agnes-Miegel-Gesellschaft e.V., Bad Nenndorf;
Archiv des Bundesamtes für Seeschiffahrt und Hydrographie (ehem. DHI/BRD, Hamburg und SHD/DDR, Rostock);
Archiv der Hansestadt Stralsund;
Archiv der Hansestadt Rostock;
Archiv Schiffswerft Neptun GmbH, Rostock;
Deutsches Schiffahrtsmuseum Bremerhaven;
U-Boot-Archiv, Cuxhaven;
Schiffahrtsmuseum Rostock;
Wehrmuseum Bornholm, Rønne;

Förderlich und hilfreich unterstützten uns:

Andrae, Fritz	Stralsund;
Bredow, Horst	Cuxhaven;
Beckmann, K.H.	Braunschweig;
Berkemann, Annelore	Bielefeld;
Busch, Eckart, Dr.	Bonn;
Canzler, Hannelore	Mühlheim;
Clement, Günther	Hamburg;
Cossel, L., Prof. Dr.	Leipzig;
Dorgeist, Theodor	Telgte;
Elchlepp, Friedrich Dr.	Rostock;
Fuchs, Wolfgang	Hamburg;
Frankiewicez, Bogdan, Dr.	Szczecin/Polen;
Gerdau, Kurt	Tostedt;
Gernhard, Viktor	Paffenhofen;
Grunert, Manfred	Rostock;
Hacker, Hans-Joachim, Dr.	Stralsund;
Heine, Karl-Heinz	Hamburg;
Hildebrand, Hans-H.	Hamburg;
Hückstädt, Harald, Dr.	Leverkusen;
Israel, Ulrich	Potsdam;
Jung, Dieter, Dr.	Berlin;
Kaube, Andrzej	Wollin/Polen;
Kähler, Irmgard	Kiel;
Klapdor, Norbert, Dr.	Boppard;
Klätte, Axel, Dr.	Berlin;
Kludas, Arnold	Grünendeich;
Kugler, Randolf	Speyer;
Kuka, Klaus	Freigericht-Horbach;
Köhl, Fritz	Winterthur/Schweiz;
Köhler, Hans, Dr.	Potsdam;
Kramer, Wolfgang	Rostock;
Lange, Wilhelm	Neustadt;
Landschof, Erich	Burg auf Fehmarn;
Lemachko, Boris	Konakovo/ Rußland;
Lindberg, Lennart	Stockholm/Schweden;
Luttermann, Hans-Joachim	Rostock;
Mai, Joachim, Prof. Dr.	Greifswald;
Maass, Hansjürgen	Hamburg;
Mehl, Hans, Dr.	Rostock;
Möller, Ulrich	Kirchdorf;
Nahrendorf, Rolf, Dr.	Stralsund;
Niestlé, Axel	Berlin;
Nowarra, Heinz J.	Babenhausen;
Norenz, Johannes	Burg auf Fehmarn;
Plucinski, Josef	Swinoujscie/Polen;
Prager, Hans Georg	Hamburg;
Pryde, Richard	Mistley/England
Pryde, Susan	Mistley/England
Rothe, Claus	Berlin;
Schenk, Peter, Dr.	Berlin;
Schmelzkopf, Reinhart	Cuxhaven;
Schiffner, Siegfried	Rostock;
Schmidt, Horst	Aarbergen;
Schödler, Hans-Jürgen	Berlin;
Schulz, Eleonore	Hamburg;
Selinger, Franz	Ulm;
Siersdorfer, T. Prof.Dr.	Essen;
Steigleder, Horst, Dr.	Gustow;
Strobel, Dietrich	Rostock;
Theuerkauf, Heiner	Stralsund;
Tychawski, Stanislaw	Swinoujscie/Polen;
von Harpe, Lennart	Berg. Gladbach;
Vorköper, Roland	Stralsund;
Wetzel, Eckard	Schwedeneck;
Witthöft, Hans Jürgen	Hamburg;
Wilson, E.A.	Burnt/Island;
Zaremba, Piotr, Prof.Dr.	Szezecin/Polen;

Die veröffentlichten Wracklisten erheben keinen Anspruch auf Vollständigkeit. Für ergänzende Hinweise jeglicher Art sind die Autoren jederzeit dankbar.

Ansprechpartner sind Herr Wolfgang Müller, Heinrich-von-Stephan-Straße 45, 18435 Stralsund, Tel.: 0 38 31 / 38 05 70 und Herr Reinhard Kramer, Voßstraße 64, 18059 Rostock.

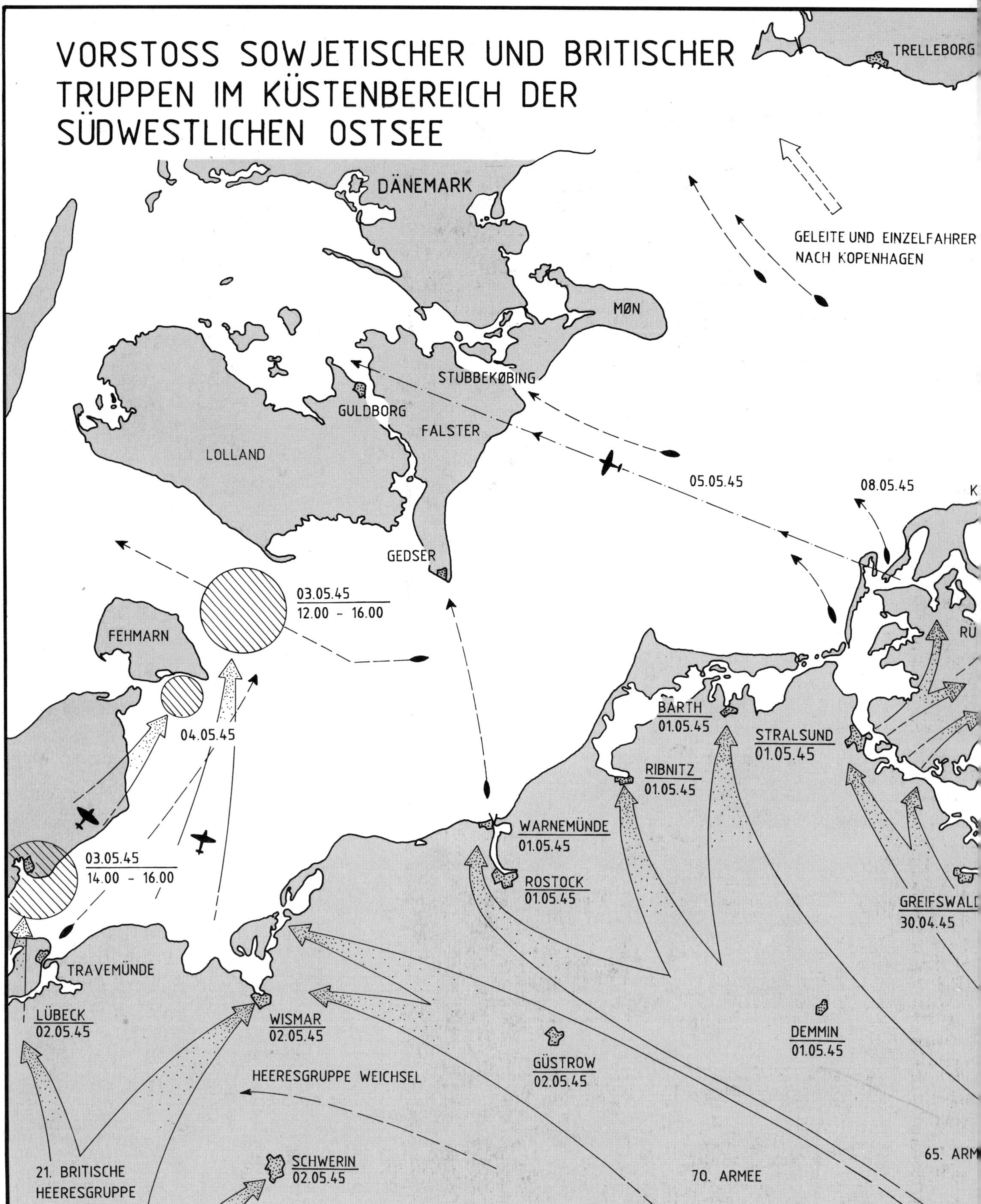
VORSTOSS SOWJETISCHER UND BRITISCHER TRUPPEN IM KÜSTENBEREICH DER SÜDWESTLICHEN OSTSEE
TRELLEBORG
DÄNEMARK
GELEITE UND EINZELFAHRER NACH KOPENHAGEN
MØN
STUBBEKØBING
GULDBORG
FALSTER
LOLLAND
05.05.45
08.05.45
GEDSER
03.05.45
12.00 - 16.00
FEHMARN
04.05.45
BARTH
01.05.45
STRALSUND
01.05.45
RIBNITZ
01.05.45
WARNEMÜNDE
01.05.45
ROSTOCK
01.05.45
03.05.45
14.00 - 16.00
GREIFSWALD
30.04.45
TRAVEMÜNDE
LÜBECK
02.05.45
WISMAR
02.05.45
DEMMIN
01.05.45
GÜSTROW
02.05.45
HEERESGRUPPE WEICHSEL
21. BRITISCHE HEERESGRUPPE
SCHWERIN
02.05.45
70. ARMEE
65. ARM